# 中国古代诗歌选（注析）

董小伟　著

天津大学出版社
TIANJIN UNIVERSITY PRESS

图书在版编目（CIP）数据

中国古代诗歌选：注析/董小伟著. —天津 ：天津大学出版社, 2017.5（2020.1重印）

ISBN 978-7-5618-5833-2

Ⅰ. ①中… Ⅱ. ①董… Ⅲ. ①古典诗歌－诗歌欣赏－中国 Ⅳ. ①I207.22

中国版本图书馆 CIP 数据核字（2017）第 113991 号

出版发行 天津大学出版社
地　　址 天津市卫津路 92 号天津大学内（邮编：300072）
电　　话 发行部 022-27403647
网　　址 publish.tju.edu.cn
印　　刷 廊坊市海涛印刷有限公司
经　　销 全国各地新华书店
开　　本 185 mm ×260 mm
印　　张 26
字　　数 643 千
版　　次 2017 年 5 月第 1 版
印　　次 2020 年 1 月第 3 次
定　　价 62.00 元

---

# 前言

诗歌是人类最古老之文学样式，乃一切文学之开路先锋，其以凝练、厚重、优雅之含义阐述复杂、微妙、多情之内心；乃生命中最纯粹、最高妙之沟通与抚慰，其以独特之韵律，进入人类精神世界，医治人们心灵之创痛、洗洁尘世之沧桑、慰籍多情之内心、抒发胸中之郁结……

诗歌教人们静听雨打芭蕉之声响，欣赏村舍炊烟袅袅升起；诗歌教人们走在乡间小路之上，品味那云淡风轻，流连山腰一抹迷人之晚霞；诗歌教人们体会杜鹃啼鸣之中刻骨铭心之情，倦鸟飞回之时思乡恋家之感；诗歌教人们感受“慈母手中线”与儿行天涯母担忧之浓烈亲情；诗歌教人们看清战争本质，体会饱受战火创伤时黎民百姓之苦，感受战争苦难下种种创痛；诗歌教人们解悟诗酒人生，品析宇宙苍生；诗歌让人们表达久郁心中之怒，批判不公现实；诗歌让人们阅读历史，感受历史中那惊心动魄之时刻，并能借此怀古伤今；诗歌教人们踩着夕阳，手拉情人，互述情语，享受浪漫；诗歌让人们穿越时空，与古人把酒言欢，探讨人生……

在经济高度繁荣、科技日新月异之今日，我们这些自诩为空前发达之现代人似乎已渐渐迷失自我，备受各种压力所缚而不能自已，成为现代社会之“零余者”。也许我们应在劳累后静坐默思，手持诗卷，品赏那久违之诗句，与古人进行一场促膝谈心，让自己不再孤单，让灵魂开满鲜花，让心灵找到彼岸。尤为可喜之处是如今“国学热”、“诗词热”引爆社会话题，从而也映射出如今国人诗心不死、诗情犹在之现实。这本为好事，然只简单朗读或不求甚解强记硬背，甚至单以背诵诗歌之数量作为判断了解诗歌之标准，就真能使人深谙诗词之道、真能使人深入品析诗词之美、真能使人就此过上诗意生活吗？

有鉴于此，多年以来，我一直想编著一部集注释、翻译和赏析为一体之诗歌类书籍，然有感才学不足，迟迟不敢下笔，故在讲授“中国古代文学史”和“中国诗词赏析”等几门课程之余，广泛收集古今诗歌资料，并在学生和家人多方鼓励之下，终于鼓足勇气，历时两年余，编著完该书，并在天津大学出版社支持下得以正式出版，该书有着以下特点：

其一，该书以时间为线索，选取了先秦、汉魏六朝、唐朝、宋朝、明朝、清朝 6 个朝代 320 余首优秀、经典之古代诗歌，可谓覆盖面很广；

其二，该书运用全新之“句注”形式对每一首诗歌中难懂之词语进行了详细之古今对译，对古奥句子进行了详细解析，对生僻字采用现代拼音注音，对诗歌出处加以了说明；

其三，对诗歌中运用之典故进行了详细叙述，并指出了典故之出处，更便于读者深入理解诗歌；

其四，运用优美、典雅、凝练之现代白话文，对每一首优秀诗歌进行翻译，对难以把握之难句，也能运用简练之语言进行说明；

其五，运用学术性兼文学性之语言从诗歌创作背景、思想内容、艺术风格、名人评析等几个方面点析每一首精选诗歌，并从哲学高度深入赏析、探讨诗歌，让读者更加理解诗歌内容，把握诗歌思想，体悟作家感情，分析作品风格。

中国古代诗歌浩若烟海，作家辈出、作品充栋，美不胜收，其若夏之夜空，繁星点点，耀人眼目；还若一曲庞大之交响乐，是否能深情演奏她，不敢自信，深感才疏学浅，书中定有错漏不足之处，恳请读者不另赐教。

唯愿与诸君一起，窥视这伟丽之诗锋，感受这动人心骨之华章，初登这壮观之殿堂，共赏这伟大人类文学之精化。



2017 年仲夏于成都

# 目　录

# 先秦篇

# 关 雎

**关关[(1)]雎鸠[(2)]，在河之洲[(3)]。窈窕[(4)]淑[(5)]女，君子好逑[(6)]。**

（1）关关：拟声词，鸟的和鸣声，也有说是两鸟交尾发出的声音。（2）雎鸠（jū jiū）：据说是鱼鹰，且其有固定配偶，用情专一，也有认为是另外一种水鸟。（3）洲：水中陆地。（4）窈窕（yǎo tiǎo）：体态轻盈美好的样子。（5）淑：（品德）美好。（6）好逑（qiú）：好的配偶。

**参差[(7)]荇菜[(8)]，左右流[(9)]之。窈窕淑女，寤寐[(10)]求之。**

（7）参差：长短不齐的样子。（8）荇菜：水生植物，嫩叶可食用。（9）流：摘取。（10）寤寐（wù mèi）：醒来与睡着。

**求之不得，寤寐思服[(11)]。悠哉悠哉[(12)]，辗转反侧[(13)]。**

（11）思服：思念。（12）悠哉：长久思念的样子。悠：长远的样子。哉：语气词。（13）辗转反侧：有心事、有所思以致翻来覆去睡不着觉。

**参差荇菜，左右采之。窈窕淑女，琴瑟[(14)]友之[(15)]。**

（14）琴瑟：弦乐器名。（8）友之：亲近、友爱她。友：名词用为动词，亲近、友爱。

**参差荇菜，左右芼[(16)]之。窈窕淑女，钟鼓乐之[(17)]。**

（16）芼（mào）：采摘。（17）钟鼓乐之：用敲击钟鼓的方式来使她愉悦、快乐。乐：使动用法，使……乐。也有说此句是表现两人结婚时候热闹、美好的场面。

《诗经·周南》

## 【翻译】

两只和鸣的雎鸟，相伴在水中陆地。那体态轻盈的贤淑女子，是君子的好配偶。

长短不齐的荇菜，从左右去摘取它。那体态轻盈的贤淑女子，醒来睡去都想要追求她。

由于追求不到，白天黑夜思念她。很长久的思念，翻来覆去难以入眠。

长短不齐的荇菜，从左右去采它。那体态轻盈的贤淑女子，奏起琴瑟来亲近她。

长短不齐的荇菜，从左右去摘它。那体态轻盈的贤淑女子，敲起钟鼓来使她快乐。

## 【简析】

《关雎》乃《诗经》之开篇，内容是描写一个“君子”对“淑女”的炽烈追求。首章以雎鸠和鸣起兴，象征“君子”对“淑女”的倾心；“淑女”在哪里呢？就在雎鸟和鸣不远处的河边采取荇菜，她时而左边采，时而右边采，姿态美丽。作者也以摘荇菜来肯定对终身伴侣的选择。接着写男子对女子的追求，从得不到“淑女”时内心苦恼，以致翻来覆去睡不着觉，再到得到“淑女”时便很开心，奏起琴瑟、敲起钟鼓来娶她，并以此让“淑女”快乐。一番周折似乎要告诉我们，得来不易的东西，才特别珍贵！诗歌虽然写了男对女之追求，但丝毫没有涉及双方的直接接触，非常符合古代社会所谓的“夫妇之德”，故《毛诗序》将其推许为可以“风天下而正夫妇”的道德教材。全诗语言优美，善用双声、叠韵联绵词，有较强的韵律感和音乐性，让读者在反复吟咏中达到意象妙合。加之比兴手法也运用得相当纯熟，堪称千古名篇。



## 卷 耳

**采采卷耳(1)，不盈顷筐(2)。嗟我怀人(3)，寘彼周行(4)。**



(1)采采：不断摘取，也有解释为茂盛的样子。卷耳：野菜名，苍耳，形如鼠耳，叶青白色，白花细茎，蔓生，可食用。（2）盈：满。顷筐：斜口浅筐，前低后高，犹如簸箕。（3）嗟：语气助词，也有解释为叹息声。（4）寘：同“置”，放下。周行(háng)：大道。

**陟彼崔嵬(5)，我马虺隤(6)。我姑酌彼金罍(7)，维以不永怀(8)。**

(5)陟(zhì)：登高。崔嵬：高而不平的土石山。（6）虺隤(huī tuí)：疲乏而生病。（7）姑：姑且。金罍(léi)：青铜盛酒器。（8）维：语气助词，无实义。永怀：长久思念。

**陟彼高冈，我马玄黄(9)。我姑酌彼兕觥(10)，维以不永伤。**

（9）玄黄：马因病而改变颜色。（10）兕觥(sì gōng)：犀牛角做成的饮酒器。

**陟彼砠矣(11)，我马瘏矣(12)！我仆痡矣(13)，云何吁矣(14)。**

（11）砠（jū）：山中险阻之地。(12)瘏(tú)：马疲惫不能前行。（13）痡（pū）：人过度疲劳而不能行走。（14）云何：奈何。吁：忧愁。

《诗经・周南》

【翻译】

茂盛无比的卷耳菜，采来采去不满筐。叹息想念远行人，竹筐放在大路旁。

攀上高高的石山，马儿足疲神颓丧。我且斟满铜壶酒，慰我离思与忧伤。

登上高高的山冈，马儿腿软已迷茫。我且斟满牛角杯，但愿从此不忧伤。

登上高高乱石冈，马儿累倒路一旁。仆人精疲力又竭，无奈愁思聚心上。

【简析】

这是一首女子怀念征人的诗。共四章，第一章以思念征夫的妇女的口吻来写，后三章则以思家念归的旅途辛劳的男子的口吻来写。诗歌开篇写女子诉说自己的忧伤，仅仅通过一个采卷耳而不能满筐的细节，就使得心不在焉、神思恍惚的思妇形象跃然纸上，她的思念因为采卷耳动作的反复变得越来越浓。后三章不再直接写对远行丈夫的思念，反过来描绘丈夫对妻子的怀想。男子怎样跋涉艰难，登上一座又一座山冈，连马儿都累病了；怎样克制不住怀念妻子的感情，从而借酒浇愁，忧思难解。这比直接叙写女子悠长的思念要更加委婉，更加含蓄隽永。全诗语言优美自然，善于熟练运用当时的民谣套语，善于用景来衬托真挚感情，笔法细腻，感情浓厚，意味悠长。



## 桃　夭

**桃之夭夭(1)，灼灼(2)其华。之子于归(3)，宜其室家(4)。**

(1) 夭夭：娇嫩而茂盛的样子。(2) 灼灼：桃花盛开色彩鲜艳的样子。(3) 之子：这位姑娘。之：指示代词。于：语气助词。归：出嫁。(4) 室家：家庭。

**桃之夭夭，有蕡其实(5)。之子于归，宜其家室。**

(5) 有：语气助词。蕡（fén）：肥大。

**桃之夭夭，其叶蓁蓁(6)。之子于归，宜其家人。**

(6) 蓁蓁（zhēn）：叶子茂盛的样子。

《诗经·周南》

**【翻译】**

桃树娇嫩茂盛，树头盛开鲜艳花。如花般的姑娘要出嫁，祝福其建立和美之家。

桃树娇嫩茂盛，树头桃子肥又大。如花般的姑娘要出嫁，祝福其建立幸福之家。

桃树娇嫩茂盛，叶子茂盛发光。如花般的姑娘要出嫁，祝福其全家和美。

【简析】

据《周礼》云“仲春之月，令会男女”。周代的少女一般在春光明媚桃花盛开的时候出嫁，故诗人以桃花起兴，为新娘唱了一首赞歌。全诗分为三章，第一章以鲜艳的桃花比喻新娘的年轻娇美，鲜嫩的桃花，纷纷绽蕊，而经过打扮的新娘此刻既兴奋又羞涩，两颊绯红，真有人面桃花两相辉映的韵味。第二章则是表示对婚后的祝愿，桃花开后，自然结果，诗人说它的果子结得又肥又大，象征着新娘早生贵子，养个白白胖胖的娃娃。第三章以桃叶茂盛祝愿新娘家庭的兴旺发达，以桃树枝头的累累硕果和桃树枝叶的茂密成荫，来象征新娘婚后生活的美满幸福，真是最美的比喻，最好的颂辞！全诗语言优美、精练，且完美运用复沓重唱之手法，很好地体现了古代人民的纯朴、健康的气质和他们对生活的美好追求。

## 芣 苢

**采采芣苢(1)，薄言采之(2)。采采芣苢，薄言有之(3)。**

（1）采采：鲜润茂盛的样子。芣苢（fú yǐ）：植物名，有人认为是车前子，可以治妇女不孕或难产之症，但后人对此种说法多疑之。（2）薄、言：语气助词。采：摘取。（3）有：收取。

**采采芣苢，薄言掇之(4)。采采芣苢，薄言捋之(5)。**

（4）掇（duō）：拾取。（5）捋（luō）：用手从茎上抹取。

**采采芣苢，薄言袺之(6)。采采芣苢，薄言襭之(7)。**

（6）袺（jié）：用手拉着衣襟兜东西。（7）襭（xié）：把衣襟掖在腰带间兜东西。

《诗经·周南》

【翻译】

茂盛鲜润的芣苢，采起来。茂盛鲜润的芣苢，采得来。

茂盛鲜润的芣苢，一片片拾取。茂盛鲜润的芣苢，一把把捋下来。

茂盛鲜润的芣苢，提起衣襟兜起来。茂盛鲜润的芣苢，掖起衣襟兜起来。

【简析】

诗歌是一首描写妇女们采摘野菜的劳动场景的即兴短诗。全诗三章作递进式复沓，层层深入地抒发了妇女劳动的欢快情绪，生动地展现了田野劳动的热烈场面。首章写采摘劳动的开始；第二章写采到的芣苢逐渐增多；第三章写采摘者满载而归。全诗用字不多，只有“采”“有”“掇”“捋”“袺”“襭”六个字的变换，准确而细腻地刻画了手的动作，形象而具体地写出了采摘活动由始至终，采摘物由少渐多，劳动节奏由慢到快的过程。欢快的节奏感，协唱的音乐感，轻松的劳动感，浓郁的韵味感，旋律的轻快感，给人以美的享受和心灵的温润。

## 汉 广

**南有乔木[1]，不可休思[2]。汉有游女[3]，不可求思。汉之广矣，**

(1)乔木：高大的树木。（2）思：语气助词。（3）汉：即汉水，长江最长的支流，流经陕西、湖北，在武汉汇入长江。

**不可泳思。江之永矣[4]，不可方思[5]。**

（4）江：长江。永：长。（5）方：筏子，用作动词，谓坐木筏渡江。

**翘翘错薪[6]，言刈其楚[7]。之子于归[8]，言秣[9]其马。汉之广**

（6）翘翘：高出。错薪：丛杂的柴草。（7）刈（yì）：割。楚：荆树。（8）于归：古代女子出嫁。（9）秣：用谷草喂马。

**矣，不可泳思。江之永矣，不可方思。**

**翘翘错薪，言刈其蒌[10]。之子于归，言秣其驹。汉之广矣，不**

（10）蒌：蒌蒿，也叫白蒿，一种生在水边的草。

**可泳思。江之永矣，不可方思。**

《诗经·周南》

【翻译】

南有高大树木，不能在树下歇息。汉水边有个出游女子，想要追求而不得。汉江多宽广，不能泗渡空惆怅。长江多漫长，不能摆渡空忧伤。

杂草丛生长得高，砍柴要砍荆树。那个女子嫁给我，快用谷草喂饱马。汉江多宽广，不能泗渡空惆怅。长江多漫长，不能摆渡空忧伤。

杂草丛生长得高，割下蒌蒿作柴薪。那个女子嫁给我，快喂饱马儿驾车迎。汉江多宽广，不能泗渡空惆怅。长江多漫长，不能摆渡空忧伤。



【简析】

这是一首恋情诗，诗歌的主人公是位青年樵夫，他钟情于一位美丽的姑娘，却始终难遂心愿，情思缠绕，无以解脱，面对浩渺的江水，他唱出了这首动人的情歌，倾吐了满怀惆怅的思绪。全诗三章，前一章独立，后两章叠咏。第一章写男子热恋一位少女却因水阻隔而无法接近，于是面对浩浩江水发出深情的叹惋。第二、三章则是男子的设想，他表示如果那位少女出嫁的话，他喂饱马匹前去为她驾车，但连这个愿望都难以实现，因此他反复浩叹江水，内心苦痛之极。陈启源在《毛诗稽古编》把《汉广》的诗境概括为“可见而不可求”，这也就是西方浪漫主义所谓的“企慕情境”，即表现所渴望追求的对象在远方、在对岸，可以眼望心至却不可以手触身接，是永远可以向往但永远不能到达的境界。诗歌感情真挚、音韵优美，运用了比喻、象征等手法，通过反复咏叹增强抒情效果，耐人寻味。



## 摽有梅

**摽有梅[1]，其实七兮。求我庶士[2]，迨其吉兮[3]。**

（1）摽（biào）：坠落。有：语气助词。（2）庶：众多。士：未婚男子。（3）迨（dài）：及、趁。吉：好日子。

**摽有梅，其实三兮。求我庶士，迨其今[4]兮。**

（4）今：现在。

**摽有梅，顷筐塈之[5]。求我庶士，迨其谓之[6]。**

（5）顷筐：斜口浅筐，犹今之簸箕。塈（jì）：取。（6）谓：告诉。

《诗经・召南》

【翻译】

梅子纷纷落地，树上还剩七成。追求我的男子，请不要耽误良辰。

梅子纷纷落地，树上还剩三成。追求我的男子，到今勿让我再等。

梅子纷纷落地，收拾要用簸箕。追求我的男子，开口莫要再迟疑。

【简析】

这是一首委婉而大胆的求爱诗，诗中写了一个渴望结婚的女子看到梅子因黄熟而纷纷落地，敏锐地感到自己青春将逝，于是不顾一切表达出渴望得到爱情的心声。暮春，梅子黄熟，纷纷坠落。一位姑娘见此情景，敏锐地感到时光无情，抛人而去，而自己青春流逝，却嫁娶无期，便不禁以梅子起兴，情意急迫地唱出了这首怜惜青春、渴求爱情的诗歌。树上的梅子由七分至三分而全部落光，少女仿佛形象地看到了自己青春迅速由盛而衰，于是急不可耐地呼唤看中自己的男子，要抓住良辰，要就在今朝，要尽快开口，紧锣密鼓地写出了少女心声。诗歌采用比兴手法和复沓重唱手法，生动表现了主人公情急意迫的心理。正如《罗丹艺术论·女性美》中说的“真正的青春，贞洁的妙龄的青春，周身充满了新鲜的血液、体态轻盈而不可侵犯的青春，这个时期只有几个月。”



## 静 女

**静女其姝(1)，俟我于城隅(2)。爱而不见(3)，搔首踟蹰(4)。**

(1) 静女：娴静的女子。其姝：多么漂亮。(2) 俟（sì）：等候。城隅（yú）：城墙边的角落。(3) 爱：通“薆”，隐蔽、躲藏。(4) 搔首：挠头。踟蹰（chí chú）：徘徊、踌躇。

**静女其娈(5)，贻我彤管(6)。彤管有炜(7)，说怿女美(8)。**

(5) 娈（luán）：美好的样子。(6) 贻（yí）：赠送。彤管：红色的管，一说是一种乐器或红色的笔。(7) 有炜：有鲜亮的红色光泽。(8) 说怿（yuè yì）：喜欢、高兴。说：同“悦”。女：同“汝”，此指彤管。

**自牧归荑(9)，洵美且异。匪女之为美(10)，美人之贻(11)。**

(9) 牧：郊外。归：同“馈”，赠送。荑（tí）：初生的柔草芽。(10) 匪：同“非”，不是。女：同“汝”，此指“荑”。(11) 美人之贻：（因为这“荑”是）美人送给我的。

《诗经·邶风》

## 【翻译】

娴静的女子真美丽，约我城角边等候。她隐蔽我看不见，挠头徘徊心紧张。

娴静的女子真娇艳，送我红色的笔管。鲜红笔管有光泽，女子爱其好容颜。

自郊外馈赠柔草，诚然美好又珍异。不是柔草长得美，是因美人送给我。

## 【简析】

这是描写一个男子赴他情人的约会的诗。刻画了男子见到那女子前后不同的心情。第一章写了一位娴雅而又美丽的姑娘，与小伙子约好在城墙角落会面，他早早赶到约会地点，急不可耐地张望着，他抓耳挠腮，徘徊原地，如痴如醉。第二、三章从辞意的递进看，应当是那位痴情的小伙子在城隅等候他的心上人时的回忆。接受彤管，想到的是恋人红润的面容，那种“说怿”只是对外在美的欣赏；而接受荑草，感受到普通小草也“洵美且异”，则是对她所传送的那种有着特定内容的异乎寻常的真情的深切体验，这已经超越了对外表的迷恋而进入了追求内心世界的谐和的高层次的爱情境界。而柔荑将会长成茂盛的草丛，也含有爱情将要发展的象征意义。第三章结尾两句写对恋人赠物的反应，可视为一种内心独白。诗歌语言简练，构思灵巧，人物形象和心理刻画生动，极富生活气息。

# 新 台

**新台有泚[(1)]，河水弥弥[(2)]。燕婉之求[(3)]，籧篨不鲜[(4)]。**

（1）新台：故址在今山东甄城县黄河北岸，一说今河南临障县西。泚（cǐ）：鲜明的样子。（2）瀰瀰（mǐ）：水满的样子。（3）燕婉：安乐美好的样子。（4）籧篨（qú chú）：粗竹席，喻生有鸡胸、腰不能弯的人。

**新台有洒[(5)]，河水浼浼[(6)]。燕婉之求，籧篨不殄[(7)]。**

（5）有洒（cuǐ）：高峻的样子。（6）浼浼（měi）：意近“弥弥”，水汪洋的样子。（7）殄（tiǎn）：当作“腆”，善。

**鱼网之设，鸿则离之[(8)]。燕婉之求，得此戚施[(9)]！**

（8）鸿：蟾蜍。（9）戚施：背驼而不能挺胸者。

《诗经·邶风》

【翻译】

新台好鲜明，河水流不停。想要嫁安美的男子，可鸡胸老公太不行。

新台倒影高又大，河水流不停。想要嫁安美的男子，可鸡胸老公真不善。

撒下渔网落了空，一个蟾蜍落网中。想要嫁安美的男子，可只有驼背丑老汉。

【简析】

《邶风·新台》是讽刺卫宣公强娶儿媳妇的丑行的诗歌。卫宣公原来为自己的儿子迎娶齐国的女子，但他听说儿媳妇长得漂亮，就半途截留，占为己有，并在黄河边建了一座新台做起居之所。全诗三章，前两章叠咏，叠咏的两章前两句是兴语，但兴中有赋：卫宣公欲夺未婚儿媳妇，先造“新台”，来表示事件的合法性，其实是障眼法，然而欲盖弥彰，诗歌大赞“新台有泚”“新台有洒”，但正言欲反，其意在于新台是美的，但遮不住老头子干的丑事。“新台”之事的直接受害者是宣姜：美丽的少女配了个糟老头，而且还是个驼背鸡胸，且这个老头本来应该是她的公公。这简直就是“一朵鲜花插在牛粪上”，好比“鱼网之设，鸿则离之”，撒网打鱼落了空，却打了一只癞蛤蟆，本想嫁一个美少年，却换了个驼背丑陋的老公公，多么倒霉，多么丧气，多么无奈。封建道德的虚伪性，表现在其对下不对上，统治阶级要求百姓遵从礼教，自己却寡廉鲜耻；要求百姓忠贞不二，自己却两面三刀；要求百姓规规矩矩，自己却为所欲为；要求百姓克己奉公，自己却以权谋私，《新台》对此进行了最辛辣的讽刺。



## 谷 风

**习习谷风[(1)]，以阴以雨。黾勉[(2)]同心，不宜有怒。采葑采菲[(3)]，**

(1) 习习：形容风声。谷风：山谷中的风。(2) 黾(mǐn)勉：努力，勤奋。(3) 葑、菲：蔓菁、萝卜一类的菜。

**无以下体[(4)]。德音莫违[(5)]，及尔同死。**

(4) 以：用。下体：指根。(5) 德音：指夫妻间的誓言。违：背，背弃。

**行道迟迟[(6)]，中心有违[(7)]。不远伊迩[(8)]，薄送我畿[(9)]。谁谓荼苦[(10)]，**

(6)迟迟：缓慢的样子。(7)中心：心中。违：恨，怨恨。(8)伊：是。迩：近。(9)薄：语气助词，没有实义。畿(jī)：门槛。(10)荼(tú)：苦菜。

**其甘如荠[11]。宴尔新昏[12]，如兄如弟。**

(11)荠(jì)：芥菜，味甜。(12)宴：乐，安乐。昏：即“婚”。

**泾以渭浊[13]，湜湜其沚[14]。宴尔新昏，不我屑以[15]。毋逝我梁[16]，**

(13)泾：泾水，其水清澈。渭：渭水，其水浑浊。(14)湜湜（shí）：水清见底的样子。沚：止，沉淀。(15)屑：洁。(16)逝：去、往。梁：河中为捕鱼垒成的石堤。

**毋发我笱[17]。我躬不阅[18]，遑恤我后[19]。**

(17)发：打开。笱（gǒu）：捕鱼的竹笼。(18)躬：自身。阅：容纳。(19)遑：来不及。恤：顾念。

**就其深矣，方之舟之[20]。就其浅矣，泳之游之。何有何亡，黾勉**

(20)方：用木筏渡河。舟：用船渡河。

**求之。凡民有丧[21]，匍匐[22]救之。**

(21）丧：灾祸。(22)匍匐（púfú）：爬行，这里的意思是尽力而为。

**不我能慉[23]，反以我为雠[24]。既阻我德[25]，贾用不售[26]。昔育恐**

(23)慉（xu）：爱惜。(24)雠（chóu）：同“仇”。(25)阻：拒绝。(26)贾(gǔ)：卖。不售：卖不掉。

**育鞫[27]，及尔颠覆[28]。既生既育，比予于毒[29]。**

(27)育恐：生活在恐惧中。育鞫：生活在贫穷中。（28）颠覆：艰难，患难。(29)毒：害人之物。

**我有旨蓄[30]，亦以御冬。宴尔新婚，以我御穷。有洸有溃[31]，既**

(30)旨蓄：储藏的美味蔬菜。(31)洸（guang）：粗暴。溃：发怒。

**诒我肄[32]。不念昔者，伊余来塈[33]。**

(32)既：尽。诒：遗留，留下。肄(yì)：辛劳。(33)伊：惟，只有。余：我。来：语气助词，没有实义。塈：爱。

《诗经·邶风》

【翻译】

山谷中风声飒飒，阴云密布雨水流淌。应该同舟共济，不应如此发怒。采来蔓菁和萝卜，却将根茎抛光。不要违背当日誓，与你同生共死。

脚步迟缓，心中充满惆怅。只求送行不求远，仅送我到门口。谁说荼味苦难咽，我吃来像芥菜甜又香。你们快乐结良缘，亲密如兄弟。

渭水流入泾水变浊，水底却清澈如故。你肯快乐结良缘，不要把我诽谤。别到我的渔坝，也别碰我捕鱼筐。我自身不能见容，怎能顾忌去后情况。

就像到了深河流，用木筏小船相来往。好比到了浅浅溪水，游着来到了对岸。往日家中没有什么东西，我都尽心操持奔波。凡是邻居有难事，爬着也要去帮忙。

你不怜惜就算了，反把我当仇敌。拒绝我一片好心，就像货物无法脱手。以往生活在忧困中，与你一起患难与共。如今家境好转，你却把我当成毒物。

我贮藏好美味的蔬菜，为了度过冬天。你们快乐结良缘，却用我的积蓄抵御穷困。粗声恶气拳脚加，还把苦活压我身。全不顾当初情意，“唯我是爱”像空梦一场。

## 【简析】

《邶风·谷风》写了一个善良柔弱的劳动妇女哀怨凄切的哭诉，说自己如何辛苦为夫持家，千难万难渡过贫困，当人老色衰之时，丈夫却另寻新欢，把自己赶了出去。从诗歌叙述来看，这位女子的丈夫原来也是贫穷的农民，只是由于婚后两人的共同努力，尤其是年轻妻子的辛劳操持，才使得日子慢慢好起来。但这种生活状况的改善，反倒成了丈夫遗弃她的原因。这个负心汉不但不顾念患难中的糟糠之妻，相反却喜新厌旧，把妻子当成仇人，有意寻衅找茬，动辄拳脚相加，最后终于在迎新再婚之日，将她赶出了家门。诗歌第一章便以大风和阴雨来表现丈夫经常无故发怒，以采来蔓菁萝卜的根茎被弃来暗示他丢了根本，视宝为废。第二章转用食荼如荠、以苦为甜，来反衬人物在丈夫再婚时内心的苦涩程度，远在荼菜的苦味之上。第三章用泾水因渭水流入表面变浊、其底仍清，来比喻自己尽管被丈夫指责却依然不改初衷的清白。第四章以河深舟渡、水浅泳渡，喻写以往生活不论有何困难，都能想方设法予以解决。第五章用“贾用不售”比丈夫的嫌弃、“比予于毒”喻对己的憎恶。第六章又把自己往日的辛劳比作御冬的“旨蓄”，将丈夫的虐待比喻为湍急咆哮的水流。诗歌成功运用了对比烘托、交互穿插的手法，一会儿是眼前所见，一会儿是往昔回想；一会儿是丈夫新婚，一会儿是自己被抛弃。并且多次出现“宴尔新昏”的叙述，对照女主人公的遭遇和哀伤。俞平伯评价其“如怨如慕、如泣如诉、不特悱恻、而且沉痛”。

# 载　驰



**载驰载驱[1]，归唁卫侯[2]。驱马悠悠，言至于漕[3]。大夫跋涉，**

（1）载：语气助词。驰、驱："走马谓之驰，策马谓之驱"（《孔疏》）。（2）唁：向死者家属表示慰问，此处不仅是哀悼卫侯，还有凭吊宗国危亡之意。卫侯：指卫戴公，许穆夫人之兄，一说卫文公。（3）漕：地名，"卫东邑"（《毛传》）。

**我心则忧。**

**既不我嘉[4]，不能旋反。视尔不臧[5]，我思不远[6]。**

（4）嘉：认为好，赞许。（5）视：表示比较。臧：好、善。（6）远："忘忧也"（朱熹《诗集传》）。

**既不我嘉，不能旋济？视尔不臧，我思不閟[7]。**

（7）閟（bì）：同"闭"，闭塞不通。



**陟彼阿丘，言采其蝱[8]。女子善怀[9]，亦各有行[10]。许人尤**

（8）言：语气助词。蝱（máng）：贝母，一种草药，有镇静、祛痰、止咳的功效。（9）怀：怀念。（10）行：道理、准则。

**之[11]，众[12]稚且狂。**

（11）尤：责怪。（12）众：众人。

**我行其野，芃芃[13]其麦。控[14]于大邦，谁因谁极[15]？**

（13）芃芃（péng）：茂盛貌。（14）控：往告、赴告。（15）因：依靠。极：至，指来援助者的到达。

**大夫君子，无我有尤。百尔所思，不如我所之[16]。**

（16）之：往，指行动。

《诗经·鄘风》

【翻译】

驾车快驰骋，回去吊唁卫侯。赶马路遥遥，到达漕未久。许国大夫跋涉前来，阻止我前行让我忧。

竟然不肯赞同我，哪能返回许地。比起你们心不善，我怀念故国难弃。竟然没有赞同我，无法渡河归故里。比起你们心不善，我眷恋故国情难舍。

登高来到山冈上，采摘贝母治忧郁。女子善怀念，各有道理有头绪。许国众人责难我，实在狂妄又稚愚。

我在田野缓缓行，垄上麦子很茂盛。欲到大国去陈述，谁能依靠谁来援助。

许国大夫君子们，不要对我埋怨。你们考虑上百次，不如我亲自跑一趟。

## 【简析】

中华民族自古以来就有爱国主义的优秀传统。《诗经》中的《鄘风·载驰》是中国文学史上第一篇有署名的女性作者的作品，这位女诗人就是卫宣公的儿子公子顽与后母宣姜私通所生的女儿、许穆公的妻子——许穆夫人。她嫁给许穆公后约十年，狄人侵卫，卫懿公战死，她的姐夫宋襄公接纳卫国之民于漕邑。消息传到许国，许穆夫人立刻赶到漕邑慰问卫国国君，商讨复国大计。而许国的一些大夫反对许穆夫人的做法，也赶到漕邑追她回来，许穆夫人便写下这篇《载驰》。

全诗分为四章，第一章交代事件，当诗人听到卫国灭亡、卫侯去世的消息后，立即快马加鞭，奔赴漕邑，向兄长的家属表示慰问。可是目的地未到，她的丈夫许穆公便派大夫跋山涉水，兼程而至，劝阻她马上停止前进。第二章写诗人内心的矛盾。一边是许国大夫劝她回去，一边是许穆夫人坚持赴卫，可见矛盾之激烈。第三章诗歌的节奏渐渐放慢，感情也渐渐缓和。许穆夫人不能到卫，心头忧思重重，路上一会儿登上高山以舒解愁闷，一会儿又采摘草药以治疗抑郁的心病。第四章写夫人归途所思，此时许穆夫人行路迟迟，一路上考虑如何拯救卫国。爱国之情感坚定激越；救国之胆识压倒须眉。此后齐桓公果然出兵相助，重建卫国。全诗语言质朴、简洁、爽快、流畅，生动地揭示了主人公的性格特点。



# 硕　人



**硕人其颀[1]，衣锦褧衣[2]。齐侯之子[3]，卫侯之妻[4]。东宫之妹[5]，**

(1)硕人：身材高挑的美人，当时以身材高大为美，此指卫庄公的夫人庄姜。颀（qí）：修长。（2）衣锦：穿着锦制的衣服。衣：名词动用，穿着。褧（jiǒng）：又叫禅衣、披风，专门给出嫁的新娘穿的，锦衣在里面，不显得太华丽。（3）齐侯之子：庄姜是齐国诸侯的女儿。（4）卫侯：卫庄公。（5）东宫：古代国君太子住在东宫，故东宫代指太子，此指齐太子得臣。

**邢侯之姨[6]，谭公维私[7]。**

（6）邢：春秋国名，在今山东邢台。姨：此指妻子的姐妹。（7）谭：春秋国名，在今山东历城。维：其。

私：女子称其姐妹的丈夫。

**手如柔荑[8]，肤如凝脂[9]，领如蝤蛴[10]，齿如瓠犀[11]。螓首蛾眉[12]，巧笑倩[13]兮，美目盼[14]兮。**

（8）柔荑：白茅柔嫩的芽。（9）凝脂：凝结的油脂，形容白而有风韵。（10）领：颈。蝤蛴（qiú qí）：昆虫天牛的幼虫，身白而长。（11）瓠犀（hù xī）：葫芦籽，色白，排列整齐。

（12）螓（qín）首：形容前额丰满开阔。螓：一种小蝉，额广而方正。蛾眉：形容眉毛细长弯曲，犹如蚕蛾的触须。（13）倩：笑时两颊出现的酒窝。（14）盼：眼珠转动。

**硕人敖敖[15]，说于农郊[16]。四牡有骄[17]，朱帻镳镳[18]，翟茀以朝[19]。大夫夙退[20]，无使君劳。**

（15）敖敖：修长高大的样子。（16）说：通"税"，停车。（17）四牡：驾车的四匹雄马。有骄：即骄骄，强壮的样子。（18）朱帻（fén）：马饰，缠绕在马口旁铁上的红绸。镳镳（biāo）：盛美的样子。

（19）翟茀（dí fú）以朝：意谓乘着山鸡羽毛装饰的轿车拜见卫庄公。翟：山鸡。茀：车篷。（20）夙退：早早退朝。

**河水洋洋[21]，北流活活[22]。施罛濊濊[23]，鳣鲔发发[24]，葭菼揭揭[25]。庶姜孽孽[26]，庶士有朅[27]。**

（21）河：黄河。洋洋：水流浩荡的样子。（22）北流：指黄河在齐、卫间北流入海。活活：水流声。（23）施：张、设。罛（gū）：渔网。濊濊（huò）：渔网入水声。（24）鳣（zhān）：黄鱼，一说鲤鱼。鲔（wěi）：鲟鱼。发发（bō）：鱼尾击水声。

（25）葭（jiā）：芦苇。菼（tǎn）：荻草。揭揭：高貌。（26）庶姜：指庄姜的陪嫁众女。孽孽：高大的样子。（27）庶士：指庄姜的陪从人员。有朅（qiè）：朅朅、英武的样子。

《诗经·卫风》

【翻译】

那个修长的美女，麻纱罩衫锦绣衣裳。她是齐侯的女儿，也是卫侯的新娘，还是太子的妹妹，还是邢侯的小姨，谭公是她的姐丈。

她的手如柔嫩的春芽，皮肤如白润的凝脂，脖颈如蝤蛴白而长，牙齿如葫芦籽洁白整齐，额角丰满眉毛细长，她翘嘴一笑动人心，秋波一转摄人魂魄。

那个高挑的美女，停车在郊野农田旁。只见四马多雄健，红绸系在马嚼上，乘着山鸡羽毛装饰的轿车去往朝堂。大夫早早退朝，不要使君王劳累。

黄河之水白茫茫，北流入海浩浩荡荡。张开渔网哗哗声，鱼儿激水刷刷响，芦苇荻草长又长。陪嫁的女子身材高，随从男士英武不凡。

【简析】

《卫风·硕人》赞美了从齐国嫁到卫国的卫庄姜，简直是一幅绝妙的“美人图”。诗歌第一章主要说了硕人的出身。她的三亲六戚，父兄夫婿，皆为当时各诸侯国的名人。第二章乃全篇最精彩的部分，诗人运用铺叙手法，以七个生动形象的比喻，犹如电影镜头的特写，犹如纤微毕至的工笔画，细致刻画了她艳丽绝伦的肖像：柔软的纤手、鲜洁的肤色、修美的脖颈、均匀洁白的牙齿、丰满的额头、修长的眉毛，真乃人间尤物。以上几句都是静态之美，接着“巧笑倩兮，美目盼兮”二句乃动态写美，使人物鲜活起来，气韵生动、性灵毕现，似乎从纸面上走出来，走进读者心灵，动摇读者心旌，她漫不经心的嫣然一笑、含情一瞥都让读者久久难忘；她楚楚动人的笑靥和顾盼生辉的秋波，令人销魂摄魄。第三、四两章主要写婚礼的隆重和盛大。那洋洋洒洒的黄河之水，浩浩荡荡向北流；那撒网入水的哗哗声；那鱼尾击水的刷刷声以及河岸绵绵密密、茂茂盛盛的芦苇荻草，那人数众多、声势浩大的陪嫁队伍，这些都或暗或明、或隐或显、或直接或间接地衬托着庄姜的天生丽质。清代姚际恒称此诗“千古颂美人者，无出其右，是为绝唱”（《诗经通论》）。



## 氓

**氓之蚩蚩[1]，抱布贸丝[2]。匪[3]来贸丝，来即我谋[4]。送子涉**

（1）氓：民，男子的古称，此指本文的男主角。蚩蚩（chī chī）：通“嗤嗤”，拟声词，笑嘻嘻。（2）抱布贸丝：怀抱布币来买（我的）丝。（3）匪：同“非”，不是。（4）来即我谋：来与我商量婚事。

**淇[5]，至于顿丘[6]。匪我愆期[7]，子无良媒[8]。将子无怒[9]，秋**

（5）送子涉淇：送你淌过淇水。淇：卫河名，在今河南北部。（6）顿丘：卫国地名，在淇水南面，男主角的住处。（7）愆（qiān）期：误期。（8）良媒：好媒人。（9）将（qiāng）子无（wù）怒：请你不要生气。无：通“毋”，不要。

**以为期[10]。**

（10）秋以为期：以秋为期（结婚迎娶之期）。

**乘彼垝垣[11]，以望复关[12]。不见复关，泣涕涟涟[13]。既见复**

（11）垝垣（guǐ yuán）：坍塌的墙。（12）复关：与氓有关的地名，也有解释成“返回的样子”。（13）泣涕涟涟：哭得泪流不止。

关，载笑载言[14]。尔卜尔筮，体无咎言[15]。以尔车来，以我贿[16]

（14）载笑载言：又笑又说。（15）“尔卜”二句：意谓你（为我们的婚姻）占卜，卦都没有不吉利的言辞。（16）贿：财物，此指嫁妆。

迁。

桑之未落，其叶沃若[17]。于嗟[18]鸠[19]兮，无食桑葚[20]。于嗟

（17）沃若：肥大有光泽的样子。（18）于（xū）嗟：叹词。于：通“吁”。（19）鸠：斑鸠。（20）桑葚：桑树的果实。

女兮，无与士耽[21]。士之耽兮，犹可说[22]也；女之耽兮，不可说也！

（21）耽：沉溺，过分玩乐，此处当迷恋讲。（22）说：通“脱”，解脱。

桑之落矣，其黄而陨[23]。自我徂[24]尔，三岁食贫[25]。淇水汤

（23）陨：下落。（24）徂（cú）：往，到。（25）食贫：过贫苦生活。

汤[26]，渐车帷裳[27]。女也不爽[28]，士贰[29]其行。士也罔极[30]，

（26）汤汤（shāng shāng）：水势盛大的样子。（27）渐车帷裳：浸湿车上的帷幔。（28）爽：差错，过失。（29）贰：不一，不一致，一说通“貣”。（30）罔极：没有准则，反复无常。



二三其德[31]。

（31）二三：不专一，三心二意。

三岁为妇，靡室劳矣[32]。夙兴夜寐[33]，靡有朝矣[34]。言既遂[35]

（32）靡室劳矣：不仅是为家事操劳。（33）夙兴夜寐：早起晚睡。（34）靡有朝矣：不仅是一天如此。（35）遂：（心愿）实现，得到满足。

矣，至于暴[36]矣。兄弟不知，咥[37]其笑矣。静言思之，躬自悼矣[38]。

（36）暴：使用暴力。（37）咥（xì）：张大嘴巴笑的样子。（38）“静言”二句：意谓静下来想想这些事情，（只好）自己悲伤自己罢了。

及尔偕老[39]，老使我怨。淇则有岸，隰[40]则有泮[41]。总角之

（39）偕老：一同到老。（40）隰（xí）：低湿的地方。（41）泮：通“畔”，边。

宴，言笑晏晏[42]。信誓旦旦，不思其反[43]。反是不思，亦已焉哉[44]！

（42）“总角”二句：意谓我们俩在童年时代都很快乐，说说笑笑，其乐融融。（43）不思其反：没想到你会违背自己的誓言。（44）“反是”二句：意谓过去的事情就不想它了，也只好就此罢休（终止夫妻关系）。

《诗经·卫风》

【翻译】

笑嘻嘻的小伙子，怀抱布币来买丝。其实不是真买丝，而是来与我商量婚事。送你淌过淇水，来到了顿丘。不是我愿误期，而是你没有好的媒人。希望你不要发怒，以秋天为迎娶之期。

爬上破土墙，遥望复关，不见复关，哭得泪流不止。看见情郎从复关来，又说又笑，请为婚姻占卜，卦辞没有不吉利。赶着你的车子来，为我搬运好嫁妆。

桑树叶子未落，叶子肥大有光泽。唉呀小斑鸠，别吃桑葚。唉呀年轻的姑娘，别对男人太迷恋。男人若是恋上，很容易解脱。女子若是恋上，很难解脱。

桑树叶子落下，枯黄憔悴飘零。自从嫁到你家来，三年穷苦受煎熬。淇水盛大，浸湿车上的帷幔。妻子没有过失，丈夫却不专一。男子反复无常，三心二意。

婚后多年，不仅为家事操劳。早起晚睡，不仅一天如此。心愿实现后，渐渐对我凶暴。兄弟不知，见我而嘲笑。静心细想，独自神伤。

当年发誓白头偕老，如今老而使人怨。淇水有岸，沼泽有边。回想童年多欢乐，言笑温柔和悦。海誓山盟犹在，没想却违背誓言。过去的事情不要想，只好终结而罢休。



【简析】

《卫风·氓》是一首著名的弃妇诗，其叙述了一个女子从恋爱到结婚再到被抛弃的经历，抒发了内心的悲愤，读之动人心弦，催人泪下。诗歌共六章，每章十句，但并没有运用复沓的形式，而是以赋为主，兼用比兴，依照人物命运发展的顺序，自然地加以抒写。诗歌第一、二章具体描写男子向女子从求婚到结婚的过程。那是在一次集市上，一个男子以买丝为名，向女子吐露爱意，一会儿嬉皮笑脸，一会儿发脾气，可谓软硬兼施。女子则说必须要有媒人来说媒，最后将婚期定于秋天。从此以后，女子朝思暮想，望不到男子所住的复关，便流泪不止，见到了那男子又眉开眼笑。经过算卦占卜、预测吉凶等仪式，男方来迎娶了，女子带着全部嫁妆嫁了过去。第三、四章运用比兴手法，以桑树起兴，从女子的年轻貌美写到体衰色减，揭示了男子对女子从热爱到厌弃的经过。这里用桑叶润泽有光比喻女子容颜亮丽；以桑叶枯黄飘落，比喻女子的憔悴和被弃。桑葚是甜的，鸠多食则易致醉；爱情是美好的，人多迷恋则易上当受骗。男人沉溺于爱情犹可解脱，女子一旦坠入爱河则无法挣脱，这是多么沉痛的预言。第五章运用赋的手法叙述了被遗弃前后的处境。女子多年为妇，起早贪黑，辛勤工作，一旦日子好过，丈夫便变得暴戾残酷。女子被抛弃回到娘家，受到了兄弟们的冷笑。第六章运用赋兼比兴手法，在抒情中叙事，当初他们相恋时，又说又笑，男子“信誓旦旦”，表示白头到老，可是很快就产生怨恨，无法挽回。这里还运用了两个比喻：浩浩荡荡的淇水，总会有堤岸；广阔连绵的沼泽，也会有边际，言外之意是，我的痛苦为什么没有到头呢？为了摆脱这种痛苦，女子下定决心与男子割断联系。诗歌融叙事与抒情为一体，采用比兴手法，故事情节完善，结构精严，乃千古好诗。



# 黍离

**彼黍离离(1)，彼稷之苗。行迈靡靡(2)，中心摇摇(3)。知我者(4)，谓我心忧；不知我者，谓我何求(5)。悠悠苍天(6)！此何人哉(7)？**

（1）彼：犹言那个地方，指西周宗庙宫室所在地。黍：大黄米。离离：繁茂的样子。（2）行迈：行。靡靡：行走缓慢。（3）中心：心中。摇摇：忧苦不安。（4）知我者：知我心的人。

（5）谓我何求：我久久不离去，有何要求。（6）悠悠：远。苍天：青天。（7）“此何”句：意谓造成这种局面的到底是哪个人？



**彼黍离离，彼稷之穗(8)。行迈靡靡，中心如醉(9)。知我者，谓我心忧；不知我者，谓我何求。悠悠苍天！此何人哉？**

（8）穗：穗子。（9）“中心”句：意谓心中忧愁犹如醉酒一样。

**彼黍离离，彼稷之实。行迈靡靡，中心如噎(10)。知我者，谓我心忧；不知我者，谓我何求。悠悠苍天！此何人哉？**

（10）噎（yē）：咽喉闭塞，不能喘息。

《诗经·王风》

【翻译】

那里的黍茂盛繁密，那里的高粱刚发苗。走上道路脚步缓，心中忧苦不安。理解我的人，知我心中忧愁。不理解我的人，以为我有所要求。悠远在上的苍天，造成这局面的是何人？

那里的黍茂盛繁密，那里的高粱已结穗。走上道路脚步缓，心中沉沉如醉。理解我的人，知我心中忧愁。不理解我的人，以为我有所要求。悠远在上的苍天，造成这局面的是何人？

那里的黍茂盛繁密，那里的高粱籽饱满。走上道路脚步缓，心中郁结如梗。理解我的人，知我心中忧愁。不理解我的人，以为我有所要求。悠远在上的苍天，造成这局面的是何人？

【简析】

《毛诗序》认为，此篇诗歌是周大夫慨叹西周论亡之作。周朝平王后，周朝疆土缩减，国力衰微，不再具有雄踞关中的力量，各地诸侯日渐强大起来，不再听从周王调遣。朝中一位大夫行役至当年的西周都城镐京，已经没有了昔日城阙宫殿，也没有了当日的繁华，只剩下一片郁茂的黍苗尽情生长。面对此情此景，不禁悲从中来，涕泪满衫，于是创作了这首《黍离》。

诗歌开篇便写了诗人行役至宗周，过访故国宗庙，当年的盛景不在，昔日繁华不见，刚经历的战火都也难以寻觅了，只见那绿油油的一片黍苗盛长，还有那稷苗萋萋，这都勾起了作者无限愁思，他缓步在荒凉的小道上，心旌摇摇，惆怅无比。愁思、惆怅还可勉强承受，更令人不堪的是这种为国忧思还不能被世人理解，“知我者谓我心忧，不知我者谓我何求”，这是众人皆醉我独醒的尴尬。无奈之下，只能叩问苍穹，“悠悠苍天，此何人哉？”借对苍天的质问，把对自己切身遭遇的忧叹、对小人助纣为虐的谴责、对国家兴衰动乱的关注等都蕴含其中。诗人奔走呼号而叩问天地的动人形象、缠绵悱恻而满腔愁苦的艺术情感，已在国民心中构成一种独特的审美积淀——以“黍离之悲”代亡国之痛。



## 君子于役

**君子于役[1]，不知其期[2]，曷至哉[3]？鸡栖于埘[4]，日之夕矣[5]，**

（1）君子：女子对丈夫的称呼。于役：在外服徭役。（2）期：归期。（3）曷至哉：什么时候才能回家？曷：何时。（4）埘（shí）：凿墙而成的鸡窝。（5）日之夕矣：天色黄昏的时候。

**羊牛下来[6]。君子于役，如之何勿思[7]！**

（6）下来：从山坡下来。（7）如之何：如何、怎么。

**君子于役，不日不月[8]，曷其有佸[9]？鸡栖于桀[10]，日之夕矣，**

（8）不日不月：没日没月，指没有日期。（9）佸（huó）：聚会、相会。（10）桀：供鸡休息的木桩。

**羊牛下括[11]。君子于役，苟无饥渴[12]！**

（11）括：通话，聚会、到来。（12）苟：或许、也许。

《诗经·王风》

【翻译】

君子在外服役，不知道归期，何时才能回家？鸡回到鸡窝栖息，天色黄昏，牛羊下山歇息，君子在外服役，如何能不相思？

君子在外服役，没日没月，何时才能相会？鸡回栏栖息，天色黄昏，羊牛缓缓聚会。君子在外服役，或许没有挨饥渴！

【简析】

这是一首妻子怀念在远方服役丈夫的诗。语言质朴自然，且用重沓迭唱的手法来推进感情，直接表达女主人公的内心独白：开篇即说，君子远在他乡服役，不知何时才能回来呢？接着，借一幅淡淡的乡村晚景图“夕阳西下，鸡归了巢，牛羊也从村外山坡缓缓下来”再次发问：君子在远方服役，让人思念，到底什么时候能回来呢？第二章说，黄昏的农村是这么宁静、恬淡，丈夫你却在远方服役，该不会遭受到无法忍受的饥渴吧？此诗自然天成，写出了一个妻子对丈夫的真切牵挂，触动着千百年来人心中最柔软的地方。





## 采葛

**彼采葛兮[1]，一日不见，如三月兮。**

（1）葛：一种蔓生植物，块根可食，茎可制纤维。

**彼采萧兮[2]，一日不见，如三秋兮[3]。**

（2）萧：香蒿，古人祭祀所用。（3）三秋：犹言三季，即九个月。

**彼采艾兮[4]，一日不见，如三岁兮。**

（4）艾：菊科植物，可制艾绒灸病。

《诗经·王风》

【翻译】

那个采葛的姑娘，一日不见到她，好像三个月那么长。

那个采萧的姑娘，一日不见到她，好像三个秋季那么长。

那个采艾的姑娘，一日不见到她，好像三个年头那么长！

【简析】

这是一首描写思念恋人的诗。热恋中的情侣无不希望朝夕厮守、耳鬓厮磨，分离对他们来说是极大的痛苦，即使是短暂的分别，在感觉中也成了难以忍耐的漫长时光。全诗三章正是抓住这个人人都能理解的最普通而又最折磨人的感情，反复吟诵，重叠中只换了几个字，就把怀念情人愈来愈强烈的情感生动地展现出来，仿佛能触摸到诗人激烈跳动的脉搏，听到他那发自心底的呼唤。全诗没有卿卿我我的具体的爱的语言行为，只是直接表白自己思念的情绪，并将这一感情浓缩为“一日三秋”的成语，审美价值永不消退，至今仍活在人们心头。从科学的时间概念衡量，三个月、三个季度、三个年头怎能与“一日”相比，然而从诗歌的抒情看却是合理的夸张。在热恋中的情侣，一日之别，却在他或她心理上延长为三月、三秋、三岁之别，这种对自然时间的心理错觉，真实反映出他们如胶似漆、难舍难分的恋情。这一时间由于融入了他们无以复加的恋情，所以看似痴语、疯话，却能妙达离人心曲，唤起不同时代读者的情感共鸣。



# 将仲子

**将仲子兮(1)，无逾我里(2)，无折我树杞(3)。岂敢爱之(4)？畏我**

(1) 将（qiāng）：愿、请。仲子：老二、二哥，诗中女子对恋人的昵称。(2) 无：同“勿”，不要。逾（yú）：逾越，跨过去。里：指里的墙。古制二十五家为一里，每里自成范围，有墙环绕。(3) 折：折断。攀墙而过，易将树枝折断，并发出声响。树杞（qǐ）：即杞树，柳树的一种。(4) 爱：爱惜、吝啬。之：指上文的杞树。

**父母。仲可怀也(5)，父母之言，亦可畏也。**

(5) “仲可”句：意谓仲子是我所想念的人。可：所。

**将仲子兮，无逾我墙，无折我树桑。岂敢爱之？畏我诸兄(6)。**

(6)诸兄：泛指家族中的几位兄长。

**仲可怀也，诸兄之言，亦可畏也。**

**将仲子兮，无逾我园(7)，无折我树檀。岂敢爱之？畏人之多言。**

(7) 园：指园圃的围墙。

**仲可怀也，人之多言，亦可畏也。**

《诗经·郑风》



【翻译】

请求我的仲子，别翻我门户，别折了我的杞树。不是我舍不得杞树，是我怕惊动父母。仲子你让我牵挂，但父母的斥责也让我害怕。

请求我的仲子，别翻我围墙，别折了我的绿桑。不是我舍不得桑树，是我怕惊动兄长。仲子你让我牵挂，但兄长的斥骂也让我害怕。

请求我的仲子，别翻我菜园，别折了我的青檀。不是我舍不得檀树，是我怕邻居多言。仲子你让我牵挂，但邻居的毁谗也让我害怕。

【简析】



诗歌表现了一位热恋中的青年女子在传统观念和礼教舆论压迫下的畏惧、矛盾心理。诗歌开头即是突兀而发的呼告之语。热恋中的男子大约有点情急，竟提出了要翻墙过园前来相会，这可把女子吓坏了，于是发出了“别翻我家门，别折我种的树”，“仲子”可能因被拒绝而失望，这失望无疑被女主人公感觉到了，诗中由此跳出了一节绝妙的内心表白：我不是吝啬杞树，我只是怕我父母知道，因此虽然爱着你，却不能让你翻墙折杞前来，我实在是逼不得已，父母的斥骂实在让我害怕。第二、三章初看只是对首章的重复，其实却是情意抒写上的层层递进。男子鲁莽的行为，女子受不了为人轻贱的闲话，女子的畏惧随之扩展，由“畏我父母”至“畏我诸兄”，最后畏左邻右舍的“人之多言”，那似乎是一张无形的大网，从家庭一直布向社会，谁也无法挣脱，她实在孤立无助，又深陷热恋而难以自拔。

# 溱　洧

**溱与洧(1)，方涣涣兮(2)。士与女(3)，方秉蕑兮(4)。女曰观乎(5)？**

(1) 溱（zhēn）：郑国水名，在今河南，流入洧水。洧（wěi）：郑国水名，在今河南，流经密县与溱水汇合为双洎河，入颖水。(2) 方：正。涣涣：水势盛大的样子。(3) 士与女：男人和女人们，指春游的男男女女。(4)秉：拿着。蕑（jiān）：兰草，菊科植物，多年生草本，秋季开花，花红白色。(5)观乎：去看看吗？

**士曰既且[(6)]，且往观乎[(7)]？洧之外[(8)]，洵訏且乐[(9)]。维士与女[(10)]，**

(6)既且（cú）：已经过去了。且：同“徂”，往、到、去。(7)且往观乎：再去看一次吧。(8)洧之外：洧水的岸边。(9)洵（xún）：确实、诚然。訏（xū）：宽广。乐：好玩。(10)维：语气助词。

**伊其相谑[(11)]，赠之以勺药[(12)]。**

(11)伊：语气助词。其：指代“士与女”。相谑（xuè）：相互调笑。(12)勺药：即“芍药”，一种名为“江蓠”的草，古代男女以互赠芍药表示爱慕之情。

**溱与洧，浏其清矣[(13)]。士与女，殷其盈矣[(14)]。女曰观乎？士曰**

(13)浏（liú）：水清澈的样子。(14)殷：众多。盈：充满。

**既且，且往观乎？洧之外，洵訏且乐。维士与女，伊其将谑，赠之以勺药。**

《诗经·郑风》

【翻译】

溱水与洧水，春水奔腾盛大。有男有女，拿着兰草。姑娘说：“去看看？”男士说：“已经去过。”“再去看一次吧！”洧水岸边，确实宽敞、快活。少男少女，相互调笑戏谑，并送一支芍药订约。

溱水与洧水，春水清澈无比。有男有女，游人众多。姑娘说：“去看看？”男士说：“已经去过。”“再去看一次吧！”洧水岸边，确实宽敞、快活。少男少女，相互调笑戏谑，并送一枝芍药订约。

【简析】

诗歌记述了郑国男女相互邀约到溱水、洧水两岸聚会、咏歌的风俗，描绘了情侣们春游的欢快场面。全诗分两章，内容仅换数字，采用了回环往复的表现手法。每章分为两层，前四句为一层，后八句为一层。前四句描绘了一幅风俗画：人们经过冬天严寒的困扰，到野外，到水滨，去迎接春天的到来，此时春水涣涣，春光融融，而人手一束嫩绿兰草，便是这次春游的收获，是春的象征。此时青年的“士与女”祈愿的重要内容是爱情。这些男女呢喃私语，俏皮调笑，真纯对话，嘻嘻哈哈，他们折花相送，以表真情。民间的歌手满怀爱心和激情，讴歌了这个春天的节日，记下了人们的欢娱，肯定和赞美了纯真的爱情，诗意明朗、欢快、清新，没有一丝“邪思”。



# 狡童

**彼狡童兮**[1]**，不与我言兮。维子之故**[2]**，使我不能餐兮。**

（1）狡童：狡猾的少年。（2）维：由于。

**彼狡童兮，不与我食兮。维子之故，使我不能息兮**[3]**。**

（3）息：安稳入睡。

《诗经·郑风》

【翻译】

那个狡猾的少年，不愿与我说话。由于你的原因，害得我饭也吃不下。

那个狡猾的少年，不愿与我吃饭。由于你的原因，害得我觉也睡不着。



【简析】

《郑风·狡童》是一首描写失恋苦闷的诗歌。一个女子因“狡童”不和她说话，不同她一起吃饭，便寝食不安、满心忧郁，好像生活中最艰巨的任务就是反复证实小伙子的爱情是否执着专一、永恒不变了。或许是一个口角，或许是一个误会，小伙子两个失爱的举动，竟使之寝食不安，直言痛呼了。诗章通过循序渐进的结构方式，有层次地表现了这对恋人之间出现的疏离过程，两人先是在共食时不求不睬，进而分而居之，不与共食，爱情的小舟遇到了疾风狂浪，正面临倾覆危险。与此相应，姑娘失恋的痛苦也随之不断加深，共食不睬，一日三餐皆不宁；分居而食，就寝不安席。难怪法国女作家斯达尔夫人要说出：“爱情对于男子只是生活中的一段插曲，而对于女人则是生命的全部”这样的话了。

# 野有蔓草

**野有蔓草[1]，零露漙兮[2]。有美一人，清扬婉兮[3]。邂逅相遇[4]，适我愿兮。**

（1）蔓草：蔓延生长的草。（2）零：降落。漙（tuán）：形容露水多。（3）清扬：形容眉目漂亮传神。婉：美好。（4）邂逅：不期而遇。

**野有蔓草，零露瀼瀼[5]。有美一人，婉如清扬。邂逅相遇，与子偕臧[6]。**

（5）瀼瀼（rǎng）：形容露水浓。

（6）偕臧：一同藏匿，指消失在草木丛中。臧：通“藏”。

《诗经·郑风》

## 【翻译】

郊野蔓草生长，降落了许多露水。有位美丽的姑娘，眉目漂亮传神。有缘不期而遇，令我一见倾心！

郊野蔓草生长，降落了很浓露水。有位美丽的姑娘，眉目婉美多情。有缘不期而遇，与你携手藏匿！

## 【简析】

《郑风·野有蔓草》写了一个浪漫而自由的爱情：良辰美景，邂逅丽人，一见钟情，便携手藏入芳林深处，恰如一对自由而欢乐的小鸟，一待关关相和，便双双比翼而飞。全诗分为两章，重复叠咏，每章六句，两句一层，分为写景、写人、抒情三个层次。清晨的郊野，春草葳蕤，枝叶蔓延，绿成一片，嫩绿的春草，缀满露珠，在初日的照耀下，明澈晶莹，在如此美丽的景色中，一位美丽的姑娘含情不语，飘然而至，那露水般晶莹的美目，顾盼流转，妩媚动人。小伙子见到这一切，爱悦之情怎能不喷涌而出。“邂逅相遇，适我愿兮”，这里有对姑娘的惊叹，有对不期而遇的惊喜，更有对爱神突然降临的幸福感和满足感。第二章前五句重叠复唱，可以理解为小伙子心情略为平静后，向姑娘倾诉的爱慕之意和殷殷之情，然而在当时人性纯朴的时代，无须絮絮长叹，更不必繁文缛节，只要两情相悦，便结百年之好，无须父母之命、媒妁之言，自可永结同心。率真的爱情，形诸牧歌笔调，字字珠玑，如歌如画。



# 伐 檀

**坎坎伐檀兮[1]，寘之河之干兮[2]，河水清且涟猗[3]。不稼不穑[4]，**

（1）坎坎：拟声词，砍伐木材的声音。檀：树名，木质坚实，易于造车。（2）寘（zhì）：同“置”，放置。干：河岸。（3）涟（lián）：水面被风吹起的波纹。猗（yī）：语气词，啊。（4）稼：耕种。穑（sè）：收获。

**胡取禾三百廛兮[5]？不狩不猎[6]，胡瞻尔庭有县貆兮[7]？彼君**

（5）胡：何，为什么。禾：禾谷，谷类作物的统称。三百廛（chán）：三百捆。三百：形容数量大。廛：通“缠”，束，捆。（6）狩：冬猎，泛指打猎。（7）瞻：看到、望见。尔庭：你的院子。县：同“悬”，挂着。貆（huān）：兽名，俗称狗獾子。

**子兮[8]，不素餐兮[9]！**



（8）君子：指贵族统治者。（9）素餐：白吃饭，此句为反语，指责统治阶级不劳而食。

**坎坎伐辐兮[10]，寘之河之侧兮[11]，河水清且直猗[12]。不稼不**

（10）辐：车辐条。（11）侧：边。（12）直：照直奔流。

**穑，胡取禾三百亿兮[13]？不狩不猎，胡瞻尔庭有县特兮[14]？彼君子**

（13）亿：捆成束，一说十万曰亿，此指禾捆数目之大。（14）特：大的野兽。

**兮，不素食兮！**

**坎坎伐轮兮[15]，寘之河之漘兮[16]，河水清且沦猗[17]。不稼不**

（15）轮：车轮。（16）漘（chún）：水边、河边。（17）沦：水波纹。

**穑，胡取禾三百囷兮[18]？不狩不猎，胡瞻尔庭有县鹑兮[19]？彼君子**

（18）囷（jūn）：同“稇”，束，捆。（19）鹑（chún）：鸟名，即鹌鹑。

**兮，不素飧兮[20]！**

（20）飧（sūn）：熟食。素飧：指吃白饭。

《诗经·魏风》

【翻译】

坎坎声中伐檀树，棵棵放在河岸边，河水清澈波纹起。不耕种不收获，为何三百捆禾搬家里？不冬狩不夜猎，为何看到你院子悬挂猪獾？那些贵族们啊，不可白吃闲饭啊！

砍伐檀树做车辐，放在河边堆一处，河水清澈直奔流。不耕种不收获，为何三百捆禾要独取？不冬狩不夜猎，为何看到你院子悬挂大野兽？那些贵族们啊，不可白吃饱腹啊！

砍伐檀树做车轮，棵棵放在河边屯，河水清澈波纹起。不耕种不收获，为何三百捆禾要独吞？不冬狩不夜猎，为何看到你院子悬挂鹌鹑？那些贵族们啊，不可白吃荤腥啊！

【简析】

这是一首伐木工人之歌。作者以显明的事实表达了对白吃闲饭的贵族们的不满。全诗三章重叠，意思相同，按照诗人感情发展的脉络可以分为三层：第一层写伐檀造车的艰苦劳动，当伐木者把亲手砍下的檀树运到河边的时候，面对微波荡漾的清澈水流，既有赏心悦目的感受又有遭受不公对待的愤慨。第二层便从眼下伐木造车想到还要替贵族种庄稼和打猎，而这些收获物却全部被占去，自己一无所有，越想越愤怒，忍不住提出了严厉责问；第三层进一步揭露贵族们不劳而获的寄生本质，巧妙运用反语作结“彼君子兮，不素餐兮”，对统治者冷嘲热讽，点明了主题。第二、三章复沓，更有力地表达了伐木者的反抗情绪。



# 硕　鼠

**硕鼠硕鼠(1)，无食我黍(2)！三岁贯女(3)，莫我肯顾(4)。逝将去**

(1) 硕鼠：大老鼠，一说是田鼠，此比喻剥削者。硕：大。(2) 无：同“勿”，不要。黍：谷物名，即“糜子”。(3) 三岁：三年，此指多年。贯：伺奉。女：同“汝”，你。(4) 莫我肯顾：即“莫肯顾我”，不肯顾念我。顾：顾念、照顾。

**女(5)，适彼乐土(6)。乐土乐土，爰得我所(7)。**

(5) 逝：同“誓”，一说为语气助词。去女：离开你。(6) 适：往、到。乐土：快乐的国土。下文的“乐国”“乐郊”与此同义，都指没有剥削压迫的理想社会。(7)“爰得”句：意谓这才得到我可以安居的处所。爰（yuán）：乃、才。所：处所。

**硕鼠硕鼠，无食我麦！三岁贯女，莫我肯德(8)。逝将去女，适**

(8) 德：恩德，此指感激。

**彼乐国。乐国乐国，爰得我直(9)。**

(9) 直：同“值”，价值、报酬。

**硕鼠硕鼠，无食我苗[10]！三岁贯女，莫我肯劳[11]。逝将去女，**

（10）苗：禾苗。（11）劳：慰劳。

**适彼乐郊[12]，乐郊乐郊，谁之永号[13]！**

（12）郊：郊野。（13）之：语气助词。永号：长号。

《诗经·魏风》



## 【翻译】

大田鼠大田鼠，不要吃我的黍！多年伺候你，你却不顾念我。发誓要离开你，去那没有剥削的快乐国土。乐土啊乐土，才是我安居的去所！

大田鼠大田鼠，不要吃我的麦！多年伺候你，你却不优待我。发誓要离开你，去那仁爱的快乐国土。乐国啊乐国，才是我安居的去所！

大田鼠大田鼠，不要吃我的苗！多年伺候你，你却不慰劳我。发誓要离开你，那欢笑的乐郊。乐郊啊乐郊，谁还悲叹长呼号！



## 【简析】

《魏风·硕鼠》全诗揭露了在奴隶主的残酷剥削和压榨下，奴隶们辛勤劳动果实被掠夺一空，以致无以为生、四处流落的悲惨现实。《硕鼠》全诗共三章，意思大致相同。头两句直呼奴隶主为“硕鼠”，并以命令的语气发出警告：“无食我黍（麦、苗）”，老鼠的想象丑陋又狡黠，性喜窃食，以此来比喻贪婪的奴隶主十分恰当。三、四句进一步揭露奴隶主贪得无厌而且寡恩：我多年养活你，你却不肯照顾我、给我恩惠，甚至一点安慰都没有。后四句更以雷霆万钧之力喊出了他们的心声，公开宣布“逝将去女”，决计采取反抗，不再养活你，要找到一个安居乐业、不受剥削的人间乐土，当然这只是一种美好的生活理想。

# 蒹 葭

**蒹葭苍苍[1]，白露为霜[2]。所谓伊人[3]，在水一方[4]。溯洄[5]**

（1）蒹葭（jiān jiā）：荻和芦。苍苍：颜色青青的样子。（2）“白露”句：意谓晶莹的露珠凝结成为霜。（3）所谓：所说。这里指诗人的所爱、所思。伊人：（诗人意中的）那个人。（4）在水一方：在水的另一岸。（5）溯洄（sù huí）：沿着曲折的岸边逆流上行。

**从之[6]，道阻且长[7]。溯游从之[8]，宛[9]在水中央。**

（6）从之：追寻她。（7）道阻且长：道路艰险且漫长。（8）溯游：沿着平直的水岸下行。（9）宛：宛如，好像。

**蒹葭凄凄[10]，白露未晞[11]。所谓伊人，在水之湄[12]。溯洄从**

（10）凄凄：即“萋萋”，茂盛的样子。（11）晞（xī）：干。（12）湄（méi）：水边，水与草的交接处。

**之，道阻且跻[13]。溯游从之，宛在水中坻[14]。**

（13）跻（jī）：升高。（14）坻（chí）：水中的小洲。

**蒹葭采采[15]，白露未已[16]。所谓伊人，在水之涘[17]。溯洄从**

（15）采采：花草鲜明茂盛的样子。（16）已：停止。（17）涘（sì）：水边。

**之，道阻且右[18]。溯游从之，宛在水中沚[19]。**

（18）右：迂回曲折。（19）沚（zhǐ）：小洲，水中的小块陆地。

《诗经·秦风》

## 【翻译】

芦苇青青，晶莹露水结成霜。意中人啊，在河另一边。逆流而上寻找她，道路艰险且漫长，顺水而下寻找她，仿佛在水中央。

芦苇茂盛，清晨露水未成干。意中人啊，在河那一边。逆流而上寻找她，道路艰险难攀登，顺水而下寻找她，仿佛在水中滩。

芦苇鲜茂，清晨露水未全收。意中人啊，在河那一边。逆流而上寻找她，道路艰险迂回曲折，顺水而下寻找她，仿佛在水中洲。

## 【简析】

这是述说一位痴情者在秋天早晨来到河边寻求自己的“伊人”的情景的诗。如果把诗中的“伊人”认定为情人、恋人，那么这首诗就是表现了主人公对美好爱情的执着追求和求之不得的惆怅心情。其中所体现的锲而不舍的追求精神是可贵的，对“伊人”所倾注的感情是真挚的，但却终究未能如愿，所以主人公是一个苦恋者的形象。全诗三章，每章只换几个字，发挥了重章叠句、反复吟咏、一唱三叹的艺术效果，起到了将诗意不断推进的作用。从“白露为霜”到“白露未晞”再到“白露未已”，这是时间的推移，象征着主人公凝望追寻时间之长；从“在水一方”到“在水之湄”再到“在水之涘”，从“宛在水中央”到“宛在水中坻”再到“宛在水中沚”，这是地点的转换，象征着伊人的飘渺难寻；从“道阻且长”到“道阻且跻”再到“道阻且右”，则是反复渲染追寻过程的艰难，以凸显主人公锲而不舍的精神。全诗语言优美、明快，富有音乐性，以富有质感的言词状物写景，逼真描绘了自然物的特点，也完美表达了诗人怀人盼会的心境。



# 无 衣

**岂曰无衣？与子同袍[1]。王于兴师[2]，修我戈矛[3]，与子同仇[4]！**

（1）袍：长衣。行军者用袍日以当衣，夜以当被。（2）王：周王，秦国出兵以周天子名义兴兵。于：语气助词。兴师：出兵。（3）修：修饰。戈矛：都是长柄的兵器，戈平头而旁有枝，矛头尖锐。（4）“与子”句：意谓与你同仇敌忾。子：你，指战友。

**岂曰无衣？与子同泽[5]。王于兴师，修我矛戟[6]，与子偕作[7]！**

（5）泽：内衣。（6）戟：兵器，古戟形似戈，具横直两锋。（7）作：起。



**岂曰无衣？与子同裳[8]。王于兴师，修我甲兵[9]，与子偕行！**

（8）裳：下衣，此指战裙。（9）甲兵：铠甲和兵器。

《诗经·秦风》

## 【翻译】

谁说我没有衣，有与你同样的战袍。君王出兵交战，修饰我的戈与矛，与你同仇敌忾！

谁说我没有衣，有与你同样的内衣。君王出兵交战，修饰我的矛与戟，与你一起作战！

谁说我没有衣，有与你同样的战裙。君王出兵交战，修饰我的铠甲和兵器，与你共同前进！

## 【简析】

这是一首充满同仇敌忾的激昂悲歌的战歌。全诗共三章，采用了复沓重唱的形式，结构相同而不机械重复，使感情的渲染一步步加深。诗歌开篇就用了一个反问句式“谁说我没有战衣？我有与你一样的战袍”，言外之意就是我也要上战场与你一起奋战。后两句带有强烈的动作性：修饰我的武器，使人想到了战士们正在磨刀擦枪，准备拼死一战的激烈场面。全诗充满着一股战斗热情，表现了秦人尚武好勇的气概，和战士们团结友爱、协同作战、慷慨激烈的爱国情怀，给人以强烈的感染力。

## 株 林

**胡为乎株林[(1)]？从夏南[(2)]！匪适株林，从夏南！**

（1）胡为：为什么。株：陈国邑名，在今河南西华县。林：郊野。（2）从：跟、与，此指找人。夏南：夏姬之子夏征舒（字子南）。

**驾我乘马[(3)]，说于株野[(4)]。乘我乘驹[(5)]，朝食于株[(6)]！**

（3）乘（shèng）马：四匹马，古时以一车四马为一乘。（4）说（shuì）：通“税”，停车解马。株野：株邑之郊野。（5）驹：马高五尺以上、六尺以下称“驹”，大夫所乘；马高六尺以上称“马”，诸侯国君所乘。此诗中“乘马”指陈灵公，“乘驹”指孔宁、仪行父。（6）朝食：吃早饭。

《诗经·陈风》

### 【翻译】

为何去株邑之郊？只为找夏南！不为到株邑之郊？只为找夏南！

驾着四匹大马车，停车在株邑之郊。驾着大夫的轻车，抵株邑吃早餐！

### 【简析】

中国古代社会可谓等级森严，上层贵族出身高贵，锦衣玉食、繁华生活出生即有，美酒佳肴、玉盘珍奇、风姿绝色等从来不缺，上层统治男女勾搭、相互通奸、乱伦败德等荒淫无耻之事比比皆是，所谓男女大防、从一而终、忠贞不渝等品行不过是一张麻痹老百姓的遮羞布而已。此诗就是对陈灵公的丑恶行径的讽刺。当这帮衣冠禽兽乘着粼粼的车马洋洋得意驶向夏姬居处株林时，路边有百姓故作不知地问：“他们到株林去干什么呢？”另外一些百姓立即心领神会却又故作神秘地回应道：“那是去找夏南吧！”问者即装作尚未领会其中奥妙，又逼问一句：“不是到株林去？”应者笑在心里，却又煞有介事地坚持道：“只是去找夏南！”接着又换了笔墨，描述陈灵公摆脱了路人，遥望着株林，想到马上就可以见到美丽的夏姬，不禁眉飞色舞地高唱要停车于株林。对于国君的心事，两位大夫心领神会，所以马上笑眯眯凑趣道：“到株林还赶得上早餐歇息呢！”君臣之间的淫笑浪荡显现在脸上，这样的讽刺笔墨，旁敲侧击、意在言外，实在犀利。

# 七　月

**七月[1]流火[2]，九月授衣[3]。一之日[4]觱发[5]，二之日**

（1）七月：夏历（即农历）七月。（2）流火：大火星向下沉，表示夏去秋来的季节。火：又名“大火”，星宿名 。（3）授衣：把裁制冬衣的工作交给妇女们去做。（4）一之日：周历一月，夏历十月之后第一个月，即十一月。下文“二之日”即周历二月，夏历十二月；“三之日”即周历三月，夏历一月；“四之日”即周历四月，夏历二月。（5）觱发（bìbō）：拟声词，风吹物动发出噼噼啪啪的声音。

**栗烈[6]。无衣无褐[7]，何以卒岁[8]？ 三之日于耜[9]，四之日**

（6）栗烈：凛冽，空气寒冷。（7）褐：粗毛、粗麻布，此指粗毛或粗麻布做的短衣。（8）卒岁：过完一年，此指过冬。（9）于耜（sì）：修理农具。于：动词词头。

**举趾[10]。同我妇子[11]，馌彼南亩[12]，田畯至喜[13]。**

（10）举趾：举足下田，开始田间劳动。（11）妇子：老婆和孩子。 （12）馌（yè）彼南亩：送饭到那向阳的田地里。南亩：向阳的农田。（13）田畯（jùn）至喜：农官（看到农夫们开始劳作）很高兴。



**七月流火，九月授衣。春日载阳[14]，有鸣仓庚[15]。女执懿**

（14）载阳：开始暖和。（15）有：动词词头。仓庚：黄莺。

**筐[16]，遵彼微行[17]，爰求柔桑[18]。春日迟迟[19]，采蘩祁祁[20]。**

（16）女执懿筐：女子拿着深筐。（17）遵彼微行（háng）：沿着那小路。（18）爰求柔桑：于是采摘嫩桑叶。（19）春日迟迟：春天白昼长。（20）采蘩（fán）祁祁：采摘很多白蒿。祁祁：众多的样子。

**女心伤悲，殆及公子同归[21]。**

（21）殆及公子同归：害怕（在回家路上）被贵族公子抢走。

**七月流火，八月萑苇[22]。蚕月条桑[23]，取彼斧斨[24]，以**

（22）萑（huán）苇：两种芦类植物，此指八月份萑苇已经可以收割。（23）蚕月：养蚕的月份，指夏历三月。条桑：修剪桑树的枝条。（24）斨（qiāng）：与“斧”同类的工具。

**伐远扬[25]，猗彼女桑[26]。七月鸣鵙[27]，八月载绩[28]。载玄载**

（25）以伐远扬：用斧（斨）砍掉长得长、扬得高的枝条。（26）猗（jī）彼女桑：拉着桑树枝条采摘嫩桑叶。（27）鵙（jué）：鸟名，伯劳鸟。（28）载绩：开始纺织。

**黄[29]，我朱孔阳[30]，为公子裳[31]。**

（29）载玄载黄：（织物染色）有黑色的又有黄色的。（30）我朱孔阳：我们染红的布很鲜艳。朱：名词作动词，染成红色。孔：甚，很。阳：鲜艳。（31）为公子裳：（用这些鲜艳的布）给贵族公子们做衣裳。

**四月秀葽[32]，五月鸣蜩[33]。八月其获[34]，十月陨萚[35]。**

（32）秀：草本植物结籽。葽（yāo）：远志草。（33）蜩（tiáo）：蝉。（34）其获：开始收获（农作物）。

（35）陨萚（tuò）：叶子干枯下落。萚：草木落叶。

**一之日于貉[36]，取彼狐狸，为公子裘[37]。二之日其同[38]，载**

（36）于貉（hè）：打猎取貉。（37）裘：皮衣。（38）同：会和，集合。

**缵武功[39]。言私其豵[40]，献豜于公[41]。**

（39）载缵（zuǎn）武功：就继续武事（田猎）。缵：继续。（40）言私其豵（zōng）：个人获得小野猪（小猎物）。言：语气助词；私：个人占有。豵：小野猪，泛指小猎物。（41）献豜（jiān）于公：把大野猪（大猎物）献给公家（统治者）。豜：三岁的大野猪，泛指大猎物。

**五月斯螽动股[42]，六月莎鸡振羽[43]。七月在野[44]，八月**

（42）斯螽（zhōng）动股：蚱蜢搓动两腿（鼓动翅膀鸣叫）。斯螽：蚱蜢的古称。（43）莎（suō）鸡振羽：纺织娘振动翅膀（发出声音）。莎鸡：昆虫名，即纺织娘。（44）野：田野。以下“在宇”“在户”的主语都是“蟋蟀”。

**在宇[45]，九月在户[46]，十月蟋蟀，入我床下。穹窒熏鼠[47]，**

（45）宇：屋檐。（46）户：门。（47）穹窒（qióng zhì）熏鼠：堵住屋子里的孔洞、缝隙，用烟火熏走老鼠。

**塞向墐户[48]。嗟我妇子，曰为改岁[49]，入此室处。**

（48）塞向墐（jìn）户：堵上朝北的窗户，用泥巴涂抹门缝（为防风防寒）。向：朝北的窗户。墐：用湿泥涂抹。（49）曰为改岁：算是更改年岁（过年）。曰：发语词。为：算是。



**六月食郁及薁[50]，七月亨葵及菽[51]。八月剥[52]枣，十月**

（50）郁及薁（yù）：山李子和野葡萄。（51）亨（pēng）葵及菽（shū）：烹煮葵菜和豆类。亨：“烹”之古字，烹煮。菽：豆类总称。（52）剥：通“攴”，扑打。

**获稻。为此春酒，以介眉寿[53]。七月食瓜，八月断壶[54]，九月**

（53）介眉寿：祈求长寿。介：祈求。（54）断壶：摘下葫芦。

**叔苴[55]。采荼薪樗[56]，食我农夫[57]。**

（55）叔苴（jū）：收取麻子。叔：拾取。苴：结籽的麻，麻子。（56）采荼薪樗（chū）：采苦菜吃，砍臭椿树当柴烧。薪：名词作动词，砍柴。樗：臭椿树。（57）食（sì）我农夫：给农夫吃（养活农夫）。

**九月筑场圃[58]，十月纳禾稼[59]。黍稷重穋[60]，禾麻菽麦。**

（58）筑场圃：修筑场院。场、圃实为同一地方，春夏种菜为“圃”，秋冬收获为“场”。（59）纳禾稼：收纳打下的粮食。（60）重穋（tóng lù）：两种谷物。重：即“穜”。



**嗟我农夫，我稼既同[61]，上入执宫功[62]。昼尔于茅，宵尔索綯[63]。**

（61）我稼既同：我们的粮食都已收纳完毕。（62）上入执宫功：到公家（统治者）家里去服劳役。（63）“昼尔”两句：意谓白天去割茅草，晚上回来搓成草绳。索綯（tāo）：搓成绳索。索：名词作动词，绞，搓。綯：绳索。

**亟其乘屋[64]，其始[65]播百谷。**

（64）亟（jí）其乘屋：赶快爬上屋顶（去修缮农忙时要在田野里居住的那间房屋）。（65）其始：岁始，春初。

**二之日凿冰冲冲[66]，三之日纳于凌阴[67]。四之日其蚤[68]，**

（66）冲冲：拟凿冰的声音。（67）凌阴：冰窖。（68）蚤：通“早”。

**献羔祭韭[69]。九月肃霜[70]，十月涤场[71]。朋酒斯飨[72]，曰杀**

（69）献羔祭韭：献上羔羊，祭以韭菜。（70）肃霜：天高气爽。（71）涤场：打扫打谷场。（72）朋酒斯飨（xiǎng）：用两壶酒来招待乡人。

**羔羊。跻彼公堂[73]。称彼兕觥[74]，万寿无疆[75]！**

（73）跻（jī）彼公堂：登上公共厅堂。（74）称：举起。兕觥（sì gōng）：犀牛角制的酒器。（75）无疆：没有疆界，即没有止境。

《诗经·豳风》

【翻译】

七月大火星西沉，九月妇女裁剪冬衣。十一月北风噼啪，十二月寒气凛冽。没有粗毛麻布衣，怎么能熬过一冬？正月里修理农具，二月里下田劳作。老婆孩子一同，晌午送饭到田地，农官高兴乐悠悠。

七月大火星西沉，九月妇女裁剪冬衣。三月太阳开始暖和，黄莺儿欢唱鸣叫。姑娘们拿着深筐，沿着小路向前，采摘片片嫩桑叶。春天白昼悠长，采摘很多白蒿。姑娘暗悲伤，怕被贵族抢走。

七月大火星西沉，八月萑苇满汀州。三月桑树要整齐，拿起刀锯和斧头。除去高枝和长条，拉着枝条采摘嫩桑叶。七月伯劳对鸣叫，八月纺织不停。染黑色或黄色，我染红的布很鲜艳，为贵族公子制衣裳。

四月远志植物要结籽，五月知了声声叫。八月家家户户庆丰收，十月干枯黄叶坠枝头。十一月打猎取貉，猎得狐狸皮取下，为贵族公子做裘衣。十二月农人欢聚，继续田猎。自己留下小野猪，大野猪献给统治者。

五月蚱蜢鼓动翅膀鸣，六月纺织娘振动翅膀鸣。七月蟋蟀鸣郊野，八月蟋蟀唱檐下，九月蟋蟀怕冷进了屋，十月躲在床下不走。家家熏走老鼠，堵起北窗塞紧门缝。关照妻子和儿子，不久新年逢岁首，进入屋里歇个够。

六月尝尝山李子和野葡萄，七月烹煮葵菜和豆类。八月扑打枣子，十月收获稻谷。新米新谷酿春酒，为老爷祈求长寿。七月好瓜吃在口，八月葫芦摘在手，九月苎麻种子留。多采苦菜吃多砍柴，养活自己忙不够。

九月修筑打谷场，十月收纳打下粮食。小米、高粱和谷子，粟麻、小麦与大豆。啊呀我的种田人，我的粮食收获完，还到公家服劳役。白天野外割茅草，晚上回来搓成绳。急忙爬上屋顶，初春播种到田畴。

腊月凿冰咚咚响，正月藏进冰窟冷飕飕。二月取出冰早祭礼，献羔羊祭韭菜。九月霜降天气爽，十月打扫谷场。两壶美酒来敬乡人，宰杀羔羊争献酬，登上公堂同聚会，举起犀牛角酒器，高声齐祝万寿无疆。

【简析】

在《诗经·国风》中有许多关于农事的诗歌，这类诗的代表首推《豳风·七月》，这是一曲饱含血泪的奴隶之歌，也是西周初年豳地（在今陕西旬邑县、郊县一带）的古老民歌，它全面、生动地反映了西周农人的生活状况，充分揭示了农夫内心的悲苦和哀伤。全诗八章，八十八句，三百八十三字，篇幅之长，居《国风》之冠。基本上是按季节的先后，逐年逐月地来写农夫们的劳动和生活。第一章总括全诗，从岁寒写到春耕开始。第二章写妇女们的采桑劳动。第三章写妇女们的蚕桑纺织之事，并指出这是为贵族操劳。第四章写农事既毕，农夫们还要为统治者猎取野兽。第五章写一年将尽，农夫们为自己收拾屋子准备过冬。第六章写农夫们除干农活外，还负担各种杂役，以满足统治者的享受。第七章写农夫们农事完毕，还要为统治者修盖房屋。第八章写一年辛苦之后，还要大办酒宴，为统治者庆贺祝寿。全诗语言朴实无华，完全是用铺叙的手法写成的。全篇围绕着一个“苦”字，按照季节的先后，从年初写到年终，从种田养蚕写到打猎凿冰，反映了一年四季多层次的工作面和高强度的劳动。特别值得玩味的是，这首诗在哀哀诉苦的同时，也表现了一定的清醒的阶级意识。“女心伤悲，殆及公子同归”“我朱孔阳，为公子裳”“取彼狐狸，为公子裘”“献豣于公”“上入执宫功”等，都表现了农夫们对贵族不劳而食、蛮横霸道的不合理现实的质疑和愤恨。





## 鹿 鸣

**呦呦鹿鸣[1]，食野之苹[2]。我有嘉宾，鼓瑟吹笙。吹笙鼓**

（1）呦呦（yōu）：鹿的叫声。朱熹《诗集传》“呦呦，声之也”。（2）苹：艾蒿，叶青色，茎似筷子而清脆，有香气，可食。

**簧[3]，承筐是将[4]。人之好我，示我周行[5]！**

（3）簧：笙上的簧片。笙是用几根有簧片的竹管、一根吹起管装在斗子上做成。（4）承筐：指奉上礼品。将：送、献。（5）周行（háng）：大道，引申为大道理。

**呦呦鹿鸣，食野之蒿[6]。我有嘉宾，德音孔昭[7]。视民不**

（6）蒿（hāo）：又叫青蒿、香蒿，菊科植物。（7）德音：美好的品德、声誉。孔：很。

**恌[8]，君子是则是效[9]。我有旨酒[10]，嘉宾式燕以敖[11]！**

（8）视：同“示”。恌：同“佻”。（9）则：法则、楷模，此作动词。（10）旨：甘美。（11）式：语气助词。燕：同“宴”。敖：同“遨”，嬉游。

**呦呦鹿鸣，食野之芩[12]。我有嘉宾，鼓瑟鼓琴。鼓瑟鼓琴，**

(12)芩(qín)：草名，蒿类植物。

**和乐且湛[13]。我有旨酒，以燕乐嘉宾之心！**

（13）湛：深厚。

《诗经・小雅》





【翻译】

一群鹿儿呦呦叫，在原野上吃艾蒿。我有一批好宾客，弹琴吹笙奏乐唱。吹起笙管振簧片，奉上礼品很周到。人们待我很友善，指大道乐遵行。

一群鹿儿呦呦叫，在原野上吃蒿草。我有一批好宾客，品德美好声誉浓。展示榜样不轻佻，君子闲人同效仿。我有美酒很甘甜，宴请嘉宾任嬉游。

一群鹿儿呦呦叫，在原野上吃芩草。我有一批好宾客，弹瑟弹琴奏乐调。弹瑟弹琴奏乐调，快活尽兴很深厚。我有美酒很甘甜，宴请嘉宾乐陶陶。

【简析】

在《诗经》中有许多颂宴饮赞嘉宾的燕飨诗歌，真实反映了当时周代的上层社会生活，《鹿鸣》是其中典型代表。全诗共三章，每章八句，开头皆以鹿鸣起兴。在空旷的原野上，一群麋鹿悠闲地吃着野草，不时发出呦呦的鸣声，此起彼应，十分和谐悦耳。诗歌以此起兴，便营造了一个热烈而又和谐的气氛。第一章写了热烈欢快的音乐声中有人献上竹筐所盛的礼物，表示友善。第二章则由主人进一步表示谢忱，主人希望客人们都品德高尚，行为美好。

第三章内容与首章重复，最后几句将欢乐的气氛推向了高潮，也深化了主题，即说这次宴饮不是一般的吃吃喝喝，而是为了相互交流，“安乐其心”，使得参与者心情舒畅，乐意保持这种交往。

## 巷伯

**萋兮斐兮[(1)]，成是贝锦[(2)]。彼谮人者，亦已大甚！**

（1）萋、斐：都是文采相错的样子。（2）贝锦：织有贝纹图案的锦缎。

**哆兮侈兮[(3)]，成是南箕[(4)]。彼谮人者，谁适与谋。**

（3）哆（chǐ）：张口。侈：大。（4）南箕：星宿名，共四星，连接成梯形，如簸箕状。

**缉缉翩翩[(5)]，谋欲谮人。慎尔言也，谓尔不信。**

（5）缉缉：耳语声。翩翩：往来迅速的样子。

**捷捷幡幡[(6)]，谋欲谮言。岂不尔受？既其女迁[(7)]。**

（6）捷捷：犹“缉缉”。（7）女：通“汝”。

**骄人好好[(8)]，劳人草草[(9)]。苍天苍天，视彼骄人，矜此劳人。**

（8）骄人：进谗言的人。（9）劳人：指被谗者。

**彼谮人者，谁适与谋？取彼谮人，投畀豺虎。豺虎不食，投畀有北[(10)]。有北不受，投畀有昊[(11)]！**

（10）畀（bì）：与。有北：北方苦寒之地。（11）有昊：苍天。

**杨园之道，猗于亩丘[(12)]。寺人孟子[(13)]，作为此诗。凡百君子，敬而听之。**

（12）猗：在……之上。亩丘：丘名。（13）寺人：阉人，宦官。

《诗经·小雅》

【翻译】

五彩丝啊文采相错，织成一张贝纹锦。嚼舌根的害人精，坏事做得太过分！

张口臭嘴何其大，如同夜空簸箕星。嚼舌根的害人精，是谁叫你昧良心！

叽叽喳喳往来，想要把人谋害。劝你说话负责任，不然往后没人听。

叽叽喳喳往来，造谣又说谎，并非没人上当，总有一天会现行。

进谗言的人得逞，受害人却蒙顿。苍天在上啊，管管那些害人精，可怜可怜受害人！

嚼舌根的害人精，是谁叫你昧良心！抓住长舌害人精，投入荒山喂老虎。如果老虎不肯吃，丢到北极喂野人。如果北极还不要，还等苍天来惩罚。

小路通向杨园，小路越过山坡。阉人名孟子，编写此诗。过往君子请慢行，请敬心听听。

【简析】

这是一首怒斥造谣诬陷者的诗。诗歌一开始就写了花言巧语制成了一张贝纹的罗锦，多么容易迷惑人。诗歌二、三、四章，对造谣者的摇唇鼓舌、叽叽喳喳、上蹿下跳、左右舆论的丑恶嘴脸，做了极形象的勾勒和揭露。造谣之可恨，在于以口舌杀人，杀了人还不犯罪。作为受害者的诗人，为此对那些“谮人”发出强烈的诅咒，祈求上天对他们进行正义的惩罚。在诗歌的结尾处，郑重地留下了诗人的名字“孟子”，这位“孟子”很可能是一位因遭受谗言获罪，受了宫刑，做了宦官，与西汉司马迁异代同悲的正直人士。

## 何草不黄

**何草不黄？何日不行(1)？何人不将(2)？经营四方。**

（1）行：出行，此指行军、出征。（2）将：出征。

**何草不玄(3)？何人不矜(4)？哀我征夫，独为匪民。**

（3）玄：发黑腐烂。（4）矜（guān）：通“鳏”，无妻者（因征夫离家，等于没有妻）。

**匪兕匪虎(5)，率彼旷野(6)。哀我征夫，朝夕不暇。**

（5）兕（sì）：野牛。（6）率：沿着。

**有芃者狐(7)，率彼幽草。有栈之车(8)，行彼周道(9)。**

（7）芃（péng）：兽毛蓬松。（8）栈：役车高高的样子。（9）周道：大道。

《诗经·小雅》

## 【翻译】

什么草不枯黄？什么日子不出行？什么人不出征？往来经营走四方。

什么草不腐烂？什么人是鳏夫？可怜我等出征者，不被当人如尘土。

既非野牛也非虎，沿着旷野不停留。可怜我等出征者，白天黑夜都繁忙。

野外狐狸毛蓬松，往来出没深草丛。役车高高载征人，行驶在大道中。

## 【简析】

这首诗歌是《小雅》中的最末一篇，它以征夫的口吻，诉说行役在外的满腔悲愤和愁怨，句句凝结着征夫之泪。一、二两章以“何草不黄”“何草不玄”比兴，既然草木注定要黄、要玄，那么征人也就注定要走下去，似乎“经营四方”已是征夫的宿命，可见这是一场旷日持久而又殃及全民的大兵役。三、四两章作者发出了压抑心底的怨怼：我们不是野牛、老虎，更不是那越林穿莽的狐狸，为何却与这些野兽一样常年在旷野、幽草中度日？难道我们不是人？不过，怨归怨，命如草菅的征夫并没有改变自己命运的能力，他们在统治者眼里根本就不是人，只是一群战争工具而已。



# 生 民

**厥初生民（1），时维姜嫄（2）。生民如何，克禋克祀（3），以弗无子（4）。**

（1）厥初：当初、其初。生民：生下周人。（2）时：是。维：乃、为。时维：这就是。姜嫄（yuán）：人名，后稷的母亲。（3）克：能够。禋（yīn）：祀名，即在郊外燃火烧烤牲畜，使香气达到上天，这种祭祀方式叫作“禋祀”。（4）以弗无子：意谓（姜嫄通过禋祀）被除不生子的厄运。弗：通“祓”。

**履帝武敏歆（5），攸介攸止（6）。载震载夙（7），载生载育，时维后稷。**

（5）履：踩、踏。帝：上帝。武：足迹、脚印。敏（mǔ）：通“拇”，足大拇指。歆：动，指受到感应而怀孕。（6）攸：乃、于是。介：长大。止：到了极点，此指胎儿的生长，也有说是指姜嫄休息了一会儿。（7）载：且、又。震：震动，此指胎儿在母体中动作。夙：通“宿”，歇止。

诞弥厥月[8]，先生如达[9]。不坼不副[10]，无菑无害[11]。以赫厥灵[12]，

(8)诞：发语词。弥厥月：满了怀胎的月数。（9）先生：头生，第一次生孩子。达：小羊，因小羊的生产极为容易。（10）“不坼”句：意谓母体没有破裂的损伤。坼（chè）：坼裂、撕裂。副（pì）：裂开、剖开。（11）菑：同“灾”。（12）赫：显示。灵：神灵。

上帝不宁[13]。不康禋祀[14]，居然生子[15]。

（13）不宁：很安宁。不（pī）：很、大。（14）“不康”句：意谓上帝很安乐地享受了姜嫄的禋祀。不康：很安康。（15）居然：安然、太平地，或出乎意料。

诞寘之隘巷[16]，牛羊腓字之[17]。诞寘之平林[18]，会伐平林[19]。

（16）寘：同“置”，放置，此指丢弃。隘巷：狭窄的巷子。（17）“牛羊”句：意谓牛羊庇护并乳养后稷。腓（féi）：庇护。字：喂奶、乳养。（18）平林：平原上的树林。（19）“会伐”句：意谓适逢有人来砍伐树林，不便丢弃。会：适逢、恰值。

诞寘之寒冰[20]，鸟覆翼之[21]。鸟乃去矣，后稷呱矣。实覃实訏[22]，



（20）寒冰：寒冷的冰面上。（21）覆翼：用翅膀遮护。（22）实：实在是、真正是。覃：绵延、悠长。訏（xū）：洪亮。

厥声载路[23]。

（23）厥声：他的声音。载路：传到大路上。

诞实匍匐[24]，克岐克嶷[25]，以就口食[26]。蓺之荏菽[27]，荏菽旆旆[28]。

（24）实：是。匍匐（pú fú）：手足并用伏地爬行。（25）岐、嶷（nì）：都指年幼而聪慧，能识别事物。（26）“以就”句：意谓后稷能自己寻求吃的东西。就：靠近、寻求。口食：吃的东西。（27）蓺（yì）：种植、栽种。荏（rěn）菽：豆类的总称。（28）旆旆（pèi）：茂盛生长的样子。

禾役穟穟[29]，麻麦幪幪[30]，瓜瓞唪唪[31]。

（29）禾役：禾苗排列成行。穟穟（suì）：禾苗长势很好的样子。（30）幪幪（měng）：枝叶繁茂的样子。（31）瓞（dié）：小瓜。唪唪（běng）：果实累累的样子。一说是敲瓜发出的拟声词。

诞后稷之穑[32]，有相之道[33]。茀厥丰草[34]，种之黄茂[35]。实

（32）穑（sè）：收获的谷物，此指农耕活动。（33）“有相”句：意谓后稷有帮助谷物生长的方法。相：助。道：方法、门道。（34）茀（fú）：通“拂”，清除、铲除。丰草：丰茂的杂草。（35）种：播种。黄茂：嘉美的谷种。

方实苞[36]，实种实褎[37]，实发实秀[38]，实坚实好[39]，实颖实栗[40]。

（36）实：通“是”，于是。方：发芽。苞：禾苗初生，芽苞还没有散开。（37）种：肿胀，此指禾苗长得肥壮。褎（yòu）：禾苗逐渐长高。（38）发：禾苗叶舒展向上。秀：禾穗开花。（39）坚：指谷粒坚实。好：指谷粒肥大而色正。（40）颖：指谷穗下垂。栗：指谷粒子实饱满。

**即有邰家室(41)。**

（41）“即有邰”句：意谓后稷在有邰安家定居。即：就、靠近。有邰（tái）：地名，在今陕西武功县西南，是周人最早发祥之地。

**诞降嘉种(42)，维秬维秠(43)，维穈维芑(44)。恒之秬秠(45)，是获是亩(46)。**

(42)降：天降、天赐。嘉种：美好的谷种。（43）秬（jù）：黑黍。秠（pī）：黑黍的一种，一壳中有两粒米。（44）穈（mén）：红苗的谷物。芑（qǐ）：白苗的谷物。（45）“恒之”句：意味遍地种上了秬和秠。恒：同“亘”，遍、满。（46）是获：于是收获。是亩：于是堆放在田亩上。

**恒之穈芑，是任是负(47)。以归肇祀(48)。**

（47）任：抱起。负：背负。（48）以归：把收货的谷物归到家中。肇祀：开始祭祀。

**诞我祀如何(49)，或舂或揄(50)，或簸或蹂(51)。释之叟叟(52)，烝之浮**

(49)我祀：我的祭祀活动。如何：怎么进行。（50）或：有的人。舂（chōng）：捣米脱壳。揄（yóu）：把米从臼中舀出来。（51）簸：用箕扬去糠壳。蹂：用两手搓揉，使米与壳分开。（52）释：淘米。叟叟：淘米的声音。

**浮(53)。载谋载惟(54)，取萧祭脂(55)，取羝以軷(56)。载燔载烈(57)，以兴嗣**

（53）烝：同“蒸”。浮浮：蒸汽升腾的样子。（54）谋：谋划、计谋。惟：思考、考虑。（55）萧：植物名，香蒿。祭脂：祭祀用的油脂。（56）羝（dī）：公羊。軷（bá）：祭名，祭祀道路之神。（57）燔（fān）：把祭品放在火上烧。烈：把祭品（羊肉）串起放在火烧烤。

**岁(58)。**

（58）兴：使兴旺、兴盛。嗣岁：下一年，即来年。

**卬盛于豆(59)，于豆于登(60)。其香始升，上帝居歆(61)。胡臭亶**

（59）卬（áng）：我。盛：装、放。豆：礼器，用来盛食物的木制或陶制的高脚器皿。（60）登（dēng）：礼器，形状与豆相似。（61）居：安然。歆：享用、食用。

**时(62)，后稷肇祀。庶无罪悔(63)，以迄于今(64)。**

（62）“胡臭”句：浓郁的香气实在是好。胡：何、多么。臭（xiù）：气味，此指芳香。亶：确实，实在。时：善、好。（63）遮无：大概没有，可能不会有。罪悔：罪过。（64）迄：至、到。

## 【翻译】

当初生下周人先民，这就是姜嫄。如何生下先民？用禋祀方式祭天地，祓除不生子的厄运。踩着天帝拇指怀孕，于是胎儿生长母亲休息。胎儿时而胎动时而静止，一朝生下来勤养育，这个孩子就是后稷。

满了怀胎的月数，第一次分娩很顺利。母体没有破裂的损伤，安全无灾也无害，已经显出神灵现。上帝心中很安宁，上帝安乐享受禋祀，庆幸太平生儿子。

新生婴儿弃小巷，牛羊庇护并乳养。再将婴儿扔树林，适逢有人来救起。又置婴儿寒冰上，鸟儿用翅来遮护。鸟儿终于飞走后，后稷呱呱哭泣。哭声实在长而亮。

手足并用四处爬行，又懂事来又聪明，能寻求东西吃。还能种植大豆，大豆茂盛生长。种植禾苗排列成行，麻麦长得多旺盛，瓜儿累累果实成。

后稷耕田又种地，有助谷生长的方法。丰茂杂草全除去，播种嘉美谷种好。于是吐芽长新苗，禾苗逐渐长得高，禾穗开花又结实。谷粒坚实而肥大，禾穗沉沉收成好，在有邰安家定居。

天降美好谷种，秬子秠子都见，红白谷物都全。遍地种上了秬和秠，收获于是堆放田亩上。遍地种上了红白米，抱起背负运满仓，谷物归家开始祭祀。

我的祭祀怎样进行？有的舂谷也有舀米，有的簸粮也有筛糠。淘米沙沙响，蒸饭热气扬。筹备祭祀来谋划，香蒿油脂芬芳。公羊祭祀道路神，又烧又烤献神享。使得来年更兴旺。

我盛祭品器皿中，木制礼器豆形状，香气开始升腾。上帝安然来享用，浓郁的香气实在好。后稷开创祭祀礼，祈求神灵祸莫降，至今仍是这样。

## 【简析】

《大雅·生民》是颂神祭祖的乐歌，也是一部神话浸透的传奇，还是一段神话包裹的历史，它歌颂了周的祖先后稷，通过神奇的传说叙述了后稷诞生和周民族兴起的故事。全诗共八章，第一章写了姜嫄神奇的受孕经过。姜嫄踏着高辛氏的足迹，便感觉怀孕，求子得子，后稷出生了。第二章与第三章写了后稷的诞生与屡弃不死的灵异。他被扔在小巷里，结果牛羊用乳汁喂养他，接着被扔在大树林，樵夫将他救出，第三次后稷被扔在寒冰上，大鸟用温暖的羽翼覆盖保护他，初生的婴儿经历了大磨难，终于哇哇大哭，声音洪亮，回荡在大街上，预示着将来会创造出辉煌的业绩。第四章至第六章写了后稷有开发农业生产技术的特殊禀赋。他自幼就表现出这种超卓不凡的才能，他受封于邰，他的农作物品种多、产量高、质量好，丰收之后便创立祀典。诗歌的最后两章，写了后稷祭祀天神，祈求上天永远赐福，而上帝感念其德行业绩，不断保佑他并将福泽延及他的子子孙孙。全诗不仅生动地写出了周人始祖后稷一生的事迹，还反映了由母系社会进入父系社会的历史背景，其中对农业的详细描写，也反映出当时农业已同畜牧业分离而完成了第一次社会大分工的事实。诗歌共八章，每章或十句或八句，按十句章与八句章前后交替的方式构成全篇，格式严谨。从表现手法上看，全诗纯用赋法，不假比兴，叙述生动，纪实性很强。

## 民劳

**民亦劳止[(1)]，汔可小康[(2)]，惠此中国[(3)]，以绥四方[(4)]。无纵诡**



(1) 止：语气助词。(2) 汔（qì）：庶几。康：安康、安居。(3) 惠：爱。中国：周王朝直接统治的地区，即“王畿”，相对于四方诸侯而言。(4) 绥：安。

**随[(5)]，以谨无良[(6)]，式遏寇虐[(7)]，憯不畏明[(8)]。柔远能迩[(9)]，以**

(5) 纵：放纵。诡随：诡诈欺骗。(6) 谨：指谨慎提防。(7) 式：发语词。寇虐：残害掠夺。(8) 憯（cǎn）：曾、乃。(9) 柔：爱抚。能：亲善。

**定我王。**

**民亦劳止，汔可小休，惠此中国，以为民逑[(10)]。无纵诡随，以**

(10) 逑：聚合。

**谨惛怓[(11)]，式遏寇虐，无俾民忧。无弃尔劳[(12)]，以为王休[(13)]。**



(11) 惛怓（hūn náo）：喧嚷争吵。(12) 尔：指在位者。劳：劳绩，功劳。(13) 休：美，此指利益。

**民亦劳止，汔可小息，惠此京师，以绥四国。无纵诡随，以谨罔极[(14)]，式遏寇虐，无俾作慝[(15)]。敬慎威仪，以近有德。**

(14) 罔极：没有准则，没有法纪。(15) 慝（tè）：恶。

**民亦劳止，汔可小愒(16)，惠此中国，俾民忧泄。无纵诡随，以**

(16) 愒（qì）：休息。

**谨丑厉(17)，式遏寇虐，无俾正败(18)。戎虽小子(19)，而式弘大(20)。**

(17) 丑厉：恶人。(18) 正：通“政”。(19) 戎：你，指在位者。小子：年轻人。(20) 式：作用。

**民亦劳止，汔可小安，惠此中国，国无有残。无纵诡随，以谨缱绻(21)，式遏寇虐，无俾正反(22)。王欲玉女(23)，是用大谏(24)。**

(21) 缱绻（qiǎn quǎn）：固结不解，指统治阶级内部纠纷。(22) 正反：政治颠倒。(23) 玉女（rǔ）：爱汝。玉：此作动词，像爱玉那样地宝爱。(24) 是用：是以、因此。

《诗经·大雅》

【翻译】

百姓已经够辛苦，应该可以稍安康。抚爱王畿老百姓，安定四方诸侯王。无听放纵欺诈言，谨慎提防不善良。阻止残害与侵夺，曾不畏惧天明朗。爱抚远地很亲善，我王心定福安享。

百姓已经够辛苦，应该可以稍休息。抚爱王畿老百姓，百姓聚合在一起。无听放纵欺诈言，谨慎提防喧争吵。阻止残害与侵夺，无使百姓太忧急。不要抛弃旧功劳，为王谋得好利益。

百姓已经够辛苦，应该可以稍喘息。抚爱京师老百姓，安定四方诸侯王。无听放纵欺诈言，谨慎提防无法纪。阻止残害与侵夺，无使作恶太得意。恭敬庄重有威仪，亲近有德之人。

百姓已经够辛苦，应该可以稍休息。抚爱王畿老百姓，使得百姓除心病。无听放纵欺诈言，谨慎提防有恶人。阻止残害与侵夺，无使政事败难成。你虽是个年轻人，而作用却弘大。

百姓已经够辛苦，应该可以稍安定。抚爱王畿老百姓，国家无残酷有辛酸。无听放纵欺诈言，谨慎提防内乱生。阻止残害与侵夺，无使国政难倒。大王如爱玉样爱你，因此大声来谏诤。

【简析】

在《诗经》中有不少讽刺统治阶级，揭露时弊、讽喻朝政、指责昏君和权臣的作品。《民劳》就是召穆公指刺厉王的诗歌："时赋敛重数徭役烦多，人民劳苦，轻为奸宄，强陵弱，众暴寡，作寇害，故穆公以刺之。"（郑玄《毛诗正义》），全诗共五章，均以"民亦劳止"开头，再三感叹人民的疾苦。诗歌第一章一开始就说了人民已经很劳苦了，庶几可以稍稍休息了，统治阶级应该以京畿为重，抚爱国中百姓，使四境得以安宁，不要受那些奸狡诡诈之徒的欺骗，听信他们的坏话。接着第二、三、四、五章围绕恤民、保京、防奸、止乱几个方面不惜重言之。全篇均为标准的四言句，句式整齐，结构严谨，由各章比较可以发现，第一句皆同，第二句仅末字相互不同，第三句除第三章外四章皆同，第四句皆不同，第五句皆同，第六句后两字不同，第七句皆同，第八句、第九句皆不同，第十句除第四章、第五章外余三章第一字均为"以"。这样的句式结构，具有明显的重章叠句趋势，五章反复申说，意味尤为深长，令人咀嚼不尽。

## 载芟



**载芟载柞[(1)]，其耕泽泽[(2)]。千耦其耘[(3)]，徂隰徂畛[(4)]。侯主侯**

（1）载……载……：连词，又……又……。芟（shān）：割除杂草。柞：砍出树木。（2）泽泽：通"释释"，土解。（3）千：概数，言其多。耦：二人并耕。耘：除田间杂草。（4）徂（cú）：往。隰（xí）：低湿地。畛（zhěn）：高坡田。

**伯[(5)]，侯亚侯旅[(6)]。侯彊侯以[(7)]，有嗿其馌[(8)]。思媚其妇[(9)]，有**

（5）侯：语气助词，"维"。主：家长，古代一国或一家之长均称主。伯：长子。（6）亚：叔、仲诸子。旅：幼小子弟辈。（7）彊：同"强"，强壮者。以：雇工。（8）嗿（tǎn）：众人饮食的声音。馌（yè）：送给田间耕作者的饮食。（9）思：语气助词。媚：美。

**依其士[(10)]。有略其耜[(11)]，俶载南亩[(12)]。播厥百谷，实函斯活[(13)]。**

（10）依：壮盛。（11）略：锋利。耜（sì）：古代农具名，用于耕作翻土，西周时期用青铜制成锋利的尖刃。（12）俶（chù）：始。载：用农具把草翻埋到地下。南亩：向阳的田地。（13）实：种子。函：含。斯：乃。活：活生生。

**驿驿其达[(14)]，有厌其杰[(15)]。厌厌其苗，绵绵其麃[(16)]。载获济济，**

（14）驿驿：朱熹《诗集传》训"苗生貌"。达：出土。（15）厌：美好。杰：特出之苗。（16）麃（biāo）：谷物的穗。

**有实其积。万亿及秭[17]，为酒为醴[18]。烝畀祖妣[19]，以洽百礼[20]。**

（17）亿：十万。秭（zǐ）：一万亿。（18）醴（lǐ）：甜酒。（19）烝：进。畀（bì）：给予。祖妣：祖父、祖母以上的祖先。（20）以洽百礼：合于各种礼仪的需用。洽：合。

**有飶其香[21]，邦家之光。有椒其馨[22]，胡考之宁[23]。匪且有且[24]，**

（21）有飶（bì）：芬芳。（22）椒：以椒浸制的酒。（23）胡考：长寿，指老人。（24）匪（fēi）：非。且：此。

**匪今斯今，振古如兹[25]！**

（25）振古：终古。

《诗经·周颂》

【翻译】

又割草来又砍树，田头翻耕松土壤。许多农人同耕耘，低湿高地都前往。家主带着长子来，诸子晚辈都到场，有强壮汉和雇工，众人田间饮食响。妇女美丽又温柔，小伙子们很壮盛。尖刀农具很锋利，向阳土地先翻埋。播种百谷下田间，种子饱满生机旺。小苗纷纷拱出土，苗儿长得很漂亮。禾苗长得很茂盛，谷穗下垂长又长。收获谷物真是多，堆积露天场地。成千成亿难计算，酿造好酒真是甜。进献给予祖先尝，符合各种礼仪祭飨。进献食品香喷喷，都是邦家的荣光。有祭椒浸制美酒香，祝福老人常安康。不是现在才如此，不是今年才这样，万古都是这个样。

【简析】

《诗经》中有许多诗赞颂农业成就，夸耀田土广大、农夫众多、收获丰盛，表达祈求丰年的愿望。这篇诗歌是周王在秋收后用新谷祭祀宗庙时所唱的乐歌。全诗三十一句，不分章，但有韵，是《周颂》中最长的一篇，内容记述了西周前期农业生产的一些情况。诗歌首四句描写了开垦土地，割草刨树，春耕播种等大生产景象。第五句至第十句写参加春耕的人，男女老少全出动，强弱劳力都上场，漂亮的妇女，健壮的小伙，在田间吃饭狼吞虎咽，展现出一幅生动的画面。第十一句至第十四句写播种，锋利的耜，从向阳的天地开播，种子覆土成活，反映了金属农具的使用和农业技术的进步，促进了生产力的发展。第十五句至第十八句写了禾苗生长和田间管理，努力促进作物生长，表现了生产的热情。第十九句至第二十一句写了收获，作者用了夸张的手法，露天堆积的谷物广阔无边，表现了收获的喜悦。第二十二句至第二十八句写制酒祭祀，这是全诗的中心，表现发展生产是为了报答祖先，光大国家，保障和提高人民生活，这是周代发展生产的根本政策。最后三句是祈祷之辞，向神祈祷年年丰收。全诗叙述有层次、有重点，多用叠字、排比、对偶等手法，使得行文显得生动活泼。

# 离　骚(1)

屈　原

（1）离骚：遭受忧愁。离：通“罹”，遭受。骚：忧愁。

**帝高阳之苗裔兮，朕皇考曰伯庸(2)。摄提贞于孟陬兮，惟庚寅**

（2）“帝高阳”二句：意谓屈氏是颛顼帝的后裔，我故去父亲的字叫伯庸。高阳：传说中的古代部族首领颛顼，号高阳氏。苗裔：远孙。朕：第一人称代词，我。皇考：古人称已死父亲为考，也称皇考。



**吾以降(3)。皇览揆余初度兮，肇锡余以嘉名(4)。名余曰正则兮，字**

（3）“摄提”二句：意谓庚寅年正逢庚寅月（正月）、庚寅日的时候我出生了。摄提：寅年的别名。贞：正当。孟陬（zōu）：正月（夏历寅月）。降：出生。（4）“皇览”二句：意谓父亲根据我的生辰年月，就给我取了美好的名字。览揆：观察，测度。初度：出生年日，即生日。

**余曰灵均(5)。纷吾既有此内美兮，又重之以修能(6)。扈江离与辟芷**

（5）“名余”二句：意谓给我取名为“正则”，给我取字为“灵均”。（6）“纷吾”二句：意谓我有这么多内在的美,又加上我注重培养自己的才能。重（chóng）：加上。

**兮，纫秋兰以为佩(7)。汩余若将不及兮，恐年岁之不吾与(8)。朝搴**

（7）“扈江”二句：意谓我披着江离和白芷这些香草，又连缀起秋兰作为自己的佩饰。扈：楚方言，披。纫：连缀。江离：香草名，又名蘼芜。芷：白芷，香草名。辟：通“避”。（8）“汩余”二句：意谓时光如流水飞逝追不及，我唯恐年岁不能将我等待，真怕时不我待。汩（yù）：本指水流迅速，此指时光飞逝。不吾与：不与吾，不等待我。



**阰之木兰兮，夕揽洲之宿莽(9)。日月忽其不淹兮，春与秋其代序(10)。**

（9）“朝搴”二句：意谓清晨我去拔取坡上的木兰，傍晚我在洲畔采摘宿莽。搴（qiān）：拔取。阰（pí）：大的山坡。揽：采摘。宿莽：草名，经冬不枯。（10）“日月”二句：意谓日月交迭未尝稍停，春秋交替不停变换。淹：停留。代序：依次轮流更换。

**惟草木之零落兮，恐美人之迟暮(11)。不抚壮而弃秽兮，何不改乎此**

（11）“惟草木”二句：意谓想到树叶凋零坠落，我害怕美人也渐渐年老。惟：思，想到。零落：凋零坠落。

迟暮：年老。

**度[12]？乘骐骥以驰骋兮，来吾道夫先路[13]！**

（12）“不抚”二句：意谓为什么不趁这年岁壮盛的时机丢弃掉秽恶的行径？为什么不改变现在这种不好的法度？抚壮：把握壮盛之年。弃秽：抛弃秽恶之行。（13）“乘骐骥”二句：意谓乘着骏马（喻任用贤才）驰骋于天下，来吧，我为您（指楚怀王）在前面带路！道：“導”之古字，引导。

**昔三后之纯粹兮，固众芳之所在[14]。杂申椒与菌桂兮，岂惟纫**

（14）“昔三后”二句：意谓以往我们楚国三代先王的德行是那么完美精纯，众多的有芳草鲜花一般德行的贤臣簇拥着他们。三后：楚国三位君王。纯粹：指德行完美无瑕。众芳：喻众多的贤臣。

**夫蕙茝[15]？彼尧舜之耿介兮，既遵道而得路[16]。何桀纣之猖披兮，**

（15）“杂申椒”二句：意谓夹杂着花椒与桂树，哪里只是连缀着蕙草与白芷？杂：杂用、兼用。申椒：一种香料。菌桂：香木名。蕙：香草名。茝（chǎi）：白芷。（16）“彼尧舜”二句：意谓唐尧和虞舜是多么正大光明，他们遵循正道得以沿着正确途径治国。耿介：光明正直。道：治国的正道。路：正确途径。

**夫唯捷径以窘步[17]。惟党人之偷乐兮，路幽昧以险隘[18]。岂余身之**

（17）“何桀纣”二句：意谓夏桀和商纣是多么放纵狂乱，只想走捷径致使寸步难行。猖披：行为放纵，不检点。捷径：邪出的小路，即邪路。窘步：困窘难行。（18）“惟党人”二句：意谓那些结党营私的小人是这样苟且偷安，正走向幽暗不明、危险狭窄的道路。党人：结党营私的小人。偷乐：苟安享乐。幽昧：幽暗不明。隘：危险狭窄。

**惮殃兮，恐皇舆之败绩[19]。忽奔走以先后兮，及前王之踵武[20]。荃**

（19）“岂余身”二句：意谓难道我担心自己会遭受灾祸，我担心的是楚国这座车驾将要倾覆。惮殃：惧怕遭受祸殃。皇舆：君王所乘坐车辆，此指国家。败绩：车辆倾覆。（20）“忽奔走”二句：意谓我急匆匆地为国家忙碌奔波，希望跟上前代明王的足迹。踵武：足迹。

**不察余之中情兮，反信谗而齌怒[21]。余固知謇謇之为患兮，忍而不**

（21）“荃不察”二句：意谓君主不但不能体察我内心的实情，反而听信谗言对我大发雷霆。荃：香草名，喻楚怀王。中情：内心实情。信谗 ：听信谗言。齌（jì）怒：暴怒。

**能舍也[22]。指九天以为正兮，夫惟灵修之故也[23]。曰黄昏以为期兮，**

（22）“余固知”二句：意谓我本就知道忠言直谏会招灾惹祸，我忍受着这种祸患不能停止进谏。謇謇（jiǎn）：忠言直谏的样子。舍：停止、舍弃。（23）“指九天”二句：意谓我敢手指苍天让它给我作证，我这样做是对你一片忠心。灵修：指楚怀王。

**羌中道而改路[24]！初既与余成言兮，后悔遁而有他[25]。余既不难夫**

（24）“曰黄昏”二句：意谓约好了黄昏是见面的时间，你却半路改了道。羌：发语词。（25）“初既与”二句：意谓当初我们已经有约定，可后来你却反悔，推脱有了别的打算。成言：彼此约定的话。悔遁：翻悔推脱。有他：另有别的打算。

**离别兮，伤灵修之数化[26]。**

（26）“余既”二句：意谓我和你分别并不感到难堪，伤心的是你屡次改变、反复无常。数（shuò）化：屡次改变，反复无常。

**余既滋兰之九畹兮，又树蕙之百亩**[27]**。畦留夷与揭车兮，杂杜**

（27）“余既”二句：意谓我已经栽种了大片的春兰，又种下了百来亩秋蕙。滋：栽种。畹（wǎn）：十二亩。树：种植。

**衡与芳芷**[28]**。冀枝叶之峻茂兮，愿俟时乎吾将刈**[29]**。虽萎绝其亦何**

（28）“畦留夷”二句：意谓我还一垄一垄地种植了芍药与揭车，将杜衡与白芷套种其间。畦（xī）：用作动词，一垄一垄地种植。留夷：即芍药。揭车：香草名。杂：混种在一起。杜衡：香草名。芳芷：即白芷。（29）“冀枝叶”二句：意谓真希望它们能够长得高大茂盛，等到时机成熟就可以收割。冀：希望。峻茂：高大茂盛。刈（yì）：收割。

**伤兮，哀众芳之芜秽**[30]**。众皆竞进以贪婪兮，凭不厌乎求索**[31]**。羌**

（30）“虽萎绝”二句：意谓即使它们都枯萎凋落又有什么可悲伤，最悲哀的是它们已经一片荒芜。芜秽：荒芜污秽，喻人才堕落变节。（31）“众皆”二句：意谓众小人争着贪利夺权，毫不满足地追求功名利禄。众：指众小人。竞进：争抢着做事情。凭：（楚方言）满。厌：满足。

**内恕己以量人兮，各兴心而嫉妒**[32]**。忽驰骛以追逐兮，非余心之所**

（32）“羌内”二句：意谓他们放纵自己却猜忌别人，彼此间勾心斗角，相互嫉妒。兴心：产生嫉妒之心。

**急**[33]**。老冉冉其将至兮，恐修名之不立**[34]**。朝饮木兰之坠露兮，夕**

（33）“忽驰”二句：意谓像他们那样竭尽全力去争权夺利，实在不是我内心所要追求的东西。驰骛（wù）：狂奔、乱跑。（34）“老冉冉”二句：意谓老年将要渐渐到来，担心美好的名声来不及树立。冉冉：渐渐、慢慢地。修名：美名。

**餐秋菊之落英**[35]**。苟余情其信姱以练要兮，长顑颔亦何伤**[36]**。掔木**

（35）“朝饮”二句：意谓清晨我喝木兰花上坠落下来的露水，傍晚我吃秋菊上坠落下的花瓣。落英：坠落的花。（36）“苟余情”二句：意谓只要内心是真正的美好而又精粹，我就是长久的面黄肌瘦又有什么可悲伤？信姱（kuā）：确实美好。练要：精要、精粹。顑颔（kǎn hàn）：因饥饿而面黄肌瘦。

**根以结茝兮，贯薜荔之落蕊**[37]**。矫菌桂以纫蕙兮，索胡绳之纚纚**[38]**。**

（37）“掔木根”二句：意谓我手持木兰的根须把白芷拴上，再穿上凋落的薜荔花蕊。掔（lǎn）：手持。木根：指香木的根。薜荔：香草名。蕊：花心。（38）“矫菌桂”二句：意谓我举着菌桂的嫩枝连缀起蕙草，用胡绳的茎叶搓成很好的绳子。矫：举着。索：用作动词，搓绳索。纚纚（xǐ xǐ）：绳索很好的样子。

**謇吾法夫前修兮，非世俗之所服**[39]**。虽不周于今之人兮，愿依彭咸**

（39）“謇吾”二句：意谓我效法古代的圣贤，绝非一般世俗之徒的穿戴。謇（jiǎn）：发语词，无实义。法：效法。前修：前代贤人。服：佩，穿戴。

**之遗则**[40]**。**

（40）“虽不周”二句：意谓虽然我不能和现在的人相容，但却愿意依照彭咸遗留下来的原则。周：合，容。彭咸：殷商大夫，谏君不纳而投水自尽。

**长太息以掩涕兮，哀民生之多艰**[41]**。余虽好修姱以鞿羁兮，謇**

（41）“长太息”二句：意谓我长长地叹息，掩面擦拭着辛酸的眼泪，哀叹人生的道路是如此艰辛。太息：叹息。掩涕：掩面拭泪。民生：人生。

**朝谇而夕替**(42)**。既替余以蕙纕兮，又申之以揽茝**(43)**。亦余心之所善**

（42）“余虽”二句：意谓我虽洁身自好却因此遭受牵制羁绊，早晨我还去进谏，到傍晚就遭废弃。修姱：修洁而美好。鞿（jī）羁：受牵制羁绊。谇（suì）：进谏。替：废弃、撤换。（43）“既替余”二句：意谓既因为我用香蕙作佩饰而贬黜我，又因为我采集白芷而给我加上罪名。纕（xiāng）：佩戴。申：重，加上。

**兮，虽九死其犹未悔**(44)**。怨灵修之浩荡兮，终不察夫民心**(45)**。众女**

（44）“亦余心”二句：意谓这些都是我内心珍爱、追求的东西，即使叫我多次面临死亡也绝不后悔。（45）“怨灵修”二句：意谓我怨君主你是这般不加思虑，任意妄为，始终不能明察我的用心。浩荡：大水横流的样子，比喻楚怀王不加思虑，任意妄为。民心：人心。

**嫉余之蛾眉兮，谣诼谓余以善淫**(46)**。固时俗之工巧兮，偭规矩而改**

（46）“众女”二句：意谓你周围的侍女（小人）嫉妒我美好的姿色容貌，于是造谣中伤，说我淫邪。谣诼（zhuó）：造谣中伤。诼：毁谤。

**错**(47)**。背绳墨以追曲兮，竞周容以为度**(48)**。忳郁邑余侘傺兮，吾独**

（47）“固时”二句：意谓那些贪图利禄的小人本来就善于投机取巧，方圆和规矩（喻法度、法则）他们可以全部抛弃，并改变原来正确的措施。工巧：善于取巧。偭（miǎn）：违背。改错：改变措施。错：同“措”。（48）“背绳墨”二句：意谓背弃法度，追随邪恶，竞相以苟合求容作为处世准则。绳墨：喻正道。曲：邪曲。度：准则。

**穷困乎此时也**(49)**。宁溘死以流亡兮，余不忍为此态也**(50)**。鸷鸟之不**

（49）“忳郁”二句：意谓我忧郁烦闷，怅然失意，我独独在如今困顿潦倒。忳（tún）：忧郁烦闷的样子。郁邑：忧愁的样子。（50）“宁溘”二句：意谓我宁可忽然死去，尸身漂流于江河，也绝不和他们一样做出媚俗求荣之态。溘（kè）死：忽然死去。

**群兮，自前世而固然**(51)**。何方圜之能周兮，夫孰异道而相安**(52)**？屈**

（51）“鸷鸟”二句：意谓鸷鸟怎么能和凡鸟合群，自古以来本就这样泾渭分明。鸷（zhì）鸟：鹰一类的猛禽。（52）“何方”二句：意谓哪会有方的和圆的东西能合在一起的，哪会有异路人能携手合作的？

**心而抑志兮，忍尤而攘诟**(53)**。伏清白以死直兮，固前圣之所厚**(53)**。**

（53）“屈心”二句：意谓我委屈自己的心志，压抑自己的情感，承担着罪过，忍受着耻辱。忍尤：忍受他人的斥责。攘诟（gòu）：忍受耻辱。（54）“伏清白”二句：意谓保持清白之志、守正直之道而死，这本就是历代圣贤所看重的。伏：保持。死直：守正直之道而死。厚：意动用法，以……为厚。

**悔相道之不察兮，延伫乎吾将反**(55)**。回朕车以复路兮，及行迷**

（55）“悔相道”二句：意谓我后悔当初没有把道路看清楚，站着迟疑了很久，我打算返回。相道：观看道路。延伫（zhù）：长时间站立，即犹豫不决。反：同“返”。

**之未远**(56)**。步余马于兰皋兮，驰椒丘且焉止息**(57)**。进不入以离尤兮，**

（56）“回朕”二句：意谓调转我的车头折回旧路，趁迷失方向还不算太远。复路：走回原来的路。行迷：迷失道路。（57）“步余马”二句：意谓我在这长满兰草的水边高地骑马，策马奔向那长有椒树的山丘暂且在此停息。步余马：让我的马徐徐行走。皋（gāo）：水边高地。椒丘：长满椒树的山丘。

**退将复修吾初服[58]。制芰荷以为衣兮，集芙蓉以为裳[59]。不吾知其**

（58）“进不入”二句：意谓既然难行反而获罪，倒不如退下来重整我原来的服饰。离尤：获罪。复修：重整。初服：原来的服饰。（59）“制芰荷”二句：意谓我裁剪碧绿的荷叶缝成上衣，又将洁白的莲花缀成下衣。芰（jì）荷：出水的荷，指荷叶或荷花。衣：上衣。芙蓉：荷花。裳：下衣。

**亦已兮，苟余情其信芳[60]。高余冠之岌岌兮，长余佩之陆离[61]。芳**

（60）“不吾知”二句：意谓没人了解我也就算了吧，只要我内心真正芬芳高洁。信芳：真正芳洁。（61）“高余冠”二句：意谓我把头上的帽子戴得特别地高耸，把腰间的佩饰加得特别长。岌岌（jíjí）：高耸的样子。陆离：长长的样子。

**与泽其杂糅兮，唯昭质其犹未亏[62]。忽反顾以游目兮，将往观乎四**

（62）“芳与”二句：意谓香草与污垢已经混杂在一起，唯独我这光洁的本质未曾遭到丝毫毁损。泽：污垢，污秽腐臭之物。昭质：光洁的本质。亏：毁损。

**荒[63]。佩缤纷其繁饰兮，芳菲菲其弥章[64]。民生各有所乐兮，余独**

（63）“忽反顾”二句：意谓我忽然回头纵目远望，我将要往四方边远的地方巡行观光。游目：纵目远望。四荒：四方边远处。（64）“佩缤纷”二句：意谓我的佩饰真是繁盛众多，浓烈的芳香愈加明显。缤纷：繁盛众多的样子。菲菲：香气浓郁。弥章：愈加明显。章：“彰”之古字。

**好修以为常[65]。虽体解吾犹未变兮，岂余心之可惩[66]！**

（65）“民生”二句：意谓人生各有自己的追求，我却独独爱好自我修养并习以为常。好修：喜好修养、修饰。（66）“虽体解”二句：意谓即使把我肢解了我也毫不悔改，难道我的志向会因受挫而改变！体解：肢解，古代一种酷刑。惩：因受罚而知道警戒。

**女媭之婵媛兮，申申其詈予[67]。曰：“鲧婞直以亡身兮，终然**

（67）“女媭”二句：意谓我姐姐对我的遭遇非常关切挂心，一再地责备我。女媭（xū）：屈原的姐姐，楚人称姐姐为“媭”。婵媛：关切挂心的样子。申申：反复地。詈（lì）：责备。

**殀乎羽之野[68]。汝何博謇而好修兮，纷独有此姱节[69]？薋菉葹以盈**

（68）“曰”二句：意谓她说：“鲧因过于刚直而遭祸，最终死在羽山郊野。”鲧（gǔn）：禹的父亲，尧帝的治水之臣，未成，舜帝杀之于羽山郊野。婞（xìng）直：刚直，固执。殀（yāo）：死。（69）“汝何”二句：意谓你为什么博学多闻、忠言直谏而又爱好修身，独具这么多美好的节操？博謇：博学多闻又忠言直谏。姱节：美好的节操。

**室兮，判独离而不服[70]。众不可户说兮，孰云察余之中情[71]？世并**

（70）“薋菉葹”二句：意谓满屋子已经堆满了王刍、苍耳（恶花秽草），独独你跟它们划清界限不愿佩戴。薋（zī）：草多，堆积的样子。菉（lù）：草名，王刍。葹（shī）：草名，苍耳。判：分，划清界限。（71）“众人”二句：意谓对众人不可能挨家挨户去一一说明，有谁会体察我们的内心实情？户说：挨家挨户去说明。中情：内心实情。

**举而好朋兮，夫何茕独而不予听[72]？”依前圣以节中兮，喟凭心而**

（72）“世并举”二句：意谓世人都在互相吹捧、喜好结党，你为什么要特立独行，听不进我的话？并举：互相吹捧。茕（qióng）独：单独，孤独。

**历兹[73]。济沅湘以南征兮，就重华而陈词[74]：启《九辩》与《九歌》**

（73）“依前”二句：意谓我遵循先圣的遗训来节制自己的情绪使之归于中和，但心情仍愤懑至今。节中：节制自己的情绪，使之归于中和。凭心：心情愤懑。历兹：至今。（74）“济沅湘”二句：意谓渡过沅水湘水向南而去，我要向虞、舜陈述情况。



**兮，夏康娱以自纵[75]。不顾难以图后兮，五子用失乎家巷[76]。羿淫**

（75）“启《九辩》”二句：意谓夏启偷得《九辩》和《九歌》，他寻欢作乐而忘情放纵。启：夏启，夏禹之子。《九辩》《九歌》：都是天帝乐曲，启上天偷来，用于人间。康娱：寻欢作乐。（76）“不顾”二句：意谓看不到危难不考虑将来，因此武观酿成内乱。五子：即五观，又作“武观”，夏启幼子。家巷：内讧，内部发生冲突或战争。

**游以佚畋兮，又好射夫封狐[77]。固乱流其鲜终兮，浞又贪夫厥家[78]。**

（77）“羿淫”二句：意谓后羿溺于游乐、爱好田猎，又对射杀大狐狸特别喜欢。淫游：过度游乐；佚畋（tián），无节制地打猎。封狐：大狐狸。（78）“固乱流”二句：意谓本来淫乱之徒就极少有好结果，何况寒浞还贪图霸占了他的妻子。乱流：淫乱之徒。鲜终：少有好结果。浞（zhuó）：人名，即寒浞，相传为后羿的相，他串通后羿的家臣将后羿杀死，并霸占了他的妻子。厥家：他的家室。

**浇身被服强圉兮，纵欲而不忍[79]。日康娱而自忘兮，厥首用夫颠陨[80]。**

（79）“浇身”二句：意谓寒浇自恃有强大的气力，放纵情欲不知节制。浇（ào）：寒浞的儿子。被服：本指穿戴，此指自负。强圉（yǔ）：刚强有力。不忍：不能克制自己。（80）“日康娱”二句：意谓天天寻欢作乐忘乎所以，他的脑袋因此落了下来。自忘：忘记自身安危。颠陨：坠落，掉下来。



**夏桀之常违兮，乃遂焉而逢殃[81]。后辛之菹醢兮，殷宗用而不长[82]。**

（81）“夏桀”二句：意谓夏桀的行为常常违背常理，于是就遭殃。夏桀：夏代最后的国君。常违：经常背离正道。乃遂焉：于是就，三字同义。逢殃：遭逢祸殃。夏桀被汤放逐到南巢，夏朝灭亡。（82）“后辛”二句：意谓商纣王把忠良剁成肉酱，殷王朝因此不能长久。后辛：商纣王，殷商最后的君主。菹醢（jū hǎi）：肉酱，用作动词，剁成肉酱。

**汤禹俨而祗敬兮，周论道而莫差[83]。举贤才而授能兮，循绳墨而不**

（83）“汤禹”二句：意谓商汤、夏禹态度严肃恭敬，周王也讲究正确的道理，没有差错。汤：商汤。禹：夏禹。俨：庄重、严肃。祗（zhī）：敬，恭敬。莫差：没有差错。

**颇[84]。皇天无私阿兮，览民德焉错辅[85]。夫维圣哲以茂行兮，苟**

（84）“举贤才”二句：意谓他们能选拔任用贤才能人，遵循准则没有偏差。授能：把官职授给有才能的人。循：遵循。颇：偏差。（85）“皇天”二句：意谓上天公正没有私心，看见有德的人于是会给予帮助。阿（ē）：偏袒。民德：万民中德行高尚的人。错辅：给予辅助。

**得用此下土[86]。瞻前而顾后兮，相观民之计极[87]。夫孰非义而可用**

（86）“夫维”二句：意谓只有古代的圣王具有高尚的德行，才能够拥有天下的土地。 圣哲：古代圣明聪睿的帝王。茂行：富有高尚的德行。苟能：才能。（87）“瞻前”二句：意谓回顾过去瞻望未来，观察人们判断是非的标准。相观：观看、观察。计极：判断是非的标准。

**兮？孰非善而可服[88]？阽余身而危死兮，览余初其犹未悔[89]。不量**

（88）“夫孰”二句：意谓有哪位国君不义而能统治天下？有哪位国君不善而能使人归服？服：与“用”同义。（89）“阽余身”二句：意谓我虽然面临死亡的危险，回想自己当初的志向仍毫不后悔。阽（diàn）：面临危险。危死：身危而濒临死亡。

**凿而正枘兮，固前修以菹醢[90]。曾歔欷余郁邑兮，哀朕时之不当[91]。**

（90）“不量”二句：意谓不度量凿眼就削正木楔，因此前代贤人遭到灭顶之灾。凿：木匠在器物上所凿的孔眼，用以放木楔。枘（ruì）：木楔子。前修：前代贤人。（91）“曾歔欷”二句：我泣声不绝悲伤烦闷，哀叹自己生不逢时。曾：“增”之古字，增加，更加。歔欷（xū xī）：哀泣之声。时之不当：不当时，即生不逢时。

**揽茹蕙以掩涕兮，霑余襟之浪浪[92]。**

（92）“揽茹蕙”二句：意谓手拿着柔软的蕙草擦拭眼泪，泪水滚落沾湿了我的衣襟。茹：柔软。浪浪：泪水滚滚而下，泪流不止的样子。

**跪敷衽以陈辞兮，耿吾既得此中正[93]。驷玉虬以乘鹥兮，溘埃**

（93）“跪敷衽”二句：意谓我跪在铺开的衣襟上陈词，我已经清晰地得到中正之道。敷衽（rèn）：铺开的衣襟。耿：明白的样子。中正：治国做人的中正之道。

**风余上征[94]。朝发轫于苍梧兮，夕余至乎县圃[95]。欲少留此灵琐兮，**

（94）“驷玉虬”二句：意谓以鹥鸟为车，让玉虬来驾车，借着那快速的大风我飞到天上去。虬（qiú）：无角龙；鹥（yī）：五彩鸟，凤的一种。溘：飘忽快速的样子。上征：到天上去。（95）“朝发轫”二句：意谓早晨从南方的苍梧出发，傍晚就到达了昆仑山上。发轫（rèn）：启程，出发。县圃：即“悬圃”，昆仑山。



**日忽忽其将暮[96]。吾令羲和弭节兮，望崦嵫而勿迫[97]。路曼曼其修**

（96）“欲少留”二句：意谓我本想在灵琐稍事逗留，但太阳很快就要下山，暮色渐浓。灵琐：指神宫，神仙居住的地方。忽忽：很快的样子。（97）“吾令”二句：意谓我让羲和停鞭慢行，不要太过迫近崦嵫山。羲和：神话中的日神。弭（mǐ）节：停鞭慢行。崦嵫（yān zī）：神话中的山名，传说太阳都落入崦嵫山。迫：迫近。

**远兮，吾将上下而求索[98]。饮余马于咸池兮，总余辔乎扶桑[99]。折**

（98）“路曼曼”二句：意谓前面的道路遥远而又漫长，我上上下下探寻志同道合之人。曼曼：又长又远的样子。上下：天上人间。求索：求取，搜寻。（99）“饮余马”二句：意谓让我的马在咸池里饮水，把马缰绳拴在扶桑树上。饮（yìn）：使动用法，使……饮水。咸池：神话中的池名，传说太阳在此沐浴。总：拴系。

**若木以拂日兮，聊逍遥以相羊[100]。前望舒使先驱兮，后飞廉使奔属[101]。**

（100）“折若木”二句：意谓折下若木枝来挡住太阳，我可以暂时悠游自得地徜徉。若木：神话中的树木。逍遥：悠悠自得的样子。相羊：即“徜徉”，自在地徘徊。（101）“前望舒”二句：意谓叫前面的望舒作为前驱，让后面的飞廉紧紧跟上。望舒：神话中的月神。飞廉：神话中的风神。奔属：在后面奔跑着紧跟。



**鸾皇为余先戒兮，雷师告余以未具[102]。吾令凤鸟飞腾兮，继之以日**

（102）“鸾皇”二句：意谓凤凰为我在前戒备，雷师告诉我行装还没准备齐全。鸾皇：即凤凰。先戒：在前面担任警戒。雷师：传说中的雷神。未具：未备，指行装没有准备齐全。

**夜[103]。飘风屯其相离兮，帅云霓而来御[104]。纷总总其离合兮，斑**

（103）“吾令”二句：意谓我命令凤凰展翅飞腾，要日以继夜地不停飞翔。（104）“飘风”二句：意谓旋风结聚起来互相靠拢，它们率领着云霞来迎接我。飘风：旋风。屯：聚集。相离：相互分离。云霓：云霞。御：迎接。

**陆离其上下**[105]**。吾令帝阍开关兮，倚阊阖而望予**[106]**。时暧暧其将**

（105）“纷总总”二句：意谓云霞越聚越多忽离忽合，五光十色参差荡漾。总总：聚集很多的样子。离合：指飘风中云霓忽散忽聚。斑：色彩斑斓，五光十色。陆离：参差的样子。（106）“吾令”二句：意谓我叫帝阍把门打开，他却倚靠着天门望着我。帝阍（hūn）：为天帝守门的神。阊阖（chāng hé）：天门。

**罢兮，结幽兰而延伫**[107]**。世溷浊而不分兮，好蔽美而嫉妒**[108]**。朝**

（107）“时暧暧”二句：意谓日色渐暗一天就要过去了，我纽结着幽兰久久站立着。暧暧：昏暗的样子。延伫：长久站立。（108）“世溷浊”二句：意谓世道混浊善恶不分，喜欢嫉妒别人并抹煞别人的长处。溷浊：同“混浊”。蔽：遮蔽，此指抹煞。

**吾将济于白水兮，登阆风而绁马**[109]**。忽反顾以流涕兮，哀高丘之无**

（109）“朝吾将”二句：意谓清晨我将要渡过白水河，登上阆风山把马拴住。白水：神话中的水名，出自昆仑山。阆风：神话中的山名，在昆仑山上。绁（xiè）马：拴马。

**女**[110]**。溘吾游此春宫兮，折琼枝以继佩**[111]**。及荣华之未落兮，相**

（110）“忽反顾”二句：意谓我忽然回头眺望，泪流不止，哀叹高丘没有理想的神女。高丘：山名，在阆风山上。无女：指没有理想的神女。（111）“溘吾”二句：意谓我飘忽地来到春宫一游，折下玉树枝条来补充自己的佩饰。春宫：神话中东方青帝所居住的宫室。琼枝：玉树枝。继佩：补充佩饰。



**下女之可诒**[112]**。吾令丰隆乘云兮，求宓妃之所在**[113]**。解佩纕以结**

（112）“及荣华”二句：意谓趁花朵还未凋零，寻找能接受我馈赠的下界女子。荣华：草木所开的花。下女：下界的女子。诒（yí）：通“贻”，馈赠。（113）“吾令”二句：意谓我让丰隆把云车驾起，我要去寻找宓妃的所在。丰隆：神话传说中的云神。宓（fú）妃：传为伏羲之女，溺死在洛水里，遂为洛水之神。

**言兮，吾令蹇修以为理**[114]**。纷总总其离合兮，忽纬繣其难迁**[115]**。**

（114）“解佩纕”二句：意谓解下佩带束好求婚书信，我请蹇修前去给我提亲。佩纕（xiāng）：佩带。结言：捆束书信。蹇修：传为伏羲之臣。理：提亲的人。（115）“纷总总”二句：意谓云霞纷纷簇集忽离忽合，很快知道宓妃很难被改变。纬繣（wěi huà）：乖逆，事情进行得不顺利。难迁：难以被改变。

**夕归次于穷石兮，朝濯发乎洧盘**[116]**。保厥美以骄傲兮，日康娱以淫**

（116）“夕归次”二句：意谓晚上宓妃回到穷石住宿，清晨到洧盘洗发。次：止宿。穷石：神话中的山名。濯（zhuó）发：洗发。洧（wěi）盘：神话中的水名。

**游**[117]**。虽信美而无礼兮，来违弃而改求**[118]**。览相观于四极兮，周**

（117）“保厥”二句：意谓宓妃仗着她的美貌，骄傲自大，成天放荡不羁，寻欢作乐。保：倚仗。（118）“虽信美”二句：意谓她虽然美丽但不守礼法，于是放弃她另外求索。违弃：中止、放弃。改求：指寻求别的女子。

**流乎天余乃下**[119]**。望瑶台之偃蹇兮，见有娀之佚女**[120]**。吾令鸩为**

（119）“览相观”二句：意谓我在天上观察四方遥远的地方，周游一遍后我从天上下降到人间。四极：四方遥远的地方。周流：周游。下：下降到人间。（120）“望瑶台”二句：意谓遥望高耸的玉台，看见有娀氏美女住在台上。瑶台：用美玉建造的台。偃蹇：高耸的样子。有娀（sōng）：传说中的国名。佚女：美女。

**媒兮，鸩告余以不好**(121)**。雄鸠之鸣逝兮，余犹恶其佻巧**(122)**。心犹**

（121）“吾令”二句：意谓我请鸩鸟去给我做媒，鸩鸟却告诉我那个美女不好。鸩：鸟名，传为恶鸟，羽毛有毒。（122）“雄鸠”二句：意谓雄斑鸠一边叫唤着一边飞去说媒，我又厌恶它行为轻佻、言语不实。佻巧：行为轻佻，言语巧佞。

**豫而狐疑兮，欲自适而不可**(123)**。凤皇既受诒兮，恐高辛之先我**(124)**。**

（123）“心犹豫”二句：意谓我心中犹豫而疑惑，想亲自去又觉得不行。自适：亲自前往。（124）“凤皇”二句：意谓凤凰已接受了托付的聘礼，恐怕高辛他要赶在我前面了。诒：聘礼。高辛：高辛氏，即帝喾，传帝喾以凤凰为媒娶简狄。

**欲远集而无所止兮，聊浮游以逍遥**(125)**。及少康之未家兮，留有虞之**

（125）“欲远集”二句：意谓想到远方安居却又无处安居，只好四处逍遥，流浪漂泊。集：栖息。浮游：漂泊。

**二姚**(126)**。理弱而媒拙兮，恐导言之不固**(127)**。世溷浊而嫉贤兮，好**

（126）“及少康”二句：意谓趁少康还未娶妻成家，留有虞国两位公主（没被少康娶走）。少康：夏后相之子。有虞：有虞国，舜的后代，姚姓，有虞国国君曾将两个女儿嫁给少康。（127）“理弱”二句：意谓媒人无能没有伶牙俐齿，恐怕能说合的希望很小。理、媒：提亲说媒的人。导言：指说媒时沟通撮合双方的言词。不固：无力。



**蔽美而称恶**(128)**。闺中既以邃远兮，哲王又不寤**(129)**。怀朕情而不发**

（128）“世溷浊”二句：意谓世间混乱污浊、嫉贤妒能，喜好障蔽美德称扬邪恶。蔽：障蔽。称恶：称扬邪恶。（129）“闺中”二句：意谓闺中美女已经难以接近，圣哲的君王又不觉醒。邃远：深远，难以接近。哲王：圣智的君王，此指楚怀王。寤：醒，觉醒。

**兮，余焉能忍而与此终古**(130)**！**

（130）“怀朕”二句：意谓满腔强烈的感情无处抒发，我怎么能永远忍耐下去！发：抒发。此：指的是上文提到的“蔽美称恶”和“溷浊”的世道环境。终古：永久、永远。

**索藑茅以筳篿兮，命灵氛为余占之**(131)**。曰：“两美其必合兮，**

（131）“索藑茅”二句：意谓我找来了灵草和细竹片，请求神巫灵氛为我占卜。藑（qióng）茅：传说中可以用来占卜的灵草。筳（tíng）：小竹片可用来占卜。篿（zhuān）：楚人结草折竹的占卜方式。灵氛：传说中的神巫。

**孰信修而慕之**(132)**？思九州之博大兮，岂唯是其有女**(133)**？”曰：“勉**

（132）“曰”二句：意谓占辞说：“双方都美好则必将结合，谁又真正美好值得爱慕？”（133）“思九州”二句：意谓“想到天下多么辽阔广大，难道只有这里才有美女？”九州：古代中国分为九州。是：指楚国。女：指美女，此喻贤臣。



**远逝而无狐疑兮，孰求美而释女**(134)**？何所独无芳草兮，尔何怀乎故**

（134）“曰”二句：意谓又说：“我劝你远走高飞不要迟疑，谁寻求美人会把你放弃呢？”勉：努力而为。远逝：远走高飞，此指离开楚国。女：“汝”之古字，你。

**宇**(135)**？”世幽昧以眩曜兮，孰云察余之善恶**(136)**？民好恶其不同兮，**

（135）“何所”二句：意谓“世间什么地方没有芳草，你又何必怀恋故土？”何所：什么地方。故宇：故土，此指楚国。（136）“世幽昧”二句：意谓世道黑暗使人眼花迷乱，谁又能够了解我们是善是恶？眩曜：迷惑、惑乱。幽昧：黑暗。

**惟此党人其独异**[137]**！户服艾以盈要兮，谓幽兰其不可佩**[138]**。览察**

（137）“民好恶”二句：意谓人们的好恶本来就不同，只是这帮庸人特别怪诞。独异：特别怪异。（138）“户服”二句：意谓人人都把艾草挂在腰间，却说幽兰是不可佩戴的东西。户：家家户户，人人。艾：艾草，诗人认为是恶草。要：“腰”之古字。

**草木其犹未得兮，岂珵美之能当**[139]**？苏粪壤以充帏兮，谓申椒其不**

（139）“览察”二句：意谓对草木的好坏都分辨不清，怎么能够正确鉴别美玉？珵（chéng）：美玉。当：恰当，指鉴别恰当。

**芳**[140]**。欲从灵氛之吉占兮，心犹豫而狐疑**[141]**。巫咸将夕降兮，怀**

（140）“苏粪壤”二句：意谓取用粪土塞满自已的香袋，反说佩戴的申椒没有香气。苏：取。粪壤：粪土，污秽的东西。充：装满。帏：香袋。（141）“欲从”二句：意谓想听从灵氛占卜出对楚国有利的好卦，心里却犹豫而疑惑。

**椒糈而要之**[142]**。百神翳其备降兮，九疑缤其并迎**[143]**。皇剡剡其扬**

（142）“巫咸”二句：意谓听说巫咸今晚将要降神，我怀藏着椒木、精米去接他。巫咸：传说中的古代神巫，名咸。降：神降。糈（xǔ）：精米。要：同“邀”，邀请，求神降临。（143）“百神”二句：意谓天上诸神遮天蔽日齐降，九疑山的众神纷纷迎接。百神：天上诸神。翳（yì）：蔽，遮天蔽日。备降：一起降临。迎：迎接。

**灵兮，告余以吉故**[144]**。曰：“勉升降以上下兮，求榘矱之所同**[145]**。**

（144）“皇剡剡”二句：意谓他们灵光闪闪显示神灵，（巫咸）又告诉我一些吉祥的事情。皇：指众神之光。剡剡（yǎn yǎn）：闪闪。扬灵：显示神灵。吉故：吉祥的事情。（145）“曰”二句：意谓他说：“应该努力上天下地，去寻求志同道合的人。”榘矱（huò）：本指画方和丈量的工具，引申为法度、法则。

**汤禹严而求合兮，挚咎繇而能调**[146]**。苟中情其好修兮，又何必用夫**

（146）“汤禹”二句：意谓商汤、夏禹为人恭敬谨慎虚心求贤，伊尹、皋陶跟他们能协调配合。严：敬，恭谨地从事。挚：商汤时的贤相伊尹的名。咎繇：即皋陶，夏禹时的贤臣。调：协调配合。

**行媒**[147]**？说操筑于傅岩兮，武丁用而不疑**[148]**。吕望之鼓刀兮，遭**

（147）“苟中情”二句：意谓只要内心爱好修养，有高洁的品质，又何必一定用媒人撮合？用：因，凭借。行媒：用媒人撮合。（148）“说操”二句：意谓傅说拿木杵在傅岩筑墙，武丁毫不犹豫地用他为相。说（yuè）：傅说，殷商贤相。筑：筑墙的木杵。傅岩：地名，在今山西平陆。

**周文而得举**[149]**。宁戚之讴歌兮，齐桓闻以该辅**[150]**。及年岁之未晏**

（149）“吕望”二句：意谓姜太公曾经摆弄过屠刀，遇到周文王后他被任用。吕望：即姜尚，姜子牙。鼓刀：鸣刀，当屠夫屠宰时屠刀发出声音。遭：逢，遇见。周文：周文王。（150）“宁戚”二句：意谓宁戚喂牛敲着牛角歌唱，齐桓公听见后任为大夫。宁戚：春秋时卫国贤士。该辅：安排在辅佐大臣的位置上。

**兮，时亦犹其未央**[151]**。恐鹈鴂之先鸣兮，使夫百草为之不芳**[152]**。”**

（151）“及年岁”二句：意谓趁现在时间还不算晚，大好的时光也还没有完。晏：晚。未央：未尽。（152）“恐鹈鴂”二句：意谓只怕杜鹃它叫得太早，使得百草因此不再芬芳。鹈鴂（tí jué）：杜鹃鸟，常在初夏鸣叫，此时正是落花时节。

**何琼佩之偃蹇兮，众薆然而蔽之[153]。惟此党人之不谅兮，恐嫉妒而**

（153）“何琼佩”二句：意谓为什么这样美好的玉佩，人们却要掩盖、遮蔽它。琼佩：玉佩，喻美德。偃蹇：美好的样子。薆（ài）然：遮蔽的样子。

**折之[154]。时缤纷其变易兮，又何可以淹留[155]！兰芷变而不芳兮，**

（154）“惟此”二句：意谓想到这帮庸人不讲信义，恐怕出于嫉妒把它摧折。谅：诚信。（155）“时缤纷”二句：意谓时世纷乱而变化无常，我怎么可以在这里久留！缤纷：纷乱的样子。

**荃蕙化而为茅[156]。何昔日之芳草兮，今直为此萧艾也[157]？岂其有**

（156）“兰芷”二句：意谓兰草和芷草失掉了芬芳，荃草和蕙草也变成茅莠。（157）“何昔日”二句：意谓为什么从前的这些香草，今天简直全都成为荒草野艾？直：简直。萧、艾：均是草名，诗人认为是恶草。

**他故兮，莫好修之害也[158]！余以兰为可恃兮，羌无实而容长[159]。**

（158）“岂其”二句：意谓难道还有什么别的原因，不爱好修养造成的祸害。（159）“余以”二句：意谓我还以为兰草最可依靠，谁知它华而不实徒有修美的外表。容长（cháng）：外表修美。



**委厥美以从俗兮，苟得列乎众芳[160]。椒专佞以慢慆兮，榝又欲充**

（160）“委厥”二句：意谓兰草抛弃它的美质追随世俗，勉强列入众芳的行列。委：委弃。苟：苟且、侥幸。

**夫佩帏[161]。既干进而务入兮，又何芳之能祗[162]？固时俗之流从**

（161）“椒专佞”二句：意谓花椒专横谄媚、十分傲慢，茱萸想进香袋而冒充香草。慢慆（tāo）：傲慢放纵。榝（shā）：茱萸，诗人认为是恶草。充：冒充。佩帏：佩戴在身上的香囊。（162）“既干”二句：意谓它们既然这么努力钻营，又怎么能敬爱芳草呢？干（gān）进、务入：努力钻营获取禄位。祗（zhī）：敬。

**兮，又孰能无变化[163]？览椒兰其若兹兮，又况揭车与江离[164]？惟**

（163）“固时”二句：意谓本来世俗就从恶如流，又还有谁能够意志坚定？流从：同“从流”，指从恶如从水而流。（164）“览椒兰”二句：意谓看到香椒、兰草都变成这样，又何况揭车和江离呢？

**兹佩之可贵兮，委厥美而历兹[165]。芳菲菲而难亏兮，芬至今犹未沬[166]。**

（165）“惟兹佩”二句：意谓只有我这佩饰最为可贵，人们抛弃了它的美质，而它至今还坚定不移。委：抛弃，废弃。厥美：其美，指自己佩饰之美。历兹：至今。（166）“芳菲菲”二句：意谓浓郁的香气难以亏损，芬芳的气息到今天都还没消散。亏：亏损。沬：灭，消散。



**和调度以自娱兮，聊浮游而求女[167]。及余饰之方壮兮，周流观乎**

（167）“和调度”二句：意谓保持着和谐的调度和自己欢愉的心情，我姑且再四处神游去寻找理想的女伴。和：和谐，用作动词。调度：走路时所佩戴的玉佩发出的声音节奏与步子相协调配合。

**上下[168]。**

（168）“及余”二句：意谓趁着我的佩饰还很盛美，去天地四方再周游观访。方壮：盛美。周流：周游。

**灵氛既告余以吉占兮，历吉日乎吾将行[169]。折琼枝以为羞兮，**

（169）“灵氛”二句：意谓灵氛已经告诉我占得吉卦，选个好日子我就准备出发。历：选择。

**精琼靡以为粻[170]。为余驾飞龙兮，杂瑶象以为车[171]。何离心之可**

（170）“折琼枝”二句：意谓折下玉树枝叶作为美味的菜肴，捣碎玉屑当做干粮。羞：珍馐，珍美的菜肴。精：捣碎。琼靡（mí）：玉屑。粻（zhāng）：干粮。（171）“为余”二句：意谓飞龙为马给我驾车，车上装饰着美玉和象牙。驾飞龙：用飞龙来驾车。瑶：美玉。象：象牙。

**同兮？吾将远逝以自疏[172]。邅吾道夫昆仑兮，路修远以周流[173]。**

（172）“何离心”二句：意谓彼此不同心怎能配合，我将要远去，主动疏远他。自疏：主动疏远。（173）“邅吾道”二句：意谓我将行程转向西方的昆仑，道路遥远我继续周游。邅（zhān）：转。

**扬云霓之晻蔼兮，鸣玉鸾之啾啾[174]。朝发轫于天津兮，夕余至乎西**

（174）“扬云霓”二句：意谓飞扬的云霓（旗帜）遮了阳光，鸾鸟形的玉铃发声叮当响。扬云霓：指扬起云霓以为旗。晻（àn）蔼：昏暗的样子。玉鸾：玉制的车铃，为鸾鸟形。啾啾（jiū）：象声词，铃声。

**极[175]。凤皇翼其承旂兮，高翱翔之翼翼[176]。忽吾行此流沙兮，遵**

（175）“朝法轫”二句：意谓清晨从天河的渡口出发，傍晚我到达最远的西边。天津：天河渡口。西极：西方极远的地方。（176）“凤皇”二句：意谓凤凰展翅承托着云旗，它们长空翱翔飞得很整齐。翼翼：飞得很整齐的样子。

**赤水而容与[177]。麾蛟龙使梁津兮，诏西皇使涉予[178]。路修远以多**

（177）“忽吾行”二句：意谓忽然我来到这沙漠地段，只得沿着赤水缓慢行进。流沙：西方的沙漠。遵：沿着。赤水：神话中的水名，源出昆仑山。容与：缓慢行进的样子。（178）“麾蛟龙”二句：意谓指挥蛟龙在渡口上架桥，命令西皇将我渡到对岸。麾：指挥。梁：用作动词，搭设桥梁。西皇：西方的神。涉予：渡我过河。

**艰兮，腾众车使径待[179]。路不周以左转兮，指西海以为期[180]。屯**

（179）“路修远”二句：意谓路途遥远又艰险，我传令众车在路旁等待。腾：传令。（180）“路不周”二句：意谓经过不周山向左转去，我的目的地已指向西海。不周：不周山，神话中的山名。西海：神话中西方的海。期：目的地。

**余车其千乘兮，齐玉轪而并驰[181]。驾八龙之婉婉兮，载云旗之委**

（181）“屯余车”二句：意谓我聚集千辆车子，把玉饰的车轮对齐了，并驾齐驱。玉轪（dài）：玉饰的车轮。

**蛇[182]。抑志而弭节兮，神高驰之邈邈[183]。奏九歌而舞韶兮，聊假**

（182）“驾八龙”二句：意谓驾车的八龙蜿蜒地前进，载着云霓旗帜随风卷曲。婉婉：龙行游动屈伸的样子。委蛇（wěi yí）：旗帜随风舒展的样子。（183）“抑志”二句：意谓控制住感情停下车，我的思绪飞得很高很远。抑制：压制心志，控制住感情。弭节：停车。神高驰：指思绪高高飞驰。邈邈：遥远的样子。

**日以媮乐[184]。陟升皇之赫戏兮，忽临睨夫旧乡[185]。仆夫悲余马怀**

（184）“奏九歌”二句：意谓演奏“九歌”和舞乐“韶”，且借当下大好时光寻求欢娱。媮（yú）：乐。
（185）“陟升皇”二句：意谓太阳东升照得天空一片明亮，忽然看见我生长的故乡。陟（zhì）：升，登。赫戏：光明的样子。临睨（nì）：俯视。旧乡：故乡。

**兮，蜷局顾而不行[186]。**

（186）“仆夫”二句：意谓我的仆从悲伤，马儿也留恋，退缩回头不肯走向前方。仆夫：驾马车的人。蜷（quán）局：蜷曲不伸展的样子。

**乱曰：已矣哉！国无人莫我知兮，又何怀乎故都[187]！既莫足与**

（187）“乱曰”四句：意谓结篇的话：算了吧！国内既然没有同心之人了解我，我又何必怀念故国故土。乱：乐歌的最后一章，是全篇的尾声。已矣哉：算了吧。莫我知：即“莫知我”，没有人了解我。

**为美政兮，吾将从彭咸之所居[188]！**

（188）“既莫足”二句：意谓既然没有人能与我实现理想中的美好政治，我将追随彭咸得到同样归宿！美政：美好的政治。

《楚辞补注·卷一·离骚》

【翻译】

我是颛顼帝的后裔，我故去父亲叫伯庸。庚寅年正逢庚寅月（正月），庚寅日的时候我出生了。父亲根据我的生辰年月，给我取了美好的名字。给我取名为“正则”，给我取字为“灵均”。我有这么多内在的美德，又加上我注重培养自己的才能。我披着江离和白芷这些香草，又连缀起秋兰作为自己的佩饰。时光如流水飞逝追不及，唯恐年岁不能将我等待。清晨我去拔取坡上的木兰，傍晚我在洲畔采摘宿莽。日月交迭未尝稍停，春秋交替不停变换。想到树叶凋零坠落，害怕美人也渐渐年老。为什么不趁壮盛时机丢弃秽恶的行径？为什么不改变现在不好的法度？乘着骏马（喻任用贤才）驰骋天下，我为您（指楚怀王）在前面引路！

以往楚国三代先王德行精纯，本来有众多贤臣簇拥着。夹杂着花椒与桂树，难道仅是连缀着蕙草与白芷？唐尧和虞舜多么正大光明，遵循正道沿着正确途径治国。夏桀和商纣多么放纵狂乱，只想走捷径致使寸步难行。那些结党营私的小人苟且偷安，走向幽暗险狭道路。难道我担心自己遭受灾祸，我担心的是社稷将要倾覆。我急匆匆地为国家忙碌，希望跟上前代明王足迹。君主不但不能体察我内心实情，反而听信谗言大发雷霆。我本知忠言直谏会招灾祸，但忍受着不能停止进谏。手指苍天让它给我作证，我确实对君王一片忠心。约好了黄昏见面的时间，你却半路改了道。当初我们已有约定，后来你却反悔另有主张。我和你分别并不感到难堪，伤心的是你反复无常。

我已栽种了大片春兰，又种下了百亩秋蕙。还一垄地种植了芍药与揭车，将杜衡与白芷套种其间。希望它们能够长得高大茂盛，等到时机成熟就可以收割。即使枯萎又有什么可悲，最悲哀的是一片荒芜。众小人争着贪利夺权，毫不满足地追求功名利禄。他们放纵自己却猜忌别人，彼此勾心斗角相互嫉妒。竭尽全力去争权夺利，不是我内心追求的东西。老年将要渐渐到来，担心美名来不及树立。清晨喝木兰坠落的露水，傍晚吃秋菊坠落的花瓣。只要内心真正的美好精粹，长久面黄肌瘦有何可悲？手持木兰根须拴上白芷，再穿上凋落的薜荔花蕊。举着菌桂枝连缀起蕙草，用胡绳茎搓成很好的绳。我效法古代的圣贤，绝非一般世俗之徒的穿戴。虽不能和现在人相容，愿依照彭咸遗留下的原则。

长长地叹息，掩面拭泪，哀叹人生道路如此艰辛。我洁身自好却受羁绊，早晨进谏傍晚遭弃。因我佩戴香蕙而贬，又因为采集白芷而加罪。这是我内心珍爱的东西，即使多次死亡也不悔。怨君主太过任意妄为，始终不明察百姓用心。周围的小人嫉妒我姿色，于是造谣说我淫邪。小人本来就善于投机取巧，规矩既违背措施又变更。背弃法度邪恶，以苟合求容作为处世准则。忧郁烦闷怅然失意，我独独在如今困顿潦倒。我宁可忽然死去尸身漂流，绝不做出媚俗求荣之态。鸷鸟怎么能和凡鸟合群，自古以来就泾渭分明。方的和圆的怎能合在一起，异路人哪能携手合作？委屈心志压抑情感，承担罪过忍受耻辱。保持清白为正直之道而死，这是历代圣贤所看重的。

后悔当初没有看清道路，迟疑很久打算返回。掉转我的车头折回旧路，趁迷失方向还不算远。在长满兰草水边高地骑马，策马向有椒树的山丘停息。既然前进难行反而获罪，还不如退下来重整我原来的服饰。裁剪碧绿的荷叶缝成上衣，又将洁白的莲花缀成下衣。没人了解我也就算了吧，只要我内心真正芬芳高洁。我把头上的帽子戴得特别高，把腰间佩带加得特别长。香草与污垢混杂一起，唯独我光洁的本质未遭到毁损。忽然回头纵目远望，将要往边远地巡行。佩饰五彩繁盛众多，浓烈的芳香愈加明显。人生各有自己的追求，我却独爱好修养以为常。即使将我肢解也毫不悔改，难道志向会因受挫而改变！

我姐姐对我非常关切，一再地责备我。她说："鲧因刚直而遭祸，最终死在羽山郊野。你为什么博学直谏而又爱好修身，独具这么多美好的节操？满屋子堆满了王刍、苍耳（恶花秽草），独你跟它们划清界限不愿佩戴。对众人不可能挨家挨户去劝导，谁会体察我们的内心实情？世人都在互相吹捧结党，你为什么要特立独行，听不进我的话？"我遵循先圣遗训来归于中和，但心情仍愤懑至今。渡过沅水湘水向南行，要向虞舜陈述情况。夏启偷得《九辩》和《九歌》，寻欢作乐而忘情放纵。看不到危难不考虑将来，因此武观酿成内乱。后羿溺于游乐田猎，还喜欢射杀大狐狸。本来淫乱之徒就少有好结果，何况寒浞还贪图霸占了他的妻子。夏桀的行为常常违背常理，于是就遭殃。商纣王把忠良剁成肉酱，殷王朝因此不能长久。商汤夏禹态度严肃恭敬，周王讲究正道没差错。他们选拔任用贤才能人，遵循准则没有偏差。上天公正没有私心，看见有德的人会给予帮助。只有圣王具有高尚的德行，才能够拥有天下的土地。回顾过去瞻望未来，观察人们判断是非的标准。哪位国君不义而能统治天下？哪位国君不善而能使人归服？我虽然面临死亡的危险，自己当初的志向仍毫不后悔。不度量凿眼就削正木楔，因此前代贤人遭到灭顶之灾。我泣声不绝悲伤烦闷，哀叹自己生不逢时。手拿着柔软的蕙草擦眼泪，泪水滚落沾湿了我衣襟。

跪在铺开的衣襟上陈词，已清晰地得到中正之道。以鷖鸟为车让玉虬来驾，借着大风飞到天上。早晨从南方的苍梧出发，傍晚就到达了昆仑山上。本想在灵琐稍事逗留，但太阳很快下落暮色渐浓。我让羲和停鞭慢行，不要太过迫近崦嵫山。前面的道路遥远而又漫长，我上上下下探寻志同道合之人。让我的马在咸池里饮水，把马缰绳拴在扶桑树上。折下若木枝来挡住太阳，我可以暂时悠游徜徉。叫前面的望舒作为前驱，让后面的飞廉紧紧跟上。凤凰为我在前戒备，雷师告诉我行装还没准备齐全。我命令凤凰展翅飞腾，要夜以继日地不停飞翔。旋风结聚起来互相靠拢，它们率领着云霞来迎接我。云霞越聚越多忽离忽合，五光十色参差荡漾。我叫帝阍把门打开，他却倚靠着天门望着我。日色渐暗一天就要过去了，我纽结着幽兰久久站立着。世道混浊善恶不分，喜欢嫉妒别人并抹杀别人的美德。清晨我将要渡过白水河，登上阆风山把马拴住。忽然回头眺望泪流不止，哀叹高丘没有理想的神女。飘忽地来到春宫一游，折下玉树枝条补充佩饰。趁花朵还未凋零，寻能接受馈赠的人间女子。我让丰隆把云车驾起，要去寻找宓妃的所在。解下佩带束好求婚书信，我请蹇修前去给我提亲。云霞纷纷簇集忽离忽合，很快知道宓妃难被改变。晚上宓妃回到穷石住宿，清晨到洧盘洗濯头发。宓妃仗着她的美貌骄傲自大，成天放荡不羁寻欢作乐。她虽然美丽但不守礼法，于是放弃她另外求索。在天上观察四方遥远的地方，周游一遍后我从天上降到人间。遥望高耸的玉台，看见有娀氏美女住在台上。请鸩鸟去给我做媒，鸩鸟却告诉我那美女不好。雄斑鸠边叫边飞去说媒，我又厌恶它轻佻不实。我心中犹豫而疑惑，想亲自去又觉得不行。凤凰接受了托付的聘礼，恐怕高辛要赶在我前面了。想到远方居住却又无处安居，只好四处逍遥流浪漂泊。趁少康还未娶妻成家，留着有虞国两位公主。媒人无能没有伶牙俐齿，恐怕能说合的希望很小。世间混浊嫉贤妒能，喜好障蔽美德称扬邪恶。闺中美女已经难以接近，圣哲的君王又不觉醒。满腔强烈的感情无处抒发，我怎么能永远忍耐下去！

我找来了灵草和细竹片，请求神巫灵氛为我占卜。占辞说："双方都美好必将结合，谁又真正美好值得爱慕？想到天下多么辽阔广大，难道只有这里才有美女？"又说："劝你远走高飞不要迟疑，谁寻求美人会把你放弃呢？”世间什么地方没有芳草，你又何必怀恋故土？世道黑暗使人眼花迷乱，谁又能够了解是善是恶？人们的好恶本来就不同，只是这帮庸人特别怪诞。人人都把艾草挂在腰间，反说幽兰是不可佩戴的东西。对草木的好坏都分辨不清，怎么能够正确鉴别美玉？取用粪土塞满自己的香袋，反说佩戴的申椒没有香气。想听从灵氛占卜出的好卦，心里却犹豫而疑惑。听说巫咸今晚将要降神，我怀藏着椒木精米去接他。天上诸神遮天蔽日齐降，九疑山的众神纷纷迎接。他们灵光闪闪显示神灵，又告诉我一些吉祥的事情。他说：“应该努力上天下地，去寻求志同道合的人。商汤、夏禹能够恭敬谨慎虚心地求贤，伊尹、皋陶才能忠诚地协调配合。只要内心有高洁的品质，又何必一定用媒人撮合？傅说拿木杵在傅岩筑墙，武丁毫不犹豫用他为相。姜尚曾经当过屠夫，遇到周文王就被任用。宁戚喂牛敲着牛角歌唱，齐桓公听见后任为大夫。趁时间不算晚，大好的时光也还没有完。只怕杜鹃它叫得太早，使得百草不再芬芳。”为什么这样美好的玉佩，人们却要掩遮它。想到这帮庸人不讲信义，恐怕出于嫉妒把它摧折。兰草和芷草失掉了芬芳，荃草和蕙草变成茅莠。为什么从前的这些香草，今天简直全都成为荒草野艾？难道还有什么别的原因，不爱好修养造成的祸害。我本以为兰草最可靠，谁知华而不实徒有修美的外表。兰草抛弃美质追随世俗，勉强列入众芳的行列。花椒专横谄媚十分傲慢，茱萸想进香袋而冒充香草。它们既然这么努力钻营，又怎么能敬爱芳草呢？本来世俗就从恶如流，又还有谁能够意志坚定？看到香椒兰草都变成这样，又何况揭车和江离呢？只有我这佩饰最为可贵，任其美质经历种种磨难。浓郁的香气难以亏损，芬芳的气息到今天还没消散。保持和谐的调度和欢愉心情，姑且四处寻找理想的女伴。趁着我的佩饰还很盛美，去天地四方再周游观访。

灵氛已告诉我占得吉卦，选个好日子准备出发。折下玉树枝叶作为佳肴，捣碎玉屑做干粮。飞龙为马给我驾车，车上装饰着美玉和象牙。彼此不同心怎能配合，我将要远去疏远他。我将转向西方的昆仑，道路遥远继续周游。飞扬的云霓作旗遮了阳光，鸾鸟形的玉铃发声叮当响。清晨从天河渡口出发，傍晚到达最远的西边。凤凰展翅承托着云旗，它们长空翱翔飞得很整齐。忽然我来到沙漠地段，只得沿着赤水缓慢行进。指挥蛟龙在渡口架桥，命令西皇将我渡到对岸。路途遥远又艰险，我传令众车在路旁等待。经过不周山向左转去，我的目的地已指向西海。

我聚集千辆车子，把玉饰的车轮对齐并驾。驾车的八龙蜿蜒前进，载着云霓旗帜随风卷曲。控制住感情停下车，我的思绪飞得很高远。演奏“九歌”和舞乐“韶”，且借好时光寻求欢娱。太阳东升照天空明亮，忽然看见我生长的故乡。仆从悲伤马儿留恋，退缩回头不肯向前方。

结篇的话：算了吧！国内没有同心之人了解我，又何必怀念故国故土。既然没有人能与我实现美好政治，我将追随彭咸得到同样归宿！

## 【简析】

《离骚》为屈原的代表作，是中国古代诗歌史上最长的一首浪漫主义的政治抒情诗。诗人从自叙身世、品德、理想写起，抒发了自己遭谗被害的苦闷与矛盾的心情，斥责了楚王昏庸、群小猖獗与朝政混乱，表现了诗人坚持“美政”的理想，抨击黑暗现实，不与邪恶势力同流合污的斗争精神和至死不渝的爱国热情。

全文可分为三大部分：第一部分从开头至“岂余心之可惩”，诗人自叙家世、品德和“美政”理想以及斗争中所遭受的挫折和打击，展示了内心的矛盾、彷徨、苦闷和追求，也表示了坚守高尚情操和“美政”理想的决心；第二部分至“余焉能忍与此终古”，写诗人漫游天国上下求索，进一步表现了理想破灭的苦闷和仍然不懈追求的执着；第三部分至末尾，写诗人决心离国远游，但终不忍离去，进一步表现了眷恋故土的强烈爱国精神。《离骚》有独特的艺术风格。首先，诗歌成功塑造了抒情主人公的形象，光彩照人，诗人有高尚的情操和美好的品德，从不同流合污；他有远大的抱负和崇高的理想，为了实现理想不怕打击迫害，坚持抗争，上下求索，九死不悔，古人赞之“虽与日月争光可也”（《史记·屈原贾生列传》）。其次，大量运用了比喻、象征的手法。喻体与本体水乳交融、浑然一体，创造出融情于景的优美、奇丽的艺术境界。再次，运用了不少香花、香草的名称来象征性地表现比较抽象的概念。自屈原以来，“香草美人”就已经成为高洁人格的象征。还有，全诗以四句为一节，每节中又由两个用“兮”字连接的若连若断的上下句组成，加上固定的偶句韵，使全诗一直在回环往复的旋律中进行，具有很强的节奏感。此外，本诗还运用了对偶的修辞手法，相较于唐宋律诗对仗虽工整不及，但情韵则过之。

# 湘 君（1）

（1）湘君：湘水之神，男性。传说其为在巡视南方时死在苍梧的舜，楚人为之立祠，以湘水之神祭之。

**屈 原**

**君不行兮夷犹[2]，蹇谁留兮中洲[3]？美要眇兮宜修[4]，沛吾**

（2）君：指湘君。不行：指湘君不来赴约，也有说不立刻启程。夷犹：犹豫，迟疑不决的样子。（3）“蹇谁留”句：意谓湘君犹豫迟疑而不行，是为了谁而滞留洲中呢？蹇（jiǎn）：楚方言，发语词。谁留：为谁而留，也有说是有谁留住湘君。中洲：洲中，水中陆地中。（4）要（yāo）眇：同“窈窕”，美好的样子。宜修：修饰打扮得恰到好处。

**乘兮桂舟[5]。令沅湘兮无波[6]，使江水兮安流[7]！望夫君兮未来[8]，**

（5）沛：船行迅速的样子。吾：湘夫人自指。桂舟：桂木打造的船。（6）沅湘：沅水和湘水，均流入洞庭湖。（7）江水：长江水。（8）夫：指示代词，彼，此指湘君。

**吹参差兮谁思[9]？**

（9）参差（cēn cī）：古代的乐器，排箫，用长短不齐的竹管编排而成。谁思：思念谁。

**驾飞龙兮北征[10]，邅吾道兮洞庭[11]。薜荔柏兮蕙绸[12]，**

（10）飞龙：龙舟，此指船速极快。北征：北行。（11）邅（zhān）：楚方言，回转，改变航向。洞庭：洞庭湖。（12）薜荔（bì lì）：香草名，常绿蔓生植物。柏：指船舱壁，又说同“箔”，帘子。蕙：香草名。绸：帐幕。

**荪桡兮兰旌[13]。望涔阳兮极浦[14]，横大江兮扬灵[15]。扬灵兮未**

（13）荪：香草名。桡（ráo）：船桨，又说旗杆上的曲柄。兰：木兰。旌：旗。（14）涔（cén）阳：地名，在今湖南省澧县涔水北岸。极浦：遥远的水边。（15）横：横渡，又说是充满意思。扬灵：显灵，也有说扬帆前行的意思。

**极[16]，女婵媛兮为余太息[17]。横流涕兮潺湲[18]，隐思君兮陫侧[19]。**

（16）未极：未至湘君的处所，又说指不停的发光。（17）女：指湘夫人身边的侍女。婵媛：叹息、关切的样子。（18）横：横溢。潺湲：水流的样子，此形容流泪不止的样子。隐：伤痛，又说是内心深藏的意思。陫侧：通“悱恻”，内心悲苦的样子。

**桂櫂兮兰枻[20]，斫冰兮积雪[21]。采薜荔兮水中[22]，搴芙蓉兮**

（20）櫂（zhào）：同“棹”，划船的长桨。枻（yì）：划船的短桨，又说是拉船的索。（21）斫（zhuó）冰：意谓斫碎冰块，冰纷然好像积雪，又说冰雪是借以形容水光的空明澄澈。（22）“采薜荔”句：意谓生长在陆地上的薜荔香草要到水中去采，暗喻事态反常。

**木末[23]。心不同兮媒劳[24]，恩不甚兮轻绝[25]。石濑兮浅浅[26]，**

（23）搴（qiān）：摘取。芙蓉：莲花，生长在水中。木末：树梢。（24）媒劳：媒人只是徒劳，不能使二人同心。（25）恩不甚：恩爱不深。轻绝：轻易断绝。（26）石濑：从沙石上急速流过的水。浅浅（jiān）：水流急速的样子。

**飞龙兮翩翩[27]。交不忠兮怨长[28]，期不信兮告余以不闲[29]。**

（27）翩翩：指龙舟飞速前行。（28）交：结交。怨长：怨恨深长。（29）期：约会。不信：不守信约。不闲：没有空余时间。

**鼌骋骛兮江皋[30]，夕弭节兮北渚[31]。鸟次兮屋上[32]，水周兮**

（30）鼌（zhāo）：通“朝”，早上。骋骛：急速奔走。皋（gāo）：水边高地。（31）弭（mǐ）节：停止马鞭，即让马车停下。节：同“策’，马鞭。渚：水边的小洲。（32）次：栖息、停留。

**堂下**[(33)]**。**

（33）周：环绕。

**捐余玦兮江中**[(34)]**，遗余佩兮澧浦**[(35)]**。采芳兮杜若**[(36)]**，将以遗**

（34）捐：舍弃。玦（jué）：环形有缺口的玉佩。（35）遗：留下。佩：身上的玉佩。澧：澧水，在今湖南省，流入洞庭湖。浦：水滨。（36）杜若：香草名。

**兮下女**[(37)]**。时不可兮再得**[(38)]**，聊逍遥兮容与**[(39)]**。**

（37）遗（wèi）：赠予。下女：指湘君身边的侍女。（38）时：指湘君与湘夫人的欢聚之时。（39）聊：暂且。逍遥：悠游自得的样子。容与：从容悠闲的样子。

《楚辞补注・九歌》

## 【翻译】

湘君犹豫迟疑而不行，是为了谁而滞留洲中呢？为你打扮美好的容颜，我在激流中架起桂舟。下令沅水湘水风平浪静，让长江水缓缓漫流。盼望湘君你不来，吹起排箫思念谁？

架起龙船快速北行，改道去了洞庭湖。用薜荔作帘蕙草作帐，用香荪为桨兰木为旗。眺望涔阳遥远的水边，大江也阻挡不了飞扬心灵。飞扬心灵未至湘君处。身边的侍女为我叹息。眼泪纵横滚滚而下，内心痛苦而悲伤。

桂树作长桨木兰作短桨，斫碎冰块纷然好像积雪。想在水中摘取陆地上的薜荔，想在树梢采摘水中的莲花。两心不同而媒人徒劳，相爱不深感情容易断绝。清水在石滩上急流淌，龙船在水面迅速飞驰。不忠诚的交往使怨恨深长，不守信用却对我说没空赴约。

早晨急速奔走水边高地，傍晚把车停在北面小洲。鸟儿栖息在屋檐上，水儿环绕在华堂之前。

把我环形玉佩舍弃江中，把我的佩饰留在澧水滨。在芳香的沙洲采来杜若，想将其送给陪侍的女伴。相聚的时光不能再得，暂且悠然自得从容盘桓。

## 【简析】

在屈原的《九歌》中，《湘君》和《湘夫人》是富有生活情趣和浪漫色彩的优秀作品，是民间祭祀湘水之神的祭歌。据说，湘君就是舜帝，湘夫人就是舜帝的娥皇、女英二妃，舜帝退位后南巡，死在苍梧之野，二妃思念无比，追至洞庭湖，听闻舜死讯，两人肝肠寸断，投江而死，遂为湘水之神。这首诗歌是在祭祀的时候湘水女神的扮演者演唱的，盼望湘君到来，然湘君久而不至，从而产生了失望、怀疑、哀伤、埋怨的复杂感情。诗歌第一段写了美丽的湘夫人精心打扮一番，乘着小舟来到约会地点，却见不到湘君，失望中抑郁吹起了排箫。第二段写了湘君不至，湘夫人驾着轻舟往洞庭寻找，结果依然不见湘君踪影，湘夫人心情澎湃、泪流不止，如此深情连身边的侍女也叹息。第三段写失望之极的怨恨，总结追求不过是一种徒劳。在此情况下，湘夫人发出了斥责和埋怨的激愤之语。第四段补叙湘夫人渡江从早到晚的时间，强调她兜了一大圈仍回到约会地，但还未见到朝思暮想的湘君。第五段是整篇末段，湘夫人将玉环抛弃江中，把佩饰留在岸边，心情激动。当平静后，湘夫人将香草送给侍女，从长计议，慢慢等待。给人留下了想象的悬念。全诗缠绵悱恻，哀怨动人。

# 湘夫人[1]

（1）湘夫人：与湘君并称为楚地传说中的湘水配偶神。



屈　原

**帝子降兮北渚[2]，目眇眇兮愁予[3]。袅袅兮秋风[4]，洞庭波兮木**

(2) 帝子：指湘夫人，舜妃为帝尧之女，故称帝子。渚：水边的浅滩。(3) 眇眇（miǎo）：望而不见的样子。愁予：使我忧愁。(4)袅袅（niǎo）：绵长不绝的样子。

**叶下[5]。登白薠兮骋望[6]，与佳期兮夕张[7]。鸟何萃兮苹中[8]，罾何为**

(5)洞庭:洞庭湖。(6)薠（fán）：草名，多生长在秋季沼泽地。骋望：纵目而望。(7) 佳期：与佳人的约会。张：陈设。(8) 萃：聚集。鸟本当集在木上，反说在水草中。苹：水草。

**兮木上[9]？**

(9) 罾（zēng）：鱼网。罾原当在水中，反说在木上，比喻所愿不得，失其应处之所。

**沅有茝兮澧有兰[10]，思公子兮未敢言[11]。荒忽兮远望[12]，观流**

(10) 沅：即沅水，在今湖南省。 芷：香草名，即白芷。 澧（lǐ）：即澧水，在今湖南省，流入洞庭湖。(11)公子：此指湘夫人。（12）荒忽：即“恍惚”，神志迷乱的样子。

**水兮潺湲[13]。麋何食兮庭中[14]？蛟何为兮水裔[15]？朝驰余马兮江皋[16]，**

（13）潺湲：水缓慢流动的样子。（14）麋：一种似鹿而大的动物，又称“四不象”。（15）蛟：传说中龙类的动物。水裔：水边。（16）江皋：江边。

**夕济兮西澨[17]。闻佳人兮召予，将腾驾兮偕逝[18]。**

(17) 济：渡水。澨（shì）：水边。（18） 腾驾：驾着马车奔驰。偕逝：指与使者同往。

**筑室兮水中，葺之兮荷盖[19]。荪壁兮紫坛[20]，播芳椒兮成堂[21]。**

（19）葺(qì)：修补，这里指用茅草盖屋。盖：指屋顶。（20）荪：一种香草。紫：紫贝。坛：庭院（中庭）。（21）播：散布。芳椒：芳香的花椒。成：借作“盛”。

**桂栋兮兰橑[22]，辛夷楣兮药房[23]。罔薜荔兮为帷[24]，擗蕙櫋兮既**

（22）栋：屋栋，屋脊柱。橑（lǎo）：屋椽。（23） 辛夷：香木名，初春升花又叫木笔。楣：门上横木。药：香草名，即白芷。（24）罔：通“网”，编织。薜荔（bì lì）：一种香草，缘木而生。帷：帐幔。

**张[25]。白玉兮为镇[26]，疏石兰兮为芳[27]。芷葺兮荷屋[28]，缭之兮**

（25）擗（pǐ）：剖，掰开。櫋（mián）：檐际木，这里作“幔”讲，帐顶。（26）镇：镇压座席之物。（27）疏：散布，分陈。石兰：兰草的一种。（28）荷屋：荷叶覆顶的房屋。

**杜衡[29]。合百草兮实庭[30]，建芳馨兮庑门[31]。九嶷缤兮并迎[32]，**

（29）缭：缠绕。杜衡：一种香草。（30）合：会集。实：充实。（31）馨：散布很远的香气。庑（wǔ）：厢房。（32）九嶷（yí）：山名，又名苍梧，传说中舜的葬地，在湘水南。缤：盛多的样子。

**灵之来兮如云[33]。**

（33）灵：神。如云：形容众多。



**捐余袂兮江中[34]，遗余褋兮澧浦[35]。搴汀洲兮杜若[36]，将以**

（34）袂（mèi）：衣袖。（35）遗(wèi)：赠送。褋（dié）：汗衫。（36）搴(qiān)：采摘。汀(tīng)：水中或水边的平地。杜若：香草名。

**遗兮远者[37]。时不可兮骤得[38]，聊逍遥兮容与[39]。**

（37）遗：丢下。（38）骤：骤然。（39）容与：从容自在的样子。

《楚辞补注·九歌》

【翻译】

湘夫人快降临在北岸，望而不见使我忧愁。爽朗的秋风绵长不绝，洞庭湖浪翻树叶飘。登上白薠丛生地纵目望，与佳人约会准备晚宴。为何鸟儿聚集在水草间？为何渔网悬挂在大树上？

沅水有白芷澧水有幽兰，思念湘夫人啊不敢明言。神志恍惚放眼展望，只见清澈流水缓缓。为何山中麋鹿觅食在庭院？为何深渊蛟龙搁浅水边？早晨我骑马在江边奔驰，傍晚我就渡到了水西岸。好像听见湘夫人召唤我，立刻驾着马车与使者同往。

筑室在水中啊，用荷叶覆盖修补。用香荪抹墙紫贝装中庭，散布香椒粉在厅堂上。用玉桂作屋脊兰木为屋椽，辛夷制成门楣白芷点缀房间。编制好薜荔做个帐子，掰开蕙草张挂在屋檐。拿来白玉镇压座席，散布兰草的芳香。白芷修葺荷叶屋顶，有杜衡草缠绕四周。汇集百草充实庭院，门廊之间香气弥漫。九嶷山众神一起相迎，神灵到来像云朵满天。

将我的衣袖投入湘江中，留我的汗衫在澧水之滨。采摘水中的杜若香草，要把它送给远方的恋人。欢乐时光难以马上得到，暂且放慢步子从容自在。



【简析】

《湘夫人》是《湘君》的姐妹篇，同为民间祭祀湘水之神的祭歌，写了湘君对湘夫人的思念，也写了因见不到湘夫人的惆怅和迷惘。全诗以湘君的口吻，第一段写他来到约会地点，却不见她的踪影。他想象湘夫人一定曾降临到这里等待自己，并设想她那蹙眉凝望的情景，心里更加忧伤。但举目回望却不见恋人，只见秋风阵阵、落叶纷纷和无边无垠的洞庭波涛。他登上高处，放眼四望，盼望湘夫人能够到来，但直到黄昏，仍不见她的踪影，回想起以往的相会，无限深情，却未曾表白，心里更加懊悔。回想起昔日自己急匆匆赶来赴约的情景，幻想与她一起驾着飞腾的马车远走高飞，幻想着二人终于团聚，筑室水中，共度美好时光。最后湘君从幻想中醒来，回味那美好境界，心里更加思念恋人。于是把自己的衣物抛入江中，希望湘夫人能看到，又拔去此地的香草作为纪念，以待将来赠给她以明心意。诗歌情景交融，意境深邃，极力铺陈，环境的描写，气氛的烘托，突显了诗人对美满幸福爱情生活的热烈向往。



## 山　鬼

屈　原

**若有人兮山之阿(1)，被薜荔兮带女罗(2)。既含睇兮又宜笑(3)，**

（1）若：仿佛，若隐若现状。又说“若”为发语词。人：山鬼自指。阿（ē）：弯曲处。（2）被：通“披”。薜荔：香草名，常绿灌木，蔓生，又名木莲。女罗：同“女萝”，又名兔丝，蔓生植物。带女罗：指以女萝为带。（3）睇（dì）：斜视。含睇：指双眼含情流盼。宜笑：笑的样子自然美丽。

**子慕予兮善窈窕(4)。乘赤豹兮从文狸(5)，辛夷车兮结桂旗(6)。被石**

（4）子：指山鬼所爱慕和思念的情人。下文的“公子”“君”“灵脩”等都与此义同。予：山鬼自指。窈窕：娇美的姿态。（5）“乘赤豹”句：意谓乘坐赤豹驾的车，让文狸当随从。赤豹：红毛而有黑斑点的豹子。从：使……跟从，使动用法。文狸：有花纹的野猫。（6）辛夷车：用辛夷木造的车。辛夷：香木名，又名木笔。结桂旗：编织桂花枝作为旗。

**兰兮带杜衡[(7)]，折芳馨兮遗所思[(8)]。**

（7）石兰：香草名，兰草的一种，又名山兰。杜衡：香草名，同“杜蘅”。（8）芳馨：芳香的花草。遗：赠与。所思：思念的人。

**余处幽篁兮终不见天[(9)]，路险难兮独后来[(10)]。表独立兮山之上[(11)]，**

（9）幽篁：幽深的竹林。（10）后来：迟到。（11）表独立：突出的样子，指山鬼独自站在高高的山岗上。

**云容容兮而在下[(12)]。杳冥冥兮羌昼晦[(13)]，东风飘兮神灵雨[(14)]。**

（12）容容：同“溶溶’，形容云气像流水一样在山间缓缓浮动。（13）杳冥冥：幽暗深远的样子。羌：发语词。昼晦：白天昏暗不明。（14）飘：大风回旋。神灵雨：雨神下雨。

**留灵修兮憺忘归[(15)]，岁既晏兮孰华予[(16)]。**

（15）“留灵修”句：意谓留下来等待恋人的到来，安然地忘记归去。留灵修：将灵修留住。憺（dàn）：安心的样子。（16）岁既晏：年纪已老。晏：晚。孰：谁。华予：使我保持青春年华，也又说仍然保持青春年华。

**采三秀兮于山间[(17)]，石磊磊兮葛蔓蔓[(18)]。怨公子兮怅忘归[(19)]，**



（17）三秀：灵芝草。因其一年开花三次，故名。于（wū）山：即巫山，在重庆、湖北交接处。（18）磊磊：乱石堆积的样子。葛：一种蔓生植物。蔓蔓：藤蔓纠缠的样子。（19）怅忘归：（因怨对方不来）怅然若失，忘了归家。

**君思我兮不得闲[(20)]。山中人兮芳杜若[(21)]，饮石泉兮荫松柏[(22)]。（口**

（20）“君思”句：意谓你思念我，但因不得空闲前来赴约（其实这是山鬼自我宽解之辞）。（21）山中人：山鬼自指。杜若：香草名。芳杜若：像杜若一样芳香，比喻品格高洁美好。（22）石泉：山石中的泉水。荫松柏：以松柏为荫，即住在松柏树下。

**口口兮口口口）君思我兮然疑作[(23)]。雷填填兮雨冥冥[(24)]，猿啾啾兮**

（23）“君思我”句：意谓一会儿觉得真的在思念我，一会儿又觉得不可能这样（这表达了山鬼疑虑复杂矛盾的内心）。然疑作：信与疑交替产生，忽信忽疑。然：信。疑：怀疑。作：产生。（24）填填：雷声。冥冥：昏暗的样子。

**狖夜鸣[(25)]。风飒飒兮木萧萧[(26)]，思公子兮徒离忧[(27)]。**

（25）啾啾（jiū）：象声词，猿哀鸣的叫声。狖（yòu）：长尾猿。（26）飒飒：象声词，风声。萧萧：风吹枝叶落的声音。（27）徒：徒然，白白地。离忧：遭受忧伤。离：同“罹”，遭受。

《楚辞补注·九歌》



**【翻译】**

仿若悠然在山弯曲处，披着薜荔以女萝为带。含情流盼巧笑而自然，你会羡慕我娇美的姿态。乘坐赤豹文狸跟从，辛夷木车桂花扎起旗。我身披石兰腰束杜衡，折枝芳香花赠思念人。

我在幽深的竹林不见天日，道路艰险难行而来迟。孤身一人伫立高山上，云雾溶溶如流水浮动。白天幽暗深远如同黑夜，东风飘旋神灵下雨。等恋人到来安然忘归，年渐老谁使我保持年华？

在山间采摘灵芝草，岩石磊磊葛藤纠缠。抱怨神女怅然忘归，你想我却没空来到。山中人像杜若一样高洁芬芳，石泉口中饮松柏头上遮，你想我心中信疑交错。雷声滚滚雨势昏暗，猿鸣啾啾声穿夜幕。风吹飒飒落叶萧萧坠落，思念女神白白遭受忧愁。

【简析】

这是民间祭祀山神的祭歌，山鬼即是山神，有学者认为山鬼就是巫山女神。祭祀的时候由女巫扮演成山鬼独唱，抒发其追求爱情而不得的相思之情。诗歌前八句是女神自述其装束及体态的美好，她兴高采烈地出行，去会见所思情人，内心充满着喜悦。中间八句女神自述来晚的原因以及见不到情人后的孤独与苦闷，还幻想情人来到一定会挽留他，让他乐而忘归。后十一句写了女神对情人失约而产生的种种猜疑，表现了其复杂而矛盾的心情。全诗情感曲折起伏，缠绵婉转，情景交融，创造了一种凄迷深幽的诗境。而女神那秀丽的姿容、娴雅的意态、真挚的情意、绵绵的哀思、独特的风采都跃然纸上，引起许多爱恋男女的热烈共鸣。

## 国　殇

屈　原

**操吴戈兮被犀甲(1)，车错毂兮短兵接(2)。旌蔽日兮敌若云(3)，**

（1）操：持，拿着。吴戈：战国吴地所制的戈（因制作精良锋利而著名）。被：通“披”。犀甲：犀牛皮制作的铠甲。（2）错：交错。毂(gǔ)：车的轮轴。错毂、指两国双方激烈交战，兵士来往交错。短兵：指刀剑一类的短兵器。（3）“旌蔽”句：旌旗遮蔽了太阳，敌兵好像云一样聚集在一起。旌：用羽毛装饰的旗子。

**矢交坠兮士争先(4)。凌余阵兮躐余行(5)，左骖殪兮右刃伤(6)。霾**

（4）“矢交”句：双方激战，流箭交错，纷纷坠落，战士却奋勇争先杀敌。矢：箭。士：战士。（5）凌：侵犯。躐(liè)：践踏。行(háng)：行列。（6）左骖(cān)：古代战车用四匹马拉，中间的两匹马叫“服”，左右两边的叫“骖”。殪(yì)：倒地而死。右：指右骖。刃伤：为兵刃所伤。

**两轮兮絷四马**(7)**，援玉枹兮击鸣鼓**(8)**。天时坠兮威灵怒**(9)**，严杀**

（7）“霾两”句：意谓把(战车)两轮埋在土中，马头上的缰绳也不解开，要同敌人血战到底。霾：通“埋”。絷(zhí)：绊住。（8）援：拿。玉枹：嵌玉饰的鼓槌。（9）天时坠：指天昏地暗。威灵怒：神明震怒。

**尽兮弃原野**(10)**。出不入兮往不反**(11)**，平原忽兮路超远**(12)**。带长剑**

（10）严杀：酣战痛杀。弃原野：指骸骨弃在战场上。（11）“出不入”句：意谓战士抱着义无反顾的必死决心。（12）“平原”句：意谓战士出击，在平原上奋迅前进，一下子即离开家甚远。忽：指原野宽广无际。超：通“迢”。

**兮挟秦弓**(13)**，首身离兮心不惩**(14)**。诚既勇兮又以武**(15)**，终刚强兮**

（13）挟：携，拿。秦弓：战国秦地所造的弓(因射程较远而著名)。（14）“首身”句：意谓虽身首异处，心中也没有悔意。惩：恐惧，悔恨。（15）诚：果然是，诚然。武：力量强大。

**不可凌。身既死兮神以灵**(16)**，子魂魄兮为鬼雄**(17)**！**

（16）神以灵：指精神永存。（17）“魂魄毅兮为鬼雄”：一作“子魂魄兮为鬼雄”。子：指战死者。鬼雄：鬼中雄杰。

《楚辞补注·九歌》



## 【翻译】

拿着吴地的戈啊身披犀甲，车毂交错与敌刀剑相接。旌旗蔽阳啊敌兵如云聚集，流箭交错纷坠啊战士奋勇杀敌。敌人侵犯我军阵啊践踏我行列，左骖倒毙啊右骖伤于兵刃。两轮埋土中啊马头缰绳不解，拿过玉鼓槌啊击鼓鸣。昏天黑地啊神明震怒，酣战痛杀啊骸骨弃荒原。既已出征啊就没有想过要返回，平原上前进啊一下子离开家甚远。带上长剑啊携带秦弓，虽身首异处啊心中没有悔意。果然英勇啊武艺超凡，永远刚强啊不可凌犯。身既已死啊精神永存，你是鬼中的英雄啊魂魄毅然。

## 【简析】

这是一首追悼和礼赞为国捐躯的楚国将士的歌。以壮怀激烈之笔歌颂了楚国将士的英雄气概和爱国精神，抒发了作者对雪洗国耻寄予热望的感情。诗歌前十句描写了在一场短兵相接的战斗中，楚国将士奋死抗敌的壮烈场面；诗歌后八句则赞美了为国牺牲的战士勇武刚强，灵魂不朽的高尚情操。全诗情感真挚炽烈，节奏鲜明急促，抒写开张扬厉，传达出一种凛然悲壮、亢直阳刚之美，至今读之，仍然使人热血液沸腾。

# 哀郢



屈原

**皇天之不纯命[1]兮，何百姓之震愆[2]？民离散而相失[3]兮，方**

（1）“皇天”句：意谓天命不正常，天道失常。纯：正，常。（2）震愆（qiān）：震动，遭罪。（3）相失：相互失散。

**仲春[4]而东迁。去故乡而就远兮，遵江夏[5]以流亡。出国门[6]而轸**

（4）仲春：夏历二月。（5）遵：沿着，顺着。江夏：长江和夏水。（6）国门：郢都城门。

**怀[7]兮，甲之鼂[8]吾以行。发郢都而去闾[9]兮，怊荒忽其焉极[10]？**

（7）轸（zhěn）怀：悲痛地怀念。（8）甲之鼂（zhāo）：甲日早晨。（9）去闾（lǘ）：离开家乡。（10）“怊（chāo）荒”句：意谓悲伤恍惚中不知道去到何方。怊：悲伤。荒忽：即恍惚。焉极：何止，哪里有极止。



**楫[11]齐扬以容与[12]兮，哀见君[13]而不再得。望长楸[14]而太息兮，**

（11）楫：船桨。（12）齐扬：并举。容与：缓慢行进。（13）君：此指楚顷襄王。（14）楸：梓树，古人以之作为家乡的象征。

**涕淫淫[15]其若霰[16]。过夏首而西浮兮，顾龙门[17]而不见。心婵媛[18]**

（15）涕淫淫：泪流不止的样子。（16）霰（xiàn）：小冰粒、雪珠，此指泪珠。（17）龙门：郢都东门。（18）婵媛：情思牵挂不舍的样子。

**而伤怀兮，眇[19]不知其所蹠[20]。顺风波以从流[21]兮，焉洋洋[22]**

（19）眇：同“渺”，前途渺茫。（20）蹠（zhí）：践踏。（21）从流：顺流而下。（22）洋洋：漂泊无所归的样子。

**而为客。凌阳侯[23]之泛滥兮，忽翱翔之焉薄[24]。心絓[25]结而不解**

（23）凌阳侯：乘着大波涛。阳侯：波涛之神。（24）翱翔：形容船在波涛上起伏的样子。薄：止，停。（25）絓（guà）：悬挂。

**兮，思蹇产[26]而不释。将运舟而下浮兮，上洞庭而下江。去终古之**

（26）蹇产：迂曲缠绕。

**所居兮，今逍遥而来东[27]。**

（27）逍遥：飘荡不定的样子。来东：来到东方。

**羌灵魂之欲归兮，何须臾而忘反[28]。背夏浦而西思兮[29]，哀故**

（28）须臾：片刻。反：同“返”，指返回郢都。（29）背：背向。夏浦：即今汉口。西思：指思念西方的郢都。

**都之日远。登大坟[30]以远望兮，聊以舒[31]吾忧心。哀州土之平乐兮，**

（30）大坟：水边高地。（31）舒：舒展。

**悲江介之遗风。当陵阳[32]之焉至兮，淼南渡之焉如[33]？曾[34]不知**

（32）当陵阳：面对大波涛。陵阳：同上文“阳侯”。（33）淼：大水茫茫无边的样子。如：往，去。（34）曾：竟。

**夏[35]之为丘[36]兮，孰两东门之可芜？心不怡之长久兮，忧与愁其相**

（35）夏：“厦”古字。（36）丘：废墟。

**接。惟郢路之辽远兮，江与夏之不可涉。忽[37]若去不信[38]兮，至今**

（37）忽：时光迅速流逝。（38）不信：不可置信。

**九年而不复。惨郁郁[39]而不通[40]兮，蹇侘傺[41]而含感[42]。**

（39）惨郁郁：悲伤愁闷忧愤的样子。（40）通：舒畅。（41）蹇（jiǎn）：发语词。侘傺（chà chì）：失意的样子。（42）含感：含悲。

**外承欢之汋约[43]兮，谌荏弱而难持[44]。忠湛湛[45]而愿进兮，**

（43）外承欢之汋（chuò）约：外表好看讨人喜欢。汋约：姿态柔美的样子。（44）谌（chén）荏（rěn）弱而难持：实际软弱无能靠不住。（45）湛湛：忠厚稳重的样子。

**妒被离[46]而鄣[47]之。尧舜之抗行[48]兮，瞭杳杳[49]而薄天。众谗人**

（46）被离：众多而杂乱的样子。（47）鄣：即“障”，壅蔽。（48）抗行：高尚的行为。（49）瞭杳杳：眼光清晰高远。

**之嫉妒兮，被[50]以不慈之伪名[51]。憎愠惀[52]之修美兮，好夫人之**

（50）被：加上，使……蒙受。（51）伪名：捏造出的恶名。（52）愠惀（wěn lǔn）：忠诚的样子。

**忼慨[53]。众踥蹀[54]而日进兮，美超远而逾迈[55]。**

（53）忼慨：表面激昂，实则夸夸其谈。（54）踥蹀（qiè dié）：竞相奔走钻营的样子。（55）美超远而逾迈：君子、贤臣越走越远。

**乱曰：曼余目以流观[56]兮，冀[57]壹反之何时？鸟飞反故乡兮，**

（56）曼余目以流观：放眼四下观望。（57）冀：希望。

**狐死必首丘[58]。信非吾罪而弃逐兮，何日夜而忘之[59]！**

（58）首丘：头朝着自己出生的山丘，表明不忘故土。（59）之：指代故乡、故土。

《楚辞补注·卷四·九章》

【翻译】

天命失道不正常，为何要使百姓动荡遭罪？人民妻离子散不能相顾，夏历二月向东流亡。离开故乡而奔走远方，顺着长江夏水流浪。走出郢都国门心情悲痛，甲日早晨我走在路上。从郢都出发而离开闾里，我悲伤恍惚中不知去何方。一齐举桨而心怀犹豫，哀伤从此见不到楚君王。望见故乡梓树长叹息，流泪不止如雪珠坠落。过夏首又向西漂流，回望郢都东门已不见。内心牵挂不舍而感伤，前途渺茫不知落脚何方。任风推波顺水流动，漂泊无所归而羁旅为客。乘着漫无边际的阳侯大波，四处漂泊游荡不知到何所。心中如悬挂死结总解不开，思绪迂曲缠绕而难以摆脱。将要驾着船顺流下航，北出洞庭湖再东入大江。离开长久居住的故国，如今漂泊不定来到东方。

魂牵梦绕总想回故都，哪里会片刻忘记回返。背离夏浦而牵挂西边，伤心故都越来越远。登水边高地以远望，姑且安慰一下忧愁的内心。伤心楚国富庶的州原沦丧，沿着淳厚风俗无处找寻。面对这大波涛还能到哪里？渡过大水茫茫欲往何处？竟不知宗庙宫室成废墟，谁说两东门就任其荒芜？心情很久以来就不痛快，忧虑与愁苦交替连接。想到郢都道路很辽远，长江夏水涉渡很艰难。时光流逝不可置信，至今已九年而未能召回。悲愁苦闷而不能舒畅，惆怅失意心中含悲。

外表姿态柔美讨人喜欢，实际软弱无能靠不住。良臣忠厚稳重希望进用，嫉妒者纷纷设置障碍。尧舜都有高尚的德行，光明正大远远上迫苍旻。众多嫉妒者群起诋毁，使他们蒙受不慈不仁的罪名。憎恶内心真诚的贤德之士，喜好能说会道的奸佞。平庸者奔走钻营天天进用，君子贤臣却越走越远。

尾声：放开我的眼光四下观望，希望回都一次在何时呢？鸟儿飞翔都要归还故土，狐狸死了头也向着栖居山丘。确实不是我的罪过而被放逐，哪有一天一夜忘记这烦忧！

【简析】

《哀郢》是《九章》之一。楚顷襄王二十一年（公元前 278 年），楚国首都郢被秦国攻陷，楚怀王受辱于秦，百姓流离失所。屈原把这次流亡途中的所见所闻所感以诗歌的方式展现了出来。诗作情感沉重，家国之恨与身世之感紧密交织，充分体现了屈原的爱国情怀。全诗可分为五层，每层三节，前三层是回忆，第四层抒发作者的心情，第五层写了对造成国家、个人悲剧原因的思考。全诗以“哀”字为基调，以流亡行程为线索展开叙写，并采用直接抒情的手法，尽情倾吐心中的激愤。乱辞部分则集中写诗人虽日夜思念郢都，却因被放逐而不能报效祖国的痛苦和悲伤。“鸟飞反故乡兮，狐死必首丘”，语重意深，极为感人。清徐焕龙《楚辞洗髓》称《哀郢》“于《九章》中最为凄婉，读之实一字一泪也”。

## 橘 颂

屈 原

**后皇嘉树[(1)]，橘徕服兮[(2)]。受命不迁[(3)]，生南国兮。深固难徙，**

（1）后皇：皇天后土，即天地。嘉树：优良的树种。（2）“橘徕”句：意谓橘树来到南方就适应这里的水土气候。徕：同“来”。服：习惯。（3）受命：秉受天地之气，即秉性。迁：迁徙。

**更壹志兮[(4)]。绿叶素荣[(5)]，纷其可喜兮[(6)]。曾枝剡棘[(7)]，圆果抟兮[(8)]。**

（4）壹志：志向专一。（5）素荣：白花。（6）纷：繁茂的样子。可喜：惹人喜爱。（7）“曾枝”句：意谓橘树层叠的枝条上长着利刺。曾：同“层”，重叠。剡（yǎn）棘：尖刺。（8）“圆果”句：意谓圆圆的果实个个饱满。圆果：指橘子。抟（tuán）：同“团”，指橘树圆美。

**青黄杂糅[(9)]，文章烂兮[(10)]。精色内白[(11)]，类可任兮[(12)]。纷缊宜**

（9）“青黄”句：意谓橘子皮色有青有黄，相互杂错。糅：同“揉”。（10）文章：花纹色彩，此指橘子色彩。烂：色彩鲜明艳丽的样子。（11）精色：鲜明的颜色，此指橘子表皮。内白：洁白的果肉。（12）类：似。可任：可以承担重任。

**修[(13)]，姱而不丑兮[(14)]。**

（13）纷缊（yūn）：繁盛众多。宜修：修饰得恰如其分，又说为美好。（14）姱（kuā）：美好。丑：同类。

**嗟尔幼志[(15)]，有以异兮[(16)]。独立不迁[(17)]，岂不可喜兮。深固**

（15）嗟：感叹词。尔：指橘树。幼志：幼年的志向。（16）异：不同凡俗。（17）独立：特立独行，卓然不凡。

**难徙，廓其无求兮[(18)]。苏世独立[(19)]，横而不流兮[(20)]。闭心自慎[(21)]，**

（18）廓：空阔，此指胸怀开阔。（19）苏世：在世界上保持清醒，或疏远俗世。（20）横：横绝，喻自我约束。不流：不随从流俗。（21）闭心：关闭心灵，此指摒弃欲念，不为外物所动。慎：谨慎，小心。

**不终失过兮[(22)]。秉德无私[(23)]，参天地兮[(24)]。愿岁并谢[(25)]，与长友**

（22）不终：即“终不”。失过：过失。（23）“秉德”句：意谓怀着高尚的道德，没有自私之心。秉：持。（24）“参天”句：意谓上合天地无私之德。参：合。（25）岁：岁暮。并谢：百花一齐凋谢。

**兮[(26)]。淑离不淫[(27)]，梗其有理兮[(28)]。年岁虽少，可师长兮[(29)]。行**

（26）长友：长久为朋友。（27）淑：美、善。离：通“丽”，美好。淫：淫荡。（28）“梗其”句：意谓橘干挺直而有纹理，以此比喻坚守正道。梗：坚硬挺直。理：纹理。（29）师长：作为师长，名词动用。

**比伯夷[30]，置经为像兮[31]。**

（30）比：比美。伯夷：殷末孤竹君长子，因推辞君位逃至周，曾劝周武王伐纣，周灭商，与弟弟叔齐义不食周粟，饿死首阳山。古人认为其为高洁之士。（31）置：植，立。像：榜样。

《楚辞补注·卷四·九章》

## 【翻译】

天地孕育的优良橘树，橘树适应这里水土气候。秉受再不迁徙的使命，永远生在南楚之地。你扎根深固难以迁移，志向那么专一。绿儿碧绿花儿洁白，何其繁茂惹人喜爱。层叠的枝条上长着利刺，圆圆的果实个个饱满。皮色有青有黄相互杂错，花纹艳丽色彩灿烂。表皮鲜明果肉洁白，好似可托大任的君子。气韵芬芳仪态潇洒，美好而脱俗的美质。

赞叹你幼年的志向，就不同凡俗。你特立独行不肯迁移，这志向岂不令人欣喜。你扎根深固难以迁徙，心胸开阔无所欲求。你疏远俗世保持独立，自我约束不随从流俗。你摒除欲念谨慎自重，何曾有什么过失。怀着高尚道德没有私心，上合天地无私之德。我愿在白花凋谢的岁暮，与你长做坚贞的朋友。你秉性善美从不放荡，枝干挺直而有纹理。即使你现在年岁还少，却可做我钦佩的师长。你的德行堪比伯夷，永远是我立身的榜样。

## 【简析】

这是作者在遭谗被放期间，以故土的橘树作为砥砺志节的榜样而创作的著名咏物诗。诗歌第一段重在描述橘树俊逸动人的外在美。橘树坚挺在天地间，扎根于南国，它充满生机，外表鲜艳，内心高洁，它始终如一，绝不迁徙，令人可敬可爱。第二段从对橘树外表的赞美，转入对其内在精神的热情讴歌。橘树年岁虽小，抱定独立不迁的坚定志向，成长后她坚挺不屈，纵然百花凋谢，它也绝不屈服，诗人想与橘树长久为友，橘树傲霜斗雪的精神与遭谗流放的屈原叠印在一起，使其意境得到了完美升华。全诗运用了拟人、类比、联想、象征等多种表现手法，把橘树的形态精神与诗人理想人格糅合在一起。清林云铭云：“但见原与橘分不得是一是二，彼此互映，有镜花水月之妙”（《楚辞灯》）。

# 汉魏六朝篇

# 战城南

汉乐府

**战城南，死郭北[1]，野死[2]不葬乌[3]可食。为我谓乌："且为**

（1）战城南，死郭北：互文见义，城南城北都有战事，都有战死的人。（2）野死：战死在野外。（3）乌：乌鸦。

**客豪[4]！野死谅不葬，腐肉安能去子逃[5]？"水深激激[6]，蒲苇冥**

（4）为客豪：为转战异乡而死的战士哀号。（5）"野死"二句：意谓战死在野外想必是不会被安葬的，腐尸怎能从你面前逃走呢？（6）激激：水清澈的样子。

**冥[7]。枭骑[8]战斗死，驽马徘徊鸣。梁筑室[9]，何以南？何以北[10]？**

（7）冥冥：幽暗不明的样子。（8）枭（xiāo）骑：即"骁骑"，勇猛的骏马。（9）梁筑室：在桥梁上修筑工事。（10）何以南，何以北：因桥梁上的工事而阻断交通，怎能南北往来？

**禾黍不获君何食？愿为忠臣安可得？思子良臣[11]，良臣诚可思：朝**

（11）思子良臣：怀念你们这些国家的好儿女。

**行出攻[12]，暮不夜归！**

（12）出攻：出征。

《乐府诗集·鼓吹曲辞》

## 【翻译】

城南城北都有战事，城南城北都有人战死，战死在野外，乌鸦来吃。死者让我对乌鸦说："为异乡战死的战士哀号！战死野外想必不会被葬，腐尸怎能从前面逃走？"河水清澈明亮，蒲苇幽暗不明。勇猛骏马战斗而死，驽马徘徊哀鸣。在桥梁修筑工事而阻断交通，怎能南北往来？无人收庄稼，人们吃什么？想当个良臣都办不到。怀念那些良臣，良臣好可怜：早晨出征，晚上还没回来！

## 【简析】

这是一篇悼念阵亡将士，揭露战争罪恶的诗作。字里行间充满着悲壮的气氛和哀伤的心情。诗人首先通过几个具有画面感空间场景的描写，展现了战场的惨状：尸横遍野、乌鸦哀号、水深清凉、水草冥冥、驽马嘶叫，渲染出一幅激战之后的惨烈气氛和荒凉情景，从而深刻地揭示了战争的罪恶。同时，诗人还采用拟人手法，以奇特的人、鸟对话，突出战士的悲惨命运。全文句式参差，三、四、五、七言交错使用，反问句不断出现，乃西汉早期杂言诗的代表。

# 有所思

汉乐府

**有所思[1]，乃[2]在大海南。何用问遗[3]君，双珠玳瑁簪[4]，用**

（1）有所思：有一个我所思念的人。（2）乃：就。（3）何用：用何。问遗（wèi）：赠与，赠送。（4）玳瑁簪（dài mèi zān）：用玳瑁甲壳作装饰的发簪。玳瑁：龟类动物。

**玉绍缭[5]之。闻君有他心[6]，拉杂[7]摧烧[8]之。摧烧之，当风扬其**

（5）绍缭：缠绕。（6）他心：二心，变心。（7）拉杂：扯碎。（8）摧烧：毁坏，烧毁。

**灰[9]。从今以往[10]，勿复相思，相思与君绝[11]！鸡鸣狗吠，兄嫂**

（9）当风扬其灰：迎风播散这些灰烬。（10）从今以往：从今以后。（11）相思与君绝：与你断绝相思之情。

**当知之[12]。妃呼豨[13]！秋风肃肃[14]晨风[15]飔[16]，东方须臾高[17]**

（12）知之：知道了这件事。之：指代男女主人公曾经幽会之事。（13）妃呼豨（xī）：女子的叹息声。豨：通“欷”。（14）肃肃：风声。（15）晨风：雉鸟，常在黎明时鸣叫求偶。（16）飔（sī）：当为“思”之讹误，思慕。（17）高（hào）：意同“皜”，即“皓”，天明。

**知之。**

《乐府诗集·鼓吹曲辞》

【翻译】

有一个我思念的人，就远在大海南。用什么赠给情郎呢？用以玉缠绕的玳瑁甲壳作装饰的发簪。听说情郎有他心，将信物扯碎毁坏烧掉。摧毁烧掉后，还迎风散播灰烬。从今以后，不要再思念，与你断绝相思之情！回忆幽会使得鸡鸣狗叫，兄嫂知道了幽会事。哎呀！秋风凄紧雉鸟求偶不得，只待须臾东方皓白，定会知如何解决。

【简析】

这是一首真挚、热烈的情歌，表现一位女子遭到爱情波折前后的复杂情绪。开篇五句写了女子对远方情郎心怀真挚、热烈的相思爱恋；可惜天有不测风云，爱情的指针突然发生偏转，接着七句写出了这场爱情风波及其严重后果；最后五句，写女主人公由激怒渐趋冷静之后，欲罢不能矛盾彷徨的复杂心情。全诗层次清晰而又错综，感情跌宕而有韵；通过典型的动作细节描写和景物的比兴烘托来刻画人物矛盾、复杂的内心世界，表现手法亦很独特。

# 上　邪

汉乐府

**上邪[(1)]！我欲与君相知[(2)]，长命无绝衰[(3)]。山无陵[(4)]，江水为**

（1）上邪（yé）：天啊。邪：通“耶”，语气词，表感叹。（2）相知：相亲相爱。（3）长命无绝衰：让这种相亲相爱永远不断绝，不衰竭。（4）山无陵：山峰没有了棱角。

**竭[(5)]，冬雷震震，夏雨[(6)]雪，天地合[(7)]，乃敢与君绝！**

（5）竭：干枯。（6）雨（yù）：用作动词，落下，降落。（7）合：会合，合在一起。

《乐府诗集·鼓吹曲辞》

## 【翻译】

天啊！我想与你相亲相爱，命运永远不断绝。除非是：山峰没有棱角，江水已经干枯，冬天雷声阵阵，夏天降落大雪，天地合在一起，才敢与你诀别。

## 【简析】

《上邪》是一首情歌，是热恋中的情人对爱情的誓言。开篇就用大胆而直接地指天为誓来表明对爱情的忠贞。接着正话反说，字字千金，不同凡响，主人公举出了五件非常之事作为设誓的前提：山峰没有棱角，江水已经干枯，是说世界上的永久存在物发生了变化；冬天雷声阵阵，夏天降落大雪，是说自然界最永恒的规律发生了变化；天地合在一起，是说宇宙发生了毁灭性灾难，这才能与你分别。全诗用语质朴、参差不齐、全无修饰，却有令人惊心动魄的力量，充分体现了汉乐府民歌感情激烈而直露的特色，对后世影响深远。

# 江南

汉乐府

**江南可采莲[1]，莲叶何田田[2]。鱼戏莲叶间，鱼戏莲叶东，鱼**

（1）可：适宜、正好。（2）田田：荷叶茂盛的样子。

**戏莲叶西，鱼戏莲叶南，鱼戏莲叶北[3]。**

（3）“鱼戏”四句：描写了鱼儿在荷叶下面往来游动。此四句可能是和声，因“相合歌”本来就是一人唱，多人和唱。

《乐府诗集·相合歌辞》

【翻译】

江南到了适宜采莲的季节，荷叶整齐茂盛。在茂密如盖的荷叶下面，欢快的鱼儿不停的嬉戏玩耍。一会儿在东边，一会儿在西边，一会儿在南边，一会儿在北边。

【简析】

这是一首采莲歌，反映了采莲时的情景和采莲人欢乐的心情，在汉乐府民歌中具有独特的风味。诗歌开始就把读者引入一个碧叶鲜丽、小舟穿行的画面，如此美景，采莲姑娘免不了一场嬉闹。接着将笔转到了鱼儿的嬉戏取乐，铺展了鱼儿嬉戏在荷叶之东、西、南、北的情态，没有这些，诗歌就失去了动感，离开了生活；没有这些，诗歌就少了热烈，也违背了采莲生活的真实。生机盎然的鱼儿在自由嬉戏，这种天真、纯粹的美感，唤起了生命的快乐，也刻画出了充满江南水乡情趣的美丽生活画卷。

# 陌上桑[1]

（1）陌：田间的路。桑：桑林。该诗最早著录于《宋书·乐志》，题名《艳歌罗敷行》，在《玉台新咏》中，题名为《日出东南隅》。

汉乐府

**日出东南隅[2]，照我秦氏楼。秦氏有好女[3]，自名为罗敷[4]。**

（2）东南隅：东南方。隅：方。（3）好女：美女。（4）自名：本名。

**罗敷喜蚕桑[5]，采桑城南隅。青丝为笼系[6]，桂枝为笼钩。头上倭**

（5）喜：一作“善”。蚕桑：名词动用，指养蚕和采桑。（6）青丝：青色丝绸。笼：装桑叶的竹篮。系：系篮子的丝绳。

**堕髻[7]，耳中明月珠[8]。缃绮为下裙[9]，紫绮为上襦[10]。行者见**

（7）倭堕髻：又称为堕马髻，发髻歪在头部一侧，似堕非堕，是当时非常流行的发型。（8）明月珠：珠宝的名称。（9）缃：浅黄色。绮：有细密花纹的菱。（10）襦：短袄子。

**罗敷，下担捋髭须[11]。少年见罗敷，脱帽著帩头[12]。耕者忘其犁，**

（11）下担：放下担子。捋（lǔ）：抚摸。髭（zī）：唇上边的胡子。须：颊颔下的胡子。（12）帩（qiào）头：包头发的纱巾。古代男子先以巾束发，然后著帽。著：戴。

**锄者忘其锄。来归相怨怒[13]，但坐观罗敷[14]。**

（13）归：归家。相怨怒：彼此抱怨。（14）但：只。坐：因为，由于。

**使君从南来[15]，五马立踟蹰[16]。使君遣吏往，问是谁家姝[17]？**

（15）使君：汉代对太守、刺史的称呼。（16）五马：指太守所乘的马。五马本是诸侯所乘的马，汉代太守可为一郡之长，相当先秦诸侯，可以坐五马。踟蹰：徘徊不前。（17）姝：美女。

**“秦氏有好女，自名为罗敷。”“罗敷年几何？”“二十尚不足，十**

**五颇有余”。使君谢罗敷[18]：“宁可共载不[19]？”罗敷前置词[20]：**

（18）谢：问、告。（19）宁可：可不可以。共载：共同乘坐。不：同“否”。（20）置词：致辞，回答。

**“使君一何愚[21]！使君自有妇，罗敷自有夫。”**

（21）一何愚：怎么这样蠢。一何：何其。

**“东方千余骑[22]，夫婿居上头[23]。何用识夫婿[24]？白马从骊驹[25]；**

（22）东方：指夫婿当官的地方。千余骑：泛指跟随夫婿的人。（23）居上头：在行列的前端。意思是地位高，受人尊重。（24）何用：用什么。（25）骊驹：深黑色的小马。

**青丝系马尾，黄金络马头[26]；腰中鹿卢剑[27]，可值千万余[28]。**

（26）“青丝”二句：意谓白马尾上系着青丝，马头上戴着金黄色的笼头。（27）鹿卢剑：剑把用丝绦缠绕起来，像鹿卢的样子。鹿卢：即辘轳，井上汲水的用具。（28）千万余：上千上万（钱）。

**十五府小史[29]，二十朝大夫[30]，三十侍中郎[31]，四十专城居[32]。**

（29）府小史：太守府衙当差的小官吏。（30）朝大夫：朝廷上的高等文官。（31）侍中郎：出入宫禁的侍卫官。（32）专城居：作为一城的长官（如太守等）。专：独占。

**为人洁白皙[33]，鬑鬑颇有须[34]。盈盈公府步[35]，冉冉府中趋[36]。**

（33）洁白皙：指皮肤洁白，也有解释为人清廉。（34）鬑鬑（lián）：须发稀疏貌。颇有须：略微有一点儿胡须。（35）盈盈：仪态端庄美好。公府步：官步。（36）冉冉：走路缓慢。

**坐中数千人，皆言夫婿殊[37]。”**

（37）殊：出色，与众不同，非同一般。

《乐府诗集·相合歌辞》

## 【翻译】

太阳从东南方升起，照到秦家小楼。秦家有位美丽少女，自家取名叫罗敷。罗敷善于养蚕采桑，城南边侧采桑叶。用青丝做篮子络绳，用桂树枝做篮子提柄。头上梳着堕马髻，耳朵上戴着宝珠耳环；浅黄花纹丝绸做下裙，紫色绫子做上身短袄。走路人看见罗敷，放下担子捋着胡子。年轻人看见罗敷，禁不住脱帽整头巾。耕地人忘记自己在犁地，锄地人忘记自己在锄地。以致农活都没干完而相互埋怨，只是因贪看罗敷。

太守乘车南边来，五匹马停下徘徊不前。太守派小吏问是谁家漂亮女孩。小吏回答：“是秦家的女儿，起名叫罗敷。”太守又问：“罗敷多少岁了？”小吏回答：“还不到二十岁，但已经过了十五。”太守请问罗敷：“愿与我一起乘车吗？”罗敷上前回话：“太守怎么这样愚蠢！太守已有妻子，罗敷也已有丈夫了！”

“（丈夫）在东方随从人马一千多，他排列最前头。怎么识别我丈夫？白马后面跟随小黑马就是，用青丝拴着马尾，马头戴着金黄色笼头；腰中佩着鹿卢剑，宝剑可值上千上万钱。十五岁在太守府做小吏，二十岁在朝廷里做大夫，三十岁做皇上的侍中郎，四十岁成为一城之主。他为人清廉，长得皮肤洁白，有一些胡子；他轻缓地在府中迈方步，从容地出入官府。在座的有几千人，都说我丈夫出色。”

## 【简析】

这是汉乐府中写采桑女罗敷拒绝太守调戏故事的诗篇。诗歌第一段着重写了罗敷的美貌和人们对她的喜爱，美女罗敷打扮时髦，穿着得体，美艳动人。但是描写其美貌的时候，作者宕开一笔，没有直接写罗敷，而是用侧面描写手法，通过旁人的眼光来写出了罗敷的绝色美貌，乃绝妙之笔。第二段进入主题，描写了一个太守对罗敷的调戏，善与恶的冲突在此表现得很鲜明。第三段是最精彩的，富有喜剧色彩和诙谐的情节，面对调戏，罗敷伶牙俐齿地、有针对地夸耀丈夫，首先夸耀丈夫的威势，车马如云，有人跟从；接着说丈夫有钱，他的剑、他的马都装饰得华贵无比；再有说丈夫官运亨通，前程似锦；最后夸耀丈夫相貌风采，气度不凡。层层下来，罗敷越说越神气，太守却越来越晦气，结局不言而喻。诗歌成功地塑造了一个貌美品端、机智活泼、亲切可爱的罗敷形象，加之侧面描写、烘托手法、排比的运用，语言清新自然，产生了幽默风趣的艺术效果。

# 东门行

汉乐府

**出东门，不顾归(1)。来入门，怅欲悲(2)。盎中无斗米储(3)，还**



(1) 不顾归：决然前往，义无反顾。顾：思，念。(2) 怅：失意、恼恨的样子。(3) 盎(àng)：肚大口小的瓦罐。

**视架上无悬衣(4)。拔剑东门去，舍中儿母牵衣啼(5)："他家但愿富**

(4) 还视：回头看。架：衣架。(5) 舍中儿母：指主人公的幼儿之母，即是主人公之妻。

**贵，贱妾与君共铺糜(6)。上用仓浪天故(7)，下当用此黄口儿(8)，今**

(6) 贱妾：古代妻子在丈夫面前的卑称。铺：通"哺"，吃。糜：粥。(7) 用：因。仓浪天：即苍天、青天。仓浪：青色。(8) 黄口儿：幼儿。

**非(9)！""咄(10)！行！吾去为迟(11)！白发时下难久居(12)。"**

(9) 今非：意说今天铤而走险的做法不对。(10) 咄：呵斥声。(11) 吾去为迟：我现在拔剑出门已经晚了。(12) 下：脱落。久居：苦难生活实在不能在家久待。



《乐府诗集·相和歌辞》

【翻译】

（男人）闯出东门，义无反顾。一进家门，既惆怅又伤悲。瓮中无储蓄的米，回头看衣架上无衣。（男人）拔剑出东门，孩子的妈牵着衣服哭诉："别人家想要富贵，我但愿和您一起食粥度日。上有青天，下有幼儿，今天铤而走险的做法不对！”“去！我要走了，我已经晚了！我白发脱落，这样苦难生活不能再挨下去。”



**【简析】**

这首诗叙述了一个贫民无以为生、铤而走险的故事。诗歌开篇两句直接描写了一个男子下定决心，不愿回来，但因顾念妻儿还是回家。接着几句写了铤而走险是因无衣无食的残酷生活现实，使得男子再次犹豫、反复，最后下定决心，拔剑而去。之后几句写妻子牵衣哭劝，是对男主人公义无反顾的戏剧性烘托。妻子先说甘愿喝稀粥，但自觉这没有说服力，就进一步说看在苍天分儿上，感觉主人公可能已经不信苍天了，所以最后说为了儿女着想，但妻子岂知，男人正是为了妻儿才这样做的，几句话加深了全诗的悲剧内涵。最后是主人公的回答，两个单字，一个四字句，短促有力，声情并茂地表现了主人公决难回转，就要去拼命了。全诗采用杂言形式，用字简练，给人以顿挫流离之感。



# 饮马长城窟行

汉乐府

**青青河畔草，绵绵思远道(1)。远道不可思，宿昔梦见之(2)。梦**

(1)“青青”二句：意谓从绵延不绝的青草联想到远方的游人。绵绵：绵延不绝的样子，此双关绵延青草与缠绵思绪。(2)宿昔：夜晚。

**见在我傍，忽觉在他乡(3)。他乡各异县(4)，辗转不相见(5)。枯桑知**

(3)“梦见”二句：意谓梦中见到所思念的人在我身旁，忽然惊觉，才记得在异乡。觉：醒。(4)异县：异地。(5)辗转：翻来覆去。不相见：又作“不可见”。

**天风，海水知天寒(6)。入门各自媚，谁肯相为言(7)。客从远方来，**

(6)“枯桑”二句：意谓枯桑无叶尚能感到风吹，海水无冰尚且能感到天寒（那离别的人又怎能不感知孤栖之苦！）(7)“入门”二句：意谓旁人从远方归来，回到自家只顾与亲人相聚，谁来对我加以安慰？媚：爱悦。言：问询。

**遗我双鲤鱼(8)。呼儿烹鲤鱼(9)，中有尺素书(10)。长跪读素书(11)，**

(8)遗（wèi）：赠送。双鲤鱼：喻指书信。本指藏书信的木匣，其物用两块木板合在一起，中间夹书信，木板上刻有鱼形，分开则成双鱼。(9)烹鲤鱼：指拆开书信。(10)尺素书：写在绢上的字，即书信。古代写信都用一尺一寸长的木板或绢帛做书写工具，木板叫“尺牍”，绢帛叫“尺素”，也叫“尺书”。（11）长跪：伸直腰而跪，表示恭敬、郑重。

**书中竟何如？上言加餐饭，下言长相忆（12）。**

（12）上言：前边说。下言：后边说。

《乐府诗集·相和歌辞》

## 【翻译】

河边青草连绵，引起无尽思念。思念无从获宽慰，梦中才能与他会。梦里分明在我旁，忽然惊觉在异乡。异乡遥远行踪漂，翻来覆去不相见。枯桑无枝感北风，海不结冰也感寒。只见旁人各回家欢聚，谁肯对我稍加安慰？客人从远方而来，赠我一封信。叫小孩把信函拆开，里面有块一尺长信笺。我郑重跪着读信，信里到底写些什么。前边说要好好保重身体，后边诉说他永远的思念。

## 【简析】

这是一篇思妇之辞，与长城饮马没有关系。诗歌可以分为三个部分，开篇八句为第一部分，写了一个闺中少妇思念他方的游子，她望见河边青青草色，想起外地游子，而胡思乱想，忽而梦境，忽而眼前，飘忽不定，回环曲折。第二部分为中间四句，极为深刻地展现了思妇的内心世界，枯桑、海水也并非麻木不知，别人男欢女爱，可思妇只有一人，何其孤寂。后面八句为第三部分，写了思妇接到远方来信的情形，好不容易才收到他的来信，恭敬阅读时，偏偏没有一个字提到归期，这意味着什么呢？这大概是寄信人不忍明言，读信人也不敢揣想的，如此作结，余味无尽。



# 孔雀东南飞（1）



（1）孔雀东南飞：本篇诗歌最早见于《玉台新咏》，题目为“焦仲卿妻”，《乐府诗集》载入“杂曲歌辞”。

汉乐府

序曰：汉末建安中，庐江府小吏仲卿妻刘氏，为仲卿母所遣，自誓不嫁。其家逼之，乃没水而死。卿闻之，亦自缢于庭树。时人伤之，为诗云尔。

**孔雀东南飞，五里一徘徊[2]。“十三能织素[3]，十四学裁衣，**

（2）“孔雀”二句：为全诗起兴，借孔雀的顾念徘徊形象预示故事的悲剧气氛。汉乐府写夫妻离散常用鸟飞起兴。如《艳歌何尝行》：“飞来双白鹄，乃从西北来……五里一反顾，六里一徘徊。”也有学者认为这两句是后人强行加在诗歌开头的，与诗歌无关。（3）十三：从该句开始至“及时相遣归”都是刘兰芝诉苦的话，十三就是说自己十三岁。

**十五弹箜篌[4]，十六诵诗书。十七为君妇，心中常苦悲。君既为府**

（4）箜篌（kōng hóu）：古代一种弹拨乐器，体曲而长，有二十三弦。

**吏，守节情不移[5]。贱妾留空房，相见常日昔[6]。鸡鸣入机织[7]，**

（5）“守节”句：意谓（焦仲卿）忠于职守，常宿府中，不为夫妻感情所移。节：节操，此指为官吏的职分。（6）“贱妾”二句：有些版本没有这两句，有学者提出这两句诗是后人所加，表达了刘兰芝自己独留空房，不能与丈夫常常见面的苦闷。（7）入机：走向织布机。

**夜夜不得息。三日断五匹[8]，大人故嫌迟[9]。非为织作迟，君家妇**

（8）断：截，指从织布机上截下织成的布匹。（9）大人：焦仲卿母亲，刘兰芝婆婆。故：故意。

**难为！妾不堪驱使，徒留无所施[10]，便可白公姥[11]，及时相遣归[12]。”**



（10）“徒留”句：意谓徒然留在这儿也没有用。施：用。（11）白：禀告。公姥（mǔ）：公婆，此为偏义复词，指婆婆。（12）相遣归：打发我走。

**府吏得闻之，堂上启阿母：“儿已薄禄相[13]，幸复得此妇，结**

（13）薄禄相：从相貌上注定是命小福薄的人。

**发同枕席，黄泉共为友[14]。共事二三年[15]，始尔未为久，女行无偏**

（14）“结发”二句：意谓从结婚成为夫妇，至死也在一起。（15）“共事”句：共同生活在一起不过两三年。共事：共同生活。

**斜[16]，何意致不厚[17]？”阿母谓府吏：“何乃太区区[18]！此妇无**

（16）偏斜：不正当。（17）“何意”句：意谓哪想到她会招致您不喜欢。意：料想。致：招致。不厚：不爱。（18）区区：固执。

**礼节，举动自专由[19]。吾意久怀忿[20]，汝岂得自由！东家有贤女，**

（19）自专由：自作主张、自以为是。（20）忿：同“愤”。

**自名秦罗敷，可怜体无比[21]，阿母为汝求。便可速遣之，遣去慎莫**

（21）可怜：可爱。体：体态。

**留！”府吏长跪告：“伏惟启阿母[22]，今若遣此妇，终老不复取[23]！”**

（22）伏：伏在地上。惟：思念。古人常用“伏惟”表示恭敬的发语词。（23）取：同“娶”。

**阿母得闻之，槌床便大怒[24]：“小子无所畏，何敢助妇语！吾已失恩**

（24）槌床：拍床。槌：击。床：榻。

**义[25]，会不相从许[26]！”**

（25）失恩义：恩断义绝。（26）会不：当不，决不。从许：依从、允许。

**府吏默无声，再拜还入户，举言谓新妇[27]，哽咽不能语：“我自**

（27）举言：扬言，高声讲话。新妇：古代对媳妇的统称。

**不驱卿[28]，逼迫有阿母。卿但暂还家，吾今且报府[29]。不久当归还，**

（28）卿：古代夫妻互称为“卿”，此指刘兰芝。（29）报（fù）府：赶往府衙办公。报：同“赴”。

**还必相迎取。以此下心意[30]，慎勿违吾语。”新妇谓府吏：“勿复重**

（30）以此：为了这个缘故。下心意：沉住气，忍受委屈。

**纷纭[31]。往昔初阳岁[32]，谢家来贵门[33]。奉事循公姥[34]，进止敢**

（31）重纷纭：再惹麻烦。（32）初阳岁：冬至后到立春前的一段时间。（33）谢家：离别娘家。来贵门：嫁到你这里。（34）奉事：侍奉。循：遵循。

**自专？昼夜勤作息，伶俜萦苦辛[35]。谓言无罪过[36]，供养卒大恩[37]。**

（35）伶俜（líng pīng）：孤单的样子。萦：围绕。（36）谓言：自以为。（37）供养：孝敬。卒：终。



**仍更被驱遣，何言复来还！妾有绣腰襦[38]，葳蕤自生光[39]。红罗复**

（38）绣腰襦：绣花的齐腰短袄。（39）葳蕤（wéi ruí）：草木枝叶茂盛下垂的样子，此形容刺绣花之美。生光：闪烁着光彩。

**斗帐，四角垂香囊[40]。箱帘六七十[41]，绿碧青丝绳[42]，物物各自**

（40）“红罗”二句：意谓红罗做的双层帐子的四角垂着装有香料的袋子。复：双层。斗帐：一种上狭下宽的像斗形的帐子。（41）箱帘：大小箱匣。帘：通“奁”，收藏物品的小型器具。（42）“绿碧”句：意谓（箱子）上结扎着各色丝绳。

**异，种种在其中。人贱物亦鄙，不足迎后人[43]，留待作遗施[44]，于**

（43）“不足”句：意谓不配留给后来的人使用。迎：接待。后人：指焦仲卿今后娶的妻子。（44）遗（wèi）施：赠送的礼品。

**今无会因[45]。时时为安慰，久久莫相忘[46]！”**



（45）“于今”句：意谓从今以后再没有重逢的机会了。会因：会面的机会。（46）“时时”二句：意谓（留下东西）为的是使你时时得到安慰，长久不忘记我。

**鸡鸣外欲曙，新妇起严妆[47]。著我绣夹裙，事事四五通[48]。足**

（47）严妆：精心着意的装饰。（48）“事事”句：意谓（穿衣、戴首饰）每一件事都要反复四五次。四五通：四五遍。

**下蹑丝履[49]，头上玳瑁光[50]。腰若流纨素[51]，耳著明月珰[52]。指**

（49）蹑：放轻脚步，此指穿的意思。丝履：丝织品的鞋。（50）玳瑁光：玳瑁首饰发着光彩。（51）“腰若”句：意谓纨素束腰，轻柔得似水流动。纨素：精致的白绢。（52）明月珰（dāng）：明月珠做大耳坠。珰：耳上的坠物。

**如削葱根，口如含朱丹**（53）**。纤纤作细步，精妙世无双。上堂拜阿母，**

（53）朱丹：红色的宝石。

**阿母怒不止。“昔作女儿时，生小出野里**（54）**。本自无教训，兼愧贵家**

（54）野里：偏僻的乡野。

**子。受母钱帛多**（55）**，不堪母驱使。今日还家去，念母劳家里。”却与**

（55）钱帛：指聘礼。

**小姑别**（56）**，泪落连珠子**（57）**。“新妇初来时，小姑始扶床。今日被**

（56）却：还、再。（57）连珠子：一串珍珠。

**驱遣，小姑如我长。勤心养公姥**（58）**，好自相扶将**（59）**。初七及下九**（60）**，**

（58）勤心：殷勤小心。（59）“好自”句：意谓你也要好好保重自己。扶将：照应、扶持。（60）初七：农历七月初七，七巧节。下九：古代每月二十九日为上九，初九为中九，十九为下九。妇女会在下九置酒集会，参加各种游戏。





**嬉戏莫相忘**（61）**。”出门登车去，涕落百余行。**

（61）莫相忘：不要忘记我。

**府吏马在前，新妇车在后。隐隐何甸甸**（62）**，俱会大道口。下马**

（62）隐隐何甸甸（tián）：形容车的声音。

**入车中，低头共耳语：“誓不相隔卿**（63）**，且暂还家去；吾今且赴府，**

（63）隔：断绝。

**不久当还归。誓天不相负！”新妇谓府吏：“感君区区怀**（64）**！君既若**

（64）区区怀：挚爱专一的心意。

**见录**（65）**，不久望君来。君当作磐石**（66）**，妾当作蒲苇**（67）**，蒲苇纫如**

（65）“君既”句：意谓既然蒙你永远记得我。见录：记得我，心中有我。（66）磐石：厚大的石头，比喻坚定不移。（67）蒲苇：水草，比喻柔韧不断。

**丝，磐石无转移。我有亲父兄**（68）**，性行暴如雷，恐不任我意，逆以**

（68）父兄：偏义复词，此指兄。

**煎我怀**（69）**。”举手长劳劳**（70）**，二情同依依**（71）**。**

（69）“逆以”句：意谓一想到这种情形，心里就像油煎一样。（70）劳劳：忧伤惆怅的样子。（71）依依：恋恋不舍的样子。

入门上家堂，进退无颜仪[72]。阿母大拊掌[73]，不图子自归[74]：

（72）无颜仪：没有脸面。（73）拊（fǔ）掌：拍掌，表示惊讶。（74）不图：没想到。

“十三教汝织，十四能裁衣，十五弹箜篌，十六知礼仪，十七遣汝嫁，谓言无誓违[75]。汝今何罪过，不迎而自归[76]？”兰芝惭阿母：“儿

（75）誓违：违反婆家的规矩。誓：誓约，引申为约束。（76）不迎而自归：意谓已经被休弃。古代女子出嫁后，通常要由母家派人迎接才能归来。

实无罪过。”阿母大悲摧[77]。

（77）悲摧：哀伤。

还家十余日，县令遣媒来。云有第三郎，窈窕世无双[78]。年始

（78）窈窕：美好。

十八九，便言多令才[79]。阿母谓阿女：“汝可去应之。”阿女衔泪答[80]：

（79）便言：能说会道。令才：美才。（80）衔泪：含泪。

“兰芝初还时，府吏见丁宁[81]，结誓不别离。今日违情义，恐此事

（81）“府吏”句：意谓焦仲卿曾一再叮嘱。见：被。丁宁：同“叮咛”，嘱咐。

非奇[82]。自可断来信[83]，徐徐更谓之[84]。”阿母白媒人：“贫贱

（82）非奇：不佳、不妙。（83）断来信：回绝媒人。信：使者，此指媒人。（84）“徐徐”句：意谓此事慢慢再说。徐徐：慢慢。

有此女，始适还家门[85]。不堪吏人妇，岂合令郎君[86]？幸可广问讯[87]，

（85）“始适”句：意谓刚回家不久。始适：刚才。（86）合：配得上。令郎君：贵公子。（87）广问讯：多方面打听。

不得便相许。”

媒人去数日，寻遣丞请还[88]，说有兰家女，承籍有宦官[89]。云

（88）“寻遣”：随即太守又派遣了郡丞前来求婚。寻：随即。（89）“说有”二句：意谓听说刘兰芝家，世代是为官作宦的。兰家女：刘兰芝姑娘。承籍：承继先人的仕籍。

有第五郎，娇逸未有婚[90]。遣丞为媒人，主簿通语言[91]。直说太守

（90）娇逸：娇美文雅。（91）“主簿”句：意谓衣裳是主簿令郡丞转达太守的话。主簿：掌管档案文书的官吏。

家，有此令郎君，既欲结大义[92]，故遣来贵门。阿母谢媒人：“女子

（92）结大义：即结亲。

**先有誓，老姥岂敢言(93)！”阿兄得闻之，怅然心中烦。举言谓阿妹：**

(93) 老姥：老妇。

**“作计何不量(94)！先嫁得府吏，后嫁得郎君，否泰如天地(95)，足以**

(94) “作计”句：意谓考虑问题怎么不盘算。作计：打主意。不量：不加考虑。(95) “否泰”句：意谓（两次结亲）好坏有天地之别。否（pǐ）泰：好坏、高下。

**荣汝身。不嫁义郎体(96)，其往欲何云(97)？”兰芝仰头答：“理实如兄**

(96) 义郎：对太守儿子的美称。(97) 其往：将来，长此以往。欲何云：将怎么办。

**言。谢家事夫婿，中道还兄门。处分适兄意(98)，那得自任专！虽与**

(98) 处分：处理、安排。适：顺从。

**府吏要(99)，渠会永无缘(100)。登即相许和(101)，便可作婚姻。”媒**

(99) 要（yāo）：定盟约。(100) 渠会：与他相会。渠：他，指焦仲卿。(101) 登即：当即，立刻就。许和：答应。

**人下床去，诺诺复尔尔(102)。还部白府君(103)：“下官奉使命，言谈**

(102) 诺诺复尔尔：答应声音，犹言“好！好！就这样！就这样！”复：又。(103) 部：衙署。府君：太守。

**大有缘(104)。”府君得闻之，心中大欢喜。视历复开书(105)，便利此**

(104) 大有缘：十分有缘。(105) “视历”句：意谓开视历书，挑选吉日。历、书：都指日历本。

**月内，六合正相应(106)。良吉三十日(107)，今已二十七，卿可去成婚。**

(106) 便利：指适宜。六合：古人在选择吉日时，月和日的干支都要相互谐和，称为六合。(107) 良吉：良辰吉日。

**交语速装束(108)，络绎如浮云(109)。青雀白鹄舫(110)，四角龙子幡(111)。**

(108) 交语：交相传话。装束：筹办婚礼用物。(109) 络绎：连续不断。浮云：比喻人多。(110) “青雀”句：画有青雀、白鹄的船只。舫：船。(111) “四角”句：意谓船四角挂着绣龙旗帜。幡：旗帜。

**婀娜随风转(112)，金车玉作轮。踯躅青骢马(113)，流苏金镂鞍(114)。**

(112) 婀娜：轻柔飘动的样子。转：摆动。(113) 踯躅（zhí zhú）：缓慢不进的样子。青骢马：毛色青白夹杂的马。(114) 流苏：用彩色的毛做的穗子，垂在马身上做装饰。金镂鞍：用金属雕花作为马鞍装饰。

**赍钱三百万(115)，皆用青丝穿。杂彩三百匹(116)，交广市鲑珍(117)。**

(115) 赍（jī）：赠送。(116) 杂彩：各色缎匹。(117) 交广：交州、广州，泛指今广西、广东一带。市：采购、买。鲑（xié）珍：山珍海味。

**从人四五百，郁郁登郡门(118)。**

(118) 郁郁：形容人多势众。登郡门：集齐在郡衙伺候。

阿母谓阿女："适得府君书[119]，明日来迎汝。何不作衣裳？莫

（119）适：刚才。

令事不举[120]！"阿女默无声，手巾掩口啼，泪落便如泻。移我琉璃

（120）事不举：办不起来、措手不及。举：成。

榻[121]，出置前窗下。左手持刀尺，右手执绫罗。朝成绣夹裙，晚成

（121）琉璃榻：镶嵌着琉璃的坐具。

单罗衫。晻晻日欲暝[122]，愁思出门啼。

（122）晻晻：形容日色昏暗。日欲暝：天要黑下来了。

府吏闻此变，因求假暂归[123]。未至二三里，摧藏马悲哀[124]。

（123）求假：请假。（124）摧藏：凄怆、悲伤。

新妇识马声，蹑履相逢迎。怅然遥相望，知是故人来。举手拍马鞍，

嗟叹使心伤："自君别我后，人事不可量[125]。果不如先愿[126]，又

（125）不可量：无法预料。（126）先愿：先前相约之言。

非君所详[127]。我有亲父母，逼迫兼弟兄。以我应他人[128]，君还何

（127）详：知悉。（128）应：许给、许配。

所望！"府吏谓新妇："贺卿得高迁[129]！磐石方且厚[130]，可以卒

（129）高迁：爬上高枝。（130）厚：坚实。

千年[131]。蒲苇一时纫[132]，便作旦夕间[133]。卿当日胜贵[134]，吾独

（131）卒千年：过一千年。（132）一时纫：只坚韧了一段时间。（133）旦夕间：早晚间，形容时间短。
（134）日胜贵：一天强似一天，一天比一天高贵。胜：生活优越。贵：地位显贵。

向黄泉！"新妇谓府吏："何意出此言[135]！同是被逼迫，君尔妾亦

（135）何意：哪想到。

然[136]。黄泉下相见，勿违今日言！"执手分道去，各各还家门。生

（136）"君尔"句：意谓你是如此，我也是这样。尔：如此。

人作死别，恨恨那可论？念与世间辞，千万不复全[137]！

（137）千万：无论如何。不复全：再也不想保全了。

**府吏还家去，上堂拜阿母：“今日大风寒，寒风摧树木，严霜结庭兰。儿今日冥冥[138]，令母在后单[139]。故作不良计，勿复怨鬼神[140]！**

（138）日冥冥：（自己）日暮穷途，此说生命即将结束。（139）“令母”句：意谓自己先死，使母亲单独地留在世界上。（140）“故作”二句：意谓我有意寻短见，不要怨恨鬼神。不良计：不好的打算，此指自杀。

**命如南山石，四体康且直[141]！”阿母得闻之，零泪应声落[142]：“汝**

（141）“命如”二句：（祝愿母亲）寿比南山，四体康健硬朗。南山石：比喻高寿。康且直：健康硬朗。（142）零泪：断断续续的眼泪。

**是大家子，仕宦于台阁[143]。慎勿为妇死，贵贱情何薄[144]！东家有**

（143）“汝是”二句：意谓你（焦仲卿）是大家出身，先世曾在台阁为官。台阁：尚书台，此泛指官府。（144）“贵贱”句：意谓（刘兰芝与焦仲卿）贵贱悬殊，你离了她哪算薄情。

**贤女，窈窕艳城郭[145]，阿母为汝求，便复在旦夕[146]。”府吏再拜**

（145）艳城郭：美艳为全城之首。（146）“便复”句：意谓只在一半天就可以办到。

**还，长叹空房中，作计乃尔立[147]。转头向户里，渐见愁煎迫[148]。**

（147）作计：自杀的打算。乃尔立：就这样决定了。（148）“渐见”句：意谓逐渐被心中的忧愁所煎熬逼迫。

**其日牛马嘶[149]，新妇入青庐[150]。奄奄黄昏后[151]，寂寂人定初[152]。“我命绝今日，魂去尸长留！”揽裙脱丝履[153]，举身赴清**

（149）牛马嘶：牛马盈门，十分热闹。（150）青庐：用青布幔搭成的喜棚。（151）奄奄：同“晻晻”。

（152）人初定：指亥时时刻，即夜间九时，泛指夜深人静的时候。（153）揽：撩起。

**池[154]。府吏闻此事，心知长别离。徘徊庭树下，自挂东南枝。**

（154）举身：纵身。

**两家求合葬，合葬华山傍[155]。东西植松柏，左右种梧桐。枝枝**

（155）华山：庐江郡小山名，今不可考。

**相覆盖，叶叶相交通[156]。中有双飞鸟，自名为鸳鸯。仰头相向鸣，**

（156）交通：交接、交错。

**夜夜达五更。行人驻足听，寡妇起彷徨。多谢后世人[157]，戒之慎勿**

（157）多谢：再三嘱告。

**忘[158]。**

（158）戒之：引以为戒。

《乐府诗集·杂曲歌辞》

**【翻译】**

孔雀向东南飞去，五里便徘徊一阵。“（我）十三岁能织精美的白绢，十四岁学会了裁剪衣裳，十五岁会弹箜篌，十六岁能诵读诗书。十七岁做了您的妻子，心中常感痛苦和悲伤。您既然做了太守府的小官吏，遵守官府的规则，专心不移。我一人留在空房，见面日子少得很。鸡鸣上机织绸子，天天晚上不得休息。三天织成五匹绸子，婆婆仍嫌织得慢。并非因为织得慢，您的媳妇难做啊！我既担当不了使唤，白白留着没有什么用。可以去禀告婆婆，趁早把我遣送回娘家。”

焦仲卿听了这般后，堂上去禀告母亲：“我没做高官厚禄相，幸亏能娶到这妻子，婚后相亲相爱生活，死后黄泉相依为伴侣。共同生活不到二三年，才开始还不算很久，这个女子的行为没什么不当，哪料到招致母亲不满意？”焦母对仲卿说：“（你）怎么这样固执！这个女子不讲礼，一举一动自以为是。我早就怀着愤怒，你怎么可以自作主张！邻居有个贤惠女子，名字叫罗敷，姿态可爱无比，母亲替你去提亲。赶快遣送刘兰芝，千万不要挽留。”焦仲卿直身而跪禀告：“恭敬禀告母亲，现在如休掉这女子，一辈子就不再娶妻了！”焦母听了儿子的话，敲着坐具大发脾气：“你小子没有什么害怕的，怎敢帮媳妇说话！我对她已没什么恩情了，绝不能答应你要求。”

焦仲卿默不作声，对母亲拜了回房里，开言对媳妇说，哭得连话也说不成：“本来我不愿赶你走，但有母亲逼迫着。你暂时回娘家去。我现在暂且回太守府办事。不久我一定回来，回来后必定去迎接你。为此你就受点委屈，千万不要违背我说的。”刘兰芝对焦仲卿说：“不要再多说了！记得那一年冬末，我辞别娘家嫁到你府上，侍奉总顺从婆婆，一举一动哪里敢自作主张？白天黑夜勤恳劳作，孤单受尽辛苦折磨。总以为没有过错，终身侍奉婆婆。到底还是被遣送，哪还说得上再回你家来？我有绣花齐腰短袄，美丽的刺绣发出光彩，红色罗纱双层斗帐，四角挂着香袋，盛衣物箱子六七十个，箱上用碧绿丝绳捆扎着。样样东西各自不相同，种种器皿都在箱匣里。人低贱东西不值钱，不配迎接日后再娶的妻子，留着作为我赠送（给你）留作纪念吧，从此没再见面机会了。时时把这些作个安慰，永远不要忘记我。”

鸡已鸣天将亮，刘兰芝起床打扮整齐。穿上绣花夹裙，每件都要更换几遍。脚下穿着丝鞋，头上戴着发光的玳瑁，腰上束着白绢子，光彩如水流一样，耳朵戴着明月珠耳坠，手指如削尖的葱根，嘴唇红润像朱砂，轻盈地踏着细步，精巧美丽世上无双。（刘兰芝）上厅堂拜婆婆，婆婆听凭离去不加阻。（兰芝说）“从前我做女儿时，从小生长在乡野，本就未受好教养，同贵族结婚更感惭愧。接受婆婆钱财礼品多，不能承担婆婆使唤。今天我就回娘家去，记挂婆婆在家辛劳。”回头再与小姑别，眼泪像珠子掉下来。（刘兰芝对小姑说）“我初来你家时，小姑刚能扶着坐具学走，今天我被遣送回家，小姑你长得和我一样高。望你尽心奉养母亲，也要好好照顾自己。初七和十九，嬉戏时不要忘记我。”出门登车离去，眼泪不停地簌簌落。

焦仲卿的马走在前，刘兰芝的车行在后，车子发出隐隐甸甸响，一起会合大路口，（焦仲卿）下马坐入车中，低声说：“我发誓不与你断绝，你暂且回娘家去，我现在暂且去太守府，不久一定会回来，对天发誓决不相负！”刘兰芝对焦仲卿说：“谢你忠诚挚爱心愿！你既如此记着我，盼望你不久就能来。你一定要成为磐石，我一定要成为蒲苇。蒲苇柔软结实像丝，磐石不易被转移。我有一个亲哥哥，性情行为暴躁如雷，恐不会听任我意愿，违反我意愿使我烦忧。”举手告别惆怅不止，两人的感情恋恋不舍。

（刘兰芝）走进了家内堂，上前后退都觉没脸面。刘母拍掌大惊讶：“没想到你自己回来了！十三岁就教你纺织，十四岁就能裁剪衣裳，十五岁会弹箜篌，十六岁懂得礼节，十七岁送你出嫁，总以为你不会有什么过失。你现在有什么过错，没有人迎接你就被休弃！”刘兰芝惭愧对母亲说：“女儿实在没有什么过错。”母亲听后非常哀痛。

（刘兰芝）回家十多天，县令派媒人来。（媒人）说县令家有三公子，漂亮文雅世无双。年龄只有十八九，口才好又能干。刘母对女儿说：“你可答应他。”女儿含泪答：“兰芝才回时，焦仲卿再三嘱咐，立誓不分离。今天违背情义，恐这样很不合适。可回绝说媒的人，慢慢再讲这件事。”刘母告诉媒人：“贫贱人家女儿，刚出嫁被休回。不能做府吏妻，怎配县太爷公子？望多方面打听，我不能就答应你。”

媒人走了几天后，太守派郡丞来求婚。听说刘兰芝家，世代为官作宦。说太守家有第五子，娇美俊逸未结婚。请郡丞做媒人，这是主簿传达的话。（郡丞）直接说太守家，有这样一个好公子，既然想和你家结婚姻，所以派我到府上。刘母谢绝媒人：“女儿先前有誓言，老妇怎敢说再嫁事？”（刘兰芝）哥哥听说这件事，心中烦躁不安。开口对妹妹说：“你怎么不好好考虑！前次出嫁是小官吏，这次出嫁得贵公子。好运坏运相差如天上，足够使你终身荣耀。不嫁给仁义公子，往后打算怎么办？”兰芝抬头回答：“道理确实像哥哥说的。辞别娘家侍奉丈夫，中途回到哥哥家里。怎样处理全照哥哥主意，哪敢自己随便做主？虽然与府吏立下誓约，但永远没有机会见面。立刻就答应这门亲，就可以结成婚姻。”媒人从座位上起来，连声是就这样办。回到郡府报告太守：“我接受您交给的使命，公子很有缘分。”太守听了这些话，心里非常欢喜，查看婚嫁历：“婚期便利在本月内，六合相应吉日多，好日子就在三十天，今天已经二十七，你赶快去刘家订好婚期。”互相传话筹办婚礼，（赶办婚礼的人）像天上的浮云样来往连接。装婚礼的船绘青雀和白鹄，四角挂着绣龙的旗，轻轻地随风飘荡。金色车子白玉车轮，缓步前行青骢马，垂着彩缨刻着金饰的马鞍。赠送聘金三百万，都用青色丝线穿，各色绸缎三百匹，从交广采购的山珍。跟从人有四五百，盛大热闹来到郡府门。

阿母对女儿说：“刚才接到太守信，明天就来迎接你。为什么还不做衣裳？不要让婚事措手不及！”兰芝默不作声，用手巾捂着嘴哭泣，眼泪淌下像下雨。移动坐着琉璃榻，搬出放在窗子下。左手拿着剪和尺，右手拿着绫罗绸。早晨做成绣花夹裙，晚上做成了单罗衫。阴沉沉地天快要黑，满怀愁思出门去哭。

焦仲卿听说此变故，于是请假暂回来。到（兰芝家）还有二三里，人伤心马也哀。兰芝熟悉马叫声，轻步快跑去迎接，悲伤失意地相望，知道相爱故人来。举手抚摸着马鞍，哀声长叹使心碎：“自从你离开我以后，人事变化难料想！果然没像先前约，事情你又不了解。我有亲生母亲，逼迫我的还有亲哥，硬把我许配给别人，你来有什么指望！”焦仲卿对刘兰芝说：“祝贺你得到高升！我这磐石方正又坚实，可以存放上千年；而蒲苇一时柔韧，就只能保持在早晚间。你将会一天天地富贵，我一人独自走向黄泉。”刘兰芝对焦仲卿说：“哪想到说这种话！同是被逼迫，你这样我也如此，（我们）在黄泉再见面，不要违背今日誓言！”紧握手告别去，各自回到自己家。活着的人作临死别，愤恨哪里说得尽呢！想到将要离开人世间，无论如何不能再保全。

焦仲卿回到家，走上厅堂拜母亲：“今天风大又寒冷，寒风摧折树木，院里兰花结浓霜。儿子好比日暮昏暗，使母今后很孤单。有意做不好的打算，不要再怨恨鬼神！（愿您）寿命如南山的石头，身体健康又硬朗！”焦母听到这些话，泪水随说话声流下：“你是世家的子弟，又在官府里任职，千万不要为妇人寻死，贵贱不同哪算薄情？东邻有个贤女子，美丽是在全城首，我替你去求婚，早晚就会有答复。”焦仲卿向母亲再拜回房，在空房里长声叹息，自杀打算就这样决定。头转向兰芝住过内房，越来越被悲痛煎熬逼迫。

（刘兰芝）结婚的车马盈闹，刘兰芝走进青布帐，在暗沉沉黄昏后，静悄悄夜深人静。（兰芝自言自语说）：“我的生命今天结束，魂灵离开尸体长留！”挽起裙子脱去丝鞋，纵身跳进清池里。焦仲卿听到这件事，心里知道永离别，在庭院树下徘徊，自己就在东南树枝吊死。

焦刘两家要求合葬，合葬在华山旁边。东西两旁种上松柏，左右两侧种上梧桐，条条树枝互相覆盖，片片叶子互相连接。树中有一对飞鸟，它们的名字叫鸳鸯，仰头相互对着叫，天天夜里直叫到五更。走路人停下脚步听，寡妇听见心中彷徨。多多劝告后世人，把此事作为教训千万不要忘！



【简析】

这是一首杰出的长篇叙事诗，与北朝的《木兰诗》并称“乐府双璧”。全诗一千七百八十五字，通过叙述焦仲卿与刘兰芝两人殉情的家庭悲剧，深刻揭露了封建礼教的本质，热情讴歌了焦仲卿与刘兰芝忠于爱情、敢于反抗的精神，寄托着人民群众对爱情婚姻自由的热烈向往。诗歌通过若干鲜明的人物形象推动故事情节，刘兰芝的能干、美丽、聪明、坚强，焦仲卿的忍辱负重、忠贞不渝，焦母的蛮横无理、封建大家等形象都跃然纸上。同时，诗歌语言通俗、朴素、生动、精练，运用了许多口语切合人物身份和特征。最后，诗歌在末尾还运用了浪漫主义手法，通过连理枝、比翼鸟的幻化形象表现了人民对爱情婚姻自由的向往，给诗歌增添了一丝瑰丽的神话色彩。沈德潜在《古诗源》中评之“淋淋漓漓，反反复复，杂述十数人口中语，而各肖其声音面目，岂非化工之笔”。



# 行行重行行

**行行重行行(1)，与君生别离(2)。相去(3)万余里，各在天一涯(4)。**

（1）行行重行行：走啊走啊，不停地走。重：又。（2）生别离：活生生地被分开。（3）相去：相隔，相离。（4）涯：本指水边，此泛指边际。

**道路阻且长(5)，会面安可期(6)？胡马依北风，越鸟巢南枝(7)。相去**

（5）阻且长：险阻并且漫长。阻：艰险。（6）安：怎么，哪能。期：预料。（7）“胡马”二句：意谓北方的马虽然南行，但仍依恋着北风；南方的鸟虽然北飞，但仍筑巢于朝南的树枝。此言鸟兽尚且留恋故乡，何况人？

**日已远，衣带日已缓(8)。浮云蔽白日，游子不顾反(9)。思君令人老，**

（8）缓：松弛。（9）“浮云”二句：意谓犹如浮动的云遮住了太阳，游子也心有所惑，不想返乡。游子：客游在外的人，此指思念的对象“君”。顾返：还返，回家。

**岁月忽已晚[10]。弃捐勿复道，努力加餐饭[11]。**

（10）岁月忽已晚：岁月匆匆而过，很快就已经到年终。（11）“弃捐”二句：意谓抛开这思念之情不再说了，希望你在外尽量多吃点饭，好好保重身体；也或解释为让自己多吃一点饭，保重好自己的身体，以便更长久的等待。弃捐：抛弃，丢弃。努力：保重身体，注意身体。

《古诗十九首》

【翻译】

走了又走啊，与君活生生分别。一别相隔万里，各在天涯海角。道路艰险且漫长，再见怎能预料？北马南行依恋北风，南鸟北飞筑巢朝南。相别的日子越久，衣带越来越宽松。浮云遮住了太阳，游子心有所惑不返乡。想念你啊容易老，岁月匆匆已年终。抛开思念不再说，望多吃点饭保重身体。

【简析】

该诗是《古诗十九首》中的第1首，是一首在东汉末年动荡岁月中的相思乱离之歌，抒发了一个女子对远行在外的丈夫的深切思念，表现的是在东汉末年动荡的岁月中，生离死别的人们无尽的离愁和相思之情。诗歌前六句追述离别，叙议结合。中间六句正面叙述相思之痛，且运用了比兴手法表现思念，接着写希望落空，情人渐远，给自己极大伤害。最后四句缓收全篇，岁月催老，徒思无益，只得以宽慰期待作结。诗歌章法摇曳，回环往复，运用比兴手法来表达人物的思想感情，新颖别致。诗歌语言质朴自然，以设想之词写对方，实际情形写自己，委婉含蓄，语短情长。元代陈绎曾在《诗谱》中评价此诗是“情真、景真、事真、意真”的佳作。



# 青青河畔草

《古诗十九首》



**青青河畔草，郁郁园中柳。盈盈楼上女[1]，皎皎当窗牖[2]。娥**

（1）盈盈：多仪态。（2）皎皎：本指月光洁白，此形容春光照耀下女子的明艳。窗牖：在屋上叫窗，在墙上的叫牖，此泛指窗子。

**娥红粉妆[3]，纤纤出素手[4]。昔为倡家女[5]，今为荡子妇[6]。荡子**

（3）娥娥：形容容貌美好。红粉：原指妇女化妆品一种，此指艳丽的装饰。（4）纤纤：细长样子，此形容手。素：白，此形容手的肤色。（5）娼家女：歌妓。（6）荡子：长期漫游四方不归乡的人。

**行不归，空床难独守。**

《古诗十九首》



【翻译】

河边青青草地，园里茂盛柳树。楼上仪态优美的女子，肌肤洁白站在窗前。容貌美好装饰艳丽，伸出纤细洁白手指。从前曾是歌舞女，而今成了游荡不归人妻。游荡的丈夫还没回，空荡的屋里怎堪独守！

【简析】

诗歌通过对一从良娼妇个性描写，揭示了汉末下层妇女的悲剧命运。开篇两句点名了春天，但见春日来临，惠风和畅，河边青草，园中盛柳，好一派春色。接着四句塑造了一个婀娜多姿，光彩照人的艳妆少妇形象，通过楼上小窗掩映出来，非常艳丽。这春日的美景与楼上女子的孤单形成了如同隔世的对比。而这窗户是女主人公与外界沟通的唯一媒介。后面四句，介绍了自己的出身和经历，由此主人公自然想起昔日的欢快热闹，勾起了一段美好的回忆，表现了此时的孤独，使其更迫切企盼丈夫的归来，同时也表达出对丈夫不归的愤愤不平。全诗善用叠字，语言明白流畅，抒情大胆真挚，别有一番韵味。



# 涉江采芙蓉

《古诗十九首》

**涉江采芙蓉[(1)]，兰泽多芳草[(2)]。采之欲遗谁[(3)]？所思在远道[(4)]。**

（1）涉江：渡江。芙蓉：荷花的别称。（2）兰泽多芳草：长满兰草的低湿地有很多芳香的花草。兰泽：生有兰草的低湿地。（3）遗（wèi）：送给。古代有送人芳草以结恩情的风俗习惯。（4）所思：思念的对象。远道：远方。

**还顾望旧乡[(5)]，长路漫浩浩[(6)]。同心而离居[(7)]，忧伤以终老[(8)]。**

（5）还顾望旧乡：回头眺望故乡。（6）长路漫浩浩：远路悠长无边无际。浩浩：广大无边的样子。（7）同心而离居：彼此心意相通、相亲相爱，却要分处两地，不能团聚。（8）终老：终老此生。

《古诗十九首》

## 【翻译】

渡过江水采莲花，兰草生长的低湿地多花草。采了花送给谁呢？送给心中思念的远方亲人。回头眺望故乡，道路漫漫无边无际。双方心意相通而分两地，只能忧思终老此生。

## 【简析】

本诗是《古诗十九首》的第6首，描写的是一位漂泊异乡的游子对故乡亲人、爱人的离别相思之情和欲归不得的痛苦心情。开篇两句以采集香花芳草起兴，引出对远方亲人的思念，本欲摘花以赠亲人，但亲人身在远方，欲赠无人。接着四句由思念亲人而引出遥望故乡的不可得，反复吟唱，传达出游子相思的深切与执着。最后归结为“同心而离居”的痛苦和忧怨。诗歌采用比兴手法，层层深入，委婉深刻，紧扣人物内心情感，文字浅近地描写出游子与思妇的痛苦心理，读来真挚感人。



# 西北有高楼

《古诗十九首》

**西北有高楼，上与浮云齐。交疏结绮窗[(1)]，阿阁三重阶[(2)]。上**

（1）“交疏”句：意谓交错镂刻成雕花格子的窗。交疏：交错镂刻。疏：镂刻。绮（qǐ）：此指花纹。（2）阿（ē）阁：四面有曲檐的楼阁。三重阶：重叠三重的阶梯。

**有弦歌声，音响一何悲！谁能为此曲，无乃杞梁妻[(3)]。清商随风发[(4)]，**

（3）“谁能”二句：意谓何人能奏出如此悲哀动人的曲调，莫不是杞梁妻？无乃：莫非、大概。杞梁妻：故事最早见于《左传·襄公二十三年》，据说齐国大夫杞梁出征莒国战死在莒国城下，其妻临尸痛哭，一连哭了十个日夜，连城也被她哭塌了。《琴曲》有《杞梁妻叹》，《琴操》说是杞梁妻作《古今注》说是杞梁妻妹朝日所作。（4）清商：乐曲名，声情悲怨。

**中曲正徘徊[(5)]。一弹再三叹[(6)]，慷慨有余哀[(7)]。不惜歌者苦，但伤**

（5）中曲：曲调中间的部分。徘徊：此指乐曲旋律回环往复。（6）叹：指乐曲中的和声。（7）慷慨：感慨、悲叹。

**知音稀[8]。愿为双鸣鹤，奋翅起高飞[9]。**

（8）“不惜”二句：意谓我痛惜的不只是歌者心有痛苦，而是她内心的痛苦没有人理解。惜：痛惜。知音：识曲人。相传俞伯牙善鼓琴，钟子期善听琴。子期死后，伯牙再不弹琴，因为再没有知音的人。（9）“愿为”二句：意谓愿与歌者同心，像一双鹤展翅高飞，自由翱翔。鸣鹤：善于鸣叫的鹤，一本又作“鸿鹄”，此以双鹤喻情志相通的人。

《古诗十九首》



【翻译】

西北有一座高楼矗立，高耸与浮云齐高。交错镂刻成绮文窗格，四周是高翘的阁檐阶梯三重。楼上弦歌之声，声音让人悲伤。何人能奏出如此悲哀的曲调，莫不是杞梁妻？悲伤的清商声随风飘，中间曲调旋律回环往复。一曲再三和声叹息，抚琴之人慷慨哀痛不已。我痛惜的不只是歌者心有痛苦，而是她内心的痛苦没有人理解。愿化作心心相印的鸿鹄，展翅高飞自由翱翔。

【简析】



这是《古诗十九首》中的第9首，通过高楼听曲的幽幽倾诉，表达了作者的失意和苦闷。全诗共4段，每4句为一段。第一段写高楼，着重写高楼的宏伟华丽。第二段从“弦歌”之声写到弹琴之人，叙述了曲调的悲哀，暗寓楼上弹琴之人处境艰难、命运悲惨。第三段全面仔细写了“弦歌”之声，开始悲伤，中间往复，反复咏叹，乐曲结束后余音仍流露出伤感。第四段写了世人不知怜惜歌者，强调知音稀少，只有听歌者愿与歌者一同化为鸿鹄，自由翱翔。全诗写法独特，只出现了一个听歌者形象，而歌者虽被着力描写，却始终没有出场，新颖别致。吴淇称之“惟此曲最为悲酸”。

# 迢迢牵牛星

《古诗十九首》

**迢迢[1]牵牛星[2]，皎皎[3]河汉女[4]。纤纤擢素手[5]，札札弄**

（1）迢迢：遥远的样子。（2）牵牛星：即民间所谓的牛郎星，是天鹰星座的主星，在银河以南。（3）皎皎：明亮的样子。（4）河汉女：即织女星，是天琴星座的主星，在银河以北，与牵牛星隔河相对。河汉：银河，俗称天河。（5）纤纤擢素手：纤柔细长、举着白绢的手。擢：举，摆动。素：洁白。

**机杼[6]。终日不成章[7]，泣涕零如雨[8]。河汉清且浅[9]，相去复几**

（6）札札（zhā）弄机杼（zhù）：拨弄着织机上的梭子，织机发出了阵阵响声。札札：织机发出的声音。机杼：织机上的梭子 。（7）章：布匹的纹理。（8）泣涕零如雨：哭泣的眼泪如雨点般坠落。（9）浅（jiān）：水流声音，此句的意思为银河水清清，水流激烈。

**许[10]？盈盈一水间[11]，脉脉不得语[12]。**

（10）相去复几许：相距又有多远呢？此指距离并不远。（11）盈盈一水间：清清的一水之隔。盈盈：水清浅的样子。（12）脉脉不得语：含情对视不能同对方说话。脉脉：含情相视的样子。

《古诗十九首》

【翻译】

遥远的牵牛星，明亮的织女星。（织女）细长而白皙的手摆动，拨弄织机上梭子并发出阵阵响声。整天也没织成一段布，哭泣的眼泪如雨点坠落。银河水清清而激烈流动，相距又有多远？隔一条清澈的河水，含情凝视而不能交谈。

【简析】

本诗是《古诗十九首》的第 10 首。牵牛星和织女星本是两个星宿的名称，牵牛星在银河东，织女星在银河西，两星相对。这首诗借写天上织女星与牵牛星不得相聚的愁苦心情，表现了人间男女相爱而受压抑限制的苦闷与悲伤。全诗用比兴的手法，借用牛郎、织女的故事写人间男女的相思相爱，含蓄蕴藉。开头两句基于牛郎与织女的传说，点名了牛郎星与织女星，展开了浪漫想象。接着四句写了织女有着灵巧细柔的双手，但始终不能织成章，为何如此？后四句做了解答，原因是与恋人不能相会，只能隔河相望。全诗有六句都用了叠音词，即“迢迢”“皎皎”“纤纤”“札札”“盈盈”“脉脉”，这些叠音词使这首诗质朴、清丽，有一唱三叹之妙。梁启超在《中国之美文及其历史》中评此诗：“读起来可以养成我们温厚的情感，引发我们优美的趣味。”

## 上山采蘼芜

《古诗十九首》

**上山采蘼芜[(1)]，下山逢故夫[(2)]。长跪问故夫，新人[(3)]复何如[(4)]？**

（1）蘼芜（mí wú）：香草名，又名江离，其叶风干后可作香料，古传妇女服食蘼芜可以多生子。（2）故夫：以前的丈夫。（3）新人：以前丈夫新娶的妻子。（4）何如：怎么样。

**新人虽言好，未若故人姝[(5)]。颜色类相似[(6)]，手爪[(7)]不相如。新人**

（5）姝（shū）：美好，此不仅指容貌，还包括其他，如劳动技能等。（6）颜色：容貌。类相似：相类似，差不多。（7）手爪：针线纺织等手工技巧。

**从门[(8)]入，故人从閤[(9)]去。新人工织缣[(10)]，故人工织素[(11)]。织缣**

（8）门：正门。（9）閤（gé）：旁门，偏门。（10）缣（jiān）：黄绢。（11）素：白绢，素贵缣贱。

**日一匹[(12)]，织素五丈余。将缣来比素，新人不如故。**

（12）一匹：长四丈为一匹。

《玉台新咏》

【翻译】

登上山中采蘼芜，下山偶遇前时夫。长跪问前夫：“你的新妻怎么样？”“新妻虽不错，却比不上你好。美貌虽然也相近，纺织技巧差得多。新人从正门娶回，你从旁门离去。新人很会织黄绢，你却能够织白素。黄绢日织只一匹，白素五丈更有余。将黄绢白素来相比，新人不如你故人。”

【简析】

本诗是东汉时期的一首乐府叙事诗，题为“古诗”。全篇写一个弃妇在“上山采蘼芜”后和故夫偶然相遇时的一番简短对话。诗的本意是咏唱弃妇不幸的命运，但却不从正面写弃妇的哀怨委屈，反而写故夫的念旧。作者没有写任何正面的说明和谴责，但是对故夫的念旧使读者了解到弃妇是一个美丽、勤劳的女子，她的被弃是完全无辜的；同时也可以看出，弃妇和故夫的分离是被迫的。诗歌极具特色，主要内容全用对话组成，语言浅显易懂而内涵深刻，虽属弃妇诗，但格调平缓自然，怨而不露，怒而不争。

# 十五从军征

汉乐府

**十五从军征，八十始得归(1)。道逢乡里人，家中有阿谁(2)？遥**

(1) 始得归：才得以回家。(2) 乡里人：家乡人。阿（ā）谁：即“谁”，阿为语气助词，无义。

**看(3)是君家，松柏冢累累(4)。兔从狗窦(5)入，雉(6)从梁(7)上飞。**

(3) 遥看：远远望去。(4) 松柏冢（zhǒng）累累：松柏树下，坟头一个连着一个。冢：高坟。累累：连缀不绝的样子。(5) 狗窦（dòu）：狗出入的洞。(6) 雉（zhì）：野鸡。(7) 梁：屋梁。

**中庭生旅谷，井上生旅葵(8)。舂谷持作饭，采葵持作羹。羹饭一时(9)**

(8) “中庭”二句：意谓院子里长着野谷，井台上长着野菜。中庭：院中。旅谷：野谷。井上：井台周围。葵：菜名，即冬葵。(9) 一时：一会儿。

**熟，不知贻(10)阿谁。出门东向(11)看，泪落沾(12)我衣。**

(10) 贻（yí）：赠送。(11) 东向：向东。(12) 沾：浸湿。

《乐府诗集》

【翻译】

十五岁就应征去参军，八十岁才回到故乡家中。路上碰到一个家乡人，（问）“我家里还有什么人？”（答）“远远望去是你家，松柏树下坟头一个连着一个。”（只见）野兔从狗洞里出进，野鸡在屋脊上飞来飞去。院子里长着野谷，井台上长着野菜。用捣掉壳的野谷做饭，摘下葵叶煮汤菜。汤饭一会儿都做好，却不知赠送给谁吃。走出大门向东张望，老泪纵横浸湿征衣。

【简析】

《十五从军征》是一首叙事诗，描绘了一个“少小离家老大回”的老兵返乡途中与到家之后的情景，抒发了这一老兵的感伤心情，暴露了封建社会不合理的兵役制度以及劳动人民在这种黑暗兵役制度下的不平和痛苦，具有一定的社会意义。诗歌前部分，作者对材料进行了剪裁，一面是从军的辛苦，一面是家庭的苦难。经历了生死斗争的主人公回到家乡，路上就急切询问家中境况，当得知“松柏冢累累”时，不啻晴天霹雳，一个苦撑自己几十年的精神信念瞬间倒塌了。诗歌后部分，运用侧面描写手法，写出家中的破败荒凉，特别是兔入狗窦、谷葵野生的场景以及家破人亡的痛苦打击，突显了主人公的孤独悲伤之感。全诗叙事严谨，结构合理，语言朴实无华，纯用白描，不作惊人之笔，真实自然，褒贬爱憎，凝聚笔端，被推为“悲痛之极辞”。

# 蒿里行



曹　操

**关东有义士，兴兵讨群凶[(1)]。初期会盟津，乃心在咸阳[(2)]。**

（1）关东：指函谷关以东。义士：指起兵讨伐董卓的将领。汉初平元年（公元190年）春，关东州郡起兵讨伐董卓，并推渤海太守袁绍为盟主。群凶：指董卓及其爪牙。（2）期：约定。会：会盟。盟津：即孟津，在今河南孟县南，相传周武王伐纣时曾在那里会集八百诸侯，此指代各路讨伐董卓的联盟义举。

**军合力不齐，踌躇而雁行[(3)]。势利使人争，嗣还自相戕[(4)]。**

（3）踌躇：徘徊不进之状。雁行（háng）：飞雁行列，此形容诸军列阵观望的样子。（4）势利：权势利益。嗣还（xuán）：其后不久。戕：杀害，当时袁绍军内部发生攻杀。

**淮南弟称号[(5)]，刻玺于北方[(6)]。铠甲生虮虱，万姓以死亡。**

（5）“淮南”句：董卓被杀后，袁绍与异母弟袁术分裂，袁术于建安二年（公元197年）在寿春（今安徽寿县）自立为帝。淮南：今安徽寿县。弟：袁绍弟袁术。（6）“刻玺”句：袁绍于初平二年（公元191年）立刘虞为帝，为之刻印。玺：皇帝的印。



**白骨露于野，千里无鸡鸣。生民百遗一[(7)]，念之断人肠。**

（7）“生民”句：意谓百人中能活下来的只有一人。遗：留下。

《乐府诗集》

【翻译】

关东义士起兵讨伐董卓等凶残人。最初约会各将领会盟孟津，同心讨伐长安董卓等。各路军队会合力不齐一，如飞雁列阵般互相观望。权势利益引得诸军争夺，其后不久还自相残杀。袁绍弟袁术在淮南称帝，谋立傀儡在北方刻皇帝玺。士兵铠甲生满了虮虱，众多百姓大批死亡。尸骨曝露于野地，千里之间荒无人烟，听不到鸡鸣。百姓一百只能活一个，想到这里令人极度哀伤。

【简析】

《蒿里行》本是古时送葬所用挽歌，曹操此诗以古题叙写时事，真实而概括地记录了东汉末年诸侯拥兵自重，为争权夺利而相互残杀，致使百姓遭受沉重灾难。全诗十六句，可分为三部分，第一部分为前四句，写了群雄骑兵讨伐董卓；第二部分为下六句，写诸侯联军各怀鬼胎，致使力量不统一，国贼难除，诗人心情悲愤不已；第三部分为剩下六句，通过一幅幅凄凉悲惨的画面，抨击了军阀混战给人民带来的深重苦难，特别是“白骨露于野，千里无鸡鸣”，更是从视觉和听觉两方面勾画出战乱时代百姓悲惨的生活画面，深刻反映了战乱破坏的严重，控诉了军阀的罪行。诗歌气势沉雄，结构紧凑，起承转合，环环相扣，既表现了诗人超凡的文采，也表现了诗人博大的胸襟和敢于一切斗争的英雄气概。明人钟惺《古诗归》评本篇云：“汉末实录，真诗史也。”

# 短歌行

曹 操

**对酒当歌(1)，人生几何？譬如朝露，去日苦多(2)。**

(1)对酒：对着酒，曹操有《对酒篇》。当：正当，又说为应当之意。(2)去日：过去的日子。苦多：苦于太多，恨其太多。



**慨当以慷(3)，忧思难忘。何以解忧？惟有杜康(4)。**

(3)慨当以慷：即慷慨，指因不能实现理想而产生的不平静心情。(4)杜康：相传最早造酒之人，这里代指酒。

**青青子衿，悠悠我心(5)。但为君故，沉吟至今。**

(5)“青青”二句：意谓表达自己渴求贤才的深沉思慕。青衿：青色的衣领，是周代学子的服装。《诗·郑风·子衿》：“青青子衿，悠悠我心，纵我不往，子宁不嗣音？”

**呦呦鹿鸣，食野之苹。我有嘉宾，鼓瑟吹笙(6)。**

(6)“呦呦”四句：皆用《诗经·小雅·鹿鸣》原句。《鹿鸣》本是礼宴宾客的诗，这里借以表示自己优礼贤才的态度和招纳贤才的热情。呦呦：鹿鸣声。苹：蒿草。瑟、笙：两种乐器名。

**明明如月，何时可掇(7)？忧从中来，不可断绝。**

(7)掇：拾取；一作“辍”，停止，明月的运行无法停止，此言贤才难得。



**越陌度阡，枉用相存(8)。契阔谈宴，心念旧恩(9)。**

(8)陌、阡：皆指田间小路，用以表示贤才远来。枉：屈驾。用：以。存：问候。此句指老家贤士来相存问。(9)契阔：聚散，这里有久别重逢之意。旧恩：旧日情谊，此几句是作者希望久别的友朋远道来归。

**月明星稀，乌鹊南飞。绕树三匝，何枝可依(10)？**

(10)“月明”四句：以乌鹊绕树徘徊不定比喻乱世中贤才无所依托。匝：周围。

**山不厌高，海不厌深(11)。周公吐哺，天下归心(12)。**

(11)“山不”二句：《管子·形势解》：“海不辞水，故能成其大；山不辞土石，故能成其高；明主不厌人，故能成其众。” 厌：满足。（12）周公：姬旦，周武王之弟。据《史记·鲁周公世家》载，周公“一沐三捉发，一饭三吐哺，起以待士，犹恐失天下之贤人”。哺：口中咀嚼着的食物。此几句说贤才多多益善，并以周公求贤若渴来说明自己渴望贤才帮助建功立业的理想。

《乐府诗集》



【翻译】

对着酒正当放歌，人生短促能几何？好比晨露转瞬即逝，失去的时日实在太多！心情不平激昂慷慨，忧郁长久难以忘怀。靠什么来排解忧闷？唯有狂饮方可解脱。那穿着青领的学子，你们令我朝夕思慕。只因为您的缘故，让我沉痛吟诵至今。鹿群呦呦欢鸣，悠然啃食蒿草。四方贤才光临舍下，将奏瑟吹笙宴请嘉宾。当空悬挂的皓月，何时才可以拾得？久蓄于怀的忧愤，突然喷涌不可断绝。远方宾客踏着田间小路，一个个屈驾来问候我。久别重逢谈心宴饮，争着将往日的恩情诉说。月光明亮星光稀疏，寻巢乌鹊向南飞。绕树飞了三周，哪里才有栖身之所？高山不满足土石才见巍峨，大海不弃涓流才见深阔。愿如周公一般三吐哺，愿天下英杰真心归顺。



【简析】

《短歌行》在《乐府诗集》中属于《相和歌词·平调曲》，古辞已经亡佚。作者借乐府中的诗题抒写了远大政治抱负和求才若渴的感情。开篇八句在宴会上对酒高歌，感叹人生短促，大业未成，时间紧迫，忧思难解，只有酒能解愁；接着诗人借《诗经》中的故事，通过思念贤才、宴饮嘉宾的描写，表现了作者求贤若渴，希望贤士不管山高路远都来投奔自己的急切心情；最后诗人希望贤才都归己用，又用周公吐哺的典故抒发延揽人才完成大业的宏大理想。全诗语言质朴自然，立意深远，且多用比兴手法和引用典故，在深沉的忧郁之中激荡着慷慨激昂的情绪，带有浓厚的悲凉情调。钟嵘在《诗品》中评价：“曹公古直，颇有悲凉之句。”

## 步出夏门行二首

曹 操

## 观沧海

**东临碣石，以观沧海[(1)]。水何澹澹，山岛竦峙[(2)]。**

（1）碣石：古代山名，位于右北平郡骊成县（今河北乐亭县）西南之大碣石山，一说指今河北黎县西北。（2）何：多么。澹澹（dàn）：水波摇荡貌。竦峙（sǒng zhì）：高高耸立。

**树木丛生，百草丰茂。秋风萧瑟，洪波涌起[(3)]。**

（3）萧瑟：风吹草木的声音。洪波：巨大的波浪。

**日月之行，若出其中；星汉灿烂，若出其里[(4)]。**

（4）星汉，银河。灿烂：光辉的样子。里：指海中。

**幸甚至哉，歌以咏志[(5)]。**

（5）幸：庆幸。甚、至：极的意思。咏志：表达心志。这两句是合乐所加，与正文无关。

## 龟虽寿

**神龟虽寿，犹有竟时[(1)]。腾蛇乘雾，终为土灰[(2)]。**

（1）神龟：《庄子·秋水》篇："吾闻楚有神龟死已三千岁矣。"传说中的神龟，寿命很长。竟：终了，完结。（2）腾蛇：传说中能乘雾而飞的蛇。《韩非子·难势》："慎子曰：飞龙乘云,腾蛇游雾。"为土灰：化为泥土。

**老骥伏枥，志在千里[(3)]；烈士暮年，壮心不已[(4)]。**

（3）"老骥"二句：意谓千里马虽然老了，伏在马槽吃草，不能奔驰，但它的志向却是驰骋千里之外。骥：千里马。枥：马槽。（4）烈士：指怀有雄心壮志之人。不已：不止。

**盈缩之期，不但在天[(5)]；养怡之福，可得永年[(6)]。**

（5）"盈缩"二句：意谓寿命长短不全然受天的支配。盈缩：指寿夭。盈：长。缩：短。（6）"养怡"二句：意谓只要身心保养得法，就可以延年益寿。养怡：养身怡性。永年：时间长，此指寿命长。

**幸甚至哉，歌以咏志。**

《乐府诗集》

【翻译】

《观沧海》

东行登上碣石山，来感悟沧海。海水多么宽阔摇荡，山岛高高挺立。树木和百草丛生，树木和百草十分繁茂。秋风吹树木声音悲凉，海中翻腾着巨大的波浪。太阳和月亮的运行，好像从浩瀚海洋中出发。银河星光灿烂，好像从浩渺海洋中产生出来。庆幸得很，用诗歌来表达心志。

《龟虽寿》

神龟寿命虽然长久，但也有生命终结之时。腾蛇尽管能乘雾飞行，终究也会化为土灰。千里马虽然老了，伏在马槽吃草（不能奔驰），但它志向却是驰骋千里之外。有远大抱负之士到晚年，奋发思进的雄心不会止息。人的寿命长短，不只是由上天所决定的，只要身心保养得法，就可以延年益寿。庆幸得很，用诗歌来表达心志。

## 【简析】

《步出夏门行》又称《陇西行》，属于《乐府诗集》中《相和歌辞·瑟调曲》。这两首诗作于建安十二年（公元207年），曹操挥师北上，征讨乌桓，大获全胜，统一了整个北方，回师途中，五十三岁的曹操登临碣石之巅，面对浩渺大海，豪情满怀创作了两首诗歌。

《观沧海》借诗人登山望海所见到的景象，描写了祖国山河的雄奇壮丽，表达了诗人气吞山河的豪情壮志。诗歌开篇点题，写登山地点和目的，接着四句直接描写了眼前所见景象，呈现出一幅辽阔壮观、生机勃勃的画面，接着四句是诗人展开丰富想象，写出大海雄伟，此时的大海已然是作者博大之心胸。全诗语言质朴，想象丰富，不愧为“建安风骨”的代表作，沈德潜评其“有吞吐宇宙气象”。

《龟虽寿》是一首富有哲理的抒怀言志之作，诗中表现了不甘衰老、积极进取的精神。开篇四句便以神龟和腾蛇两个生动形象的比喻，阐明了万物衰老的自然规律。接着四句紧承前四句，通过老骥、烈士的描写表达了诗人积极进取的人生态度。再后四句指出人命不全由天决定，主观“养怡”的努力也有不容忽视的作用。全诗托物起兴，借物言志，用鲜明的形象把深刻的道理显示出来，能引起人的深刻思索和强烈共鸣。

# 饮马长城窟行

**陈　琳**

**饮马长城窟，水寒伤马骨**(1)**。往谓长城吏：“慎莫稽留太原卒！”**(2)

（1）长城窟：长城近边的泉眼，供行役者饮马之用。（2）长城吏：监修长城之吏。稽：留滞。太原：今山西中部一带，秦时为太原郡。

**"官作自有程，举筑谐汝声。[3]""男儿宁当格斗死，何能怫郁筑长**

（3）官作：官家的工程。程：期限。筑：筑土的杵。谐汝声：把你的声音弄和谐。

**城？[4]"长城何连连？连连三千里[5]。边城多健少，内舍多寡妇[6]。**

（4）格斗：作战。怫郁：忧郁，愁闷。（5）连连：形容长城连绵不断。三千里：极言其长。（6）内舍：家里。寡妇：古代妇人独居称为寡妇，此处指戍卒之妻。

**作书与内舍："便嫁莫留住。善事新姑嫜，时时念我故夫子。"[7]报**

（7）姑嫜：妇人对丈夫的父母的称谓。故夫子：丈夫自称。

**书往边地："君今出言一何鄙！[8]""身在祸难中，何为稽留他家子？**

（8）鄙：浅薄、粗陋。

**生男慎莫举，生女哺用脯。君独不见长城下，死人骸骨相撑拄！"[9]**

（9）他家子：别人家的女子。举：抚养成人。脯：干肉，用肉喂养女儿，表示珍爱。骸骨相撑拄：形容死人之多。秦时民谣："生男慎莫举，生女哺用脯。不见长城下，尸骸相支拄。"此句化用民歌。以上六句是太原卒进一步申述要妻子改嫁的理由。

**"结发行事君，慊慊心意关。明知边地苦，贱妾何能久自全？"[10]**

（10）慊慊（qiàn）：不满足貌。关：牵挂。自全：自我保全。

《乐府诗集》



【翻译】

让马到长城附近泉眼喝水，水寒冷以致伤痛到马骨头。去告诉监修长城官吏说："千万不要为难太原的士兵!"他说："官府工程自有一定期限，拿起杵和着声音干活去!""大丈夫宁在沙场搏斗死，怎么能满怀郁闷修长城？"长城连绵不绝，连绵有三千里远。边城多为健壮少年，家中多剩独居妇。写信给家里人："趁年轻再嫁不必留家里。好好侍奉新公婆，时时想念我！"回信送边地："你现在怎么说出鄙陋话！""我身处祸难中，为何拖累别人家女儿？如生男孩不要抚养成人，如生女孩用干肉喂养她。你难道没看见长城下，死人尸骨重叠相撑？""自从成人嫁给你一直侍奉，充满哀怨时牵挂。明知道边地艰苦，我又怎能长久保全？"



【简析】

《饮马长城窟行》是乐府古辞，属《相和歌词·瑟调曲》。这首诗通过太原卒与筑城吏的对话以及后来与妻子书信的往来，深刻揭露了繁重劳役给人民造成的痛苦。诗歌开头点出环境特征，渲染苦寒氛围；接着写了一位役卒与官吏的对话，来表达归家心切以及战死沙场的内心呼喊；随后写了边关男子与妻子的两次书信往来，表达了矛盾、无奈和控诉。第一次去信，男子主动提出让妻子另嫁，但妻子复信表示至死不渝；第二次再去信，进一步劝妻子不要断送青春年华，妻子回信表明要追随丈夫于九泉。

此诗纯用客观叙事，重在记言的手法，具有鲜明的民歌色彩，也是诗人向汉乐府学习的结果。沈德潜评此诗“可与汉乐府竞爽”，是很有见地的。



# 燕歌行

曹　丕

**秋风萧瑟[1]天气凉，草木摇落[2]露为霜。群燕辞归雁南翔[3]，**

（1）萧瑟：风吹草木声音。（2）摇落：凋残零落。（3）辞归：辞别北方，飞回南方。雁：大雁，一作“鹄”。



**念君客游思断肠。慊慊思归恋故乡[4]，君何淹留寄他方？[5]**

（4）慊慊（qiàn）：空虚之感。（5）淹留：久留。寄：寄寓、寄居。

**贱妾茕茕守空房[6]，忧来思君不敢忘，不觉泪下沾衣裳。**

（6）贱妾：古代妇女对自己的谦称。茕茕（qióng）：孤独忧伤的样子。

**援琴鸣弦发清商[7]，短歌微吟不能长，明月皎皎照我床，**

（7）援：取。 清商：乐调名，声音悲惋凄清，这种乐调象征着秋天。

**星汉西流夜未央[8]，牵牛织女遥相望，尔独何辜限河梁？[9]**

（8）星汉西流：银河转向西，表示夜已深。夜未央：夜已深而未尽之时。（9）尔：指牵牛、织女星。 独：偏偏。辜：罪过。河梁：这里指银河。

《文选》

【翻译】

秋风萧瑟天气清冷，草木凋落白露凝霜。燕群辞归天鹅南飞。思念远游人肝肠寸断。思虑重重怀念故乡。你为何故淹留寄居他方。贱妾孤独忧伤守空房，忧愁时候思念你不忘，不知不觉珠泪下落打湿衣裳。取琴拨弄发出悲惋清商调，短歌轻吟似续还断，皎洁的月光照着我床。银河西沉夜已深未尽，牵牛织女远相望，你们究竟有何罪过被天河挡？

【简析】

《燕歌行》是现存文人作品中较早的一首完整的七言诗，被后人称为“七言之祖”，属于《相合歌辞·平调曲》，是一首以女性口吻表现思念感情的诗歌。开篇以女主人公感受起兴，深秋景色，想起远方行人。接着三句揣度远游丈夫是否思念自己，为何不会如雁子飞回？紧接着三句进一步叙写思念丈夫的痛苦和哀伤，自己独守空房，哀伤落泪，将哀愁推向了顶峰。后两句写了女主人公弹琴微吟排遣胸中愁思，而琴声反而加重了愁思。最后四句写了女主人公抬头望月，银河西流，已近半夜，有感牛郎织女相望不相见，女主人公发出悲愤的呼声。全诗融写景、叙事为一体，秋天的悲凉气氛对少妇的寂寥之情起到了烘托和渲染的作用。一韵到底，适合婉转抒情的舒缓旋律，声韵和谐。王夫之评价此诗“倾情，倾度，倾色，倾声，古今无两”(《姜斋诗话》)。

# 野田黄雀行

曹　植

**高树多悲风，海水扬其波(1)。利剑不在掌(2)，结友何须多(3)？**

（1）“高树”二句：以树高风多易摇，海水易其波涛，比喻有权势的人容易成事。（2）利剑：锋利的剑，此比喻权势。（3）“结友”句：意谓不能解救朋友的危难，结交了也枉然。

**不见篱间雀，见鹞自投罗(4)。罗家得雀喜(5)，少年见雀悲。拔剑捎**

（4）鹞（yào）：一种似鹰而小的凶猛鸟兽。（5）罗家：张设捕鸟网的人家。

**罗网(6)，黄雀得飞飞。飞飞摩苍天(7)，来下谢少年。**

（6）捎（shāo）：挥击，挑破，剑击。（7）摩：接近。

《曹子建集》

【翻译】

高大树木常受狂风吹袭，海水被吹得迭起波浪。锋利宝剑不在手中，不能解救朋友危难结交也枉然？没见篱笆上可怜黄雀，为避凶狠鹞兽有自投罗网。张设罗网家得黄雀多欢喜，少年见黄雀心生怜惜。拔剑挑破罗网，黄雀得以飞离。振翅高飞近高空，（黄雀）又飞下来感谢少年。

【简析】

公元220年，曹丕称帝，杀掉了弟弟曹植的好友丁仪，曹植身处逆境，面对好友被杀而无能为力，深感悲愤，只得写诗曲折表达。诗歌开篇就以高树呼啸悲风、海水波涛翻涌为喻，暗示政治形势险恶。接着话锋一转，以利剑喻权利，权势不在手，朋友不能救。后面八句用“罗家”喻迫害者，以“黄雀”喻受害者，以“少年”喻侠义英雄，诗人多么盼望成为侠义英雄救朋友脱难。结尾，诗人借黄雀得救、展翅高飞的图景来抒写自己渴望脱离樊笼、重获自由的迫切心情。诗歌意境开阔，感情真挚，语言悲壮，格调明朗，以“悲”起，以“喜”收，具有浪漫主义色彩。





# 白马篇

曹　植

**白马饰金羁，连翩西北驰**(1)**。借问谁家子？幽并游侠儿**(2)**。**

(1) 饰：装饰。羁：马笼头。连翩：形容结伴翩飞。(2) 借问：请问。幽并：幽州和并州，现在的河北、山西和陕西诸省的一部分地区，史书说此地人民豪气任侠。游侠儿：指崇尚勇武、重义轻生之人。

**少小去乡邑，扬声沙漠垂**(3)**。宿昔秉良弓，楛矢何参差**(4)**。**

(3) 乡邑：家乡。垂：同“陲”，边远的地区，此指边塞。(4) 宿昔：昔时。秉：持。楛（hù）矢：用楛木做箭杆的箭。参差：长短不齐，此指众多。

**控弦破左的，右发摧月支**(5)**。仰手接飞猱，俯身散马蹄**(6)**。**

(5) 控弦：拉弓。左的：左边射击的目标。月支（ròu zhī）：白色的箭靶，又名素支。(6) 仰手：仰首而射。接：迎射。猱（náo）：猿类，攀缘树木，上下如飞。散：摧裂。马蹄：黑色的箭靶。

**狡捷过猴猿，勇剽若豹螭**(7)**。边城多警急，虏骑数迁移**(8)**。**

(7) 狡捷：灵活敏捷。剽：行动敏捷。螭（chī）：传说中形状如龙的黄色猛兽。(8) 警急：紧急的军事情况。虏骑（jì）：古代对匈奴、鲜卑族骑兵的称呼。数（shuò）：屡次。迁移：骚动入侵。

**羽檄从北来，厉马登高堤**(9)**。长驱蹈匈奴，左顾陵鲜卑**(10)**。**

(9) 羽檄：檄是军事方面用于征召的文书，插上羽毛，表示紧急而应像鸟飞一样快速传递。厉马：策马、奋马。(10) 蹈：践踏。左顾：回师。鲜卑：生活在我国东北方的少数民族，东汉末年成为北方强族。

**弃身锋刃端，性命安可怀(11)？父母且不顾，何言子与妻(12)！**

（11）锋刃：锋利的刀口。怀：顾惜。（12）“父母”二句：意谓分手时不再回头看父母（怕决心动摇，心理难过），更何况妻子和儿子呢？

**名编壮士籍，不得中顾私(13)。捐躯赴国难(14)，视死忽如归。**

（13）壮士籍：壮士的名册。不得：不能够。中顾：内顾。（14）捐躯：献身。

《曹植集校注》

## 【翻译】

白马装饰着金色马具，结伴飞驰向西北去。请问是谁家的孩子？幽并二州游侠骑士。从小就离别了家乡，到边塞建立功勋。昔时手持好弓箭，楛木箭长短不离手。拉弓射击左箭靶，右边射击白箭靶。仰首射中如猿而飞，转身摧裂黑箭靶。灵巧敏捷赛猿猴，勇猛剽悍如豹螭。听说边境军情急，侵略者多次骚动入侵。告急信从北频频传来，（游侠儿）奋马跃上高堤。长驱直捣匈奴敌巢，再回师扫鲜卑敌骑。弃身面对刀山剑树，从不将安危放心上。父母尚不忍回头看，更何况妻子和儿女？姓名列在战士名册，不顾忘掉了个人私利。为国家解危难奋勇献身，视死好像回归故里。

## 【简析】

《白马篇》又称为《游侠篇》，与《名都篇》《吁嗟篇》《野田黄雀行》等都是曹植自己创造的乐府新题。诗歌塑造了一位武艺精熟的爱国壮士的形象，歌颂了他为国捐躯、奋勇杀敌、保卫边疆、视死如归的高尚精神，寄托了诗人为国建功立业的雄心壮志。前六句为第一层，介绍了少年游侠的身世来历，点名游侠来自北方，少小离家，奔赴战场。接着八句为第二层，谱写了少年游侠的武力高强，他日夜苦练，左右开弓，箭不虚发，身手矫健，为战胜强敌埋下伏笔。后边十四句为第三层，写游侠儿急赴战场，迎战敌人，用置生死于度外的激情来表现高尚的道德情操，突显了主题。诗歌采用乐府常见手法，铺叙渲染，比喻夸张，风格豪放，语言华美，感情激荡，具有强烈的艺术感染力。朱乾在《乐府正义》中说：“此寓意于幽并游侠，实自况也。”

# 赠白马王彪（并序）

曹植

序曰：黄初四年五月[1]，白马王、任城王与余俱朝京师[2]，会

（1）黄初：魏文帝曹丕年号，黄初四年为公元 223 年。（2）白马王：曹彪，字朱虎，曹植的异母弟。白马：今河南滑县。任城王：曹彰，字子文，曹植的同母兄。任城：今山东济宁市。

节气[3]。到洛阳，任城王薨[4]。至七月，与白马王还国[5]。后有司

（3）会节气：参加迎气之礼的朝会。汉魏有朝立春、立夏、立秋、立冬四节的制度，每个节气前 18 日，天子召集诸侯 在京师举行迎气礼，称为会节气。这年六月二十四日立秋，曹丕召会诸侯迎节气。（4）薨：诸侯死曰薨。任城王至京城后暴毙，据说是被曹丕害死。（5）还国：返回封地。曹丕即位后，规定诸侯平时不准留在京师，必须返回封地。

以二王归藩[6]，道路宜异宿止[7]。意毒恨之[8]。盖以大别在数日[9]，

（6）有司：政府官吏，曹丕设置来监察诸侯的官吏，此处指监国使者灌均。藩：古时称诸侯封地为藩国。（7）异宿止：不能一起住宿。曹植与曹彪本来可以同路东归，但曹丕不许。（8）意：想起来。毒恨：痛恨。（9）大别：永别。曹丕规定诸侯间不能往来。

是用自剖[10]，与王辞焉。愤而成篇。

（10）是用：用此。自剖：剖析自己内心。

谒帝承明庐，逝将归旧疆[1]。清晨发皇邑，日夕过首阳[2]。

（1）谒：进见。承明庐：长安汉宫有承明庐，洛阳魏宫有承明门，此或借用汉代故事，或实指皆可。 逝：发语词。旧疆：指曹植的封地鄄城。（2）皇邑：指京师洛阳。日夕：傍晚。首阳：山名，在洛阳东北。

伊洛广且深，欲济川无梁[3]。泛舟越洪涛，怨彼东路长[4]。

（3）伊：伊水，源出河南栾川县，到偃师县入洛水。洛水：源出陕西华山，到河南巩县入黄河。济：渡河。梁：桥梁。（4）东路：鄄城在洛阳之东，所以称东归的路为东路。

顾瞻恋城阙，引领情内伤[5]。

（5）顾瞻：回头眺望。引领：伸长脖子。

太谷何寥廓，山树郁苍苍[6]。霖雨泥我涂，流潦浩纵横[7]。

（6）太谷：谷名，在洛阳东南五十里。寥廓：高远空阔之状。苍苍：深青色。（7）霖雨：三日以上的雨成为霖。泥：滞，此作动词，犹言霖雨使道路泥泞难行。 流潦：路上的流水和积水。浩纵横：水流浩荡，四处横溢。

中逵绝无轨，改辙登高冈[8]。修坂造云日，我马玄以黄[9]。

（8）中逵：道路交错处。逵（kuí）：通“路”。轨：车路。改辙：改道。（9）修坂：很长的山坡。造云

曰：形容山路高峻。玄以黄：马病而变色，《诗经·周南·卷耳》：“我马玄黄。”

**玄黄犹能进，我思郁以纡[10]。郁纡将何念？亲爱在离居[11]。**

(10)郁：愁。纡：屈，心之郁结曰纡。（11）亲爱：亲爱的人，指白马王曹彪。离居：指临歧而分手。

**本图相与偕，中更不克俱[12]。鸱枭鸣衡轭，豺狼当路衢[13]。**

（12）图：打算、希望。相与偕：相互一起同行。中更：中途发生改变。不克：不能。俱：一起。（13）鸱枭（chī xiāo）：猫头鹰，古人认为是恶鸟。衡轭（è）：车辕前端的横木和轭马颈的曲木。豺狼：与前“鸱枭”都用以比喻阴险凶恶的小人。衢：四通八达之道。

**苍蝇间白黑，谗巧反亲疏[14]。欲还绝无蹊，揽辔止踟蹰[15]。**

（14）苍蝇：《诗经·小雅·青蝇》：“营营青蝇止于樊。”郑玄笺：“蝇之为虫，汙白使黑，汙黑使白，喻佞人变乱善恶也。”这里比喻小人颠倒黑白。谗巧：谗言巧语。（15）蹊：道路。揽辔：握着马缰。踟蹰：徘徊不前。

**踟蹰亦何留？相思无终极。秋风发微凉，寒蝉鸣我侧。**

**原野何萧条，白日忽西匿[16]。归鸟赴乔林[17]，翩翩厉羽翼。**

（16）西匿：指夕阳西下。（17）乔林：高大的树林。



**孤兽走索群，衔草不遑食[18]。感物伤我怀，抚心长太息[19]。**

（18）索：寻找。不遑：来不及。（19）太息：叹息。

**太息将何为？天命与我违。奈何念同生，一往形不归[20]。**

（20）同生：同胞兄弟，指任城王曹彰。往：死亡。

**孤魂翔故域，灵柩寄京师[21]。存者忽复过，亡没身自衰[22]。**

（21）故域：指曹彰的封地任城。 灵柩：曹彰死后的棺木。（22）存者：指自己与白马王曹彪。 亡没：指死去的曹彰。一说“亡没”和 “存者”应互换，意为死者已矣，存者也难久保。

**人生处一世，去若朝露晞[23]。年在桑榆间，影响不能追[24]。**

（23）晞：干。以朝露形容人生短暂。（24）桑榆：太阳到了桑榆之间，意即天将晚，比喻人的晚年。影响：影子和回声。此句意为过去的岁月像影子、回声一样无法追回。

**自顾非金石，咄唶令心悲[25]。**

（25）自顾：自念。非金石：不能像金石一样坚硬持久。咄唶（duō jiè）：惊叹声。



**心悲动我神，弃置莫复陈[26]。丈夫志四海，万里犹比邻。**

（26）弃置：放弃、抛弃。莫复陈：不再陈述。

**恩爱苟不亏，在远分日亲[27]。何必同衾帱，然后展殷勤[28]。**

（27）苟：倘使。分：情分。日亲：日益亲密。（28）衾：大被子。帱（chóu）：帐子。展殷勤：相互表示彼此的深情。

**忧思成疾疢，无乃儿女仁**(29)**。仓卒骨肉情，能不怀苦辛**(30)**？**

（29）疾疢（chèn）：疾病。 无乃：岂非。儿女仁：小儿女的情感。（30）仓卒：匆忙之间，指与曹彪的分别就在片刻间。 苦辛：痛苦、辛酸。

**苦辛何虑思？天命信可疑**(31)**。虚无求列仙，松子久吾欺**(32)**。**

（31）信：的确。（32）虚无：指求仙之事虚妄不实。松子：赤松子，传说中的仙人。吾欺：欺吾。

**变故在斯须，百年谁能持**(33)**？离别永无会，执手将何时**(34)**？**

（33）斯须：须臾之间。持：保持。（34）会：会面。执手：指再会。

**王其爱玉体，俱享黄发期**(35)**。收泪即长路，援笔从此辞**(36)**。**

（35）玉体：身体。黄发：指高寿，人老后头发由白变黄。（36）即：登上。长路：漫长道路。援笔：拿笔。

《文选》卷十八

【翻译】

（序言）黄初四年五月，白马王曹彪、任城王曹彰与我一起前往京城朝拜，参加迎奉节气朝会。到达洛阳，任城王薨死。到了七月，（我）与白马王返回封国。后来监察官吏以二王回封地之故，使归途的住宿起居相分隔。想起来心中常忧愤。因诀别只在数日之间，我用文自剖心事，与白马王离别，悲愤作成此篇。

承明庐里拜谒皇帝，将要返回旧日封土。清晨从帝都启程，黄昏经过首阳山。伊水洛水广阔幽深，想要渡川流却没桥梁。乘舟越过翻涌的波涛，哀怨东方漫长的归途。回首瞻望洛阳城楼，引颈远望内心哀伤。

浩荡的太谷何等寥廓，山间的古木郁郁苍苍。暴雨使路途泥泞，污浊石浆流淌。道路交错绝不能再进，改道登临高峻的山冈。修长的斜坡直入云天，我的座马又身染玄黄之疾。

马染玄黄仍能前行，我怀哀思曲折忧郁。忧郁心思何所牵念？挚爱的王兄即将分离。本试图一同踏上归路，中途变更无法相聚。猫头鹰鸣叫阻扰车马，豺狼阻绝了当途要津。苍蝇之流黑白混淆，谗言疏远血肉之亲。想要归去却无路，手握缰绳踟蹰难进。

踟蹰又有何留恋？思念永远没有截止。秋风激发微薄凉意，寒蝉在我身侧哀鸣。广袤原野多么萧条，白日忽然向西藏匿。归鸟飞入高大林木，翩翩扇动着羽翼。孤单野兽奔走寻觅兽群，口衔蒿草来不及独吃。感物触伤我胸怀，抚心发出悠长叹息。

长叹又能有什么用？天命与我意志相违！奈何想念同胞兄弟，一去形体竟永不返归。孤独魂魄飞翔故土，灵柩寄存在帝都。尚存之人须臾间也过世，亡者已死我身体自行衰微。人生短暂居住世间，好比清晨蒸干的露水。岁月抵达桑榆之年，光和声都已无法追回。自认并非金石之体，惊叹令我满心忧悲。

心境悲伤触动形神，放下忧愁不再复述。大丈夫志在四海，相隔万里犹如比邻。假若兄弟友爱没有削减，相隔越远情谊反而日增。何必一定要同榻共眠，传达你我的殷勤。忧思会导致疾病，切莫沉溺儿女之情，仓促割舍骨肉情，怎能不怀愁苦和酸辛？

愁苦和酸辛引起怎样思虑？天命的确可怀疑。虚妄地向众仙祈求，神人赤松子久久把我欺。人生变故在须臾间，谁能持有百年寿？一旦离别永无相会，再次执手将待何时？（愿）白马王珍爱尊贵躯体，与我共同安享黄发之年。饮泪踏上漫漫长路，从此收笔永诀分离。

**【简析】**

这是曹植晚年的一篇力作，它以赠别的形式，抒写了诗人悼念亡者、手足离异的哀伤与愤恨。全诗共七章，另有一个小序。诗歌序言点名了作此诗的时间、地点和事件。诗歌第一段委婉而伤感地写初离京都的心情；第二段写了旅途遇雨，洪水淹没道路的艰辛，悲愤之情充溢于胸；第三段巧喻妙比，斥责小人，揭露政治黑暗，抒发不满；第四段通过旅途中的飞鸟和走兽，抒发有家难归的感慨；第五段由曹彰之死和两个比喻引起人生苦短的感触；第六段用豪言安慰白马王，也安慰自己；第七段主要写惜别的深情。诗歌字里行间充满了哀伤、苦闷、愤怒和恐惧的情绪，反映了统治阶级内部权力斗争的复杂和无情，同时还运用了蝉联顶针的修辞手法，形成特殊的章节结构和层层递进的抒情氛围，使得作品结构更加紧密。诗歌句式多对称，辞藻华美，开启了“辞采华茂”的风气。



## 咏怀（其一）

阮　籍

**夜中不能寐，起坐弹鸣琴[(1)]。薄帷鉴明月[(2)]，清风吹我襟。**

（1）“夜中”二句：化用王粲《七哀诗》诗句“独夜不能寐，摄衣起抚琴”。夜中：半夜，深夜。寐：入睡。（2）薄帷：轻薄的帐幔。鉴：照，月光照于薄帷之上。

**孤鸿号外野[3]，翔鸟鸣北林[4]。徘徊将何见？忧思独伤心。**

（3）孤鸿：孤独失群的大雁。号：哀叫。（4）翔鸟：飞翔着的鸟，因为月明，鸟儿在夜里飞翔。

《阮籍集校注》



【翻译】

半夜睡不着觉，起床坐着弹琴响。月光照于轻薄帐，清风吹着我衣襟。失群孤雁野外哀叫，飞翔盘旋着的鸟在北林鸣。徘徊会看到些什么？忧愁思念孤独伤心。

【简析】

《咏怀》二十八首是阮籍平生诗作的总题，非一时一地之作，其内容大多抒写自己对现状的不满和无法解脱的矛盾苦闷心情，情绪非常激愤，但也有不少消极颓废的成分，这些诗在表现手法上往往以香草美人作喻，曲折隐晦。钟嵘《诗品》评曰："《咏怀》之作，可以陶性灵，发幽思，言在耳目之内，情寄八荒之表。"此诗是《咏怀》二十八首的第一首，曲折隐晦地表达了对司马氏专权的愤懑。诗歌开篇就写夜半时分，诗人不能入眠，危坐弹琴而意不在琴，一会儿看透帘的月色，一会儿感到入袖的清风，一会儿又听到了远处的哀鸿和林鸟的啼叫。诗人徘徊、烦恼，内心无法平静，失意之情包含其中。全诗描写景物，结合人物的动作，以景托情，揭示人物内心，意旨遥深。



# 咏怀（其十七）

阮　籍

**独坐空堂上，谁可与亲者[1]。出门临永路，不见行车马[2]。**

（1）"独坐"二句：意谓一个人坐在空堂上，无人可以亲近。亲：相亲，亲近，一作"欢"。（2）永路：长路。

**登高望九州[3]，悠悠分旷野。孤鸟西北飞，离兽东南下[4]。**

（3）九州：我国古代分为九州，即冀州、兖州、青州、徐州、扬州、荆州、梁州、雍州和豫州，这里泛指天下。（4）"孤鸟"二句：意谓周围只有孤单的飞鸟和失群的野兽。西北、东南：互文见义，指周围。

**日暮思亲友，晤言用自写[5]。**

（5）晤言：两人对坐而谈。晤：对。

《阮籍集校注》

【翻译】

独自坐在空荡的屋里，谁是可与我亲近之人？出门面对的是大路，不见车马从此过。（我）登高远望天下，悠悠江河分割块块旷野。一只倦鸟独向西北飞，（我如）离群野兽孤独来到东南。暮色苍茫思念远方亲友，用自语代替对面交谈。

【简析】

这是一首描写孤独者的诗歌，为孤独而骄傲，也为孤独而痛苦，但诗人终也不愿意放弃孤独。诗歌开篇即写在世界上似乎只有作者一人，在家“空坐”，出门“不见车马”，登临高山，举目远瞻天下，只有无边无际的土地和出没的鸟兽，最后归结为怀念亲友，然而亲友未必有人理解自己。既然不被人理解，诗人决不降低自己做人的准则，跟那些不合意的人交往。黄节《阮步兵咏怀诗注》引吴淇的分析：“吾非斯人之徒而谁与，乃独坐空堂上，无人焉，所见惟鸟飞兽下耳。其写无人处可谓尽情。”在诗歌中，我们看到了一个高傲而痛苦的孤独者的灵魂。



# 悼亡诗三首（其一）

潘　岳

**荏苒冬春谢[1]，寒暑忽流易[2]。之子归穷泉[3]，重壤永幽隔[4]。**

（1）荏苒(rěn rán)：逐渐。冬春谢：经过了一年。按古代礼制，妻亡后，丈夫服丧一年。（2）流易：变换、消失。（3）之子：那个人，这里指亡妻。穷泉：深泉，此指地下。（4）重壤：层层土壤。永：长。幽隔：被幽冥之道阻隔。

**私怀谁克从[5]，淹留亦何益[6]。黾俛恭朝命[7]，回心反初役[8]。望**

（5）私怀：私心，指悼念亡妻的心情。克：能。从：随。谁克从：即克从谁，能跟谁说？（6）淹留：久留，指滞留在家。亦何益：又有什么好处。（7）黾俛(mǐn miǎn)：勉力。朝命：朝廷的命令。（8）回心：转念。初役：原任官职。

**庐思其人[9]，入室想所历[10]。帏屏无髣髴[11]，翰墨有馀迹[12]。流**

（9）庐：房屋。其人：那个人，指亡妻。（10）室：里屋。历：经过。所历：指亡妻过去的生活。（11）帏屏：帐帏和屏风。无髣髴：帏屏之间连亡妻的仿佛形影也见不到。髣髴：相似的形影。（12）翰墨：笔墨。这句是说只有生前的墨迹尚存。

**芳未及歇（13），遗挂犹在壁（14）。怅恍如或存（15），回惶忡惊惕（16）。如**

（13）流芳：此指香囊之类的遗物发出的芳香。歇：停止。（14）遗挂：挂在墙上的遗物。（15）怅恍（huǎng）：精神恍惚。如或存：好像还活着。（16）回惶：惶恐。忡（chōng）：忧。惕：惧。

**彼翰林鸟（17），双栖一朝只。如彼游川鱼，比目中路析（18）。春风缘隟**

（17）翰林：鸟栖之林，与下句“游川”相对。（18）比目：鱼名，成双即行，单只不行。据《尔雅·释地》载“东方有比目鱼焉，不比不行”。析：　本作拆，分开。

**来（19），晨霤承檐滴（20）。寝息何时忘（21），沈忧日盈积（22）。庶几有时**

（19）缘：沿着。隟：即隙字，门窗的缝。（20）霤（liù）：屋上流下来的水。承檐滴：顺着屋檐流。（21）寝息：睡觉休息。（22）盈积：众多的样子。

**衰（23），庄缶犹可击（24）。**

（23）庶几：但愿，表示希望。衰：减。（24）庄：指庄周。缶：瓦盆，古时一种打击乐器。《庄子·至乐》：“庄子妻死，惠子吊之，庄子则方箕踞鼓盆而歌。”认为死亡是自然变化，何必悲伤!这两句是说但愿自己的哀伤有所减退，能像庄周那样达观才好。

《中国历代诗歌选》





【翻译】

时光逐渐过去一年，寒暑忽然变换。亡妻回归黄泉下，层层土壤被幽冥道阻隔。（我）对她思念能对谁说？滞留家又有何好处？勉强恭从朝廷命令，扭转心意回到原任所。看着房屋就想起她，入到室内回忆过去。帷帐和屏风上再没她形影，生前的墨迹尚存。遗物的香气还未停止，挂在墙上的遗物仍在壁。恍惚间觉得她好像还活着，（让我）惶恐忧伤惊讶又恐惧。像那深林里的鸟儿，双栖枝头突然形单影只。像那水里比目鱼，一起游着中途被分开。春风从门窗缝隙中吹来，早晨屋顶积水顺着屋檐滴下。睡着时候又何曾忘，深忧一天天越积越重。但愿忧伤何时能衰减，想像庄周击缶样达观。

【简析】

公元298年，与作者共同生活了二十四年，感情很好的妻子杨氏去世，于是写了三首《悼亡诗》作为悼念，这是第一首，真实展现了诗人睹物思人的痛苦心情。诗歌前八句为第一层，写时光流逝，亡妻已去，葬于黄泉，但对亡妻的眷念无人理解，留下无用，不如返回任所。第九句至十六句为第二层，具体描写了诗人思念亡妻的痛苦。作者睹物思人，进入室内，昔日深情历历在目，亡妻身影不在，但笔墨尚存。同时，作者还用了鸟和水分离作比喻，抒发了诗人孤独和寂寞的心情。后面部分为第三层，诗人借了庄子的典故，为了减少哀思，激励自己要豁达乐观。全诗感情真挚，深切感人，描写细腻，比喻生动，寄托了诗人对亡妻浓浓的哀思。

# 猛虎行[1]

（1）《猛虎行》：属于乐府曲调《相和歌》。

陆　机

**渴不饮盗泉水[2]，热不息恶木阴[3]。恶木岂无枝？志士多苦心。**

（1）盗泉：水名，在今山东省境内。传说孔子经过盗泉，虽然口渴，但因为厌恶它的名字，没有喝这里的水。（2）"热不息"句：比喻志节高尚的人不愿意被牵连到不良的环境中去，以免影响自己的声誉。恶木：贱劣的树。



**整驾肃时命[4]，杖策将远寻[5]。饥食猛虎窟，寒栖野雀林[6]。日归**

（4）"整驾"句：意谓由于君王命令，所以恭敬地遵命整理行装出来做事。整驾：整理马车，此泛指整理行装。肃：敬。时命：当时君王的命令。（5）杖策：拿着鞭子，此指驱马而行。（6）"饥食"两句：见乐府古辞《猛虎行》"饥不从猛虎食，暮不从野雀栖"，这里反用其意，是说由于杖策远行，为时势所迫，饥不择食，寒不择栖。

**功未建，时往岁载阴[7]。崇云临岸骇[8]，鸣条随风吟[9]。静言幽谷**

（7）岁载阴：岁暮。（8）崇：高。骇：起。（9）"鸣条"句：意谓树枝被风吹发出声音。

**底，长啸高山岑。急弦无懦响，亮节难为音[10]。人生诚未易，曷云**

（10）"急弦"二句：急弦发不出缓弱的响声，节操高尚的人不愿同流合污，故难为知音。亮节：节操高尚的人。

**开此衿[11]？眷我耿介怀，俯仰愧古今[12]。**

（11）"人生"二句：意谓人生处世真不容易，如何才能放宽我的胸襟呢？曷：同"何"，怎么。衿：同"襟"，指胸襟。（12）"眷我"二句：意谓想到自己平生怀抱虽然耿直，但行动未必相合，与古人相比感到十分惭愧。眷：眷顾。耿介：耿直。俯仰：低头抬头，这里表示思考。古今：古今之人，这里是偏义词，指古人。

《文选》

【翻译】

口渴也不饮盗泉水，热也不在贱劣树下歇息。恶木岂能说无枝，志士却多苦心。整理行装恭敬奉君命，驱马将要远行。饥不择猛虎之食，寒不择野雀栖之地。时光已经逝去，而功业却还未建立。高云接岸而起，树木枝条随风鸣。沉思幽谷地，长叫高山顶。急弦发不出缓弱声，节操高尚的人得不到知音。人生处世真不容易，如何才能放宽我的胸襟？眷顾我耿直的情怀，与古人相比真感到惭愧。

【简析】

作者借用乐府旧题，表明了一般志士在西晋大变乱时虽胸怀正直，却难保高洁、进退两难的内疚之情。开篇四句就表明了志士处世，渴了也不喝盗泉水，热了也不歇于恶木下，本不想仕途，但进退两难。次四句写了为时事所迫，志士只得从君命，恭敬出发就任，但道路艰辛，不得已饥不择食，从而违背了自己的初衷。接着六句，作者诉说了出仕之后，时间流逝，功业无成，诗人触景伤情，徘徊山谷之间，内心非常矛盾。最后部分，诗人感叹乐器紧绷发不出怯懦音响，高洁之人难被人认可，有感于此，诗人诉说自己虽操守正直，但进退两难，俯仰古今，难免有愧疚之情。全诗通过作者自身的遭遇来着笔，辞藻华美，气势高峻，一波三折，对仗手法运用精当，可谓好诗。正如刘勰在《文心雕龙·体性》中云："士衡矜重，故情繁而词隐。"

## 咏史（其一）

左　思

**弱冠弄柔翰，卓荦观群书(1)。著论准《过秦》，作赋拟《子虚》(2)。**

（1）弱冠：古时男子20岁成人而行冠礼，其时身体尚弱，故称弱冠。柔翰：毛笔。卓荦（luò）：超然特异。（2）准：标准。过秦：汉代贾谊的《过秦论》。拟：模拟。子虚：汉代司马相如的《子虚赋》。

**边城苦鸣镝，羽檄飞京都(3)。虽非甲胄士，畴昔览《穰苴》(4)。**

（3）"边城"二句：意谓边疆苦于战争，金鸡文书飞快地传向京城。鸣镝：响箭。羽檄：檄是征召的文书，上插羽毛，表示紧急。（4）甲胄士：武士。畴昔：往日、从前。穰苴（ráng jū）：春秋时齐景公之将田穰苴，官至大司马，善治军，其后齐威王试大夫整理古司马兵法，附穰苴于其中，号为《司马穰苴兵法》，这里泛指兵法。

**长啸激清风，志若无东吴[5]。铅刀贵一割，梦想骋良图[6]。**

（5）“长啸”二句：意谓放声长啸，啸声激荡着清风，志豪气勇，没把东吴放在眼里。（6）铅刀：铅刀很难割东西，一割便钝。《东观汉记》记载，班超上疏请兵：“臣乘圣汉威神，出万死之志，冀立铅刀一割之用。”这里用铅刀比喻自己才能低下。

**左眄澄江湘，右盼定羌胡[7]。功成不受爵[8]，长揖归田庐[9]。**

（7）眄（miǎn）：斜视。澄江湘：平定东吴。羌胡：当时西北方的少数民族，在甘肃一带。（8）爵：禄位。（9）田庐：家园。

《文选》卷二十一

## 【翻译】

二十岁就写文章，卓越看过各种书。论著以贾谊《过秦论》为标准，辞赋模拟司马相如的《子虚赋》。边疆苦于战争，金鸡文书飞快传向京城。我虽不是甲胄武夫，从前读过《司马穰苴兵书》。长啸一声激起清风，志豪气勇没把东吴放在眼。铅刀是否锋利重在一试，做梦都想实现宏图大志。左斜视就澄清长江湘水，右顾就平定西羌叛胡。功成回来不受爵禄，深深作揖归隐田庐。

## 【简析】

左思是西晋太康文学的杰出代表，《咏史》八首是其代表诗作。《咏史》之题创于班固，但班固的《咏史》较少寄托，“质木无文”。左思的《咏史》加以新变，借古人之事抒写自己的怀抱和不平的心情。钟嵘在《诗品》中评价其“文典以怨，颇为精切，得讽喻之致焉”。这首是第一首，诗歌开篇四句写了自己才华出众，博览群书，作文堪比大家；接着四句写自己虽非武士，但苦读兵书，精通韬略，战争爆发，应为国效劳。末四句写自己的志气和愿望。诗人迎风长啸，豪气干云，不把东吴放在眼中，左视右盼之间，就澄清江湖，消灭东吴，平定羌胡。诗歌语言简练、笔力凝劲、格调昂扬、气势雄深，表达的凌云壮志具有震撼人心的鼓动力。胡应麟在《诗薮》中评价：“造语奇伟，创格新特，错综震荡，逸气干云，遂为古今绝唱。”

# 咏史（其二）

左　思

**郁郁涧底松，离离山上苗[1]。以彼径寸茎，荫此百尺条[2]。**

（1）郁郁：茂盛貌。涧：指谷底。离离：下垂貌。苗：指初生之草木。（2）彼：指山上的苗。径寸茎：直径一寸的茎杆。荫：遮盖。百尺条：指涧底松。

**世胄蹑高位，英俊沉下僚[3]。地势使之然，由来非一朝。**

（3）世胄：世家子弟。蹑：登。英俊：指有才能的人。沉：沉没。下僚：地位卑下的小官。

**金张籍旧业，七叶珥汉貂[4]。冯公岂不伟，白首不见招[5]。**

（4）金张：指金日磾和张安世两家族。日磾、安世两人七个朝代都为宫廷中的宠臣。籍：依靠。旧业：先人的遗业。七叶：七世，指汉武帝至汉平帝七帝。珥：插。汉貂：汉代侍中官冠旁插貂尾为饰。这两句是说，金张凭借祖先的世业七代人做汉朝的贵官。（5）冯公：指冯唐，文帝时已七十左右，仍是小官。伟：人才出众。招：指被皇帝召见重用。

《文选》卷二十一

**【翻译】**

茂盛松树长在山谷底，低垂的小苗生长在山上。凭它直径一寸之茎杆，遮盖百尺之涧底松。贵族世家子弟登上高位，才能之人沉没低级职位。这是所处地位使他们这样，（这种情况）由来已并非一朝一夕。金日磾和张安世二家依靠祖上遗业，子孙七代做了高官。冯唐难道不是奇伟人才吗?（只因出身低微）头发都白了仍不被重用。

**【简析】**

这是左思《咏史》诗的第二首，它针对魏晋以来“上品无寒门，下品无士族”的局面，以松草设喻，反映出寒门同世族的矛盾，暴露了门阀制度的黑暗。开篇四句以郁郁苍苍松树喻良才，以柔嫩小草喻世族，表现了当时人间的不公平，形象鲜明，表现含蓄。再四句写了当时的世族子弟占据高位，而出身寒微的人却沉沦下僚，此有力揭露出门阀制度的不合理，且这种不合理并非一朝一夕之事。末四句内容由一般到具体，运用历史典故，正反进行对比，抒发了自己的抱负，批判了不合理的社会现象。诗中借古讽今，感情强烈，结构严谨，前呼后应，一气呵成，抒发的不仅是左思个人的怨恨，更是天下寒士的不平。

# 归园田居（其一）

陶渊明

**少无适俗韵[1]，性本爱丘山。误落尘网中，一去三十年[2]。**

（1）“少无”句：意谓自小就没有投合世俗习惯的性情。适俗韵：适合世俗的性情。（2）尘网：尘世的罗网，指仕途。三十年：有人认为当作“十三年”，因从陶渊明初仕江州祭酒到辞去彭泽令归田，恰为十三年，其实应该解释为“多年”。

**羁鸟恋旧林，池鱼思故渊[3]。开荒南野际，守拙归园田[4]。**

（3）羁鸟：被束缚笼中之鸟。池鱼：被养于池中之鱼。（4）守拙：自谦安于愚拙，不学巧伪，不争名利。

**方宅十余亩[5]，草屋八九间。榆柳荫后檐，桃李罗堂前[6]。**

（5）方：傍。（6）罗：列。

**暧暧远人村，依依墟里烟[7]。狗吠深巷中，鸡鸣桑树颠[8]。**

（7）暧暧：昏昧貌。依依：轻柔貌。墟里：村落。（8）“狗吠”二句：借用汉乐府《鸡鸣》“鸡鸣高树巅，狗吠深宫中”之意而稍加变化。

**户庭无尘杂，虚室有余闲[9]。久在樊笼里[10]，复得返自然。**

（9）虚室：空寂的屋子，也可解释为“净室”。《庄子·人间世》：“虚室生白。”（10）樊笼：关野兽的笼子，此指“官场”。

《陶渊明集》

【翻译】

从小没有投合世俗性情，性格本来爱好山川。错误陷落仕途罗网中，一去就是很多年。笼中鸟儿依恋居住过的树林，池中鱼儿思念生活过的深潭。到南边原野里开荒，守着愚拙心性回家种田。住宅傍有十余亩土地，茅草房子有八九间。榆树柳树遮掩后檐，桃树李树罗列堂前。远远住人村落依稀可见，炊烟随风轻柔地飘扬。狗叫声从深巷传出，鸡鸣声从桑树顶传来。门庭没有世俗琐杂烦扰，空寂房中有空闲时间。长久困在官场笼子里面，总算又能够返回到大自然了。

【简析】

《归园田居》共5首，大概写于陶渊明辞去彭泽令归田的次年（晋安帝义熙二年，公元

406 年）。这组诗描绘了田园风光的美好与农村生活的淳朴可爱，流露了作者对美好生活的向往以及皈依田园、追求自由的生活理想。诗人从自己向往乡居生活的本性写起，描绘了一幅怡人的田园风光，表达了诗人辞官归田所获得的愉快心情。全诗以抒情为基调，兼有农村景物的描绘，且以“羁鸟”“池鱼”自喻，充分表现了诗人热爱自由淳朴的乡村生活、蔑视丑恶的官场生活的情怀。情景交融，用语朴实，读者不仅能从诗中看到乡村的田园、房舍、榆柳、桃李，闻到狗吠和鸡鸣，而且能看到一位洒脱诗人对着这宁静的田园景物，所表现出来的“久在樊笼里，复得返自然”摆脱黑暗官场后的欣喜之状。此诗向来被视为陶渊明的压卷之作，其风格确如苏轼所言“质而实绮，癯而实腴”（《与苏辙书》）。



# 归园田居（其三）



陶渊明

**种豆南山下[1]，草盛豆苗稀。晨兴理荒秽[2]，带月荷锄归[3]。**

（1）南山：庐山。（2）晨兴：早起。荒秽：荒芜。（3）带：一作“戴”。荷：肩负。

**道狭草木长[4]，夕露沾我衣。衣沾不足惜，但使愿无违[5]。**

（4）狭：狭窄。（5）愿无违：不违背自己的志愿。愿：指隐居躬耕、不与世俗同流合污。

《陶渊明集》

## 【翻译】

（我）在庐山下种豆，杂草丛生而豆苗稀少。早起地里清除杂草，傍晚顶着月色扛着锄头回家。道路狭窄草木丛生，傍晚的露水沾湿了我衣服。衣服沾湿并不值得可惜，只要不违背自己意愿。

## 【简析】

本诗为《归园田居》之三，通过对一天劳动生活的描写，抒发了诗人对自食其力的耕种生活的热爱，也表达了保持高洁情操、不同流合污的情怀。全诗语言平易浅显又富于情趣，“种豆南山下”朴素如口语，“带月荷锄归”幽美如画图，形成了陶诗平淡醇美的特色。诗中截取日常生活的片段，其中蕴含着耐人寻味的深意。为除却杂草，诗人不得不晨兴夜归，其劳累之状自在言外，但诗人却用“夕露沾我衣”五个字轻轻了之，因而末尾的“但使愿无违”便显得凝重而耐人寻味。苏轼《东坡题跋》曰：“览渊明此诗，相与太息。噫嘻！以夕露沾衣而犯所愧者多矣。”

# 移居二首（其二）

陶渊明

**春秋多佳日，登高赋新诗。过门更相呼，有酒斟酌之(1)。农务**

（1）斟酌：倒酒而饮，劝人饮酒的意思。

**各自归，闲暇辄相思(2)。相思则披衣(3)，言笑无厌时。此理将不胜(4)？**

（2）“农务”二句：意谓有农活时各自回去耕作，有余暇时便彼此想念。农务：农活。相思：相互怀念。
（3）披衣：披上衣服。（4）此理：指与邻里畅谈欢乐生活中的真趣和意义。将不胜：其不美。

**无为忽去兹(5)。衣食当须纪(6)，力耕不吾欺。**

（5）忽：很快地。兹：指新居南村。（6）纪：经营。

《中国历代诗歌选》

**【翻译】**

春秋有很多好日子，（我与友人）登高吟诵新诗篇。经过门前互招呼，有酒大家就同饮共欢。有农活便各自归去，余暇时又互相思念。思念时就披衣（相访），谈笑永无厌烦时。这种生活岂不美好，抛弃它实在无理可言。吃穿需要亲自经营，躬耕生活永不将我欺骗。

**【简析】**

公元408年（义熙四年），陶渊明在上京隐居的住所失火，宅物焚烧殆尽，在经历了一年多困苦生活后，他移居浔阳（今江西九江）的南村，生活快乐，于是写下了两首《移居》诗，这是第二首，抒发了诗人饮酒务农的自得之情。诗歌开篇就写了移居南村后春秋登高赋诗的快乐，接着生动形象地刻画出诗人与朋友引伴、亲热随便、其乐融融的情态。接着写了农忙时节各自忙，农闲时节相互思念，披衣访友，可以说随意而为。如此情景自然引出了要珍惜这种快乐。最后展开议论表明以上生活乐趣，根源于耕作的勤恳，表达了诗人热爱劳动、重视劳动的思想。全诗结构严谨，层次清晰，叙事、抒情、议论搭配合理，把诗人寄情山水的自得以及旷达心胸充分展现出来。



# 饮酒二十首（其五）

陶渊明

**结庐在人境，而无车马喧[1]。问君何能尔，心远地自偏[2]。**

（1）“结庐”二句：意谓虽然把房屋建在人世间，但并无世俗的尘嚣打扰。结庐：建造房屋。人境：人世间。车马喧：指世俗来往的纷扰。（2）“问君”二句：是设问自答，意谓只要存心远离尘世，便觉得居住的地方也远离尘世了。君：陶渊明自称。尔：如此。偏：偏僻。



**采菊东篱下，悠然见南山[3]。山气日夕佳，飞鸟相与还[4]。**

（3）南山：庐山。悠然：怡然自得。（4）山气：山间的空气或气候。日夕：傍晚。相与还：结伴而归。

**此中有真意，欲辨已忘言[5]。**

（5）“此中”二句：意谓从大自然得到启发，领会到人生的真谛，但这是无法用言语表达，也无须用言语表达的。此：指前面所叙述的眼前之景。真意：人生的真正意义。辨：辨识。《庄子·齐物论》：“辩也者，有不辩也……大辩不言。”《庄子·外物》：“言者所以在意，得意而忘言。”

《陶渊明集》

## 【翻译】

把房屋建在人世间，却没有世俗的打扰。问我为何能如此，心远离尘俗自然就觉得僻静。在东篱之下采摘菊花，怡然见南山映入眼帘。傍晚山间气候真好，更有飞鸟结伴归还。从此情境领略到人生真谛，想要辨析却又找不到语言。

## 【简析】

《饮酒》组诗共20首，非一时之作，内容借饮酒抒发情怀，寄寓人生的感慨。此诗是《饮酒》之五，诗中展示了诗人运用魏晋玄学“得意忘言”之说领悟“真意”的思维过程，富有理趣。然而，诗歌并非枯燥乏味的哲理演绎，而是通过幽美淡远的自然之境，抒发欣赏美景的悠然心情，并在情景交融的境界中蕴含了深刻的哲理。诗中的主人形象不同于一般隐士，他“结庐在人境”，却能做到“无车马喧”，不染世俗之事的原因是“心远地自偏”。这样深刻的道理，诗人只平淡说出，亲切感人。方东树说：“境既闲寂，景物复佳，然非心远则不能领其真意味。”“采菊东篱下”两句颇受后人称颂，苏轼说：“因采菊而见山，境与意会，此句最有妙处。近岁俗本皆作‘望南山’，则此一篇神气都索然矣。”“飞鸟相与还”，晚照中归巢的鸟和悠然见山的人，仿佛都在幽静的山林中找到了自己的归宿。诗中最后两句寄托深远，给读者以深远启示，整首诗也因此更显得意味隽永。吴淇评价：“‘心远’为一篇之骨，而‘真意’为一篇之髓。”

# 杂诗十二首（其一）

陶渊明



**人生无根蒂(1)，飘如陌上尘。分散逐风转，此已非常身(2)。落**

（1）无根蒂：形容人生漂泊不定。蒂：花果与枝茎相连接的部分。（2）“分散”二句：意谓生命随风尘飘转，此时之身已非常久身。常身：常久之身。

**地为兄弟，何必骨肉亲(3)！得欢当作乐，斗酒聚比邻。盛年不重来，**

（3）“落地”二句：刚生下来便为兄弟，为何只有亲骨肉才算兄弟。《论语·颜渊》载“四海之内皆兄弟也”。

**一日难再晨。及时当勉励，岁月不待人(4)。**

（4）“及时”二句：意谓乘盛年之时，人们能够欢聚在一起应当及时更有意义的生活。

《陶渊明集》

## 【翻译】

人生在世漂泊不定，就像漂泊路上的飞尘。生命随风飘转，此身已非原来样。刚生下来应视为兄弟，为何只有亲骨肉才算兄弟？遇到欢乐事就应及时行乐，有酒就邀邻里一起共饮。人生壮年不会重来，就如一天不会有两次早晨。要趁壮年勉励自己，年岁是不会等待人的。



## 【简析】

《杂诗》共二十首，这是第一首，感叹了人生无常、生命短暂。开篇四句语言平淡，将人生比作无根之木、无蒂之花，再将人生比作尘土，四处漂泊，将诗人深刻的人生体验透露出来，有着沉痛的悲哀。接着两句写道，既然每个人都已经不是最初的自我，那又何必在乎骨肉之亲、血缘之情呢？既然大家同为兄弟，那就应当相约一起得欢作乐，这是陶渊明在战乱年代对和平、泛爱的一种理想和渴望。最后四句鼓励人们及时行乐，既然生命如此短暂，人生又如此不易把握，欢乐是这么不易寻得，所以要抓住时机，尽情享乐。从中可见陶渊明对人生意义的发现、探索和把握，执着在生活中寻找友爱，寻找欢乐。全诗语言质朴无华，内涵丰富，波澜跌宕，发人深省。

## 读山海经（其十）

陶渊明



**精卫[(1)]衔微木，将以填沧海。刑天舞干戚，猛志故常在[(2)]。**

（1）精卫：神话中鸟名，传说是炎帝的小女儿，名女娃，溺死于东海，死后化为鸟，常衔西山木石以填东海（见《山海经·北山经》）。（2）“刑天”二句：意谓刑天虽败犹战，虽死犹生，其威猛之壮志永存天地间。刑天：神名，传说与帝争神，帝断其首，乃以乳为目，以脐为口，操干戚而舞（见《山海经·海外西经》）。干：盾。戚：大斧。猛志：坚决斗争的壮志。

**同物既无虑[(3)]，化去不复悔[(4)]。徒设在昔心，良辰讵可待[(5)]！**

（3）同物：同乎异物。无虑：无所顾虑。（4）化去：指死亡。这两句意思是说，精卫和刑天溺死或断首之后，化为异物，既没有任何顾虑，也不悔恨既往，仍然保持原有的壮志。（5）“徒设”二句：意谓惋惜二神空有昔日的壮志，但他们壮志的实现恐怕难以等到了。良辰：指实现壮志的时候。

《陶渊明集》

【翻译】

精卫含着微小木块，要用它填平沧海。刑天挥舞着盾斧，刚毅的斗志始终存在。（精卫和刑天）化为异物既无顾虑，也不悔恨既往。二神空有昔日的壮志，壮志实现又岂会到来。

【简析】

《山海经》是我国现存最古的一部地理书，多是记述古代神话传说，陶渊明爱读此书。此诗为《读山海经》的第十首，在歌颂精卫和刑天至死不屈的坚强斗争精神的同时，也表达了诗人对时光易逝和良时不在的感慨和不平心情。诗的前半部分歌颂了精卫和刑天锲而不舍的精神与矢志不渝的决心，也隐含着诗人时时以此自策自励的精神。诗的后半部分进一步赞扬这两个英雄顽强的斗志。尽管良机已失，但他们也不存忧虑，毫无悔意。近现代学者对此诗咏精卫、刑天多所称许，如梁启超认为本诗以及前咏夸父等篇，“不知不觉把他的‘潜在意识’冲动出来了”，鲁迅则赞扬本诗表现了陶渊明的“金刚怒目式”。这首诗写法曲折，意义较为隐晦，风格和情调与以上所选其他文章大不相同；但本诗在豪放之中仍然保持了诗人托物寄兴、精练含蓄、说理议论自然妥帖的特点。

# 登池上楼[(1)]

（1）池上楼：谢公池，在永嘉郡（今浙江温州）。

谢灵运



**潜虬媚幽姿，飞鸿响远音[(2)]。薄霄愧云浮，栖川怍渊沉[(3)]。**

（2）虬：有角的小龙。媚：怜惜。幽姿：此指潜藏隐蔽的姿态。鸿：一种能高飞的大鸟，此象征仕宦的人。远音：传得很远的鸣叫声。（3）薄：迫近。愧：自愧。云浮：与云同游的鸿鸟。怍（zuò）：惭愧。这几句意为飞鸿能奋飞进取，虬龙能潜藏于深渊，自保其身，各得其所，自己却进退不得。

**进德智所拙，退耕力不任[(4)]。徇禄反穷海，卧疴对空林[(5)]。**

（4）进德：增进德业，《周易·乾》：“君子进德修业，欲及时也。”力不任：体力不能胜任。（5）徇禄：追求禄位。穷海：边远的海滨，此指永嘉。疴（ē）：病。空林：指秋冬枯秃的树林。

**衾枕昧节候，褰开暂窥临[(6)]。倾耳聆波澜，举目眺岖嵚[(7)]。**

（6）“衾枕”句：意谓因卧病与衾枕为伍，不明季节变化。昧：不明白。节候：季节物候的变化。褰（qiān）：拉开。窥临：登楼观看。（7）倾耳：侧耳。聆：听。岖嵚（qīn）：山高险貌。



**初景革绪风，新阳改故阴[(8)]。池塘生春草，园柳变鸣禽[(9)]。**

（8）初景：初春的日光。革：改变。绪风：冬天残余的寒风。新阳：新春。故阴：冬天。（9）变：指禽鸟的种类有了变化。

**祁祁伤豳歌，萋萋感楚吟[(10)]。索居易永久，离群难处心[(11)]。**

（10）祁祁：形容草木众多貌。《诗经·豳风·七月》：“春日迟迟，采蘩祁祁，女心伤悲，殆及公子同归。”萋萋：草色茂盛貌。《楚辞·招隐士》：“王孙游兮不归，春草生兮萋萋。”这两句意为看到春天的景色，引起对古人歌咏春天情景而产生伤感情绪的共鸣。（11）“索居”二句：意谓离群寡欢，易觉岁月长久，难以安心独处。索居：离群独居。易永久：容易感到日子长久。处心：安心。

**持操岂独古，无闷征在今**[12]。

（12）“持操”二句：意谓岂止古人才能坚持自己的操守，我如今也能做到避世而毫无烦恼。持操：保持高尚的节操。无闷：无所苦闷。征：验证。《周易·乾》：“龙德而隐者，不易乎世，不成乎名，遁世而无闷。”

《文选》卷二十二

【翻译】

沉潜小龙姿态幽闲美妙，高飞鸿鸟声音响亮传远。想停留天空（仕进功名）愧对云游飞鸿，想栖息川谷（隐退沉潜）惭对深渊潜龙。仕进修德智慧拙劣，退隐耕田却力量无法胜任。追求俸禄来到偏远海边做官，又卧病在床面对光秃树林。因卧病与衾枕为伍不明季节变化，揭开窗帷暂且登楼眺望。倾耳细听有流水波动，举目眺望巍峨高峻山岭。初春阳光改变残余冬风，新来阳气更替冬的阴冷。池塘已长满了春草，园中柳条上鸣禽变了声音。想起“采繁祁祁”这首诗歌使我伤悲，想到“春草生兮萋萋”这首楚歌更让我感慨。离群寡欢易觉岁月长久，离开群体难以安心独处。岂止古人才能坚持自己的操守，我如今也能做到避世而毫无烦恼。

【简析】

公元422年，谢灵运被逐出京都，迁为偏僻的永嘉太守，第二年初春时节，作者登楼远望，看到大好春景，万物生机勃勃，自己却久病卧床，离群索居，因而触景伤情。诗歌前八句为第一部分，用潜龙和飞鸿起兴，寓含自己不能建立功业，完善德操，为了俸禄被贬居荒远之地，且疾病缠身，困卧于床；中间八句为第二部分，写诗人观望园中的景象，偶尔揭窗帷，有感季节变化，侧耳倾听春水声，极目远眺，远山起伏，春阳驱散秋冬，池塘长出新草，园柳栖息之鸣禽也发生变化，几句诗歌写得有声有色，极富层次，成为诗歌中最精彩部分。最后六句为第三部分，写了诗人感情变化，诗人感觉自己离群索居，难安于心。全诗语句清新，写景细致生动，结构严谨，其中“池塘生春草”一联颇得后人称赞，叶梦得云：“此语之工，正在无所用意，猝然与景相遇，借以成章，不假绳削，故非常情所能到。”（《石林诗话》）何焯亦评曰：“‘池塘’一联，惊心节物乃尔，清绮。”（《义门读书记》）

# 石壁精舍还湖中作(1)

(1) 石壁精舍：在始宁县（今浙江上虞）东南，《文选》李善注："精舍，今读书斋是也。"黄节《谢康乐诗注》："儒者授生徒之外，本称精舍……今人皆以佛寺为精舍。"

谢灵运

**昏旦变气候(2)，山水含清晖(3)。清晖能娱人(4)，游子憺忘归(5)。**

(2) 昏：黄昏。旦：早晨。(3) 清晖：指山光水色。(4) 娱人：使人喜悦。(5) 憺（dàn）：安适貌。

**出谷日尚早，入舟阳已微。林壑敛暝色，云霞收夕霏(6)。**

(6) "林壑"二句：意谓森林山谷之间到处是一片暮色，飞动的云霞已经不见了。林壑：山林溪谷。敛：聚。暝色：暮色。夕霏：傍晚天空中云霞之余氛。

**芰荷迭映蔚，蒲稗相因依(7)。披拂趋南径，愉悦偃东扉(8)。**

(7) "芰荷"二句：意谓湖中菱角绿叶繁盛相互照着，水边菖蒲茂密相互依靠。芰（jì）：菱角。迭映蔚：言芰荷之光色相互映照。蒲：菖蒲。稗（bài）：形状像稻的草。相因依：相互倚靠。(8) 披拂：用手拨开路边的草木。趋：走上。偃：歇息。东扉：东轩。

**虑澹物自轻，意惬理无违(9)。寄言摄生客，试用此道推(10)。**

(9) "虑澹"二句：思虑澹泊则外物自轻，心里感到满足，因此觉得万物无违自己的意愿。虑澹：心思清纯，恬淡寡欲。物自轻：心中无我，外物自然更不值得重视了。意惬：心情舒畅。理：自然界万物之理。(10) 摄生：养生。此道：指上面"虑澹"两句所说的道理。

《文选》卷二十二

## 【翻译】

黄昏和清晨天气变换，山水景色如清灵光芒。山水清灵让人愉悦，游子游历而忘记回归。从峡谷出来时间还早，等上船时天色已晚。森林山谷之间一片暮色，飞动的云霞飘动收敛。菱叶荷花在蔚蓝河中相呼应，菖蒲和稗草相依生长。拨开草木在南边小路上走，开心地歇息在东面门窗。思虑澹泊则外物自轻，心里满足觉得万物无违自己意愿。送给保养身体的人这些话，望能用这个方法来养生。

## 【简析】

谢灵运第一次隐居故乡始宁大约在景平元年（公元423年），诗人在石壁修筑了一座精舍。本篇写自石壁精舍至于湖中一天游观的乐趣和从中体会到的理趣。前四句为第一层，写出了自己游玩，景色优美，乐而忘返的体会；中间八句为第二层，描绘了自己湖中游玩的感受和亲眼所见的景色；最后四句为第三层，写了游玩了一天，由此得出的人生哲理和养生之道。全诗的语言自然明快，层次分明，二、三两句之间又用了民歌中常用的顶真体，清新活泼，体现了作者愉悦的心情。王世贞评价：“‘清晖能娱人，游子憺忘归’，宁在‘池塘春草’下耶？”（《艺苑卮言》）何焯评价全诗说：“首联警觉。‘入舟’句，憺忘归也。‘林壑’二句写山，‘芰荷’二句写水。又‘林壑’二句，所谓变气候。”（《义门读书记》）

## 代出自蓟北门行[1]

**鲍　照**



（1）代：拟。蓟：地名，今北京附近。《出自蓟北门行》是乐府旧题。

**羽檄起边亭[2]，烽火入咸阳[3]。征骑屯广武[4]，分兵救朔方[5]。**

（2）羽檄：檄是古代官府用以征召或声讨的文书，上面插有羽毛以示紧急。边亭：边境上驻兵防守敌寇的城堡。（3）烽火：古代边境告急的一种信号，沿边境筑高台，敌至则燃火以通告。咸阳：秦都城，故址在今陕西咸阳县东，此代指京城。（4）骑（jì）：骑兵。广武：地名，在今山西代县西。（5）朔方：今内蒙古自治区伊克昭盟一带。

**严秋筋竿劲[6]，虏阵精且强。天子按剑怒，使者遥相望[7]。**

（6）筋：弓弦。竿：箭杆，深秋气候干燥，故弓箭强劲有力。（7）遥相望：形容使者来回不绝地传达诏令。

**雁行缘石径[8]，鱼贯度飞梁[9]。箫鼓流汉思[10]，旌甲被胡霜[11]。**

（8）雁行：指军队排列整齐，像大雁的行列一样。缘：沿着。（9）鱼贯：指兵士行进一个接一个，如游鱼前后相贯。飞梁：指飞跨两岸的桥梁。（10）“箫鼓”句：意谓箫鼓声中流露着对家国的思念情绪。萧鼓：古代军乐。流：传达出。（11）旌甲：旌旗、铠甲。胡霜：北方边地的严霜。

**疾风冲塞起，沙砾自飘扬。马毛缩如蝟[12]，角弓不可张[13]。**

（12）缩：（因天寒）而卷缩。蝟：刺猬。(13)角弓：用兽角装饰的弓。

**时危见臣节，世乱识忠良。投躯报明主，身死为国殇[14]。**

（14）国殇：为保卫国家而战死的人。

《鲍氏集》

【翻译】

紧急文书从边塞岗亭传来，战争消息已传到京都。被征召骑兵驻扎广武，分兵几路解救被困朔方。肃杀秋天弓弦强劲有力，敌人战阵也精锐而坚强。天子按不住心中怒火，传送军情的使者往来不绝。军队如雁阵沿石径行进，士兵如游鱼连贯依次渡过桥梁。箫鼓声中流露汉人情思，旌旗和铠甲披上了胡地霜雪。冒着疾风冲锋陷阵，战场上沙砾扬起飘荡。（天气寒冷）马毛像刺猬一样缩成一团，兽角做的弓拉不开了。时局危险才看臣子节操，天下乱时才看出忠良。不顾安危奋力报君主，身死后成为光荣烈士。

【简析】

此诗为拟乐府，写壮士在北方边境发生敌人入侵的紧急情况下，应征入伍、从军赴边以及壮士誓死卫国的意志和决心。诗歌前八句为第一层，发端四句就写了边境传警，朝廷调兵，十万火急的情形；接着四句写了严峻形势，秋高马肥，敌军强悍，天子震怒，预示战争爆发。中间八句为第二层，写了行军情形，路途艰险，边塞寒冷，将士勇武。音调苍凉，没有直写战争场面，却留给了读者想象空间。最后四句为第三层，将行军打仗的行为提炼和升华为战士忠君报国、战死疆场的誓言，爱国主义情操与屈原的《国殇》诗精神一脉相承。沈德潜评此诗说：“明远能为抗壮之音，颇似孟德。”（《古诗源》）



# 拟行路难十八首（其四）

鲍　照

**泻水置平地(1)，各自东西南北流(2)。人生亦有命，安能行叹复**

(1) 泻：倾泻。《世说新语·文学》：“殷中军（浩）问：‘自然无心于禀受，何以正善人少，恶人多？’诸人莫有言者。刘尹（惔）答曰：‘譬如泻水著地，正自纵横流漫，略无正方圆者。’”譬喻同。(2)“各自”句：以水四处分流比喻人生命运各殊。

**坐愁。酌酒以自宽，举杯断绝歌路难(3)。心非木石岂无感，吞声**

(3)“举杯”句：意谓举杯消愁以断绝难言之情。断绝：指歌声因举杯而中断。

**踯躅不敢言(4)。**

(4) 吞声：声将发而又止。踯躅（zhí zhú）：停步不前貌。

《鲍氏集》

【翻译】

倾泻水于平地上，水会向不同方向流散，人生贵贱穷达不一致，怎么能成天自怨自艾。喝酒来宽慰自己，歌唱声因举杯饮酒而中断。人心不是草木怎会没感情？欲说还休不敢多说。

【简析】

《拟行路难》共十八首，是诗人咏叹人生苦闷的抒情组诗，此为第四首。此诗透露出自己怀才不遇强烈的愤慨不平。诗歌开篇由泻水起兴，以水流方向不一，来喻指人生穷达各殊。次二句承接上句，既然人的贵贱穷达好比水流的东西南北一样，是命运注定，不可勉强，那又何必长吁短叹呢？既然认了命，就应设法自我宽解，喝酒是消愁解闷的好办法。末句突然反转，用反诘的语气强调，活着的心灵不同于无知的树木、石块，怎么可能没有感慨不平呢？诗歌采取长短相见的杂言体，声情并茂，感情真挚。谭元春评此诗说：“不曾言其所以，不曾指其所在，自唱自愁，读之老人。”（《古诗归》）





# 拟行路难（其六）

鲍　照

**对案不能食[1]，拔剑击柱长叹息。丈夫生世会几时，安能蹀躞垂羽翼[2]？弃置罢官去，还家自休息。朝出与亲辞，暮还在亲侧。弄儿床前戏[3]，看妇机中织。自古圣贤尽贫贱，何况我辈孤且直[4]！**

（1）案：放置食器的小几，此处指酒食。

（2）蹀躞（dié xiè）：小步行走貌，形容小心谨慎的样子。垂羽翼：比喻失意丧气的样子。

（3）弄儿：逗小孩。（4）孤且直：孤寒而又正直。

《鲍氏集》

【翻译】

对着席案美食难下咽，拔出宝剑对柱挥舞发出长叹息。大丈夫一辈子有多长时间，怎能像蝴蝶一样谨慎失意。放弃官衔辞职离开，回到家中休养生息。早上出门与家人道别，傍晚回家在亲人身边。在床前与孩子玩耍，看妻子在织布机前织布。自古圣贤都生活得贫贱，更何况我这样的人清高又正直。

【简析】

诗歌表现诗人怀才不遇的激愤和对当时不合理社会的强烈不满。诗的前两句写对案不食、拔剑击柱，表达其压抑和愤懑；继而写自己的不甘心，表现作者才高气盛和自傲的性格；诗的后半部分写弃官归家，描写家庭生活的乐趣，其实这只是排遣苦闷的方式，快乐的表面掩饰的是内心的苦涩，故末句“自古圣贤尽贫贱，何况我辈孤且直”即自我慰藉之辞。钟嵘在《诗品》中说鲍照“嗟其才秀人微，故取湮当代”。李白《行路难三首》其一：“金樽清酒斗十千，玉盘珍羞直万钱。停杯投箸不能食，拔剑四顾心茫然。”即由此诗化出。沈德潜说：“明远乐府，如五丁凿山，开人世所未有，后李太白往往效之，五言古亦在颜、谢之间。”（《古诗源》）



# 玉阶怨

谢 朓

**夕殿下珠帘(1)，流萤飞复息(2)。长夜缝罗衣(3)，思君此何极(4)。**

(1) 夕殿：傍晚的宫殿。 (2) 流萤：萤火虫。息：停止。(3) 罗：一种丝织品。(4) 何极：哪有尽头。

《汉魏六朝诗》

【翻译】

傍晚宫殿珠帘垂，萤火虫飞已停止。长夜不寐缝罗衣，幽深思念哪有尽头。

【简析】

南齐永明年间，有一种独特的新诗——永明体，这是我国律诗产生的开端。在永明体诗歌创作中，谢朓成就突出，这首《玉阶怨》是一首写宫怨的新体小诗。诗歌首句写了日夕时分冷宫偏殿的珠帘放下，意谓君王不会从此过；第二句从流萤着笔，点染长夜寂寞凄凉的气氛，连流萤都已停飞，而珠帘内的当然也不能入眠；第三句点明已经深夜，主人公打算缝制罗衣消磨长夜，其寂寞可想而知，当然主人公缝制细节暗含着希求获得宠爱的幻想，故第四句就是主人公内心愁思的直接流露。全诗题为“玉阶怨”，而全篇不着一个怨字，字里行间却无不流露出怨意，沈德潜评曰“笔墨之外，别有一段深情妙理”（《古诗源》）。唐代出现的大量宫怨诗莫不以此为渊源。



# 晚登三山还望京邑(1)

谢　朓



(1)三山：在今南京市西南长江南岸，上有三峰，南北相接。京邑：指金陵。

**灞涘望长安(2)，河阳视京县(3)。白日丽飞甍(4)，参差皆可见(5)。**

（2）灞：灞水，在陕西蓝田县，流经长安过灞桥。涘（sì）：岸。汉末王粲避乱离开长安，用王粲《七哀诗》：“南登霸陵岸，回首望长安。”（3）河阳：县名，今河南孟县西。晋代潘岳在河阳做官时有“引领望京室，南路在伐柯”的诗句。这两句以古人望京比喻自己望京。（4）丽：作动词，指日光照耀京都建筑，色彩绚烂。甍（méng）：屋脊。（5）参差：上下不齐貌。

**余霞散成绮，澄江静如练(6)。喧鸟覆春洲，杂英满芳甸(7)。**

（6）余霞：晚霞。绮：有花纹的丝织品。澄江：清澈的江水。练：白色的熟绢。（7）覆：覆盖，形容鸟多。芳甸：芬芳的郊野。

**去矣方滞淫，怀哉罢欢宴(8)。佳期怅何许，泪下如流霰(9)。**

（8）“去矣”二句：意谓要离开这里了，但还是依恋不舍，姑且稍作停留。滞淫：淹留。吴淇《六朝诗选定论》：“然此地（指三山）虽非京邑，景亦颇佳，即有宣城之行，只得且为淹留。但信美非吾土，故以怀乡之故而欢宴为之罢也。”（9）佳期：还京之期。何许：什么时候。霰：小冰粒。

**有情知望乡，谁能鬒不变(10)？**

（10）鬒（zhěn）：黑发。变：指变白。

《谢宣城集》卷三

【翻译】

（我）像王粲在灞陵上眺望长安，又像潘岳在河阳回顾洛阳。日光照耀飞耸屋脊色彩绚丽，（京城）屋宇高低不齐历历在目。晚霞铺展开来像彩锦，澄清江水平静如白练。喧闹群鸟覆盖了春天小洲，各种花开满了芳香的郊野。远离京城在他乡久留，怀念已停办的欢乐宴会。回京日期在何时，惆怅不已泪落如雪珠。有情人知道思念家乡，谁的黑头发能不改变？

【简析】

公元495年，谢眺为宣城太守，这首五言诗歌抒写了诗人登上三山时遥望京城和大江美景所引起的思乡之情。起始二句分别用王粲、潘岳的事比拟自己离京、望京。但见皇宫和贵族第宅飞耸的屋檐高低不齐，在日光照射下清晰可见。接下四句实写眼前之景，其中“余霞”一联更是千古名句，描写白日西沉，灿烂的余霞铺满天空，犹如一匹散开的锦缎，清澄的大江伸向远方，仿佛一条明净的白绸。

由“去矣方滞淫”以下转而抒发对京城的眷恋之情。全诗写景色调绚烂纷繁、满目彩绘，写情单纯柔和，轻清温婉。诗人在景物剪裁方面的功力以及诗风的清丽和情韵的自然，却标志着山水诗在艺术上的成熟，对后世影响甚大。钟惺评此诗说：“玄晖以山水作都邑诗，非唯不堕清寒，愈见旷逸。”（《古诗归》）



# 之宣城郡出新林浦向板桥(1)

谢　眺

(1) 宣城：今安徽宣城县。新林浦：在今南京市西南。板桥：亦浦名，在新林浦南。《水经注·江水》：“江水经三山，又湘浦出焉。水上南北结浮桥度水，故曰板桥浦，江又北经新林浦。”

**江路西南永，归流东北骛(2)。天际识归舟(3)，云中辨江树。**

(2) 江路：西南去宣城的路程。永：长。归流：诗人乘船逆水向西南行，江水向东北流入海，故曰归流。骛：奔驰。(3) 归舟：指行向京城的船。

**旅思倦摇摇，孤游昔已屡(4)。既欢怀禄情，复协沧洲趣(5)。**

(4)“旅思”二句：意谓行旅困倦惆怅之心摇荡，这种孤独远行已非一次。摇摇：心情恍惚的样子。据《诗经·王风·黍离》：“行迈靡靡，中心摇摇。”屡：频繁。(5)“既欢”句：是反话句，古代出仕外郡是被看作不得意的。怀禄：贪恋禄位。协：合。沧州：指水滨幽僻之地，隐者所居。

**嚣尘自兹隔，赏心于此遇(6)。虽无玄豹姿，终隐南山雾(7)。**

(6) 嚣尘：指繁杂的人事。自兹隔：从此离开了。赏心：指自己心里所喜悦的事情。(7)“虽无”二句：《列女传》：“陶答子治陶三年，名誉不兴，家富三倍。其妻独抱儿而泣。姑怒，以为不祥。妻曰：‘妾闻南山有玄豹，隐雾而七日不食，欲以泽其衣毛，成其文章。至于犬豕，肥以取之，逢祸必矣。’期年，答子家果被盗诛。”这里是说自己虽无玄豹的资质，但现在远离京城，如玄豹之隐于南山雾中，可以幽栖远害。

《谢宣城集》卷三



【翻译】

西南去宣城的路程长，流水（与我）逆行向东奔驰入海。浩渺水天之际能认出归船，云雾之中能分辨江岸之树。行旅困倦惆怅之心摇荡，这种孤独远行已非一次。虽为朝廷禄位而高兴，又合遁迹僻远的情趣。世间喧嚣从此远隔，庆幸得到这种机会。虽没玄豹深藏远害资质，终于能够隐于南山的雾中。

【简析】

此诗是作者赴任宣城太守，从建康出发时所写。诗歌开篇两句点名行舟向西南，而水流却向西北奔驰，接着两句乃名句，诗人勾勒出一幅清丽绝俗的长江行旅图，刻画出诗人登船远眺的形象，可谓气象豪妙开阔。以下即转而抒情，写出诗人随江舟颠簸，劳累疲倦，思绪恍惚。这次出仕外郡亦未必不为喜事，表现了作者远离仕宦斗争、全身远害的思想。全诗写景抒情，相互映衬，构思含蓄，语句清新，情韵绵长。特别是第二联，王夫之曾评此诗：“语有全不及情而情自无限者，心目为政、不恃外物故也。‘天际识归舟，云中辨江树’，隐然一含情凝眺之人，呼之欲出。以此写景，乃为活景。”（《古诗评选》）



# 拟咏怀（其七）

庾信

**榆关断音信(1)，汉使绝经过(2)。胡笳落泪曲，羌笛断肠歌(3)。**

（1）榆关：战国时关名，在今陕西榆林东，此泛指边塞。（2）汉使：汉朝的使者，此借喻祖国的使者。（3）“胡笳”二句：意谓胡笳吹奏出令人落泪之曲，羌笛吹出使人断肠之歌。胡笳、羌笛：乐器名。

**纤腰减束素，别泪损横波(4)。恨心终不歇，红颜无复多(5)。**

（4）纤：纤细。束素：用来约束腰的白绢。横波：形容水汪汪的眼睛。（5）恨：指羁留异国之恨。歇：停止。红颜：青春美丽的姿色。

**枯木期填海，青山望断河**[(6)]**。**

（6）枯木：《山海经·北山经》："发鸠之山，其上多柘木，有鸟焉，其状如乌，文首，白喙，赤足，名曰'精卫'，其鸣自詨。是炎帝之少女，名曰女娃。女娃游于东海，溺而不返，故为精卫。常衔西山之木石，以堙于东海。" 青山：《水经注·河水》："华、岳本一山，当河，河水过而曲行。河神巨灵手蘯脚蹋，开而为两。"这里用了两个神话来表示心中朝夕思念的南归，但不能实现的心情。

《庾子山集》

【翻译】

边塞音信断绝，使者绝不从此经过。胡笳乐声（使人）落泪，羌笛歌声（使人）断肠。（因思君）纤细腰身已消减如一束素绢，别离的泪水损害了眼睛。羁留异国之恨始终不停，清纯美姿已经不多。（回归故国）如精卫用木石填海，河神用水断开青山（一样难以实现）。

【简析】

庾信本为梁朝宫廷诗人，因公元554年奉命出使西魏而被扣留，不得已出仕西魏，后又出仕北周。《拟咏怀》二十七首就是诗人被迫滞留北朝时所写，这是第七首。诗歌首四句写羁身北国孤寂凄凉的环境，由于南北阻隔，听不到故乡消息，也看不见故乡的使者，远在异国的诗人，心系家乡，听见胡地音乐，使人断肠落泪；接着四句以男女喻君臣，诗人自喻为红颜女子，因思念故国，纤细腰身已消减不堪，悲痛泪水长流，以致损坏了眼睛，脸颊也失去了红润；最后两句用了两个神话典故表明诗人南归故国的愿望就像枯木填平大海、青山再合一不能实现。此诗造句精美、语言凝练，把深沉的怀乡情愫写得哀切感人，尤其是结尾二句，思乡情切，竟起无望之想，令人不忍卒读。



## 子夜四时歌·春歌

无名氏

**春林花多媚，春鸟意多哀**[(1)]**。春风复多情，吹我罗裳开。**

（1）哀：动人。

《乐府诗集》

【翻译】

春天丛林花色媚丽，鸟儿鸣叫声动人。春风再有感情，吹开我的罗裳。

【简析】

《子夜四时歌》是一首歌唱四时的曲词，这是《春歌》中的第十首，描写了情窦初开的少女对爱情的向往。诗歌首句写春天丛林绿意盎然，点缀花儿朵朵，使人愉悦。次句从声音入手，春林之中的鸟儿鸣叫声声动人。后两句写春风，春风有情，像多情郎君，抚摸着姑娘，吹开罗裳，表现了一个怀春少女对爱情生活的向往。全诗写法含蓄，没有一句直接描写爱情，却使人感到浓浓的爱意，展现了多情恋人的性格，巧妙而细腻，极为动人。



## 华山畿（其一）



无名氏

**华山畿(1)，君既为侬死(2)，独生为谁施(3)？**

(1) 华山：在今江苏句容市北。畿：山边。(2) 侬：我，吴地方言。(3) 为谁施：为谁而活下去。施：施用。

**欢若见怜时(4)，棺木为侬开。**

(4) 欢：对情人的爱称。

《乐府诗集》

【翻译】

华山边，你既然为我而死，（我）独生为谁而活下去呢？

【简析】

《华山畿》现存二十五首，属“清商曲辞·吴声歌曲”。这里所选的为第一首，据《古今乐录》，写华山附近一对青年男女的殉情悲剧。（《古今乐录》曰：“《华山畿》者，宋少帝时《懊恼》一曲，亦变曲也。少帝时，南徐一士子，从华山畿往云阳。见客舍有女子，年十八九，悦之无因，遂感心疾。母问其故，具以启母。母为至华山寻访，见女具说，闻感之，因脱蔽膝，令母密置其席下卧之当已。少日果差。忽举席见蔽膝而抱持，遂吞食而死。气欲绝，谓母曰：‘葬时车载从华山度。’母从其意。比至女门，牛不肯前，打拍不动。女曰：‘且待须臾。’妆点沐浴，既而出。歌曰：‘华山畿，君既为侬死，独活为谁施？欢若见怜时，棺木为侬开！’棺应声开，女遂入棺，家人叩打，无如之何，乃合葬，呼曰神女冢。”）诗歌描写了封建社会中男女间没有社交和恋爱的自由的痛苦，以及他们幻想在死亡中获得解放，获得幸福的生活的挣扎。它反映了封建社会摧毁婚姻自由的罪恶，反映了人民对于美好爱情的强烈追求。

## 西洲曲

**忆梅下西洲[(1)]，折梅寄江北[(2)]。单衫杏子红，双鬓鸦雏色[(3)]。**

（1）下：落。西洲：地名，未详所在，当在女子住处附近。（2）江北：当是男子所在之处。（3）鸦雏色：形容头发乌黑发亮，像小乌鸦一样。鸦雏：小乌鸦。

**西洲在何处？两桨桥头渡。日暮伯劳飞，风吹乌臼树[(4)]。**

（4）伯劳：鸣禽，仲夏始鸣，好单栖。乌臼：树名，落叶乔木，夏季开小黄花，种子多脂肪，可榨油。

**树下即门前，门中露翠钿[(5)]。开门郎不至，出门采红莲。**

（5）翠钿（tián）：用翠玉做成或镶嵌的首饰。

**采莲南塘秋，莲花过人头。低头弄莲子，莲子清如水[(6)]。**

（6）莲子：谐音“怜子”（“爱你”）。清如水：隐喻爱情的纯洁。

**置莲怀袖中，莲心彻底红[(7)]。忆郎郎不至，仰首望飞鸿[(8)]。**

（7）莲心：和“怜心”双关，就是相爱之心。 彻底红：隐喻怜爱之深透。（8）望飞鸿：双关望书信之意。

**鸿飞满西洲，望郎上青楼[(9)]。楼高望不见，尽日栏杆头[(10)]。**

（9）青楼：以青色涂饰之楼，为古代女子居处的通称。（10）尽日：终日。

**栏杆十二曲，垂手明如玉。卷帘天自高，海水摇空绿[(11)]。**

（11）“卷帘”两句：这两句当时承接上面“楼高”二句，忆郎不至，则登楼而望；然楼高望不见，卷帘所见，惟有碧天自高、海水空绿。海水：指如海之水，即大江、大湖之水。

**海水梦悠悠，君愁我亦愁。南风知我意，吹梦到西洲[(12)]。**

（12）“海水”四句：意谓终日凭栏，惟见海水悠悠，不仅现实如此，连梦境亦如是。因此从我之愁推想他之愁，祈望南风把梦境中的对方吹向西洲，在梦中与所爱会面。

《乐府诗集》



## 【翻译】

思念梅花落下西洲，折下梅花寄长江北岸。（她那）单薄衣衫像杏子样红，头发如小乌鸦样黑。西洲到底在哪里？小船两桨可到（西洲）桥渡口。天色晚了伯劳鸟飞，晚风吹拂着乌臼树。树下就是她的家，门里露出（她）翠绿钗钿。（她）打开家门没见心上人，出门去采红莲。秋天南塘摘莲子，莲花长得高过人头。低头拨弄水中莲子，莲子像湖水一样青。把莲子藏袖子里，那莲心红得通透。思念郎君却没来，抬头望向天上鸿雁。西洲天上飞满雁儿，走上高楼望郎君。楼台虽高却见不到郎君，整天倚在栏杆上。栏杆曲曲折折，垂下双手明润如玉。卷帘天是那样高，如海水般荡漾深绿。海水像梦一般悠然，你忧愁我也忧愁。南风若知我情意，请把（我的）梦吹到西洲。



## 【简析】

本篇曲是南朝乐府民歌中最长的抒情诗篇，以一位江南少女的口吻，抒发了对情郎的思念，历来被视为南朝乐府民歌的代表作。余冠英在《汉魏六朝诗选》说：“这首诗写一个女子对所欢的思和忆。开头说明她忆起梅落西洲那可纪念的情景，便寄一枝梅花给现在江北的所欢，来唤起他相同的记忆。以下便写她从春到秋、从早到晚的相思。诗中有许多词句表明季节，如‘折梅’表早春，‘单衫’表春夏之交，‘采红莲’应在六月，‘南塘秋’该是早秋，‘弄莲子’已到八月，‘鸿飞满西洲’便是深秋景象。”此诗呈现出成熟的艺术技巧，语词音节和谐流畅，语言婉转动人；以顶针体语语相承，重沓反复，既加强了各层次之间的联系，又渲染了缠绵哀怨的艺术效果；诗中所写景物层次清晰，过渡自然。沈德潜称其“续续相生，连跗接萼，摇曳无穷，情味愈出”（《古诗源》）；陈祚明则谓之“言情之绝唱”（《采菽堂古诗选》）。张若虚的《春江花月夜》、李白的《长干行》等篇皆汲取了此诗的艺术表现手法。

# 企喻歌（其一）

无名氏

**男儿欲作健[(1)]，结伴不须多。鹞子经天飞[(2)]，群雀两向波[(3)]。**

（1）作健：成为强者，意谓发奋。（2）鹞子：一种猛禽，似鹰，捕食小鸟。（3）两向波：左右飞逃。波：逃散。

《乐府诗集》

**【翻译】**

男子想要发奋图强，结识伙伴不需太多。（我如）猛禽向天飞翔，群雀仓皇左右飞逃。

**【简析】**

《企喻歌》属《横吹曲辞》中的梁鼓角横吹曲，是北方马上演奏的音乐，表现北方民族尚武、强悍的精神，这是第一首。全诗只有四句，前两句开门见山，直接说作为一个男子汉，平生最大的追求就是从军征战、驰骋疆场，且不需太多伙伴，要孤军奋战、勇往直前。诗作三、四句用鹞雀作比喻，说男子希望自己像鹞子入雀阵一样所向披靡。全诗语言质朴，风格悲凉，为北方民族的尚武好歌。



# 折杨柳歌辞（其一）

无名氏

**上马不捉鞭[(1)]，反折杨柳枝。蹀座吹长笛[(2)]，愁杀行客儿。**

（1）捉：握。（2）蹀座：盘膝而坐。座：同“坐”。

《乐府诗集》



**【翻译】**

上马不握马鞭，反折杨柳枝代替。盘膝坐听人吹起送行笛声，令人怅惘别情难抑。

【简析】

《折杨柳歌辞》为“梁鼓角横吹曲”之一，《乐府诗集》载五首。这是第一首，其中的骑马者为当时一“胡儿”的形象，诗歌开篇就写上马不用马鞭，反而用杨柳枝代替，可见行者临行时对家人的留恋。后两句写了征人听着坐着的人吹起送行乐曲，心里更加难受，心情倍加惆怅。诗歌语言质朴，如同行色匆匆之际脱口而出的话。



# 敕勒歌

无名氏

**敕勒川(1)，阴山下(2)。天似穹庐(3)，笼盖四野。**

（1）川：指平原。敕勒川：因敕勒部族居于此而得名。（2）阴山：阴山山脉起于河套西北，绵亘于今内蒙古自治区南境一带，和内兴安岭相连接。（3）穹庐：游牧民族所居圆顶帐幕。



**天苍苍(4)，野茫茫(5)，风吹草低见牛羊(6)。**

（4）天苍苍：天蓝蓝。（5）野（yǎ）茫茫：草原无边无际。（6）见：同“现”，显露。

《乐府诗集》

【翻译】

敕勒大平原，（在）阴山脚下。天空好如牧民居住的“蒙古包”，笼罩着大地四周。天蓝蓝的，草原无边无际，风吹草低处有一群群牛羊时隐时现。

【简析】

本篇属“杂歌谣辞”，是北齐斛律金所唱的敕勒民歌。敕勒初号狄历，是匈奴族的后裔，北齐时居住于朔州（今山西省北部）一带。诗歌开篇就平实而简练地交代了敕勒族生活的地点和环境。最后一句乃全诗灵魂，成群的牛羊散布在丰茂的草原中，随风吹草伏，时隐时现，整个换面充满了无限动感。这首诗仅二十七个字，但自然高妙，浑朴苍茫，朗朗上口，艺术地再现了草原的辽阔和牛羊的繁盛。王灼在《碧鸡漫志》评曰：“金不知书，能发挥自然之妙如此，当时徐、庾辈不能也。”沈德潜在《古诗源》中称赞道：“莽莽而来，自然高古，汉人遗响也。”

# 木兰诗

无名氏

**唧唧复唧唧[(1)]，木兰当户织[(2)]。不闻机杼声[(3)]，惟闻女叹息[(4)]。**

（1）唧唧：叹息声音，也有解释为纺织机发出的声音。该句又作“唧唧何力力”“促织何唧唧”。（2）当户：对着门。（3）机：指织布机。杼：织布机上引线的工具，俗称梭子。（4）惟：只。

**问女何所思[(5)]，问女何所忆。女亦无所思，女亦无所忆。昨夜见军**

（5）何：什么。思：惦记。

**帖[(6)]，可汗大点兵[(7)]，军书十二卷[(8)]，卷卷有爷名[(9)]。阿爷无大儿，**

（6）军贴：征兵的文书、名册。（7）可汗（kè hán）：古代西北地区或北方诸国对君主的称呼。大点兵：大规模征兵。(8)军书十二卷：征兵的名册很多卷。十二：虚数，表示很多，不是确指。下文的“十二转”“十二年”，用法与此相同。（9）爷：和下文的“阿爷”一样，都指父亲。

**木兰无长兄，愿为市鞍马[(10)]，从此替爷征。**

（10）市：买。鞍马：泛指马和马具。

**东市买骏马，西市买鞍鞯[(11)]，南市买辔头[(12)]，北市买长鞭。旦**

（11）鞯（jiān）：马鞍下的垫子。（12）辔（pèi)头：驾驭牲口用的嚼子、笼头和缰绳。

**辞爷娘去，暮宿黄河边。不闻爷娘唤女声，但闻黄河流水鸣溅溅[(13)]。**

（13）但闻：只听见。溅溅（jiān jiān）：水流激流的声音。

**旦辞黄河去，暮至黑山头[(14)]。不闻爷娘唤女声，但闻燕山胡骑鸣啾**

（14）黑山：即杀虎山，在内蒙古自治区呼和浩特市东南。

**啾[(15)]。**

（15）燕山：燕然山，在今蒙古人民共和国境内的杭爱山。胡骑（jì）：胡人的战马。啾啾（jiū）：马叫的声音。

**万里赴戎机[(16)]，关山度若飞[(17)]。朔气传金柝[(18)]，寒光照铁衣[(19)]。**

（16）赴戎机：奔赴战场。（17）关山度若飞：像飞一样地跨过一道道的关，越过一座座的山。度：越过。（18）朔(shuò)气：北方的寒风。金柝（tuò）：即刁斗，古代军中用的一种铁锅，白天用来做饭，晚上用来报更。（19）寒光照铁衣：冷冷的月光照在铠甲上。铁衣：即铠甲。



**将军百战死，壮士十年归[20]。**

（20）“将军”二句：运用了互文见义的手法，意说将军与壮士百战死，将军与战士十年归。

**归来见天子，天子坐明堂[21]。策勋十二转[22]，赏赐百千强[23]。**

（21）明堂：天子临朝的殿堂。（22）策勋：记功。转：勋级每升一级叫一转，十二转为最高的勋级。此处的十二转应为虚数，并非实指。（23）强：有余。

**可汗问所欲，木兰不用尚书郎[24]，愿驰千里足[25]，送儿还故乡。**

（24）不用：不愿意。尚书郎：尚书省的官，尚书省是古代朝廷中管理国家政事的机关。（25）千里足：千里马。又作“愿借明驼千里足”。

**爷娘闻女来，出郭相扶将[26]；阿姊闻妹来[27]，当户理红妆[28]；**

（26）郭：外城。相扶将：相互扶持。（27）姊（zǐ）：姐姐。（28）理：梳理。红妆：指女子的艳丽装束。



**小弟闻姊来，磨刀霍霍向猪羊[29]。开我东阁门，坐我西阁床。脱**

（29） 霍霍（huò）：模拟磨刀的声音，也有译为是形容磨刀很快。

**我战时袍，著我旧时裳[30]。当窗理云鬓[31]，对镜帖花黄[32]。出门**

（30）著(zhuó)：通“着”，穿。（31）云鬓（bìn）：像云那样的鬓发，形容好看的头发。（32）帖：通“贴”。花黄：当时妇女的一种面部装饰物，在额间贴以黄色。

**看火伴，火伴皆惊忙。同行十二年，不知木兰是女郎。**

**雄兔脚扑朔，雌兔眼迷离[33]；双兔傍地走，安能辨我是雄雌[34]？**

（33）“雄兔”二句：据说，提着兔子的耳朵悬在半空时，雄兔两只前脚时时动弹，雌兔两只眼睛时常眯着，所以容易辨认。扑朔：跳跃的样子。迷离：不明的样子。（34）“双兔”二句：两只兔子贴着地面跑，怎能辨别哪个是雄兔，哪个是雌兔呢？傍(bàng)地走：贴着地面并排跑。

《乐府诗集》

【翻译】

叹息声一声接一声，木兰对着房门织布。听不见织布机声音，只听见木兰在叹息。问木兰在想什么？问木兰在惦记什么？（木兰答道）我也没有想什么，也没有惦记什么。昨晚看见征兵文书，君主大规模征兵，征兵文册那么多，每卷都有父亲的名字。父亲没有大儿子，木兰没有兄长，愿意到集市买马具，开始替父亲去征战。

在市场东边买骏马，在市场西面买马鞍垫，在市场南面买缰绳，在市场北面买长鞭子。

第二天早晨辞别父母，晚上宿营黄河边。听不见父母呼唤女儿的声音，只能听到黄河水激流声。第二天早晨离开黄河上路，晚上到达黑山头，听不见父母呼唤女儿的声音，只听到燕山胡马啾啾鸣叫声。

不远万里奔赴战场，像飞起来似的迅速度过重重高山。北方寒气中传来刁斗声，月光映照战士们的铠甲。将士们身经百战捐躯，将士们辗转多年而归。

归来朝见天子，天子坐在殿堂。（为木兰）记功很大，得到赏赐有千百金有余。天子问木兰有什么要求，（木兰说）不愿做尚书高官，希望骑上千里马，送我回到故乡。

父母听说女儿回来了，互相搀扶着到城外；姐姐听说妹妹回来了，对着门户梳妆打扮；弟弟听说姐姐回来了，霍霍地磨刀杀猪宰羊。每间房都打开了，入门进去看看，脱去打仗的战袍，穿上以前女子的衣裳，当着窗子、镜子整理如云头发，对着窗子、镜子在面部贴上装饰物。走出去看（一起打仗）的伙伴，伙伴们很吃惊，（我们）同行数年之久，竟然不知木兰是女孩。

（提着兔子耳朵悬在半空中时）雄兔两只前脚时时动弹、雌兔两只眼睛时常眯着，容易分辨。雄雌两兔一起并排跑，怎能分辨哪个是雄兔，哪个是雌兔？



## 【简析】

《木兰诗》是北朝乐府民歌中最长的一首叙事诗，讲述了木兰替父从军的故事，刻画了花木兰热爱祖国、孝顺父母、勇敢作战、不贪荣华的高贵品质。第一段讲述了事情的起因，木兰无心织布，因为可汗征兵，木兰依然决定替父从征；第二段叙述了木兰征前准备和征途思亲；第三段用简要的笔法写了木兰从军经历的战事；第四段写了木兰沙场征战胜利后不愿得官，只想回家的愿望；第五段写了征后家人团聚场面；最后一段用了雌雄两兔的幽默比喻，是木兰扮男装奇迹的圆满解释，更为喜剧诗情之余音袅袅。诗歌叙事结构完整，繁简得当，精心剪裁，讲述了木兰替父从军的全过程，充分体现了民歌的天然特长，加之铺叙、夸张、象声等手法的突出运用，都起到了渲染气氛，刻画性格的艺术效果。

# 唐朝篇

# 野望

王　绩

**东皋薄暮望[(1)]，徙倚欲何依[(2)]。树树皆秋色，山山唯落晖[(3)]。**

（1）东皋：山西省河津县的东皋村，诗人隐居的地方。薄暮：日将落之时。（2）徙倚：指徘徊、彷徨。依：归依。（3）落晖：落日的余光。

**牧人驱犊返[(4)]，猎马带禽归。相顾无相识，长歌怀采薇[(5)]。**

（4）犊：小牛。（5）采薇：据《诗经·召男·草虫》载：“陟彼南山，言采其薇。未见君子，我心伤悲。”又据《诗经·小雅·采薇》载：“采薇采薇，薇亦作止。曰归曰归，岁亦莫止，靡市靡家，猃狁之故；不遑启居，猃狁之故”，此处借以抒发自己的苦闷。薇：多年生草本，嫩苗可作蔬菜。

《中国历代诗歌选》



## 【翻译】

在东皋的傍晚时分远望，徘徊不定不知归依何方。层层树林都染上秋天色彩，重重山岭披着落日余光。牧人驱赶着牛群返回，猎人带着猎物回去。看到这些人并不认识，长声歌唱“采薇”歌。

## 【简析】

这是一首通过描写黄昏秋景来表达怅惘苦闷心情的五言律诗。首联写黄昏远眺，百无聊赖的彷徨苦闷心情；颔联两句是远望所见，秋景的寂寞与诗人惘然心绪一致；颈联写诗人近观，通过牧童和猎人的特写，渲染了浓郁的田园气息，使得画面富有动感美；尾联写了自己一无所适，倍感孤独，只能吟诵采薇歌，寄托怀念君子之情。全诗首尾两联抒情言事，中间两联写景，已经明显具备了律诗格调，被视为初唐最早的五言律诗。沈德潜评曰：“五言律前此失严者多，应以此章为首。”（《唐诗别裁集》）

# 长安古意(1)



（1）古意：类似“拟古”的诗题。

卢照邻

**长安大道连狭斜(2)，青牛白马七香车(3)。玉辇纵横过主第(4)，金**

（1）狭斜：小巷。（2）青牛：用以驾车。七香车：用多种香木制成的华美小车。（3）玉辇：本指皇帝所乘的车，这里泛指一般豪门贵族的车。主第：公主的宅第。

**鞭络绎向侯家(5)。龙衔宝盖承朝日(6)，凤吐流苏带晚霞(7)。百尺游丝**

（5）金鞭：泛指车马。络绎：往来不绝，前后相接。侯家：封建王侯之家。（6）龙衔宝盖：车上张着华美的伞状车盖，支柱上端雕作龙形，如衔车盖于口。宝盖：华盖，古时车上张有圆形伞盖，用以遮阳避雨。承朝日：承受朝日，借以点名时间。（7）凤吐流苏：车盖上的立凤嘴端挂着流苏。流苏：以五彩羽毛或丝线制成的穗子。



**争绕树(8)，一群娇鸟共啼花。游蜂戏蝶千门侧(9)，碧树银台万种色。**

（8）游丝：春天虫类所吐的飘扬于空中的丝。庾信在《燕歌行》中“洛阳游丝百丈连”。（9）千门：宫门。

**复道交窗作合欢(10)，双阙连甍垂凤翼(11)。梁家画阁中天起(12)，汉**

（10）复道：又称阁道，宫苑中用木材架设在空中的通道。交窗：有花格图案的木窗。合欢：马缨花，又称夜合花，这里指复道、交窗上的合欢花形图案。（11）阙：宫门前的望楼。连甍：屋脊相连。垂凤翼：双阙上饰有金凤，作垂翅状。《太平御览》卷一七九引《阙中记》：“建章宫圆阙临北道，凤在上，故号曰凤阙也。”（12）梁家：指东汉外戚梁冀家，这里指华丽的住宅。梁冀为汉顺帝梁皇后兄，以豪奢著名，曾在洛阳大兴土木，建造第宅。

**帝金茎云外直(13)。楼前相望不相知，陌上相逢讵相识(14)？借问吹箫**

（13）金茎：铜柱。汉武帝刘彻于建章宫内立铜柱，高二十丈，上置铜盘，名仙人掌，以承露水。（14）“楼前”二句：意谓贵族甲第往来频繁，墙头马上或陌上相逢，未必相识。此隐喻闺中妇女要求爱情生活的心情。

**向紫烟，曾经学舞度芳年(15)。得成比目何辞死(16)，愿作鸳鸯不羡仙。**

（15）“借问”二句：意谓她们以歌舞度过青春，羡慕着美满的爱情婚姻生活。吹箫：用春秋时萧史吹箫故事隐喻向往爱情。据《列仙传》载：“萧史善吹箫，秦穆公以女弄玉妻之，一旦图随凤凰飞去。”向紫烟：指飞入天空。（16）比目：鱼名，两目生在身体一面，游动时相配成对。据《尔雅·释地》载：“东方有比目鱼焉，不比不行，其名谓之鲽。”故古人用比目鱼、鸳鸯鸟比喻男女相伴相爱。

**比目鸳鸯真可羡，双去双来君不见？生憎帐额绣孤鸾(17)，好取门帘**

（17）生憎：最恨。帐额：帐子前的横幅。孤鸾：象征独居。鸾：传说中凤凰一类的神鸟。

**帖双燕[18]。双燕双飞绕画梁，罗帷翠被郁金香[19]。片片行云着蝉**

（18）好取：愿将。双燕：象征自由幸福的爱情。（19）翠被：翡翠颜色的被子，或指以翡翠鸟羽毛为饰的被子。郁金香：花名，传说产自大秦国（罗马），这里是指罗帐和被子都用郁金香熏过。

**鬓[20]，纤纤初月上鸦黄[21]。鸦黄粉白车中出，含娇含态情非一。妖**

（20）行云：形容发型蓬松美丽。蝉鬓：古代妇女的一种发式，类似蝉翼的式样。（21）初月上鸦黄：额上用黄色涂成弯弯的月牙形，是当时女性面部化妆的一种样式。鸦黄：嫩黄色。

**童宝马铁连钱[22]，娼妇盘龙金屈膝[23]。御史府中乌夜啼，廷尉门前**

（22）妖童：泛指随从的歌童舞女。铁连钱：指马的毛色青而斑驳，有连环的钱状花纹。（23）盘龙：钗名。崔豹在《古今注》载："蟠龙钗，梁冀妻所制"，此指金屈膝上的雕纹。屈膝：铰链，用于屏风、窗、门、橱柜等物，这里是指车门上的铰链。

**雀欲栖[24]。隐隐朱城临玉道[25]，遥遥翠幰没金堤[26]。挟弹飞鹰杜**

（24）"御史"二句：意写权贵骄纵恣肆，御史、廷尉都无权约束他们。御史：官名，司弹劾。乌夜啼：与下句"雀欲栖"均暗示执法官门庭冷落。廷尉：官名，掌刑法。（25）朱城：宫城。玉道：指修筑得讲究漂亮的道路。（26）翠幰：妇女车上镶有翡翠的帷幕。金堤：坚固的河堤。

**陵北[27]，探丸借客渭桥西[28]。俱邀侠客芙蓉剑[29]，共宿娼家桃李**



（27）挟弹飞鹰：指打猎的场面。杜陵：在长安东南，汉宣帝陵墓所在地。（28）探丸借客：指行侠杀吏，助人报仇等蔑视法律的行为。据《汉书·尹赏传》载："长安闾里少年，群辈杀吏，受赇报仇，相与探丸为弹，得赤丸者斫武吏，黑丸者斫文吏，白者主治丧。"借客：替人报仇。渭桥：在长安西北，秦始皇时所建，横跨渭水，故名。（29）芙蓉剑：古剑名，春秋时越国所铸，这里泛指宝剑。

**蹊[30]。娼家日暮紫罗裙，清歌一啭口氛氲[31]。北堂夜夜人如月[32]，**

（30）桃李蹊：指娼家的住处。语出《史记·李将军列传》："桃李不言，下自成蹊。"此借用，一则桃李可喻美色，二则暗示这里是吸引游客纷至沓来的地方。蹊：小径。（31）啭：宛转歌唱。口氛氲：口中散发出香气。（32）北堂：此指娼家居住地。人如月：形容妓女的美貌。

**南陌朝朝骑似云[33]。南陌北堂连北里[34]，五剧三条控三市[35]。弱**

（33）南陌：指妓院门外。骑似云：形容骑马的来客云集。（34）北里：即唐代长安平康里，是妓女聚居之处，因在城北，故称北里。（35）"五剧"一句：长安街道纵横交错，四通八达，与市场相连接。五剧：交错的路。三条：通达的道路。控：连接。三市：许多市场。"五剧""三条""三市"都是用前人成语，其中数字均非实指。

**柳青槐拂地垂，佳气红尘暗天起[36]。汉代金吾千骑来[37]，翡翠屠苏**



（36）佳气红尘：指车马杂沓的热闹景象。（37）金吾：即执金吾，汉代禁卫军官衔。唐代设左、右金吾卫，有金吾大将军，此泛指禁军军官。

**鹦鹉杯[38]。罗襦宝带为君解[39]，燕歌赵舞为君开[40]。别有豪华称**

（38）"翡翠"一句：写禁军军官在娼家饮酒。翡翠本为碧绿透明的美玉，这里形容美酒的颜色。屠苏：美酒名。鹦鹉杯：即海螺盏，用南洋出产的一种状如鹦鹉的海螺加工制成的酒杯。（39）罗襦：丝绸短衣。（40）燕歌赵舞：战国时燕、赵二国以"多佳人"著称，歌舞最盛，此借指美妙的歌舞。

**将相，转日回天不相让(41)。意气由来排灌夫(42)，专权判不容萧相(43)。**

（41）转日回天：极言权势之大，可以左右皇帝的意志，“天”喻皇帝。（42）“意气”句：意谓将相意气骄横，从来不让灌夫。灌夫：字仲孺，汉武帝时期的一位将军，勇猛任侠，好使酒骂座，交结魏其侯窦婴，与丞相武安侯田蚡不和，终被田蚡陷害，诛族。（43）“专权”句：意谓将相专权，就是对萧何也不能相容。萧相：指萧望之，字长倩，汉宣帝朝为御史大夫、太子太傅，汉元帝即位，辅政，官至前将军，他曾自谓“备位将相”。后被排挤，饮鸩自尽。

**专权意气本豪雄，青虬紫燕坐春风(44)。自言歌舞长千载，自谓骄奢**

（44）青虬、紫燕：均指好马。屈原《九章·涉江》：“驾青虬兮骖白螭。”虬：本指无角龙，这里借指良马。紫燕：骏马名。坐春风：在春风中骑马飞驰，极其得意。

**凌五公(45)。节物风光不相待(46)，桑田碧海须臾改(47)。昔时金阶白**

（45）凌：超过。五公：张汤、杜周、萧望之、冯奉世、史丹，皆汉代著名权贵。（46）节物风光：四季的景物。（47）桑田碧海：即沧海桑田，喻指世事变化很大。据《神仙传》卷五载：“麻姑对王方平说：‘接待以来，见东海三为桑田。’”

**玉堂(48)，即今惟见青松在。寂寂寥寥扬子居(49)，年年岁岁一床书(50)。**

（48）金阶白玉堂：形容豪华宅第。据古乐府《相逢行》载：“黄金为君门，白玉为君堂。”（49）扬子：汉代扬雄，字子云，在长安时仕宦不得意，曾闭门著《太玄》《法言》。左思《咏史》诗：“寂寂扬子宅，门无卿相与。寥寥空宇中，所讲在玄虚。”（50）一床书：指以诗书自娱的隐居生活。据庾信《寒园即目》载：“隐士一床书。”淮南小山《招隐士》：“桂树丛生兮山之幽，偃蹇连蜷兮枝相缭。”言避世隐居之意。



**独有南山桂花发，飞来飞去袭人裾(51)。**

（50）袭：落到。裾：衣襟。

《中国历代诗歌选》

【翻译】

长安大道连着各小巷，青牛白马香车在街上来往。王公贵族的车纵横在贵族家外，车马络绎不绝。雕着龙的华美车盖承受朝日，凤嘴挂着流苏车子在晚间。百尺飘着的虫丝绕树上，一群娇小鸟儿朝着花啼叫。成群蜂蝶飞在宫门侧，绿树银色台（在阳光下）映出许多颜色。府第阁道、交窗上刻着合欢花图案，两座望楼连着的房脊像金凤垂翅。梁家的画阁高大入天，汉武帝建的铜柱高耸触云。楼阁上与别人相对望而不知，路上相逢哪会知晓对方？问她们可曾吹箫向往爱情，（她们答）曾经学习舞蹈度花样年华。能与心爱人如比目鱼般厮守死也心甘；能和心爱人厮守愿做凡人不羡神仙。比目鱼和鸳鸯真值得羡慕，只是你看不见他们成双结对。最恨帐前绣着孤鸾，愿将门帘贴上双飞燕。双燕双飞绕着花梁，帷幔和翠色的羽被撒上郁金香料。鬓发如轻云梳成蝉翼般，额头涂上嫩黄新月状图形。额头涂着嫩黄新月、唇红齿白的美女随车出游，（她们）千娇百媚风情万种。轻浮子弟骑着白底青点马，盘龙纹铰链车里坐着歌女。御史府前静得可以听到乌鸦叫声，廷尉府门前树上有雀鸟休息。车上隐约看到豪华道路，车上帷幕隐没了远处坚固河堤。有人在杜陵北打猎，有人在渭桥西刺杀官吏。带着宝剑刺客都入住妓院，和妓女共宿在娼家。娼客日夜想着妓女，（她们）婉转歌声散发出香气。娼客每晚都和如月妓女行乐，到早晨骑着马像行云。娼客脚下的路连着妓院，长安街道纵横交错与市场相连。孱弱翠柳、槐枝垂地，车马杂沓飞尘在夜晚响起。禁军骑队千马来，翡翠美酒鹦鹉酒杯。美丽衣裳为他们而解开，舞蹈也为他们而跳起。显贵的人做起将相，左右皇帝而不相让。将相意气骄横从来不让灌夫，将相专权对萧何也不相容。专权意气本来是豪放英雄，清虬、紫燕良马得意生风。

（妓女）认为自己的舞蹈优于千古，（枭雄）认为自己富贵超过五公。四季景物不相等待，沧海变桑田须臾之间。昔日的豪华府第，今日只见几棵青松。扬雄仕途失意后甘于寂寞，年年岁岁潜心著书。只有钟南山桂花纷飞，点点打在人的衣上。

## 【简析】

这是一首描写长安上层社会骄奢豪贵生活的诗歌。共分五部分，第一部分由开篇至“陌上相逢讵相识”，从不同角度写了长安的繁荣，先写交通繁荣与车辆华美，又写柳丝蜂蝶写街景的美丽，然后写宫中建筑富丽堂皇，最后以相望不相知写出长安人口众多。第二部分由“借问吹箫向紫烟”到“娼妇盘龙金屈膝”，写了长安歌妓，她们芳年学舞，盼望王孙公子喜爱，她们尽力打扮自己，作出各种风流情态。第三部分由“御史府中乌夜啼”到“燕歌赵舞为君开”，描写了长安游侠豪强、金吾恶少蓄妓放荡的生活，他们白日里招摇过市，夜间宿娼嫖妓，纸醉金迷，甚至千骑相随，糜烂到了无以复加的地步。第四部分由“别有豪华称将相”到“即今惟见青松在”，先揭露了权贵专权夺利、相互倾轧、不可一世的本性，然后发出，这一切不过是过眼烟云，不会长享富贵的感慨。最后四句为第五部分，诗人以穷愁著书的扬雄自比，表明自己与世俗迥然不同的生活境遇和生活情趣，流露出诗人清高品行。诗歌是初唐少有的鸿篇巨制，感情充沛，力量雄厚，善于铺排，详略适宜，虽带有六朝诗歌辞采华丽的余习，但内容却超出了宫体诗范畴，标志着宫体诗风格的转变。

# 在狱咏蝉

骆宾王

**西陆蝉声唱[1]，南冠客思侵[2]。那堪玄鬓影[3]，来对白头吟[4]。**

（1）西陆：指秋天。据《隋书·天文志》载："日循黄道东行，一日一夜行一度，三百六十五日有奇而周天。行东陆谓之春，行南陆谓之夏，行西陆谓之秋，行北陆谓之冬。"（2）南冠：楚国之冠，此指囚犯。据《左传·成公九年》载："晋侯观于军府，见钟仪，问之曰：'南冠而絷者谁也?'有司对曰：'郑人所献楚囚也。'"客思：客中思乡之情。（3）那堪：怎能忍受。玄鬓影：指蝉。据晋崔豹《古今注》载："魏文帝宫人莫琼树乃制蝉鬓，望之缥缈如蝉。"（4）白头：作者自指，《白头吟》为古乐府曲调名。相传西汉时司马相如将娶茂陵女为妾，卓文君作《白头吟》以自伤。

**露重飞难进，风多响易沉[5]。无人信高洁[6]，谁为表予心[7]？**

（5）"露重"二句：意思是浓重的秋露沾湿了翅膀难以奋飞，萧瑟的秋风又阻遏了蝉的鸣声。（6）信：相信。高洁：指蝉。古人认为蝉只饮露水，把它作为高洁的象征。（7）谁为：为谁。

《全唐诗》卷七八



## 【翻译】

秋天蝉儿哀婉地鸣叫，狱中的我思乡心绪渐深。怎能忍受秋蝉扇动乌黑双翅，对（我）斑斑白发不尽长吟。秋露浓重虽双翼轻盈，却难振翅高飞，寒风轻易地把它的鸣唱淹没。无人相信（蝉）高洁冰清，又能向谁表白我皎皎廉洁的心？

## 【简析】

此诗作于唐高宗仪凤三年（公元678年），骆宾王因多次上书言事，触忤皇后武则天，以贪赃罪下狱。诗人借咏蝉寄托自己清白无辜却无法辩白的忧愤。诗歌首两句以秋蝉高唱，触耳惊心起兴，写出诗人在牢房中闻蝉声而深深怀念家园之情。三、四句写诗人的内心世界，诗人正当盛年，应为国效力，却受诬下狱，因而头添白发。五、六句把物我合一，用蝉在深秋的艰苦喻自己所处环境的恶劣，蝉因"露重"而难飞，暗指自己身陷牢狱；蝉因"风多"而声音被淹没，指自己遭人陷害、有口难言，两句无一字不说蝉，而无一字不言自己。最后两句仍用比兴，用蝉的高洁暗喻自己的品行。诗歌凄凉婉转，运用比兴、连用典故、对仗自然，由人及物，物我一体，是咏物诗中名作。

# 送杜少府之任蜀川[1]

王　勃

(1) 杜少府：名字不详，少府即县尉。之：前往。蜀川：泛指蜀地。

**城阙辅三秦[2]，风烟望五津[3]。与君离别意，同是宦游人[4]。**

(2) 城阙：此处指长安，宫门前的望楼叫阙。辅：卫护，屏藩。三秦：秦汉之际，项羽分秦国故地为雍、塞、翟三国，总称为三秦。(3) 风烟：指自然景色。五津：岷江的五大津渡，即白华津、万里津、江首津、涉头津、江南津，此借指蜀地。(4)“与君”二句：意指彼此都是宦游之人，各奔前程，不可能常聚在一起，离别是难以避免的。宦游：离家在外做官。

**海内存知己，天涯若比邻[5]。无为在歧路，儿女共沾巾[6]。**

(5)“海内”二句：意指四海之内有一知心朋友存在，虽远在天边，也似邻居一样。比邻：近邻。曹植《赠白马王彪》诗云：“丈夫志四海，万里犹比邻。”(6)“无为”二句：意指不要在分手时，像小儿女一样哀伤哭泣。无为：不要。歧路：分岔路口，指分手处。儿女：女儿。

《王子安集》



## 【翻译】

三秦之地拱护长安宫阙，风烟滚滚望不到蜀州五津。与你作别时心心相印，（你我）都是远离故乡出外做官之人。四海之内有一知心朋友存在，虽远在天边也似邻居。请别在分手的岔路上伤心痛哭，像多情少年男女彼此泪落沾衣。

## 【简析】

这是一首送别诗，历来为人所传诵。诗歌首联对仗工整，用气势磅礴的语言写出送别的地点和友人的目的地。颔联为散句，为律诗变格，写送别友人的心情。颈联奇峰突起，境界从狭小转为宏大，情调从凄楚转为豪迈，“海内存知己，天涯若比邻”化用曹植诗句，工整自然，乃脍炙人口的千古名句。尾联紧接颈联，以高远开朗的格调和胸怀作慰勉语，给人鼓舞，诗意回到送别上来。全诗感情跌宕起伏，意境旷达，“骨气苍然”，起承转合均合律诗要求，是相当成熟的五言律诗。

# 从军行[1]

杨　炯

（1）从军行：为乐府《相和歌·平调曲》旧题，多写军旅生活。

**烽火照西京[2]，心中自不平。牙璋辞凤阙[3]，铁骑绕龙城[4]。**

（2）烽火：边境报警的信号，古时从边境到都城沿路设置烽火台，遇有军情，燃火报警，递相传告。唐制以烽火台上火炬数报告军情缓急，一炬火传至所在州县，两炬以上传至京城，表明军情紧急。西京：自东汉以来，即称长安为西京，洛阳为东京。（3）牙璋：调兵的符信，朝廷与主将各持一块，以齿状相合为信，合处即称为牙。璋：原指一种玉，但兵符不一定都是用玉制成。凤阙：汉武帝建章宫的圆阙上有金凤，称为凤阙，此处代指皇宫。（4）铁骑（jì）：精壮的骑兵。龙城：龙庭，汉时匈奴祭祀天神的处所，故址在今蒙古人民共和国鄂尔浑河东侧，此处代指敌人巢穴。

**雪暗凋旗画[5]，风多杂鼓声。宁为百夫长[6]，胜作一书生。**

（5）雪暗：指风雪弥漫使天色昏暗。凋旗画：军旗的彩画暗淡失色。凋：凋落、萎谢。（6）百夫长：古代军队里的下级军官。

《全唐诗》卷五十

## 【翻译】

边塞的报警烽火传到长安，壮士的心哪能平静。朝廷的将帅辞别了宫门，身着铁甲的骑士就直捣巢穴。风雪弥漫、天色昏军、旗褪了色，风狂刮的声音裹着鼓声。

我宁作百夫长冲锋陷阵，也不耐守笔砚做个书生。

## 【简析】

诗歌抒发了诗人希望报效边疆、为国立功的壮烈情怀。首联交代了事情发生的背景，边廷战报传来，激起志士的爱国热情。“自”字写出诗人由衷的爱国热情。颔联写出了将士们怀着崇高的使命，受皇帝差遣出征，把敌人包围得水泄不通，渲染了军旅战争的激烈。尾联抒发保家卫国的壮志豪情，宁愿驰骋沙场，也不愿作置身书斋的书生，反映了当时青年士子的精神风貌。全诗感情激烈、气势雄放、对仗工整、音律和谐，是一首成熟的五言律诗，可视为盛唐边塞诗歌的滥觞之作。

# 代悲白头翁

刘希夷

洛阳城东桃李花，飞来飞去落谁家？洛阳女儿惜颜色[(1)]，坐

（1）颜色：容貌。

见落花长叹息[(2)]。今年花落颜色改[(3)]，明年花开复谁在？已见

（2）坐：由于，因。（3）颜色改：指青春逝去。

松柏摧为薪[(4)]，更闻桑田变成海[(5)]。古人无复洛城东，今人还

（4）松柏摧为薪：松柏被砍伐作柴薪。《古诗十九首》："古墓犁为田，松柏摧为薪。"（5）桑田变成海：《神仙转·麻姑》："麻姑自说云，接待以来，已见东海三为桑田。"后以"沧海桑田"比喻世事变迁极大。

对落花风[(6)]。年年岁岁花相似，岁岁年年人不同。寄言全盛红颜



（6）"古人"二句：意谓亡故之人再不能欣赏洛阳城东的桃李花，世上的人依然要面对春花的败落、年华的流逝。

子[(7)]，应怜半死白头翁。此翁白头真可怜，伊昔红颜美少年[(8)]。

（7）寄言：传话。全盛红颜子：最完美的年轻美貌女子。（8）伊昔：往日。伊：语首助词。

公子王孙芳树下，清歌妙舞落花前。光禄池台文锦绣，将军楼阁

画神仙[(9)]。一朝卧病无相识，三春[(10)]行乐在谁边？宛转蛾眉能

（9）"光禄"二句：写了白头翁年少时的才华，在光禄寺的池台边吟咏华章，在将军的楼阁中画神仙图。光禄：光禄勋。用东汉马援之子马防的典故。《后汉书·马援传》载：马防在汉章帝时拜光禄勋，生活很奢侈。文锦绣：指以锦绣装饰池台中物。文又作"开"或"丈"，皆误。将军：指东汉贵戚梁冀，他曾为大将军。《后汉书·梁冀传》载：梁冀大兴土木，建造府宅。这两句说白头翁昔年曾出入权势之家，过豪华的生活。（10）三春：春季三个月。



几时[(11)]，须臾鹤发乱如丝[(12)]。但看古来歌舞地，唯有黄昏鸟雀

（11）宛转蛾眉：本为年轻女子的面部化妆，此代指青春年华。（12）须臾：顷刻。鹤发：白发。

悲。

《全唐诗》卷八二

【翻译】

洛阳城东桃花李花随风飘，飞来飞去不知落入谁家？洛阳女子有娇艳的容颜，因坐看零落桃花李花而长声叹息。今年（我）看着花凋零而颜色衰，明年花开时节不知又有谁能看见？已看见松柏被摧残为柴薪，又听说桑田变成汪洋大海。故人现已不叹洛阳城东了，今人依旧对着随风飘零落花。年年岁岁繁花依旧，岁岁年年看花之人却不同。寄言给青春年华的红颜少年，应该怜悯半死之人的白头老翁。他白发苍苍真是可怜，（他）从前是一位风流倜傥红颜美少年。（当年）与公子王孙寻欢作乐芳树下，吟赏清歌妙舞于落花之前。像东汉光禄勋马防般以锦绣装饰池台，又如梁冀在府第楼阁中到处涂画神仙。（如今）一朝卧病便无人理睬，三春行乐又到哪里去了呢？青春娇颜又能保持几时？须臾之间已是鹤发蓬乱雪白如丝。只见那古往今来的歌舞之地，剩下只有黄昏鸟雀在空自悲啼。

【简析】

此诗题一作《白头吟》，是一首拟古乐府题而作的七言歌行，主要寄托青春易逝、红颜易老的思绪。全诗二十六句，前十二句借洛阳女子叹惜落花，抒发人生短促、红颜易老的感慨。起首四句由桃李花飞起兴，引出洛阳女子由花落花飞想到自己红颜易老的惆怅。接着八句描写洛阳女子的心态，抒发松柏为薪、沧海桑田、花可相似，而人不如花的忧伤。诗歌后十四句写白头老翁的遭遇，抒发世事变迁、人生无常的感慨。“寄言”两句点明白头老翁的今日正是红颜女子的未来，这是所有的人都无法改变的宿命。白头翁昔年风流倜傥，备受欣赏，如今却孤独病卧、无人问津就是证据。最后点明婉转蛾眉终将“鹤发乱如丝”，使全诗的感慨更增加了深度。全诗清丽流畅、音韵谐美，感情色彩十分浓厚，特别是“年年岁岁花相似，岁岁年年人不同”乃千古名句。赵翼说此句：“人人意中所有，却未有人道过……”

## 登幽州台歌[(1)]

**陈子昂**

（1）幽州台：即蓟北楼，故址在今北京西南。

**前不见古人[2]，后不见来者[3]。念天地之悠悠，独怆然[4]**

（2）古人：指像燕昭王那样能任用贤才的人。（3）来者：指将来的圣贤。（4）怆（chuàng）然：伤悲貌。

**而涕下。**

《全唐诗》卷八四

【翻译】

先代的圣君我见没见到，后代的明主要等到什么时候？想到宇宙无限渺远，我独自凭吊涕泪纵横。

【简析】

这首诗是陈子昂随军征讨契丹，因直言进谏，不被采纳，心怀悲愤，登上幽州台，即景生情而作。诗歌首句抒发了自己生不逢时，未遇明主，才干得不到施展的悲愤。次句是说自己也不知道是否还有像燕昭王那样任用贤能。接着写自己登上幽州台极目远眺而产生的无限感慨，面对无始无终的悠悠宇宙，诗人不禁感到自己孤单寂寞，因而怆然流泪。诗人将自己置于一个无限辽阔的时空背景上，把孤独和渺小无助之感推至一个无以复加的极端，有强烈的感染力。全诗感情真挚，意境高远，风格苍凉，浑厚古朴，音节和谐，采取了长短错落的楚辞手法。清人黄周星评论此诗：“胸中自有万古，眼底更无一人。古今诗人多矣，从未有道及此者，此二十二字，真可泣鬼。”

## 咏柳

贺知章

**碧玉妆成一树高[1]，万条垂下绿丝绦[2]。不知细叶谁裁出，**

（1）“碧玉”句：意谓柳树碧绿的如一个玉树，也有解释说柳树婀娜，宛如凝妆的碧玉。碧玉：碧绿色的玉。妆：装饰、打扮。（2）丝绦：用丝编成的丝带，此形容柳树一丝丝像丝带般。

**二月春风似剪刀[3]。**

（3）“不知”二句：意谓这颗碧玉柳树仿佛是新由春风裁剪而成的。裁：裁剪。似：好像、如同。

《中国历代诗歌选》

【翻译】

柳树碧绿的如一个玉树，千万枝柳条像绿色丝带。知道这细嫩的柳叶是谁剪裁的吗？就是那像剪刀的二月吹风。

【简析】

这是一首咏物诗，借描绘柳树的新绿，烘托出生机盎然的气息。首两句巧用了比喻手法，赋予柳树人的情韵，先从整体上写出柳树的婀娜多姿，再把柳树比作美人腰中的丝带，从而将柳树的亭亭玉立、柳枝随风曼舞的飘逸轻灵的姿态活灵活现地描写出来。诗歌后两句发挥了奇妙的联想，通过一问一答，形象地描绘出春风的魅力，并进一步对柳树进行补写，完成了对柳树全貌的描写。



# 春江花月夜



张若虚

**春江潮水连海平，海上明月共潮生(1)。滟滟(2)随波千万里，**

（1）“春江”二句：写明月初出时的景象。月亮从地平线升起，水边望去，就好像从浪潮中涌出一样。海：指宽阔的江面。（2）滟滟（yàn）：波光闪动的光彩。

**何处春江无月明！江流宛转绕芳甸(3)，月照花林皆似霰(4)。空**

（3）宛转：弯曲。芳甸（diàn）：遍生花草的原野。（4）霰（xiàn）：小雪珠。此形容洁白月光照映下的花朵。

**里流霜(5)不觉飞，汀上(6)白沙看不见。江天一色无纤尘(7)，皎**

（5）流霜：古人以为霜和雪一样，是从空中落下来的，所以叫流霜。这里比喻月光皎洁，所以不觉得有霜霰飞扬。（6）汀：水中的空地。（7）纤尘：微细的灰尘。

**皎空中孤月轮(8)。江畔何人初见月？江月何年初照人？人生代代**

（8）月轮：指月亮，因月圆时像车轮，故称月轮。

**无穷已(9)，江月年年只相似。不知江月待何人，但见(10)长江送**

（9）穷已：穷尽。（10）但见：只见、仅见。

**流水。白云一片去悠悠(11)，青枫浦(12)上不胜愁。谁家今夜扁舟**

(11) 悠悠：渺茫、深远。(12) 青枫浦：地名，今湖南浏阳县境内有青枫浦。这里泛指游子所在的地方。

**子(13)？何处相思明月楼(14)？可怜楼上月徘徊(15)，应照离人妆**

(13) 扁（piān）舟子：飘荡江湖的游子。(14) 明月楼：指思妇住的楼。(15) 月徘徊：指月光移动。

**镜台(16)。玉户帘中卷不去，捣衣砧上拂还来(17)。此时相望不相**

(16) 妆镜台：梳妆台。(17) "玉户"二句：意谓月色带着离愁渗进思妇的心头，无法排遣。玉户：形容楼阁华丽，以玉石镶嵌。捣衣砧（zhēn）：捣衣石、捶布石。

**闻，愿逐月华流照君(18)。鸿雁长飞光不度，鱼龙潜跃水成文(19)。**

(18) 相闻：互通音信。逐：跟从、跟随。月华：月光。(19) "鸿雁"二句：相传鸿雁和鱼能给人送信。可现在鸿雁远走高飞并不能将楼前月光带给亲人，鱼儿也只是从深水中跳跃几下使水面出现波纹罢了，却不能给人送信。文：同"纹"。

**昨夜闲潭梦落花(20)，可怜春半不还家。江水流春去欲尽，江潭(21)**

(20) 闲潭：幽静的水边。落花：青春消逝的象征。(21) 江潭：江边。

**落月复西斜。斜月沉沉(22)藏海雾，碣石潇湘无限路(23)。不知**

(22) 沉沉：状落月之重，暗示心情之沉重。谓落月渐渐藏入海边升起的晨雾里。(23) 碣石：山名，在今河北乐亭县西南，此处代表北方，游子所在地。潇、湘：两水名，在今湖南省，此处代表南方，即青枫浦明月楼思妇所在地。无限路：言离人相去很远。

**乘月几人归，落月摇情满江树(24)。**

(24) "落月"句：意谓落月余晖摇荡在江树之间，象征离人的情思摇荡。摇情：激荡情思，犹言牵情。

《全唐诗》一一七

【翻译】

春天江潮水势浩荡与大海相连，明月从海上升起如与潮水一起涌出。（月光）照耀春江随波浪闪耀千万里，所有春江都有明亮月光。江水曲折绕着花草丛生的原野流淌，月光照着鲜花的树林如雪珠闪烁。月色如霜飞无从觉察。洲上的白沙和月色相融看不分明。江水天空成一色没一点儿微小灰尘，明亮的天空中一轮孤月高悬。江边上什么人最初看见月亮，江上的月亮哪一年最初照耀着人？人生一代代地无穷无尽，只有江上月亮一年年地总是相似。不知江上月亮等着什么人，只见长江不断地输送着流水。（游子像）一片白云缓缓离去，（思妇站在）离别的青枫浦不胜忧愁。哪家游子今晚坐着小船漂流？什么地方有人在明月照耀的楼上相思？可怜楼上徘徊的月光，应该照耀着离人的梳妆台。月光照进思妇的门帘卷不走，照在她的捣衣砧上拂不掉。这时互相望着月亮可听不到声音，希望随着月光流去照耀着您。鸿雁不停飞翔也不能飞出月光，鱼龙在水中跳跃激起阵阵波纹。昨晚梦见花朵落在幽静水潭上，可怜春天过了一半还不能回家。江水带着春光将要流尽，水潭上的月亮又要西落。斜月慢慢下沉藏在海雾里，碣石与潇湘的离人距离无限遥远。不知有几人趁着月光回家，西落的月亮摇荡着离情洒满江边的树林。

【简析】

《春江花月夜》是乐府《清商曲辞·吴声歌曲》旧题，相传为陈后主所创。全诗以流动多姿的春江花月夜为背景，抒写了游子、思妇望月怀人的缠绵之情，其间还包含了对宇宙、人生奥秘的哲理探求，构成奇妙迷人的艺术境界。诗歌开篇紧扣题目，勾勒出春江花月夜的壮丽画面。“江流”四句由远及近，描绘月光下的芳甸与月光下的花林。“江天”两句引发诗人对宇宙和人生的思考。“江畔”六句，诗人感受到江月永恒、人生易逝，但人类代代相传，不会穷已，对人生有感伤但不绝望。“白云”四句写了游子、思妇在月夜中两地相思之情。“可怜”八句写了思妇对游子的怀念。最后八句写游子的思归之情，结句把月光之情、游子之情交织在一起。全诗洗脱了六朝宫体诗的浓艳色彩，景色清丽明净，感情真挚感人，意境含蓄深远，韵律和谐婉转，语言优美流畅，笔触细腻，极富音乐美。前人誉之为“以孤篇压全唐”。闻一多在《唐诗杂论》中评之为：“诗中的诗，顶峰上的顶峰。”

# 望月怀远

张九龄

**海上生明月，天涯共此时(1)。情人怨遥夜(2)，竟夕(3)起相思。**

（1）“海上”二句：意谓大海上升起一轮明月，使人想起了远在天涯海角的亲友，此时此刻也该是望着同一轮明月。生：升起。天涯：远在天涯的人。共此时：同在此时共赏明月。（2）情人：多情的人。怨遥夜：因离别而幽怨失眠，以致抱怨夜长。（3）竟夕：一整夜。

**灭烛怜光满(4)，披衣觉露滋(5)。不堪盈手赠(6)，还寝梦佳期(7)。**

（4）怜：爱。光满：月光皎洁明亮，光辉四射。（5）露滋：露水湿衣，说明夜已深。（6）“不堪”句：月光是抓不住的，不能拿来赠远人。不堪：不能，不可。盈手：满手。（7）寝：卧室。佳期：欢娱相会的时候。

《中国历代诗歌选》

【翻译】

茫茫的海上升起一轮明月，此时你我都在天涯共相望。有情之人都怨恨月夜漫长，整夜里不眠而把亲人怀想。熄灭蜡烛怜爱这满屋月光，（我）披衣徘徊深感夜露寒凉。不能把美好的月色满手相赠，只望能够与你相见在梦乡。

【简析】

诗歌写了月夜怀念远人，抒发了诗人真挚而深厚的相思之情。诗歌首联写景怀远，塑造出阔大雄浑的意境。颔联写远隔天涯的一对情人，对月相思而久不能寐，因而抱怨漫漫长夜的愁苦情景。颈联写诗人灭烛披衣步出门庭，看到天涯共对一轮明月，尽管夜已深沉，露水沾湿了衣裳，却更难以入眠了。尾联是诗人的内心独白：月光是抓不住的，不能拿来赠远人，还是回去睡觉吧，也许梦中能与佳人相会。全诗格调清新，感情缠绵，前人称这首诗为五律中的《离骚》。



# 登鹳雀楼[1]

（1）鹳雀楼：旧址在山西永济县，楼高三层，前对中条山，下临黄河，传说常有鹳雀在此停留，故有此名。

王之涣

**白日依山尽[2]，黄河入海流。欲穷千里目[3]，更上一层楼。**

（2）依：依傍。尽：消失。（3）穷：尽。千里目：眼界宽阔。

《中国历代诗歌选》

【翻译】

夕阳依傍着西山慢慢沉没，黄河朝着东海汹涌奔流。若想把千里眼界扩宽，那就要登上更高一层城楼。

【简析】

诗歌写了诗人在登高望远中所表现出来的胸襟和抱负，反映了盛唐诗人们积极向上的进取精神。诗歌前两句写了目中所见，遥望落日向着楼前连绵起伏的群山西沉，这是远望之景，接着是写近景，楼前的黄河奔腾咆哮，滚滚向东，奔流入海。后两句诗歌写所想，诗人想看得更远，看到目力所能达到的地方，唯一的办法就是站得更高，含义深刻，耐人寻味。其中包含有诗人进取精神、高瞻远瞩的胸襟，也道出了要站得更高才能看得更远的哲理。全诗气势充沛，境界雄大，用语通俗，对仗工整，可见诗人功力雄厚。



# 夜归鹿门歌(1)

（1）鹿门：襄阳鹿门山，诗人曾经隐居的地方。

孟浩然

**山寺钟鸣昼已昏，渔梁渡头争渡喧(2)。人随沙路向江村，余亦乘舟归鹿门。鹿门月照开烟树(3)，忽到庞公栖隐处(4)。岩扉松径长寂寥(5)，惟有幽人夜来去(6)。**



（2）渔梁：在湖北襄阳城外污水边，离诗人隐居处很近。

（3）开烟树：暮烟仿佛封闭了树林，在月光下显现出来。开：显露。（4）庞公：庞德公，东汉襄阳人，曾隐居鹿门山。

（5）岩扉：岩洞的门。（6）幽人：隐者，指庞德公，也是诗人自指。

《孟浩然集校注》

## 【翻译】

山寺钟声响起天色已昏暗，渔梁渡口人们争着喧闹不已。行人沿着沙岸向江村走去，我乘着小舟返回鹿门。鹿门山的月亮显现出朦胧树影，忽然来到庞公隐居的地方。岩穴的山门与松间小路静悄悄，只有隐者独自来来去去。

## 【简析】

诗歌歌咏了归隐时的情怀。首两句写了傍晚江行所见所闻：晚寺钟声与渡头喧闹相对应，唤起了联想。三、四句写了行人回家，自己去鹿门，两种心情，两种归途，表明自己的志趣。五、六句写夜登鹿门山山门，造访庞德公隐居处的心情。末两句写“庞德公栖隐处”的境况，点明隐逸真谛。诗人以谈心的语调、自然的结构，真诚表现出自己内心的体验和感受，显现出恬然超脱的隐士形象。

## 临洞庭湖赠张丞相[1]

（1）诗题又作《临洞庭》。张丞相：张九龄，当时身为丞相的张九龄被李林甫排挤出朝廷，后贬荆州长史。

孟浩然

**八月湖水平[2]，涵虚混太清[3]。气蒸云梦泽，波撼岳阳城[4]。**

（2）湖水平：水位很高，与岸同齐。（3）“涵虚”句：意谓湖面极广，天空就像被包含在里面，水天混而为一。涵虚：包含虚空。太清：指天空。（4）“气蒸”二句：意谓洞庭湖水气蒸腾，笼罩着广阔的云梦泽，波涛汹涌，撼动岳阳城。云梦泽：在今湖北省境内，分跨长江南北，江北为云泽，江南为梦泽，合称云梦泽。撼：摇动。岳阳城：在今湖南省岳阳市，在洞庭湖东岸。

**欲济无舟楫[5]，端居耻圣明[6]。坐观垂钓者，徒有羡鱼情[7]。**

（5）“欲济”句：意谓要想渡过洞庭湖却没有船桨，此喻要想出仕却无人引荐。济：渡。楫：船桨。（6）“端居”句：意谓生当圣明之世却无所建树，内心感到惭耻。端居：深居、闲居。（7）“坐观”二句：化用《淮南子·说林训》中载：“临渊而羡鱼，不若归家织网”，意谓自己很想入仕，但没有条件实现，言外之意是希望得到对方的引荐。

《孟浩然集校注》

### 【翻译】

八月秋水高涨与岸齐平，水天含混迷茫与天空一体。水汽蒸腾笼罩云梦泽，波涛汹涌撼动岳阳城。（我）想渡过洞庭湖却找不到船桨，生当圣世无所建树而惭耻。闲坐观看别人垂钓，只能白白羡慕被钓上来的鱼。

### 【简析】

开元二十五年（公元737年），张九龄出任荆州长史，孟浩然写了这首诗相赠，希望得到他的援助。首联描写洞庭湖全景：八月秋高气爽，浩阔无垠的湖水轻盈荡漾，烟波飘渺，远眺碧水蓝天，上下浑然，表现了一种汪洋恣肆、海纳百川的意境。颔联描写湖水声势，云梦泽水汽蒸腾，岳阳城受到洞庭湖波涛的摇撼。句式对仗工整，意境灵动飞扬，表现出大气磅礴的气势。颈联转入抒情，两句采用了类比的手法，先说诗人自己本想渡过洞庭湖，却缺少舟和桨，喻指自己向往入仕从政而无人接引赏识。后一句中一个“耻”字，道出躬逢盛世却隐居无为而感到羞愧的心情，言下之意还是说明诗人自己非常希望被荐举出仕。尾联化用典故，希望对方能竭力引荐，使自己的愿望得以实现，活灵活现地表达了诗人既慕清高又想求仕而难以启齿的复杂心理。诗人继承了自《诗经》以来传统的比兴手法，托物言志，既包蕴着丰富的自然美，又体现了诗人的逸士风神，正是“笔墨之外，自具性情”。



# 过故人庄

孟浩然

**故人具鸡黍(1)，邀我至田家。绿树村边合(2)，青山郭外斜(3)。**



（1）故人：老朋友。具：置办。鸡黍：农家待客的好饭食。（2）合：环抱，言村庄为绿树所围绕。（3）郭外：野外。斜：山势横斜。

**开轩面场圃(4)，把酒话桑麻(5)。待到重阳日，还来就菊花(6)。**

（4）轩：窗。场：打谷场。圃：菜地。（5）话桑麻：闲谈农事。（6）重阳日：即重阳节。就菊花：指赏菊。就：接近。

《孟浩然集校注》

## 【翻译】

老友置办了米饭和烧鸡，邀我到田家做客。村外被一圈绿树环抱，野外是苍翠小山包平斜。推开窗户迎面是田地场圃，把酒对饮闲聊着耕作农事。等到九月重阳节那一天，再一次来品尝菊花酒！

## 【简析】

这是一首作者隐居鹿门山时创作的田园诗，写了客饮田家的优美情景和宾主之间的深厚友谊。诗歌开始从应邀写起，“故人”说明不是第一次做客，平实地道出了诗人与故人之间的深厚友谊。三、四句是描写山村风光的名句，绿树环绕，青山横斜，犹如一幅清淡的水墨画。五、六句写山村生活情趣，面对场院菜圃，把酒谈论庄稼，亲切自然，富有生活气息，这里不仅仅是打开了一扇窗户，同时也敞开了宾主二人的心灵窗户。结尾两句以重阳节还来相聚写出友情之深，言有尽而意无穷。全诗描绘了美丽的山村风光和平静的田园生活，用语平淡无奇，叙事自然流畅，没有渲染雕琢的痕迹，有“清水出芙蓉，天然去雕饰”的美学情趣。元代方回评此诗：“句句自然，无刻画之迹。”（《瀛奎律髓》）

# 岁暮归南山[(1)]

（1）岁暮：年终。南山：唐人诗歌中常以南山代指隐居题，这里指作者家乡的岘山，也有说指终南山。

**孟浩然**

**北阙休上书[(2)]，南山归敝庐[(3)]。不才明主弃[(4)]，多病故人**

（2）北阙：皇宫北面的门楼，汉代尚书奏事和群臣谒见都在北阙，后用作朝廷的别称。《汉书·高帝纪》注：“尚书奏事，渴见之徒，皆诣北阙。”休上书：停止进奏章。（3）敝庐：破落的家。（4）不才：作者自谦之词。明主：生命的国君。



**疏[(5)]。白发催年老，青阳逼岁除[(6)]。永怀愁不寐[(7)]，松月夜窗**

（5）多病：又作“卧病”。疏：疏远。（6）青阳：春天。逼：催迫。岁除：年终。（7）愁不寐：因忧愁而睡不着觉。寐：又作“寝”。

**虚[(8)]。**

（8）虚：空虚。

《孟浩然集校注》

## 【翻译】

不要再给北面朝廷上书，回到南山破旧茅屋。（我）本无才难怪明主见弃，年迈多病朋友也疏远。白发催人日渐衰老，春天催迫旧岁逝去。满怀忧愁辗转难眠，月照松林窗外一片空虚。

## 【简析】

此诗作于孟浩然四十八岁长安应试落第之时，表面自责，实为表达怀才不遇之幽愤。首联写诗人本想上书皇帝，但希望落空，只得自哀自怨，回归南山隐居；三、四两句具体回述了失意的缘由，自己满腹才华，可不被明主见用，加之自己多病而被故人疏远，哀伤怨情展现得淋漓尽致；五、六句直抒自己求仕心切，但宦途渺茫，白发已生，功名未就，心中怎能不急；最后两句情景交融，写出诗人思绪萦绕，焦虑难堪之情，一个“虚”字很妙，夜空虚、仕途也空虚、心绪更空虚。诗歌含蓄丰富，构成悠远浑厚的艺术风格。



## 宿建德江[1]

（1）建德江：指新安江流经建德（今属浙江）的一段江水。

孟浩然

**移舟泊烟渚[2]，日暮客愁新[3]。野旷天低树[4]，江清月近**

（2）泊：停船靠岸。烟渚：弥漫雾气的沙洲。（3）客愁新：一段新引发的乡愁。（4）野：平野。天低树：天幕低垂与树木相连。



**人[5]。**

（5）清：清澈。

《孟浩然集校注》

【翻译】

移船停泊在暮烟弥漫的沙洲，茫茫暮色引发一段新愁。旷野无垠，天空低垂与树相连，江水清澈更觉月亮与人亲近。

【简析】

这是一首描写羁旅之思的诗歌。先写羁旅夜泊，再叙日暮添愁；然后写宇宙广袤宁静，明月伴人更亲。一隐一现，虚实相间，两相映衬，互为补充，构成一个特殊的意境。诗中虽不见“愁”字，然野旷江清，“秋色”历历在目。全诗情景相生、思与境谐，风韵天成，淡中有味，含而不露，启人遐想。

# 古从军行[1]

（1）古从军行：“从军行”乐府曲名，这里是拟古，故称为“古从军行”。

李　颀

**白日登山望烽火[2]，黄昏饮马傍交河[3]。行人刁斗风沙暗，**

（1）烽火：古代一种警报。（2）交河：在今新疆吐鲁番。

**公主琵琶幽怨多[4]。野云万里无城郭[5]，雨雪纷纷连大漠。胡**

（4）“行人”二句：写了征途中刁斗、琵琶的凄凉和战士的幽怨。刁斗：军用铜器，白天做炊具，夜间行军用以报警。公主琵琶：汉武帝时以江都王刘建女细君嫁乌孙国王昆莫，恐其途中烦闷，故弹琵琶以娱之。（5）野云：又作“野营”。

**雁哀鸣夜夜飞，胡儿眼泪双双落[6]。闻道玉门犹被遮，应将性命**

（6）胡雁、胡儿：都指少数民族的雁子和人儿。

**逐轻车[7]。年年战骨埋荒外，空见蒲桃入汉家。**

（7）“闻道”二句：边战还在进行，只得随着将军去拼命。汉武帝曾命李广利攻大宛，欲至贰师城取良马，战不利，广利上书请罢兵回国，武帝大怒，发使遮玉门关，曰：“军有敢入，斩之！”

《中国历代诗歌选》

**【翻译】**

（将士们）白天登山观察报警的烽火，黄昏为了饮马靠近交河。行人在风沙昏暗中听到刁斗声，又听到乌孙公主琵琶声幽怨多。野营万里看不见城郭，雨雪霏霏迷漫辽阔的沙漠。胡地大雁哀鸣夜间惊飞不停，胡人士兵痛哭着个个泪流。听说玉门关交通被关闭阻断，应豁出命追随将军拼搏。年年征战尸骨埋于荒野，徒然见到西域蒲桃移植汉家。

**【简析】**

这是一首讽刺唐朝穷兵黩武的诗。开篇两句就直接描写了将士们白天望烽火，黄昏饮战马的紧张的军旅生活。接着两句是对边疆环境的描写，描绘出一幅风沙弥漫，一片漆黑景色，同时还能听见巡夜的打更声和如泣如怨的琵琶声。五、六句又着意渲染了军营外边陲的环境：野云万里不见城池，只见雨雪纷纷连接大漠，由此反映出从军的艰辛。七、八句紧接五、六句所表现的边塞凄苦生活，但没有正面写将士哀怨，而是以胡雁和胡人的哀啼来烘托将士的凄苦。诗歌后四句借用汉武帝一意孤行，牺牲性命的典故，讽刺了统治阶级穷兵黩武、草菅人命，最终只能换得区区蒲桃而已。



## 从军行七首（其四）

王昌龄

**青海长云暗雪山[(1)]，孤城遥望玉门关[(2)]。**

（1）“青海”句：意谓青海湖上层层浓云使雪山暗暗无光。青海：湖名，在今青海省西宁市。长云：布满长空的云。雪山：指祁连山，在今青海、甘肃两省交界处。（2）“孤城”句：意谓遥望孤城玉门关。玉门关：在今甘肃省敦煌县西，是汉代边境的一个重要关隘。



**黄沙百战穿金甲，不破楼兰终不还[(3)]。**

（3）“黄沙”二句：意谓虽在沙漠中身经百战，磨穿了金属的铠甲，但是不击败敌人终不回家。穿：磨穿，可见战争的长期性、艰苦性。楼兰：汉时西域诸国之一，故址在今新疆罗布泊附近，此处泛指侵扰西北边地的吐谷浑等族。

《全唐诗》

【翻译】

青海湖上层层浓云使雪山暗暗无光， 一座孤城池遥望着玉门关。沙漠中身经百战磨穿了金属的铠甲，但是不击败敌人终不回家。

【简析】

本诗采用乐府旧题，歌颂了边塞将士不屈不挠、誓扫顽敌的豪情壮志。首二句布置了一个广阔背景：辽阔的青海湖、天边的浓云、绵延千里的雪山，所有这一切显得孤阔、粗犷。在沧海云天间，一座孤城显得那么渺小。接着写出了战事之繁、战斗之苦、敌军之悍、边地之荒凉，这样频繁的战斗使金甲磨穿。最后诗意发生徙转，虽然战斗清苦，但戍边战士斗志不减，一句“不破楼兰终不还”铿锵有力、掷地有声，表明了将士们为国效力的雄心。全诗用词豪壮、雄健、有力，为历代传颂的名篇。

# 出塞[1]二首（其一）

（1）出塞：又作《从军行》，为乐府旧题，属《鼓吹曲辞·汉横吹曲》。唐人乐府中除《出塞》外，还有《前出塞》《后出塞》《塞上曲》《塞下曲》等题，都是从这一曲调演变而来的。

王昌龄

**秦时明月汉时关，万里长征人未还[2]。**

（2）“秦时”二句：意谓秦汉时的明月照射秦汉时的关塞，万里长征出塞作战的战士依旧还不能归还。“秦”和“汉”，“明月”和“关”互文见意。关：边塞。

**但使龙城飞将在，不教胡马度阴山[3]。**

（3）“但使”二句：意谓假使守芦城的李广将军仍然健在，就不会让胡人的兵马度过阴山南侵。但使：只要，假使。龙城：又作“芦城”，汉时为右北平郡治所，在今河南省喜峰口一带。飞将：指西汉著名将领李广。《史记·李将军列传》：“广居右北平，匈奴闻之，号曰汉之飞将军，避之数岁，不敢入右北平。”胡：古代汉族人民对北方民族的通称。阴山：在今内蒙古自治区河套之北，是秦汉防御匈奴的要塞。



《全唐诗》

【翻译】

秦汉时的明月照射秦汉时的边关，征战长久延续万里征夫不回还。倘若龙城的飞将军李广而今健在，就不会让匈奴南下牧马度过阴山。

【简析】

这是一首借咏古人而抒发作者感情的诗。开篇互文见意，从千年以前、万里之外下笔，用“秦”“汉”修饰“明月”和“关”，将其置于一个漫长而苍茫的时空领域，使人联想到千百年来边境不宁的史实。三、四句为假设转折句，如果那位镇守龙城而闻名天下的飞将军李广在，绝不会让胡马跨过阴山。既含蓄地讽刺了当时朝廷用人不当和将帅无能，又是一种感慨，一种对比，一种祝愿。全诗声调高昂，意境雄浑，感情深沉，言少意多，含蓄委婉，耐人寻味。明人李攀龙称该诗为“唐代七绝的压卷之作”。

# 芙蓉楼送辛渐[1]二首（其一）



（1）芙蓉楼：遗址在今江苏镇江市西北。辛渐：王昌龄的好友，生平事迹不详。

王昌龄

**寒雨连江夜入吴[2]，平明送客楚山[3]孤。**

（2）“寒雨”句：意谓诗人与友人随着寒风苦雨从江宁来到镇江。江：一作“天”。吴：镇江属吴地，故称。（3）楚山：泛指古代楚国的山，镇江一带在战国后期属楚地，向来吴楚并称，此泛指江南。

**洛阳亲友如相问，一片冰心在玉壶[4]。**

（4）“一片”句：化用鲍照《白头吟》中“直如朱丝绳，清如玉壶冰”。意谓我自己的品质就如这冰壶一样洁白无瑕。冰心：像冰一样明洁的心，品格纯洁。

《全唐诗》



【翻译】

寒风苦雨连夜洒遍吴地江天，清晨送客孤对楚山离愁无限。洛阳亲友若问起我，（就说我）品质就如这冰壶一样洁白无瑕。

【简析】

这是一首送别诗，是作者任江宁（今江苏南京）丞时所作。朋友辛渐要从润州（今镇江）北上洛阳，王昌龄在此为其送行。诗歌首句写景，迷蒙烟雨笼罩吴地江天，仿佛编织了无边无际的愁网，夜雨又增加了绵绵离情，渲染了离别黯淡气氛。接着一句写了具体送客的情景：天色已明，诗人望着茫茫江上，只见楚山耸立。一个“孤”字既描写出秋雨过后楚山孤立的形象，也衬托出诗人孤寂的境遇和心情。后两句写临别嘱咐友人告慰洛阳的亲友，表明自己虽遭贬斥，仍襟怀坦白，具有冰清玉洁的高尚情操。全诗构思精巧，意义深远，比喻贴切，语言简明，浑然天成。

# 老将行

王　维

少年十五二十时，步行夺得胡马骑[(1)]。射杀山中白额虎[(2)]，肯

（1）“步行”句：借用李广的故事写了老将少年时候的英勇和机智。据《史记·李将军列传》载：汉名将李广为匈奴骑兵所擒，广时已受伤，便即装死，后于途中见一胡儿骑着良马，便一跃而上，将胡儿推在地下，疾驰而归。（2）“射杀”句：借用周处的故事写了老将勇武。据《晋书·周处传》载：晋名将周处年轻的时候被乡里人与白额虎、蛟龙并称为三害，后来周处改过自新，入山射虎，投水杀蛟。

数邺下黄须儿[(3)]。一身转战三千里，一剑曾当百万师。汉兵奋迅如

（3）肯数：哪肯数。黄须儿：指曹操第二个儿子曹彰，性刚猛而黄须，曾亲征乌丸，颇为曹操爱重，曾持彰须曰：“黄须儿竟大奇也。”邺下：曹操封魏王时，建都邺下（今河北临漳县西）。

霹雳[(4)]，虏骑崩腾畏蒺藜[(5)]。卫青不败由天幸[(6)]，李广无功缘数奇[(7)]。

（4）如霹雳：形容声势浩大。（5）虏骑：敌人的骑兵。崩腾：崩溃奔逃。蒺藜：本是有三角刺的植物，这里指铁蒺藜，战地所用障碍物。（6）“卫青”句：意谓卫青作为汉武帝皇后卫子夫的弟弟，以征伐匈奴官至大将军。卫青姊子霍去病，也曾远入匈奴境，却未曾受困折，因而被看作“有天幸”。“天幸”本霍去病事，然古代常卫、霍并称，这里当因卫青而联想霍去病事。（7）“李广”句：意谓李广曾屡立战功，汉武帝却以他年老数奇，暗示卫青不让李广抵挡匈奴，因而被看成无功，没有封侯。缘：因为。数：命运。奇：单数，偶之对称，奇即不偶，不偶即不遇。

自从弃置便衰朽[(8)]，世事蹉跎成白首[(9)]。昔时飞箭无全目[(10)]，今日

（8）弃置：丢在一旁，不加任用。（9）世事蹉跎：生活不顺的意思。（10）“昔时”句：意谓过去箭无虚发。无全目：据鲍照《拟古》载“惊雀无全目”，李善注引《帝王世纪》：吴贺使羿射雀，贺要羿射雀左目，却误中右目。这里只是强调羿能使雀双目不全，由此见其射艺之精。

垂杨生左肘[(11)]。路傍时卖故侯瓜[(12)]，门前学种先生柳[(13)]。苍茫

（11）“今日”句：意谓迟暮衰朽，射箭的本领已经荒疏很久了。据《庄子·至乐》载“支离叔与滑介叔观于冥柏之丘，昆仑之虚，黄帝之所休，俄而柳生其左肘，其意蹶蹶然恶之。”“柳”同“瘤”，这里庄子的柳生其左肘的柳本来即瘍之意，王维却误解为杨柳之柳，因而有垂云云。（12）故侯瓜：召平，本秦东陵侯，秦亡为平民，很贫穷，种瓜长安城东，瓜味甘美，世人称之为“东陵瓜”。（13）先生柳：晋陶渊明弃官归隐后，因门前有五株杨柳，遂自号“五柳先生”，并写有《五柳先生传》。

古木连穷巷[(14)]，寥落寒山对虚牖[(15)]。誓令疏勒出飞泉，不似颍川空

（14）穷巷：偏僻的里巷，此为老将所居。（15）牖（yǒu）：小窗。

使酒[(16)]。贺兰山下阵如云[(17)]，羽檄交驰日夕闻[(18)]。节使三河募年

（16）“誓令”二句：据《后汉书·耿恭传》载后汉耿恭与匈奴作战，据疏勒城，匈奴于城下绝其涧水，

恭于城中穿井，至十五丈犹不得水，他仰叹道："闻昔贰师将军（李广利）拔佩刀刺山，飞泉涌出，今汉德神明，岂有穷哉。"旋向井祈祷，过了一会儿，果然得水。疏勒：指汉疏勒城，非疏勒国。颍川空使酒：灌夫，汉颍阴人，为人刚直，失势后颇牢骚不平，后被诛。使酒：恃酒逞意气。（17）贺兰山：在今甘肃贺兰县西。（18）羽檄：紧急的军书。



**少（19），诏书五道出将军。试拂铁衣如雪色，聊持宝剑动星文（20）。**

（19）节使：使臣。三河：汉代称河南、河东、河内三郡为三河。募年少：招募壮丁。（20）聊持：且持。星文：指剑上所嵌的七星文。

**愿得燕弓射天将（21），耻令越甲鸣吾君（22）。莫嫌旧日云中守，犹堪一**

（21）燕弓：燕地出产的弓，以坚韧著名。（22）"耻令"句：意谓耻于以敌人甲兵惊动国君。据《说苑·立节》载：越国甲兵入齐，雍门子狄请齐君让他自杀，因为这是越甲在鸣国君，自己应当以身殉之，遂自刎死。鸣：这里是惊动的意思。

**战取功勋（23）。**

（23）"莫嫌"二句：意谓老将虽然久被弃置，仍能为国立功。

《中国历代诗歌选》

## 【翻译】



当年十五二十岁年少之时，徒步就夺得胡人战马骑。射杀山中白额猛虎，数英雄岂止邺下的黄须儿？身经百战驰骋疆场三千里，曾以一剑抵挡了百万雄师。汉军迅猛如惊雷霹雳，虏骑崩溃怕遇蒺藜。卫青不败由于天神辅助，李广无功缘于命运不济。自被摈弃不用开始衰朽，世事流逝人成白首。当年如后羿飞箭射雀无目，如今不操弓疡瘤生于左肘。如故侯流落路旁卖瓜，学陶渊明门前种上绿杨垂柳。古树苍茫延伸到穷巷，寥落寒山空对冷寂窗户。誓学耿恭在疏勒祈井得泉，不做颍川灌夫为牢骚酗酒。贺兰山下战士们如云，告急军书日夜频频传闻。持节使臣去三河招募兵丁，诏书令将军分五路出兵。（老将）揩拭铁甲光洁如雪，且持宝剑闪动剑上七星纹。愿得燕地好弓射杀敌将，以敌人甲兵惊动国君为耻。莫嫌当年云中太守复职，还堪得一战为国建立功勋。

## 【简析】

这是一首描写曾立战功的老将被废弃的诗歌。诗歌前十句写了老将年轻时智勇超凡、功绩卓著和不公平的遭遇。诗人借用了李广和曹彰的典故写出了老将的有勇有谋、有才有德，虽然征战劳苦、屡建奇功，但却因不会讨好上司，只得与李广一样时运不济，由此也暗示了统治阶级赏罚不明的本质。中间十句写老将被统治者弃置冷落，生活潦倒，白头衰朽，路旁卖瓜，生活困顿，但他却不服老，仍然志在边关。后十句又写了这位老将听说敌军入侵，跃跃欲试，要请缨杀敌，他磨擦铠甲，手持宝剑，渴望得到强弓射杀敌军，保君王平安，而最后两句借用典故，表明态度，只要朝廷肯用，他一定会奋勇杀敌，报效祖国。全诗运用了大量典故歌颂了一位勇敢、热情、忠诚、报国的老将，也流露了对统治阶级压制贤才的不满。

# 辋川闲居赠裴秀才迪

王　维

**寒山转苍翠(1)，秋水日潺湲(2)。倚杖柴门外，临风听暮蝉。**

（1）寒山：山因秋而带寒意。转苍翠：改变了原来青绿色彩。（2）日潺湲：一天比一天流得缓慢。

**渡头余落日，墟里上孤烟(3)。复值接舆醉(4)，狂歌五柳前(5)。**

（2）墟里：村庄。孤烟：炊烟。（4）值：正遇上。接舆：楚狂人，这里指裴迪。（5）五柳：陶渊明，这里喻诗人自己。

《王右丞集笺注》



【翻译】

寒山改变原本的青绿色彩，秋水一天比一天流得缓慢。（我）拄杖伫立在茅舍门外，迎风细听暮蝉的吟唱。渡头太阳快要落山了，村庄的炊烟一缕缕飘。又遇上裴迪这个接舆酒醉，犹如陶潜在我面前讴狂。

【简析】

诗歌描写了辋川秋日景色，抒发了诗人的闲居之乐和对友人的真切情谊。诗歌首联和颈联写景，点明了季节和时间，构成了一幅和谐、静谧的山水田园风光画。而“转苍翠”“日潺湲”等语给静谧的景色增添了声音和色彩，加之渡头一轮红日徐徐落下，村中升起了缕缕炊烟，令人神往。颔联和尾联写人。颔联写了在美丽的黄昏，诗人拄杖倾听蝉声，表现了诗人的安闲；尾联借“接舆”和“五柳”的典故，表明诗人和裴迪的交情，也表明了裴迪的狂士形象和自己与世无争的情趣。全诗清淡自然，层次错落，物我一体，情景交融。

# 山居秋暝(1)



(1) 山居：山中住所。秋暝：秋天的傍晚。

王 维

**空山新雨后，天气晚来秋。明月松间照，清泉石上流。**

**竹喧归浣女，莲动下渔舟(2)。随意春芳歇，王孙自可留(3)。**

(2) “竹喧”二句：意谓竹林里传来了喧笑的声音，知道是洗衣女子结伴归来了；但见水中莲叶摆动，知道是打鱼的船正拨动莲叶顺水而回。浣（huàn）：洗。(3) “随意”二句：意谓让春天的芳草随意凋谢吧，王孙仍然乐意留在山中。随意：任凭。歇：尽，消失。王孙：本指贵族公子，这里是作者自指。《楚辞·招隐士》中有“王孙兮归来，山中兮不可以久留”，这里反用其意。

《王右丞集笺注》



【翻译】

新雨过后空山特别清朗，秋天傍晚天气格外凉爽。明月透过松林撒落斑驳静影，清泉轻轻在大石上流淌。竹林传出归家洗衣女的谈笑声，莲蓬移动渔舟正下水撒网。让春天的芳草随意凋谢，王孙仍然乐意留在山中。

【简析】

这是诗人晚年隐居辋川时所作的山水诗。诗歌首联点明了季节、时间、地点，并渲染了阵雨后山中傍晚的凉爽宜人，空气清新，景色美丽。颔联是写景的名句：雨停云散，月亮初升，阴色的月光透过松枝照在林池上，清冽的泉水在山石上静静流淌，月色下的青松、石上的清泉暗示山中一切都自在安详。颈联写了从竹林里传来一阵阵的欢歌笑语，那是天真无邪的洗衣姑娘归来了，又有渔舟顺流而下，划破荷塘月色的宁静。诗人描绘的一幅纯洁美好的生活图景，正反映出诗人对安静纯朴生活的喜爱，也衬托出对官场的厌恶。尾联借《楚辞》中名句表达诗人归隐的心志。全诗以平淡的语言写出了自然之美，既有色彩，又有声音，静中有动，以动衬静，含蓄丰富，耐人寻味，充分体现了王维诗歌中的“诗中有画”的特点。

# 终南别业

王　维

**中岁颇好道[(1)]，晚家南山陲[(2)]。兴来每独往，胜事空自知[(3)]。**

（1）中岁：中年。好：信仰。（2）家：居家。南山：终南山。陲：山边。（3）胜事：高兴的事情。空：徒然。

**行到水穷处，坐看云起时[(4)]。偶然值林叟[(5)]，谈笑无还期[(6)]。**

（4）云起：云雾从山间升起。（5）值：遇见。（6）还期：回家时间。

《王右丞集笺注》

**【翻译】**

中年以后颇为信仰佛道，晚年安家于终南山边。兴趣浓时常独来独往，有快乐的事徒然自我陶醉。走到水的尽头寻求源流，坐看上升的云雾千变万化。偶然在林间遇见乡村父老，（与他）谈笑每每忘了还家。

**【简析】**

此诗抒发了诗人隐居终南山后的闲适心情。首联点明归隐终南山之事，自己晚年崇信佛学，归隐终南山，事与心随。颔联写了隐居的闲情逸致，诗人随心所欲，兴致转移，不受约束，怡然自得。颈联承上继续叙写诗人自由观赏，游水寻山，观云望日，不受任何名利牵制的闲适生活。尾联写诗人在林中的偶然之遇，相谈时久，忘记回家。诗歌用平淡之笔写寻常之事，其中“行到水穷处，坐看云起时”一句，包含深刻禅理、禅趣，发人深思。

# 使至塞上[(1)]

（1）使：出使。塞上：西北边塞，指当时的凉州。

王　维

**单车欲问边，属国过居延[2]。征蓬出汉塞，归雁入胡天[3]。**

（2）“单车”二句：意谓单车出使独往边塞慰问，使者来到了居延。单车：单车独行，因其轻车简从，故称。问边：慰问边防。属国：一指少数民族附属于汉族朝廷而存其国号者，汉、唐两朝均有一些属国；二指官名，秦汉时有一种官职名为典属国，苏武归汉后即授典属国官职。唐人有时以“属国”代称出使边陲的使臣。居延：汉代县名，在今甘肃张掖西北。（3）“征蓬”二句：意谓蓬草随风远去，除了汉朝的关塞，北归的飞雁进入了胡地上空。征蓬：随风飘飞的蓬草，此处为诗人自喻。归雁：因诗中季节是夏天，雁北飞，故称“归雁入胡天”。

**大漠孤烟直，长河落日圆[4]。萧关逢候骑，都护在燕然[5]。**

（4）“大漠”二句：意谓大沙漠中的一堆烽烟笔直升入高空，大河上圆圆的红日正在渐渐落下。大漠：沙漠，此处大约是指凉州之北的沙漠。孤烟：指燧烟，古代边地报警或报平安，夜间举火叫烽，白天燃烟叫燧。长河：黄河。（5）“萧关”二句：意谓在萧关遇到侦察骑兵，得知都护正在前线仿效当年窦宪刻石纪功。萧关：古关名，故址在今宁夏固原东南。候骑：侦察兵。都护：官名，唐朝在西北置安西、安北等六大都护府，每府派大都护一人，副都护二人，负责辖区一切事务。燕然：古山名，即今蒙古国杭爱山。《后汉书•窦宪传》载，宪率军大破单于军，“遂登燕然山，去塞三千余里，刻石勒功，纪汉威德，令班固作铭。”

《王右丞集笺注》




## 【翻译】

乘单车想去慰问边关，路经的属国已过居延。千里飞蓬飘出汉塞，北归大雁正翱翔云天。浩瀚沙漠中孤烟直上，无尽黄河上落日浑圆。到萧关遇到侦候骑士，都护在仿效当年窦宪刻石纪功。

## 【简析】

本诗为开元二十五年（公元 737 年），诗人出使河西节度府，至凉州时所作。首联叙事，点明出使塞上之事，交代了自己轻车慰问边关，路程已经过了居延。颔联以征蓬、孤雁自比，情景交融，将万里行程用几个字一笔带过。颈联乃描写边塞风格的千古名句：极目大漠，不见村落，只见一线孤烟，冲霄上腾，与天相接，显得格外笔直；遥望长河，不见树木，只见一轮落日在河面浮动，显得格外浑圆。粗犷的线条，点、线、面的巧妙配合，构成了苍茫辽阔的立体画面，不仅描绘出塞外风光所特有的空旷、苍凉和劲健美，也表现出诗人对这壮丽景色的强烈悲壮情怀。尾联平叙，写了自己到达萧关后，从候骑那里得知都护还在最前线刻石纪功。全诗风格淳朴，以平常的字词传达出奇特的神韵，以质朴的字词构造成非同凡响的意境，构思之奇，谋篇之巧，千百年来，打动着无数游子之心。《唐诗选脉会通评林》引宗臣曰：“阔大悲壮。”《而庵说唐诗》：“‘大漠’‘长河’一联，独绝千古。”

# 竹里馆

王　维

**独坐幽篁里[1]，弹琴复长啸[2]。**

（1）幽篁（huáng）：幽深的竹林。（2）啸：嘬口发出长而清脆的声音。

**深林人不知，明月来相照[3]。**

（2）“明月”句：明月照着我的身影。

《王右丞集笺注》

【翻译】

独坐在幽深的竹林里，时而弹琴时而吹口哨。竹林僻静幽深无人知晓，唯有明月偏来相照。



【简析】

竹里馆是辋川别墅胜景之一，诗歌表现了诗人超凡脱俗的高雅情趣和悠然自乐的休闲心情。诗歌开篇写了月夜幽林之景如此空明澄净，在其间弹琴长啸的诗人又是如此的安闲自得，外在的景物与内在的情思相照应，融为一体。诗人的政治理想得不到实现，怀着对官场生活的厌倦，回到优美宁静的大自然怀抱中，整个身心忘却了尘世纷争与烦扰。这里不只是自然界的幽美静谧，更有诗人超凡脱俗、宁静恬淡的心境。全诗只有二十个字，有景有情、有声有色、有静有动、有实有虚，对立统一，相映成趣。

# 辛夷坞



王　维

**木末芙蓉花[1]，山中发红萼[2]。**

（1）木末芙蓉花：即辛夷。辛夷，落叶乔木，其花初出时尖如笔椎，故又称木笔，因其初春开花，又名应春花。花有紫白二色，大如莲花，白色者名玉兰。紫者六瓣，瓣短阔，其色与形似莲花，莲花亦称芙蓉。辛夷花开在枝头，故以“木末芙蓉花”借指。（2）萼：花萼，花的组成部分，由若干片状物组成，包在花瓣外面，花开时托着花瓣。



**涧户寂无人[3]，纷纷开且落。**

（3）涧户：涧口，山溪口。

《王右丞集笺注》

【翻译】

枝条顶端的辛夷花苞，在山中绽放着鲜红颜色。寂静的山沟里再没有别人，（花儿）纷纷开放后又片片洒落。

【简析】



这是一首描写辋川辛夷坞景色的诗。开篇写了当春天来到人间，辛夷欣欣然地绽开神秘的蓓蕾，是那样灿烂，好似云蒸霞蔚，显示着一派春光。辛夷花不同于梅花、桃花之类，它的花苞打在每一根枝条的最末端上，形如毛笔，故用“木末”来形容。如果说诗歌前两句写“发”，那诗歌后两句则写“落”，山中的红萼，点缀着寂寞的涧户，随着时间的推移，最后纷纷扬扬地向人间洒下片片落英，了结了它一年的花期。全诗短短四句，在描绘了辛夷花美好形象的同时，又写出了一种落寞的心境和环境。

## 鸟鸣涧[1]

（1）鸟鸣涧：鸟儿在山中鸣叫。涧：两山之间的小溪。

王 维

**人闲桂花落[2]，夜静春山空[3]。**

（2）闲：安闲、悠闲。桂花：木犀通称，有的春天开花，有的秋天开花。（3）空：空寂。

**月出惊山鸟，时鸣春涧中[4]。**

（4）时鸣：不时。

《王右丞集笺注》

【翻译】

人儿安闲桂花不知不觉凋落，寂静春夜里的山让人觉得空寂。月亮出来山鸟竟被月光惊动，时不时在山涧中传出阵阵鸟鸣。

【简析】

这是一首描写春山夜静的诗，也是王维山水诗代表作之一。一、二句以声写景，巧妙运用通感手法，将“花落”的动态情景与“人闲”结合起来，花开花落乃天籁之声，唯有真心放下世俗杂念，才能得到“空”的境界。夜静的春山留给了读者想象的空间。诗歌后两句，以动写静，一“惊”一“鸣”，看似打破了夜的静谧，实则用声音衬托山里的幽静和闲适：月亮高升，流泻而下，鸟儿也从梦中惊醒，不时鸣叫，和着春天山涧小溪水流声，烘托出山林的寂静，与王籍“蝉噪林逾静，鸟鸣山更幽”（《入若耶溪》）有异曲同工之妙。



## 渭川田家[1]

（1）渭川：即渭水，属黄河的支流，在今陕西省中部。

王　维

**斜阳照墟落[2]，穷巷[3]牛羊归。野老念牧童，倚杖候荆扉[4]。**

（2）斜阳：夕阳的光辉。墟落：村落、村庄。（3）穷巷：隐蔽的深巷。（4）荆扉：柴门。

**雉雊麦苗秀[5]，蚕眠桑叶稀[6]。田夫荷锄至，相见语依依[7]。**

（5）雉雊（zhì gòu）：野鸡鸣叫。麦苗秀：麦子抽穗。（6）“蚕眠”句：用桑叶稀来说明蚕儿度睡眠之后已经长大。蚕眠：蚕脱皮时，不食不动，如睡眠状。（7）依依：依恋不舍的样子。

**即此羡闲逸[8]，怅然吟《式微》[9]。**

（8）“即此”句：意谓诗人由此羡慕农村生活的闲逸。（9）怅然：失意不乐的惆怅样子。《式微》：《诗经·邶风》篇名，其中有“式微，式微，胡不归”之句，表明自己有归隐之意。

《王右丞集笺注》

【翻译】

夕阳余晖洒满村落， 牛羊沿着深巷纷纷归家。老叟惦念着放牧儿童，拄杖等候在自家的柴门。雉鸡鸣叫麦儿抽穗，蚕儿成眠桑叶已经薄稀。农夫扛荷锄回到村里，相见欢声笑语依依不舍。如此安逸令人羡慕？ （我）怅然地吟起《式微》诗。

【简析】

这是一首描绘农家晚归的田园诗，表现了作者对农家生活的羡慕和盼望归隐之情。开篇从大处落笔，写出了夕阳斜照村落，牛羊归村，好一派热闹景象。其中“归”字是全诗的核心所在。三、四句写出了农村晚归图景：但见一位老翁拄着拐杖，倚着柴门，迎接牧童的归来。麦地里的野鸡呼唤鸣叫，蚕儿吃尽桑叶开始作茧；农夫们扛着锄头结束一天的劳作，在田间小路相遇亲切絮语。这几幅农村图画普通而又有代表性，表现了农家的欢乐情景，平淡中蕴含深厚情味。结语两句，诗人借《诗经》中的名言，抒发自己归隐田园的心情，从侧面写出了诗人对官场生活的厌倦。全诗写景抒情浑然一体，纯用白描，不事雕琢，自然清新。明代的王世贞评该诗：“田家本色，无一字淆杂，陶诗后少见。”



## 送元二使安西[1]

（1）元二：诗人的好友，生平事迹不详。使：出使。安西：唐代安西都护府，在今新疆维吾尔自治区库车附近。此诗又题为《渭城曲》。

王　维

**渭城朝雨浥轻尘[2]，客舍[3]青青柳色新。**

（2）“渭城”句：意谓渭城的早晨，一场小雨淋湿了地面的尘土。渭城：秦时的咸阳城，汉武帝时改称渭城，在今陕西省西安市西北渭水北岸。浥（yì）：湿润、沾湿。轻尘：浮尘。（3）客舍：旅馆。

**劝君更尽一杯酒，西出阳关[4]无故人。**

（4）阳关：西汉时置的关塞名，故址在今甘肃敦煌西南古董滩附近，因在玉门关之南，故名为阳关。自古与玉门关同为出塞必经之路。

《王右丞集笺注》

【翻译】

清晨的细雨打湿了渭城的浮尘，旅店和周围的柳树显得格外清新。请你再饮一杯离别的酒吧，（因为）离开阳关后就见不到老朋友了。

【简析】

这是王维为奉命出使安西的友人元二所作的一首送别诗。表现了诗人对朋友的真挚感情。诗歌前两句写景，交代了送别的时间、地点、环境和气氛。渭城的清晨，细雨蒙蒙，润湿了尘土，客舍周围，新柳青青。秀美的景色中略带几分凄美，暗含了别离之情。后两句点名送别主题，用最平常的语言表达了与友人的深情：朋友，再饮下这最后一杯送酒吧，西出阳关，就再也见不到老朋友了。一个“更”字写出了离别是主客二人频频祝酒、殷殷话别的情景，酒包含了多少依依别情，包含了多少关怀和体贴，意犹未尽，情更难舍。全诗采用侧面烘托手法，情景交融，语浅意长，韵味悠长，令人回味无穷，能引起千古共鸣。因而在当时就被谱入乐府，广为流传。明代李东阳在《怀麓堂诗话》中说：“此辞一出，一时传诵不足，至为三叠歌之。”



# 古风五十九首（其三）

李　白

**秦皇扫六合[(1)]，虎视何雄哉[(2)]。挥剑决浮云[(3)]，诸侯尽西来。**

（1）六合：代指天下。（2）虎视：雄视，喻强盛。（3）挥剑：语出《庄子》“天子之剑……上绝浮云，下绝地纪。此剑一用，匡诸侯，天下服矣”。决：斩断。

**明断自天启[(4)]，大略驾群才。收兵铸金人[(5)]，函谷正东开[(6)]。**

（4）天启：天所开启，指秉承天运，人不能改。（5）“收兵”句：秦始皇二十六年（公元前221年）曾收天下兵器，聚之咸阳，铸成金人十二尊。兵：兵器。（6）函谷：函谷关。秦曾以函谷关东拒诸侯，诸侯灭而函谷关可以常开。



**铭功会稽岭[(7)]，骋望琅琊台[(8)]。刑徒七十万，起土骊山隈[(9)]。**

（7）铭功：刻石纪功。会稽岭：今浙江绍兴县。秦始皇二十七年（公元前220年）巡游至会稽，曾刻石颂秦功德。（8）骋望：极目远望。琅琊：山名，在今山东东部海滨。秦始皇二十八年（公元前219年）南登琅玡山，并刻石纪功。(9)“刑徒”二句：秦始皇三十五年（公元前212年）曾发罪犯七十万在骊山为自己建造陵墓。骊山：在今陕西临潼县。

**尚采不死药(10)，茫然使心哀。连弩射海鱼(11)，长鲸正崔嵬。**

(10)不死药：秦始皇二十八年（公元前219年）曾遣发徐福带童男童女数千人入海寻仙，求不死仙药，茫然无结果。徐福欺骗秦始皇说是因海中有大鱼阻挡，要派人射鱼，恰好秦始皇又梦见和水神作战，于是便在海边张排连弩，并猎杀一巨鱼。(11)连弩：可以连续发射的强弓。

**额鼻象五岳，扬波喷云雷。鬐鬣蔽青天(12)，何由睹蓬莱(13)。**

(12)鬐鬣（quán liè）：鱼脊和鱼鳍。(13)蓬莱：传说中的海上仙山。

**徐市载秦女(14)，楼船几时回。但见三泉下(15)，金棺葬寒灰(16)。**

(14)徐市：即徐福。(15)三泉：地下深处。(16)金棺：相传秦始皇曾“下铜而致棺”。寒灰：人死后所化。

《李太白全集》

【翻译】

秦王扫荡天下，虎视何等雄伟。挥剑斩断漫天浮云，各国诸侯尽数西迁徙咸阳。大命天所开启，宏图大略驾驭群雄。天下兵器铸为十二金人，函谷关的大门向东面而开。会稽岭刻石记下功绩，驰骋琅玡台瞭望大海，动用七十万刑徒，在骊山下修建陵墓。盼望长生不老之药，徒然使得心中悲哀。用连弩射杀大鲸鱼，为了清除所谓的妖怪。（鲸鱼）额头像五丘山大，扬起的波浪势如云雷。鱼脊背张开看不见青天，怎能看到蓬莱仙山？徐福载童男童女去寻仙药，楼船几时能回来。看见骊山脚下深土里，金棺盛的是（秦始皇）冰冷骨灰。

【简析】

这首诗通过讽刺秦始皇平定天下后奢华无度、妄想长生不死的荒唐行为，来表达对唐玄宗迷信神仙的规讽。诗歌从开篇至“骋望琅玡台”为第一部分，诗人极力渲染亲王扫灭六国、一统天下的雄风，充分展现了秦王统一天下后的踌躇满志。从“刑徒七十万”至篇末为第一部分，这部分点明了秦王的奢侈华糜，接着写了其求仙不死的事情，秦王派人用连弩射杀海鱼，但美梦终成泡影，最后还是只得在“三泉”下埋葬，以此可见诗人的嘲讽之意。诗歌叙写历史又杂以夸张、想象，叙事、议论结合，采用欲抑先扬的手法，使全诗跌宕生姿。

# 蜀道难[1]

（1）《蜀道难》：为乐府旧题，属《相和歌辞·琴调曲》，前人之作多为五言短诗。

李　白

**噫吁嚱[2]，危呼高哉！蜀道之难难于上青天。蚕丛及鱼凫[3]，**

（2）噫吁嚱（yī xū xī）：古蜀地的方言，三字均为感叹词。（3）蚕丛、鱼凫：传说中古蜀的两个开国之君。

**开国何茫然[4]。尔来四万八千岁[5]，不与秦塞通人烟[6]。 西当太**

（4）“开国”句：意谓古蜀开国历史久远，事迹茫然难考。茫然：混沌不清。（5）尔来：指从蚕丛、鱼凫开国以来。四万八千岁：夸张之词，指年代久远。（6）秦塞：指秦地（今陕西西安一带），古称秦国为“四塞之国”。通人烟：指相互交往。古蜀国与中原不相交通。



**白有鸟道[7]，可以横绝峨嵋巅[8]。 地崩山摧壮士死，然后天梯石栈**

（7）太白：山名，又称为“太乙”，秦岭主峰，在今陕西西略阳县西北，终年积雪，故名太白，又因在长安之西，故称“西当”。鸟道：只有鸟才可以飞过的路，形容山峰极其高峻。（8）横绝：横渡、跨越。峨嵋：山名，在今四川峨嵋市西南，因山峰相对如蛾眉，故名。

**相钩连[9]。上有六龙回日之高标[10]，下有冲波逆折之回川[11]。黄**

（9）“地崩”二句：意谓自五丁力士开山以后，秦蜀之间，才修建了一条勾连群山的栈道。据《华阳志·蜀志》记载，秦惠王许嫁五个美女给蜀王，蜀王派了五个力士去迎接。在返回的路上，遇一大蛇钻入山洞，五力士一起拉住蛇尾，想把它拽出来，结果山崩地裂，五力士和美女都被压在山下，山也分成五岭。这里引用五丁开山献身的传说，是对蜀中人民开辟蜀道的伟绩的赞美。天梯：高耸入云的山路。石栈：在山崖上凿石架木而修成的栈道。（10）“上有”句：传说为太阳驾车的羲和每日以六龙驾车，载着太阳在空中运行，终因蜀地山峰的高峻险阻，不得不返回。高标：指最高峰，立木为记，其最高部分叫高标。（11）冲波：激浪。逆折：回旋。回川：依山势而蜿蜒曲折的河流。

**鹤之飞尚不得过[12]，猿猱欲度愁攀援[13]。青泥何盘盘，百步九折萦**

（12）黄鹤：善于高飞的鸟。（13）猿猱（náo）：善于攀岩的猿类动物。

**岩峦[14]。扪参历井仰胁息[15]，以手抚膺坐长叹[16]。问君西游何时**

（14）“青泥”二句：意谓由秦入蜀，经过青泥岭，转来转去，都是山峰。青泥：山岭名，在今甘肃徽县南，陕西略县北。其山峰悬崖万仞，多云雨，行人屡逢泥沼，故名青泥岭，是唐代入蜀要道。盘盘：回旋曲折的样子。萦：绕。（15）“扪参”句：意谓行人一旦攀上青泥岭，仰头一看，似可伸手触摸天上的星辰，会顿时紧张得连气也不敢出。扪（mén）：摸。参（shēn）、井：参、井同为二十八宿之一。参宿七星，井宿八星。秦属参宿的分野，蜀地属井宿的分野。由参入井，是指由秦入蜀的星空。胁息：屏住呼吸。（16）膺：胸口。

**还[17]，畏途巉岩不可攀[18]。但见悲鸟号古木[19]，雄飞雌从绕林间。**

（17）君：泛指入蜀的人。西游：成都在长安之西南，故自秦入蜀，称“西游”。（18）畏途：令人害怕的险路。巉（chán）岩：峥嵘高峻的山石。（19）号古木：在古木丛中大声啼鸣。

**又闻子规啼夜月[20]，愁空山。蜀道之难难于上青天，使人听此凋朱**

（20）子规：鸟名，又叫杜鹃。相传古蜀王杜宇，号望帝，死后魂魄化为子规，春暮即鸣，夜啼达旦，啼声悲凉，哀怨动人。

**颜[21]。连峰去天不盈尺[22]，枯松倒挂倚绝壁。飞湍瀑流争喧豗[23]，**

（21）凋朱颜：青春的容颜为之憔悴。（22）连峰：连绵的山峰。去：距离。盈：满。（23）飞湍（tuān）：飞溅的激流。瀑流：瀑布。喧豗（huī）：喧闹声。

**砯崖转石万壑雷[24]。其险也若此，嗟尔远道之人，胡为乎来哉[25]。**

（24）砯崖转石：水流打击山崖石块的声音。万壑雷：发出轰响，在千山万壑中回荡如雷。（25）胡为：为何。

**剑阁峥嵘而崔嵬[26]，一夫当关，万夫莫开。所守或匪亲，化为狼与**

（26）剑阁：又名剑门关，即大剑山与小剑山之间的一条奇险的栈道，在今四川省剑阁县北。峥嵘：山势高峻的样子。崔嵬（wéi）：高险崎岖的样子。



**豺[27]。朝避猛虎，夕避长蛇[28]。磨牙吮血，杀人如麻。锦城虽云乐[29]，**

（27）“所守”二句：意谓非亲信所守，则将为其所害。（28）猛虎、长蛇：喻指据险要叛乱、残害人民的人。（29）锦城：又称锦官城，即成都市，三国蜀汉时曾设织锦官署于成都，故名。

**不如早还家。蜀道之难难于上青天，侧身西望长咨嗟[30]。**

（30）侧身西望：此诗人设想之辞，言行人终于畏途而返，行前犹侧身西望，不胜感慨。咨嗟（jiē）：长长地叹息。

《李太白全集》

**【翻译】**

唉呀呀，多么危险多么高峻！蜀道难攀简直难于上青天。传说蚕丛和鱼凫建立蜀国，开国年代久远无法详谈。自从那时至今约四万八千年，秦蜀被秦岭所阻从不通往来。西边太白山有飞鸟能过的小道，可跨越峨山顶端。山崩地裂蜀国五壮士被压死，然后才有天梯栈道相通连。上有挡住太阳神六龙车的山巅，下有激浪排空迂回曲折的河流。高飞的黄鹄尚且无法飞过，即使猿类要翻过也愁于攀援。青泥岭多么曲折山峦盘旋，百步之内萦绕岩峦转九弯。摸到参、井二星叫人仰首屏息，用手抚胸惊恐坐下长叹。请问你西游何时回还？可怕岩山道实在难以登攀。只见悲鸟在古树上哀鸣，雄雌飞翔在森林之间。月夜又听到杜鹃悲惨的啼声，令人愁思荒荡空山！蜀道难走呵简直难于上青天，叫人听到这些脸色突变。山峰相连离天不到一尺，枯松倒挂倚贴绝壁之间。漩涡飞转瀑布争相喧闹，水石相击转动如万壑鸣雷。艰险到了这种地步，唉呀远方的客人为什么要来到这个地方？剑阁崇峻巍峨高入云端，只要一人把守，千军万马也难攻占。驻守官员若非皇家近亲，难免要变为豺狼（造反）。清晨要躲避猛虎；傍晚要防范长蛇。豺狼虎豹磨牙吮血，杀人如麻。锦官城虽说是个快乐所在，还不如早早把家还。蜀道太难走呵简直难于上青天，侧身西望（令人）不免感慨与长叹！

【简析】

此诗大约作于天宝初年，李白第一次到长安的时期。诗人歌咏蜀道的奇雄壮美，从中透露出对社会的某些忧虑和关切。全诗以时间和空间两条线索相互交织结构全篇，时间上由远古写到近古，再写到眼前送别；空间上由太白山写到青泥岭再写到剑阁，最后以锦官城收笔。从内容上看，全诗分为三个层次，第一层由开篇至“然后天梯石栈相钩连”，诗人运用惊叹之笔，表现出强烈的主观情感，为全诗定下了基调；接着写神话传说，介绍蜀道的历史，暗写蜀道艰难。第二层由“上有六龙”句至“使人听此”句，诗人运用了烘云托月的方式，具体描写蜀道的艰险、高危，把蜀道之难写到了难以复加的地步。第三层由“连峰去天”句至结尾，主要写蜀道之险，惊心动魄，而剑阁更是地势险要，易守难攻，表现了作者对国事的某种忧虑和对友人的关心。诗歌体现了诗人浪漫主义的风格，强烈的感情和反复咏叹是这首诗在艺术上最突出的特色；同时，把高度的夸张、超奇的想象和神话传说等融为一炉，多层次、多层面地突出蜀道的艰难，风格雄奇奔放酣畅淋漓。再次，诗人运用了大量的散文化句式，参差错落，变化自如，加之语言自由跳跃，极富奇谲之美。据《本事诗·高逸》记载：“李太白……至京师，舍于逆旅，贺监知章闻其名，首访之。既奇其姿，复请所为文。出《蜀道难》以示之，读未竟，称叹者数四，号为‘谪仙’。解金龟换酒，与倾尽醉。期不间日，由是称誉光赫。”唐人殷璠所编《河岳英灵集》也称其：“奇之又奇，然自骚人以还，鲜有此体调”。





## 将进酒（1）

李　白

（1）将（qiāng）进酒：汉乐府旧题，属《鼓吹曲·铙歌》，内容多写饮酒放歌时的感情。前人多写短篇，李白衍为长调。

**君不见，黄河之水天上来[2]，奔流到海不复回[3]。君不见，高**

（2）天上来：黄河上源马曲出青海省巴颜克拉山脉雅拉达泽山东，古代统称其左右之山为昆仑墟，故有河出昆仑之说，因其地势极高，故诗人以“天上来”形容之。（3）到海不复回：用古乐府《长歌行》“百川东到海，何时复西归”的诗意。

**堂明镜悲白发[4]，朝如青丝[5]暮成雪。人生得意须尽欢，莫使金樽**

（4）“高堂”句：意谓高堂明镜之中，照见白发而生悲。高堂：高大的厅堂。悲白发：因在镜中照见白发而生悲。（5）青丝：比喻柔软的黑发。

**空对月[6]。天生我材必有用，千金散尽还复来。烹羊宰牛且为乐，**

（6）金樽：酒杯的美称。空对月：让酒杯空对月光而不饮酒。

**会须一饮三百杯[7]。岑夫子[8]，丹丘生[9]，将进酒，杯莫停[10]。**

（7）会须：应该。一饮三百杯：用东汉郑玄典故。《世说新语·文学》刘孝标注引《郑玄别传》称，郑玄饮三百杯，仍不醉。（8）岑夫子：即岑勋，南阳人，李白的好友。夫子：尊称。（9）丹丘生：即元丹丘，道隐者，李白的好友。（10）“将进酒”二句：原作“进酒君莫停”。

**与君歌一曲，请君为我倾耳听[11]。钟鼓馔玉[12]不足贵，但愿长醉不**

（11）倾耳：又作“侧耳”。（12）钟鼓馔玉：指富贵生活。钟鼓：指富贵人家的音乐。馔玉：指食物精美如玉。馔：吃喝。

**复醒[13]。古来圣贤皆寂寞，惟有饮者留其名。陈王昔时宴平乐，斗**

（13）不复：又作“不愿”。

**酒十千恣欢谑[14]。主人何为言少钱，径须沽取对君酌[15]。五花马[16]，**

（14）“陈王”二句：意谓曹植当年在平乐观宴请朋友，痛饮美酒，与朋友纵情欢乐戏谑。陈王：指陈思王曹植。平乐：观名，故址在今河南省洛阳市。斗酒十千：形容酒美价贵。恣欢谑：纵情寻欢作乐。（15）径须沽取：只管买来，又作“且须沽酒共君酌”。（16）五花马：一种毛色为五色花纹的好马，十分名贵。

**千金裘，呼儿将出换美酒[17]，与尔同销万古愁。**

（17）将出：拿出。

《李太白全集》

【翻译】

你没见黄河之水从天上奔腾而来，波涛翻滚直奔东海再也不回来。你没见那年迈父母对着明镜感叹自己的白发，年轻的满头青丝如今已是雪白。人生得意之时应纵情欢乐，莫要让金杯无酒空对明月。天生每一个人就必有用处，黄金千两散尽还能再来。烹羊宰牛姑且作乐，一次痛饮三百杯。岑夫子和丹丘生，快饮酒，别停下杯子。（我）为你们高歌一曲，请你们侧耳倾听。钟鸣馔食的豪华生活有何珍贵，只望长醉不再清醒。自古以来圣贤都寂寞，只有那喝酒人才能留传美名。

陈王曹植宴设乐平，斗酒万钱尽情欢乐。主人为何说钱不多？只管端出酒来对君畅饮。五花千里马，千金狐皮裘，叫那侍儿拿去换美酒，（我）和你们共同消解这万古愁！

【简析】

此诗大约作于天宝三载，李白被赐金放还后，在嵩山元丹丘处做客时。表达了诗人怀济世之才，却难以施展，愿求长醉的激愤之情，展现出蔑视世俗、反抗权贵的放纵不羁的性格。全诗大致可以分为三个层次，第一层从开篇到“会须一饮”句，抒写了酣饮的豪兴，也写出了自己对人生的看法和对自己必为世用的自信；第二层从“岑夫子”句至“斗酒十千”句，是劝酒之语，也写了自己对现实不满和不慕功名富贵的不屈精神；第三层从“陈王”句至结尾，是饮酒余兴、借酒浇愁，抒发怀才不遇的苦闷。诗歌感情充沛、气势宏伟、笔墨酣畅、语言夸张、语调铿锵。大起大落，兴之所至，意到笔随，痛快淋漓。在句法上，句型多变，以七言为主，杂以三、五、十言，不拘一格，充分表现了诗人感情的跌宕变化。



# 行路难[1]（其一）

（1）行路难：乐府《杂曲歌辞》旧题，主要内容多写世路艰难及离别悲伤。今存最早的此题为鲍照所作的18首。

李　白

**金樽清酒斗十千[2]，玉盘珍馐直万钱[3]。停杯投箸不能食[4]，**

（2）金樽：精美华贵的酒杯。清酒：又作“美酒”。斗十千：形容酒美价贵。斗：古代乘酒的容器。（3）珍馐：珍贵的菜肴。直：同“值”，价值。（4）箸：筷子。

**拔剑四顾心茫然[5]。欲渡黄河冰塞川，将登太行雪满山[6]。闲来垂**

（5）茫然：渺茫而无着落貌。（6）“欲渡”二句：比喻人生途中事与愿违。

**钓碧溪上，忽复乘舟梦日边[7]。行路难，行路难，多歧路，今安在？**

（7）“闲来”二句：意谓吕尚垂钓遇周文王，伊尹曾做梦乘舟经过日、月边。传说吕尚未遇文王时，曾垂钓磻溪（今陕西宝鸡东南）之上；伊尹在未遇到商汤前，曾梦见自己乘船经过日、月旁边。

**长风破浪会有时，直挂云帆济沧海[8]。**

（8）“长风”二句：意谓相信自己总有一天能乘风破浪，实现远大志向。长风破浪：比喻宏大的抱负得以舒展。刘宋宗悫少时，叔父宗炳问其志向，答曰“愿乘风破万里浪”（《南史·宗悫》）。直：当即。云帆：指航行在大海里的船只。因天水相连，船帆好像出没在云雾之中。济：渡过。

《李太白全集》



【翻译】

金杯里装名酒每斗价值十千，玉盘中精美肴菜价值万钱。（我）停杯投箸吃不下，拔剑环顾四周心里茫然。想渡黄河冰雪堵塞了大川，要登太行山莽莽风雪已封山。如吕尚垂钓磻溪待东山再起，又像伊尹做梦乘船经过日边。行路呵多么艰难，多么艰难，歧路这么多，该向何方？（相信）能乘长风破万里浪，高挂云帆在沧海中勇往直前！

【简析】

这首诗是李白在天宝三年（公元744年）被迫离开长安时所作，表达了作者对政治受挫的满腔激愤、茫然失落的强烈痛苦和对理想执着追求的坚定信念。诗歌前两句写朋友备下盛宴为李白饯行。三、四句写了诗人面对美酒佳肴无心饮宴，倾吐了政治失意的极度苦闷和茫然。诗人用了一连串动作形象来显示无法排解内心苦闷和感情的激荡变化。接下来两句用“冰塞川”“雪满山”象征人生道路的艰难险阻，形象说明了诗人的远大追求在现实中遇到的阻碍和压制，流露出了作者的悲愤之情。七、八句诗人借吕尚和伊尹的传说来激励自己不要失去追求的信心。接下来，四个急促的短句，是诗人从憧憬中回到现实的强烈叹息，也是诗人精神重振的前奏。经过前面反复回旋，最后两句境界大开，唱出了充满理想信心的最强音，表现出了诗人不甘屈服的豪迈性格。诗歌感情变化曲折，运用了夸张、比喻、象征、用典等多种表现手法，大大增加了全诗的情感表达力度。



# 玉阶怨[1]

（1）玉阶怨：乐府曲名。玉阶：用白石砌的台阶。

李　白

**玉阶生白露，夜久侵罗袜(2)。却下水晶帘(3)，玲珑望秋月(4)。**

(2) 罗袜：丝织品做的袜子。(3) 却：退回屋内。水晶：又作“水精”。(4) 玲珑：秋月明亮的样子。

《李太白全集》

【翻译】

白玉砌台阶滋生白露，夜深伫立露水浸湿罗袜。（我）入室垂下水晶帘子，隔帘仰望玲珑的秋月。

【简析】

这是一首闺怨诗，抒写了一位女子在深宫幽居的寂寞和苦闷。诗歌前两句写了这个女子长久在玉阶独立情景，台阶已生露，且已浸湿丝袜，如此长久伫立，暗示女子的寂寞幽怨之深。三、四两句写了女子无可奈何回到屋内，放下水晶帘，却又凄苦难眠，只好望月来排遣寂寞愁情。诗歌“无一字言愁，而隐然幽怨之意见于言外”，尽管不露愁字，而怨意深藏诗中，写得婉曲、含蓄。



## 静夜思(1)

(1) 静夜思：郭茂倩将其编入《乐府诗集·新乐府辞》中。

李　白

**床前明月光(2)，疑是地上霜。举头望明月(3)，低头思故乡。**

(2) 明月光：明亮的月光。(3) 举头：抬头。

《李太白全集》



【翻译】

皎洁的月光洒到床前，怀疑是秋霜一片洒地上。仰头遥望明月，低头思念故乡。

【简析】

这首诗写了一个在外的游子深夜难眠，感到床前洒落的皎洁月光像秋霜一般冷寂和凄寒的心绪。月光凝成秋霜，是诗人在特定环境中的一刹那错觉，更是诗人客居他乡、孤独寂寞心境的真实写照。诗人由月光转而望月，借望月来寄托对故乡的思念，因思念之情太浓而低头沉思。诗歌生动刻画了诗人的心理活动，语言清新朴素，明白如话，内容单纯却蕴含丰富。



## 春 思

李 白

**燕草如碧丝(1)，秦桑低绿枝(2)。**

（1）燕草：燕地的草，征夫所在之地。燕在今河北北部，辽宁西部。（2）秦桑：秦地的桑树。秦在今陕西，燕地寒冷，草木迟生于较暖的秦地，此指妻子居住处。

**当君怀归日(3)，是妾断肠时。**

（3）怀归：想家。

**春风不相识，何事入罗帏(4)。**

（4）罗帏：丝织的帘帐。

《李太白全集》

【翻译】

燕地春草刚发芽细嫩如丝，秦地桑树低垂着浓绿树枝。当你心里想着归家的日子，正是我思念你断肠的时候。春风与我不认识，为何要吹入（我的）罗帐里来？

【简析】

这是一首思妇诗，描写了一位留居秦中的少妇，面对明媚春光思念边塞丈夫的情感。诗歌开篇以燕草和秦桑起兴，把思妇臆想的远景、燕草和目睹的近景和秦桑联系在一起，表现出夫妻二人“人居异地，情同一心”的相知相爱。接着两句写了相思之苦，两人心心相印，当丈夫在边关想家的时候，正是女子在家相思断肠的时候。正因爱恋之深，女子忠贞不渝等待丈夫回来，连春风也不让吹入自己的罗帏，体现了少妇的忠贞情操。诗歌以景寄情，深刻反映了女子心中的复杂思想感情。

# 秋浦歌十七首（其十五）(1)

（1）秋浦：唐代属池州府，今安徽省池州市贵池区。

李　白

**白发三千丈，缘愁似个长(2)。**

（2）缘：因。个：如此，这样。

**不知明镜里，何处得秋霜(3)。**

（3）秋霜：代指白发。

《全唐诗》

## 【翻译】

（我的）白发有三千丈长，只因心中愁绪而长。不知明镜中的模样，头发白得如秋霜一般。

## 【简析】

这是李白漫游秋浦而创作的一首诗。诗歌开篇，愁绪便劈空而来，似大潮奔涌，似火山爆发，这里用“三千丈”来比喻愁绪之长，说明愁思深重，表明诗人怀才不遇之情。三、四两句乃诗人愤激之语、痛切之言，镜中秋霜是因愁苦之深而生，一个“得”字直贯到诗人半生中所受到的排挤压抑，所志不遂，因此而愁生白发，鬓染秋霜。诗歌以奔放的激情，浪漫主义手法，抒发怀才不遇、老而无成的深沉感慨，具有强烈的艺术感染力。

# 赠汪伦[1]

（1）汪伦：李白在桃花潭结识的朋友，性格非常豪爽。

李　白

**李白乘舟将欲行，忽闻岸上踏歌声[2]。**

（2）踏歌：一边唱歌，一边用脚踏地打着拍子。

**桃花潭水深千尺[3]，不及汪伦送我情。**

（3）桃花潭：水潭名，在今安徽泾县西南。

《全唐诗》

【翻译】



李白坐上小船刚要启程，忽然听到岸上传来脚踏歌声。桃花潭水纵然有一千尺那么深，也深不过汪伦送别我的一片真情。

【简析】

这是一首李白写给朋友的送别诗。诗歌前两句叙事，写了李白乘船要出发，忽然听到岸上传来了踏歌声，用“忽闻”写出了李白的意外之情。后两句抒情，交代了地点和送行之人。诗人面对这眼前深湛的桃花潭水，感到汪伦对自己的深情厚谊比桃花潭水还要浓厚，“不及”二字使夸张更具有模糊性，显示汪伦之情实在无法比拟。全诗叙事、抒情紧密结合，用比物手法变无形的情谊为生动的形象。沈德潜评曰“若说汪伦之情比于潭水千尺，便是凡语，妙境只在一转换间”。（《唐诗别裁》）

# 梦游天姥吟留别[1]

（1）天姥（mǔ）：山名，在今浙江省新昌县。此题也作《梦游天姥山别鲁东诸公》

李　白

**海客谈瀛洲[2]，烟涛微茫信难求[3]。**

(2) 海客：浪迹海上之人。瀛洲：传说中的东海仙山，据《史记·封禅书》载“自威、宣、燕昭使人入海求蓬莱、方丈、瀛洲三神山者，其传在渤海中，去人不远。患且至则船风引而去。盖尝有至者，诸仙人及不死之药皆在焉”。(3) 烟涛：波涛渺茫，远看像烟雾笼罩的样子。微茫：景象模糊不清。信：实在。难求：难以寻访。

**越人语天姥[4]，云霞明灭或可睹[5]。**

(4) 越人：指浙江绍兴一带的人。(5) 云霞明灭：云霞忽明忽暗。

**天姥连天向天横[6]，势拔五岳掩赤城[7]。**

(6) 向天横：遮住天空。(7) “势拔”句：意谓山势超过五岳，遮掩住了赤城。拔：超出。五岳：东岳泰山，西岳华山，中岳嵩山，北岳恒山，南岳衡山。赤城：山名，在今浙江天台县北，为天台山的南门，土色皆赤。

**天台四万八千丈[8]，对此欲倒东南倾[9]。**

(8) 天台：山名，在今浙江天台县北，据《十道山川考》载：“天台山在台州天台县北十里，高四万八千丈，周旋八百里，其山八重，四面如一。”四万八千丈：形容天台山很高，是一种夸张的说法，并非实数。(9) “对此”句：意谓对着（天姥）这座山，（天台山）就好像要拜倒在它的东面一样，这是说天台山和天姥山相比，就显得更低了。



**我欲因之梦吴越[10]，一夜飞度镜湖月[11]。**

(10) 因：依据。之：指代前面越人所说的话。(11) 镜湖：即鉴湖，在浙江绍兴，唐朝最有名的城市湖泊。

**湖月照我影，送我至剡溪[12]。**

(12) 剡 (shàn) 溪：水名，在今浙江绍兴嵊州市南。

**谢公宿处今尚在[13]，渌水荡漾清猿啼，**

(13) 谢公：指南朝绍兴诗人谢灵运，他喜欢游山，游天姥山时，曾在剡溪居住。

**脚著谢公屐[14]，身登青云梯[15]。**

(14) 谢公屐：谢灵运穿的那种木屐。谢灵运游山时穿的一种特制木鞋，鞋底下安着活动的锯齿，上山时抽去前齿，下山时抽去后齿。(15) 青云梯：指直上云霄的山路。

**半壁见海日[16]，空中闻天鸡[17]。**

(16) 半壁：半山腰。海日：海上日出。(17) 天鸡：古代传说，东南有桃都山，山上有棵大树，树枝绵延三千里，树上栖有天鸡，每当太阳初升，照到这棵树上，天鸡就叫起来，天下的鸡也都跟着它叫。

**千岩万转路不定，迷花倚石忽已暝[18]。**

（18）“迷花”句：迷恋着花，依靠着石，不觉得天色已经晚了。暝：天黑、夜晚。

**熊咆龙吟殷岩泉[19]，慄深林兮惊层巅[20]。**

（19）“熊咆”句：熊在怒吼，龙在长鸣，震荡着山山水水，岩中的泉水在震响。殷：这里作动词用，震响。（20）“慄深林”句：使深林战栗，使层巅震惊。

**云青青兮欲雨[21]，水澹澹兮生烟[22]。**

（21）青青：黑沉沉。（22）澹澹：水波摇动的样子。

**列缺霹雳[23]，丘峦崩摧[24]。**

（23）列缺：闪电。列，通“裂”，分裂。缺，指云的缝隙。电光从云中决裂而出，故称“列缺”。

**洞天石扇[25]，訇然中开[26]。**

（25）洞天：神仙所居的洞府，意谓洞中别有天地。石扇：即石门。（26）訇(hōng)然：形容声音很大。

**青冥浩荡不见底[27]，日月照耀金银台[28]。**

（27）青冥：青天。（28）金银台：金银筑成的宫阙，指神仙居住的地方，据郭璞《游仙诗》载：“神仙排云出，但见金银台。”

**霓为衣兮风为马，云之君兮纷纷而来下[29]。**

（29）云之君：云里的神仙。

**虎鼓瑟兮鸾回车[30]，仙之人兮列如麻。**

（30）鸾回车：鸾鸟驾着车。回：回旋、运转。

**忽魂悸以魄动，恍惊起而长嗟[31]。**

（31）恍：恍然，猛然。

**惟觉时之枕席[32]，失向来之烟霞[33]。**

（32）觉时：醒时。（33）“失向来”句：意谓刚才梦中所见的烟雾云霞都不见了。向来：原来。烟霞：指前面所写的仙境。

**世间行乐亦如此，古来万事东流水[34]。别君去兮何时还？**

（34）东流水：（像）东流水一样（一去不复返）。

**且放白鹿青崖间，须行即骑访名山[35]。**

（35）“且放”二句：意谓暂且把白鹿放在青青的山崖间，等到要走的时候就骑上它去访问名山。须：等待。

**安能摧眉折腰事权贵[36]，使我不得开心颜！**

（36）摧眉折腰：指低头弯腰，即卑躬屈膝。陶渊明曾叹：“我岂能为五斗米向乡里小儿折腰！”

《全唐诗》

## 【翻译】

海外客人谈起瀛洲，（大海）波涛渺茫景象模糊实在难以寻访。绍兴一带人谈起天姥山，在云雾霞光中有时还能看见。天姥山高耸入云遮住天空，山势高峻超过五岳遮掩赤城山。天台山高四万八千丈，对着天姥山好像要向东南倾斜拜倒。我根据越人说的话梦游到绍兴，一天夜里飞渡过了明月映照的镜湖。镜湖月光照我影子，送我到了剡溪。谢灵运住的地方现还在，清澈湖水荡漾猿猴清啼。脚上穿着谢公特制木鞋，攀登直上云霄的山路。（上到）半山腰就看见海上升起的太阳，空中传来天鸡的叫声。山路盘旋弯曲方向不定，迷恋着花依靠着石头不觉天色已晚。熊在怒吼龙在长鸣，岩中的泉水在震响，使森林战栗山峰惊颤。云层黑沉沉像要下雨，水波动荡生起了烟雾。电光闪闪雷声轰鸣，山峰好像要被崩塌似的。仙府的石门，訇的一声从中间打开。天色昏暗看不到洞底，日月照耀着金银做的宫阙。彩虹做衣裳将风作为马来乘，云中的神仙们纷纷下来。老虎弹琴鸾鸟拉车，仙人们排成列多如密麻。忽然惊魂动魄，恍然惊醒起来而长叹息。醒来时只有身边的枕席，刚才梦中所见的烟雾云霞全消失。人世间的欢乐也是如此，自古以来万事都像东流的水一样（一去不复返）。与君分别何时才能回来，暂且把白鹿放牧在青崖间，等游览时就骑上它访名川大山。岂能卑躬屈膝侍奉权贵，使我心中郁郁寡欢不舒坦！



## 【简析】

这首诗歌乃李白由山东南游吴越时所写，展现了诗人不肯同流合污的傲岸性格和豪迈气概。诗歌从开篇至“对此欲倒东南倾”为第一部分，写了诗人入梦的缘由，展现了海外仙山的神秘色彩、磅礴气势和参天的高度。从“我欲因之梦吴越”至“失向来之烟霞”为第二部分，写了梦游天姥山的经过。诗人一入梦境，就来到谢灵运登山处，诗人脚穿谢公屐，登青云梯，看大海日出，听到天鸡啼鸣。在幽深暮色中，一个神仙世界出现了：仙人们以云霞为衣，以长风为马，老虎为之鼓瑟，鸾鸟为之驾车，密密麻麻赴会。此处，诗人运用了浪漫主义手法，将诗人追求的理想展现在面前。“世间行乐亦如此”至诗歌结尾为第三部分，写了诗人梦醒后的感慨，表现了诗人对世事的看法以及今后的打算，体现了诗人傲岸坚强、绝不妥协的处世态度，特别是最后两句，画龙点睛，揭示主题。全诗运用了大胆的幻想和奇特的夸张手法，体现了李白浪漫主义的创作风格，语言自然流畅，有强烈的感染力。司空图评曰：“大用外腓，真体内充。具备万物，横绝太空。荒荒油云，寥寥长风。”（《二十四诗品》）

# 黄鹤楼送孟浩然之广陵[1]

（1）黄鹤楼：故址在今湖北武汉市武昌蛇山的黄鹄矶上，传说三国时期的费祎在此登仙乘黄鹤而去，故称黄鹤楼。之：到达。广陵：即江苏扬州。

李　白

**故人西辞黄鹤楼[2]，烟花三月下扬州[3]。**

（2）故人：老朋友，此指孟浩然。（3）烟花：形容柳絮如烟，鲜花似锦的春天景物。下：顺流向下而行。

**孤帆远影碧空尽[4]，唯见长江天际流[5]。**

（4）碧空尽：在碧蓝的天际消失。尽：没了，消失了。（5）唯见：只看见。天际流：流向天边。天际：天边。

《李太白全集》



【翻译】

老朋友在黄鹤楼（与我）辞别，鲜花烂漫的三月去往扬州。孤帆的影子远去在碧空中消逝，只看见浩浩荡荡的长江向天边流去。

【简析】

这是一首送别诗，抒发了李白对孟浩然的深情厚谊。诗歌开篇两句叙事，交代了送别孟浩然离开的时间、地点和去向：在烟花三月的暮春时节，在黄鹤楼这个地方，李白送别友人孟浩然去扬州。后两句写景抒情，黄鹤楼上饯别，诗人久久伫立江边目送友人登舟扬帆而去，孤帆越来越小，直到消失在碧空尽头，诗人仍不忍离去，产生了无限惆怅之情。全诗写景入神，景中寓情，景象阔大，色调鲜明，有诗情画意的韵味。

# 宣州谢朓楼饯别校书叔云[1]

李　白

（1）宣州：在今安徽宣城县。谢朓楼：南齐诗人谢朓任宣州太守时所建，又名谢公楼或北楼。云：李云，李白的族叔，任秘书省校书郎，故曰校书。

**弃我去者，昨日之日不可留，乱我心者，今日之日多烦忧(2)。**

（2）“弃我去者”四句：意谓以往的岁月已弃我而去，无法挽留，如今的岁月只能使人心烦意乱。

**长风万里送秋雁，对此可以酣高楼(3)。**

（3）“长风万里”二句：意谓眼前秋景正可登楼饱览，开怀畅饮。酣高楼：在高楼上畅饮。

**蓬莱文章建安骨(4)，中间小谢又清发(5)。**

（4）蓬莱：道家所传的海上仙山，传说仙府幽径秘录均藏此山。东汉时称官府藏书处东观为蓬莱，此处的“蓬莱文章”指汉代文学。建安：东汉末献帝年号，当时曹操父子和王粲等“七子”所写诗文，辞情慷慨，语言刚健，后人誉之“建安风骨”。（5）小谢：指谢朓，唐人称谢灵运为大谢，谢朓为小谢。清发：清丽、秀发。此句指从汉到唐，中间以谢朓的诗最清新秀丽。

**俱怀逸兴壮思飞(6)，欲上青天览明月(7)。**

（6）逸兴：超远的兴致。（7）览：同“揽”，摘取。

**抽刀断水水更流，举杯销愁愁更愁。人生在世不称意(8)，明朝散发**

（8）不称意：不顺心，不得志。

**弄扁舟(9)。**

（9）散发弄扁舟：指放浪江湖的隐居生活。散发：指脱去簪缨，不受拘束。

《李太白全集》

## 【翻译】

弃我而去的昨天已不可挽留，扰乱我心绪的今天使我极为烦忧。万里长风吹送南归鸿雁，面对此景可以登上高楼开怀畅饮。（你的）文章像汉代作品一般刚健清新。（我的诗风）像谢朓那样清新秀丽。（我们）满怀豪情逸兴，想要腾空而上青天摘取皎洁的明月。抽出宝刀砍流水，水没有被斩断，反而更湍急。举起酒杯痛饮，本想借酒消忧，结果愁上加愁。人生在世不称心如意，还不如披散头发，乘一只小舟漂流。

## 【简析】

本诗是李白在宣州谢朓楼饯别族叔——秘书省校书郎李云所作。诗歌借饯别抒发了作者壮志难酬的巨大忧愤和由此引发的复杂感情波澜，也表达了作者放浪江湖的情怀。开头两句生动形象地写出了诗人心烦意乱、忧愤难抑之情。三、四句展现出了一副壮阔明朗的万里秋空图，也展现出诗人博大的胸襟，诗绪也从苦闷转到舒畅。五、六句既有对李云文章的推崇，也是诗人自比，流露出对自己才能的自信。七、八句淋漓尽致地表现了诗人对高洁理想境界的向往追求的豪情壮志，昂扬的情绪达到了高潮。当从畅想中回到现实，诗人更强烈地感受到理想和现实的矛盾，更加重了内心的烦扰苦闷，于是感情一落千丈，发出“抽刀断水水更流”的叹息。最后以“散发弄扁舟”作结，给自己寻找了一条摆脱苦闷的道路。全诗气势奔放、构思新颖、比喻奇妙、语言风格是自然与豪放和谐结合。



## 登金陵凤凰台[1]

（1）凤凰台：在南京凤凰山上，相传凤凰集于此山，故得名。

李　白



**凤凰台上凤凰游，凤去台空江自流。**

**吴宫花草埋幽径[2]，晋代衣冠成古丘[3]。**

（2）吴宫：三国时孙吴曾于金陵建都筑宫。（3）晋代：指东晋，南渡后也建都于金陵。衣冠：指的是东晋文学家郭璞的衣冠冢，此指豪门世族。

**三山半落青天外[4]，一水中分白鹭洲[5]。**

（4）三山：山名。在南京西南长江边，有三峰并列，西北相连。半落青天外：形容极远，看不大清楚。（5）白鹭洲：在金陵西南长江中。

**总为浮云能蔽日，长安不见使人愁。**

《李太白全集》

【翻译】

凤凰台上曾有凤凰鸟游憩，（而今）凤凰飞走留下空台江水自东流。吴王宫殿千花百草，如今已埋没在幽僻小径，晋代达官显贵的辉煌功业，长眠于古坟里。远处三山依然耸立在青天之外，白鹭洲把秦淮河隔成两条水道。天上浮云有时把太阳遮住，使我看不见长安城而忧愁。

【简析】

这是一首李白被逐长安、南游金陵时所作的七律诗。首联写了凤凰台古迹的传说，感叹山川依旧、人事全非，渲染出空阔辽阔、凄凉冷落的气氛。颔联承接前两句，写了吴宫幽径已被荒草埋没，东晋的贵族早已腐朽，只有波涛仍旧汹涌。颈联由怀古转入眼前景色描写，眼前三峰并列，南北相连，白鹭洲把江水一分为二。尾联写浮云蔽日，虽登台远望仍不见长安，暗示了皇帝被小人包围，自己却报国无门。诗歌语言流畅自然，不事雕琢，感情深沉，声调激越，将历时典故、眼前景色和自己感受交织在一起，意旨深远。

## 早发白帝城[1]

(1) 白帝城：在今重庆奉节县。



李　白

**朝辞白帝彩云间，千里江陵一日还[2]。**

(2) 江陵：今湖北省江宁县。

**两岸猿声啼不住，轻舟已过万重山。**

《李太白全集》

【翻译】

清晨告别高入云霄的白帝城，千里外的江陵只一日时间便回。两岸猿声不停地啼叫，轻舟已穿过万重青山。

【简析】

此诗作于李白流放夜郎、行至白帝城遇赦而回江宁时。首句写诗人离开白帝城，感情充盈，神采飞扬，亲切轻快。次句写诗人东归江陵的情况。“千里”与“一日”的鲜明时空对照，形象地表现了飞舟疾下的迅速，显得凝练干净，简洁有力，大有“归心似箭”之意。第三句是从听觉感受方面补叙归途之上的所闻，其中“猿声啼不住 ”其实也是诗人心情欢愉的表现。最后一句从瞬时的视觉感受补写归途之上的所见，“万重山”既能使人体会到江舟顺流疾行之迅捷，又能使人感受到诗人胸怀宽广明亮。 全诗写景抒情，写的是轻捷明快之景，抒的是轻快愉悦之情，达到了情景交融的境界。



## 月下独酌四首（其一）[1]

（1）独酌：独自饮酒。

李 白

**花间一壶酒，独酌无相亲[2]。**

（2）无相亲：没有亲近的人。



**举杯邀明月，对影成三人。**

**月既不解饮[3]，影徒随我身[4]。**

（3）既：且。解：懂得。（4）徒：空。

**暂伴月将影[5]，行乐须及春[6]。**

（5）将：与。（6）及春：趁着春光明媚之时。

**我歌月徘徊，我舞影零乱。**

**醒时同交欢[7]，醉后各分散。**

（7）交欢：一起欢乐。

**永结无情游，相期邈云汉[8]。**

（8）相期邈云汉：约定在天上相见。期：约定。邈：远。云汉：银河，泛指天空。

《李太白全集》

【翻译】

花间摆放着一壶美酒，自斟自酌无亲无友而孤独。（我）举起酒杯邀请明月，见月身影共饮已三人。月不懂得畅饮的乐趣，影儿徒然随偎我这个孤身。暂且伴随月亮和身影，及时行乐趁着美好春光。我唱歌月徘徊不进，影伴我舞而凌乱。清醒之时尽管作乐寻欢，醉后免不了要各自离散。（愿和月）结为忘年之友，相约在高远的银河再见。

【简析】

这是一首写诗人月下独酌、苦闷难言和怀才不遇的诗。诗歌首两句点明作者的饮酒背景和一壶独酌的冷清场景。接着两句诗人邀请明月与自己影子一起同饮。以下四句叙写诗人初饮酒时的内心苦闷，月与影徒然有形，却不解人意，由此表现出诗人的苦闷。最后六句是诗人渐入醉乡后的感受，在醉意朦胧中，诗人由对月的责怪转为将月亮引为知己，决心与月亮在渺茫的银河中相聚。诗歌表现了诗人怀才不遇、世无知己的寂寥之情，也表现了诗人狂放不羁的孤傲和性格。全诗想象奇特，具有浓厚的浪漫主义色彩。

# 独坐敬亭山(1)



(1) 敬亭山：在今安徽宣城市北。

李　白

**众鸟高飞尽，孤云独去闲(2)。**

(2) 独去：独自去。 闲：悠闲自在的样子。

**相看两不厌(3)，惟有敬亭山。**

(3) 厌：满足。

《李太白全集》

【翻译】

鸟儿们飞得没有踪迹，飘浮的孤云独自悠闲。（我与山）相互凝望都不满足，（能理解我的）只有这高大的敬亭山了。



【简析】

这是一首表现诗人怀才不遇、孤寂苦闷心情的诗歌。前两句写了天上的鸟高飞远去，渐渐无影无踪，一片孤云也飘向远方，剩下诗人孑然一身独坐。三、四两句写诗人独坐所感，用拟人手法写出了诗人对敬亭山的喜爱。鸟飞走了，云飘走了，只有敬亭山与我相互凝望，感情深厚，由此表达了诗人寂寞凄凉之感。全诗平淡恬静，情景交融，言浅意深，情意绵绵。



# 黄鹤楼(1)

(1) 黄鹤楼：故址在湖北省武汉市。传说古代有一位名叫费祎的仙人，在此乘鹤登仙。

崔　颢

**昔人已乘黄鹤去(2)，此地空余黄鹤楼(3)。**

(2) 昔人：传说中的仙人。(3) 空：只。

**黄鹤一去不复返(4)，白云千载空悠悠(5)。**



(4) 返：返回。(5) 悠悠：飘荡的样子。

**晴川历历汉阳树(6)，芳草萋萋鹦鹉洲(7)。**

(6) 川：平原。历历：分明的样子。汉阳：地名，在湖北省武汉市，与黄鹤楼隔江相望。(7) 萋萋：形容草木长得茂盛。鹦鹉洲：地名，在湖北省武汉市，根据《后汉书》记载，汉黄祖担任江夏太守时，在此大宴宾客，有人献上鹦鹉，故称鹦鹉洲。

**日暮乡关何处是(8)？烟波江上使人愁。**

(8) 乡关：故乡。

《中国历代诗歌选》

## 【翻译】

过去的仙人已经驾着黄鹤飞走，这里只留下一座空荡荡的黄鹤楼。黄鹤一去再也没有回来，千百年来只见悠悠白云。阳光下的汉阳树木清晰可见，鹦鹉洲上一片碧绿的芳草覆盖。天色已晚（眺望远方）故乡在哪儿？一片雾霭笼罩江面给人带来深深愁绪。

## 【简析】

这是一首歌咏黄鹤楼的诗作，即便是大诗人李白到此也曾有“眼前有景道不得，崔颢题诗在上头”（《唐才子传》）之叹。诗歌首联从黄鹤楼远古的传说写起，昔日的仙人早已乘驾黄鹤而去，只留下空荡荡的黄鹤楼，这给全诗披上了一层神秘色彩。颔联承接首联而来，黄鹤一去不返，天空的白云千百年来依然在空中飘来荡去，“白云”也仿佛有了情感，有了灵魂，千百年来朝来夕往，黄鹤楼相伴。颈联笔锋一转，转而写诗人眼前登黄鹤楼所见，由写虚幻的传说转为实写眼前的所见景物，描绘了一个空明、悠远的画面，为引发诗人的乡愁设置了铺垫。尾联直接抒发感情，时已黄昏，愁绪而生，抒发了思乡情怀。全诗自然流畅，将神话与眼前事物巧妙融为一体，目睹景物，吊古伤今，尽抒胸臆，富含情韵，飘逸清新，一气贯通。

## 凉州词[1]

（1）凉州词：唐代乐府名曲，是歌唱凉州一带边塞生活的歌词。

王　翰



**葡萄美酒夜光杯[2]，欲饮琵琶马上催[3]。**

（2）夜光杯：一种白玉制成的杯子。（3）“欲饮”句：意谓正要举杯痛饮，却听到马上弹起琵琶的声音在催人出发了。

**醉卧沙场君莫笑，古来征战几人回。**

《中国历代诗歌选》

### 【翻译】

葡萄美酒盛满夜光玉杯，正想畅饮马上琵琶声频催。（即使）醉倒沙场请君不要见笑，自古男儿出征能有几人回来？



### 【简析】

这是一首咏边塞情景之诗歌。全诗写艰苦荒凉的边塞的一次盛宴，描摹了征人们开怀痛饮、尽情酣醉的场面。首句用语绚丽优美，音调清越悦耳，显出盛宴的豪华气派，“欲饮”两字，进一层写热烈场面，酒宴外加音乐，着意渲染气氛。三、四句写征人互相斟酌劝饮，尽情尽致，乐而忘忧，豪放旷达。这两句，蘅塘退士评曰：“作旷达语，倍觉悲痛。”历来评注家也都以为悲凉感伤、厌恶征战。清代施补华的《岘佣说诗》评说："作悲伤语读便浅，作谐谑语读便妙。在学人领悟。"从内容看，无厌恶戎马生涯之语，无哀叹生命不保之意，无非难征战痛苦之情，谓是悲凉感伤，似乎勉强。施补华的话有其深度。千古名绝，众论殊多，见仁见智，学人自悟。



## 燕歌行[1]

（1）燕歌行：乐府《相和歌·平调曲》旧题，多写思妇怀念征人的内容。燕：战国时燕国地域，在今河北北部及辽宁省地区。

高　适

开元二十六年，客有从御史大夫张公[2]出塞而还者，作《燕歌



（2）张公：指幽州节度使张守珪。

行》以示。适感征戍之事，因而和焉。

**汉家烟尘在东北[3]，汉将辞家破残贼[4]。男儿本自重横行[5]，**

（3）汉家：汉朝，这里借指唐朝。烟尘：战火，边疆的战争。（4）残贼：残余的敌人。开元二十一年至二十三年，张守珪先后大破溪、契丹的精锐部队，故称溪、契丹余党为残贼。（5）本自：本来。重：看重。横行：纵横驰骋，横扫敌寇。

**天子非常赐颜色[6]。摐金伐鼓下榆关[7]，旌旆逶迤碣石间[8]。校尉**

（6）非常：不同寻常。赐颜色：赏识、器重、给予隆重丰厚的待遇的意思。（7）摐（chuāng）金：撞击金属乐器。伐鼓：击鼓。下榆关：向山海关进发。（8）旌旆（jīng pèi）：军队中的各种旗子。逶迤：弯曲起伏、绵延不断的样子。碣石：山名，在今河北省乐亭县西南。

**羽书飞瀚海[9]，单于猎火照狼山[10]。山川萧条极边土[11]，胡骑凭**

（9）校尉：位次于将军的武官。羽书：古代的紧急文书，上插羽毛，表示须飞速传递。瀚海：大沙漠。（10）单（chán）于：本指匈奴酋长，这里泛指敌人的首领。猎火：打猎时燃起的火光，比喻作战。狼山：即狼居胥山，在今内蒙古自治区西北部。（11）"山川"句：意谓汉军抗击敌人，来到了山川萧条的边界地带。极：穷尽，终点。

**陵杂风雨[12]。战士军前半死生，美人帐下犹歌舞[13]。大漠穷秋塞草**

（12）胡骑：敌人的马队。凭陵：仗势欺人，侵扰凌逼。杂风雨：形容敌势之猛如暴风骤雨。杂：交错。（13）"战士"二句：意谓战士在阵前拼命作战，死亡殆尽，而将军却在帐中看美人歌舞取乐。半死生：一半死、一半生，伤亡极多的意思。

**腓，孤城落日斗兵稀(14)。身当恩遇恒轻敌，力尽关山未解围(15)。铁**

（14）穷秋：晚秋。腓：病，这里是指枯黄衰败的意思。斗兵稀：战士伤亡惨重。（15）“身当”二句：意谓战士们想到身受朝廷恩遇，常蔑视敌人，奋力死战，但力尽而仍未解除关山重围。

**衣远戍辛勤久(16)，玉箸应啼别离后(17)。少妇城南(18)欲断肠，征人**

（16）铁衣：铠甲，这里是身披铁衣的意思。辛勤久：长期在边疆戍守。（17）玉箸：玉制的筷子，形容思妇想念征夫的两行眼泪。（18）城南：长安城南。这里泛指居民区。

**蓟北(19)空回首。边庭飘摇那可度(20)，绝域苍茫(21)更何有！杀气三**

（19）蓟（jì）北：蓟州以北，在今河北省密云县，这里泛指戍守的边疆。（20）飘摇：又作“飘飘”，长风吹荡的样子。度：过，这里是居住、生活的意思。（21）绝域：极远的边疆荒凉地区。苍茫：旷远迷茫。

**时作阵云，寒声一夜传刁斗(22)。相看白刃血纷纷，死节从来岂顾勋(23)！**

（22）“杀气”二句：意谓早、午、暮看到的是杀气冲天化为空中的战云，夜间听到的是寒气中传来的刁斗声。三时：早、午、晚。阵云：战云。刁斗：晚上宿营时用以报更或警戒的铜器。（23）“死节”句：意谓战士在战场上只想到以死报国，哪里是为了个人邀功请赏。死节：为国献身。勋：功劳。

**君不见沙场征战苦，至今犹忆李将军(24)。**

（24）李将军：汉武帝时名将李广。李广作战英勇，身先士卒，平时爱护部属，得士卒拥戴。这里借以讽刺军中将领不体恤士卒。

《高适集校注》

【翻译】

唐朝边境战火东北起尘土，唐朝将军辞家欲破残忍边贼。战士们本来看重横扫敌寇，皇帝特别给予丰厚赏赐。撞击乐器击鼓向山海关进发，旌旗迎风又逶迤碣石之间。校尉传羽书飞奔浩瀚沙海，单于举猎火光照狼山。山河荒芜萧条凄凉到边土，胡人骑兵兵器声里夹风雨。战士在阵前拼命作战死亡殆尽，而将军却在帐中看美人歌舞取乐。深秋大漠塞外百草尽凋枯，孤城映落日战卒越斗越稀少。身受皇家恩义常思报国轻敌，边塞尽力量尚未破除匈奴围。身穿铁甲守边辛勤长久，珠泪纷落远去独啼哭。少妇住城南凄伤欲断肠，远征军人驻蓟北依空回头。边境飘渺怎可轻易奔赴，绝远之地苍茫人烟何所有？杀气三季腾起阵前似乌云，一夜寒声如泣声惊耳鼓。互看白刃夹杂血纷飞，从来死节难道还求著功勋？你没见拼杀在沙场战斗多惨苦，现在还在思念李将军。

【简析】

这是一首有感而发的和诗。诗歌假托汉家故事，写将帅的腐败贪功，写军中的苦乐不均，写战争对人民生活的破坏，写边地将领的轻敌享乐，同时歌颂士卒卫国力战、奋不顾身的爱国精神。诗歌前八句为一部分，写了出师，貌似雄威，实则隐刺将军的恃宠轻敌。“山川”以下四句为第二部分，写战事失利，揭示出失败的原因是军中的腐败。“铁衣”以下四句为第三部分，写战争给人们造成的不幸。最后八句为第四部分，以歌颂士卒、讽刺将领结束全篇。全诗时而雄迈高亢，时而幽怨缠绵，时而忧郁愤懑，这些情感错综交织，构成了诗歌悲壮苍凉的风格，在盛唐边塞诗中颇有特色。



# 别董大(1)（其一）

（1）董大：董庭兰，当时著名的琴师，其在兄弟中排行第一，故称。

高　适



**千里黄云白日曛(2)，北风吹雁雪纷纷。**

（2）千里：又作“十里”。黄云：在阳光下，乌云是暗黄色的，故云。白日曛：即太阳黯淡无光。

**莫愁前路无知己(3)，天下谁人不识君(4)？**

（3）莫愁：不要愁，不要担心。（4）君：您，这里指董大。

《高适集校注》

## 【翻译】

黄昏落日使千里浮云变得暗淡，北风劲吹大雪纷纷雁儿南飞。不要担心前方路上没有知己，普天之下还有谁不知道您呢？

## 【简析】

这首诗是高适与董大久别重逢，经过短暂的聚会以后，又各奔他方的赠别之作。首两句以其内心之真，写别离心绪，故能深挚；以胸襟之阔，叙眼前景色，故能悲壮。日暮黄昏，且又大雪纷飞，于北风狂吹中，唯见遥空断雁，出没寒云，使人难禁日暮天寒、游子何之之感。后两句是对朋友的劝慰：此去你不要担心遇不到知己，天下哪个不知道你董庭兰啊！话说得多么响亮，多么有力！于慰藉中充满着信心和力量，激励朋友抖擞精神去奋斗、去拼搏。

此诗一改赠别的凄婉缠绵的情调，出之以慷慨豪放，让人耳目一新，为唐人送别诗中不可多得的佳构。殷璠在《河岳英灵集》中评曰：“多胸臆语，兼有气质。”

## 塞上听吹笛[1]

（1）塞上：边塞地区。

高　适

**雪净胡天牧马还[2]，月明羌笛戍楼间[3]。**

（2）雪净：冰雪消融。胡天：指西北边塞地区。（3）羌（qiāng）笛：羌族管乐器。戍楼：军营城楼。

**借问梅花何处落[4]，风吹一夜满关山[5]。**

（4）“梅花何处落”： 一语双关，既指想象中的梅花，又指笛曲《梅花落》。（5）关山：这里泛指关隘山岭。

《高适集校注》

### 【翻译】

冰雪消融边塞天净牧马已还，皎洁月光下悠扬的羌笛声回荡戍楼之间。请问梅花究竟在何处落下，春风吹拂一夜布满关隘山川。

### 【简析】

本诗用明快秀丽的基调和丰富奇妙的想象，描绘了一幅优美动人的塞外春光图，反映了边塞生活中安详、恬静的一面。诗人采用虚实结合的手法，在虚实交错、时空穿梭之间，把战士戍边之志与思乡之情有机地联系起来，统一起来，构成一幅奇丽寥廓、委婉动人的画卷。此诗写塞上闻笛而生乡关之思，但首先却展现出冰雪铺凝的广袤“胡天”，然后再在明月与戍楼之间托出羌笛之声，在荒漠塞外与故乡春色的鲜明反差之中透露出缕缕乡思。但这乡思却略无哀怨，而是随着一夜风吹渗满整个关山，以可见的壮伟景观的实态体现出巨大的内在显现力与艺术包容力。全诗含有思乡的情调但并不低沉，表达了盛唐时期的那种豪情，乃边塞诗中的佳作。

# 逢雪宿芙蓉山主人[1]

（1）芙蓉山：山名，不知何处。

刘长卿

**日暮苍山远，天寒白屋贫[2]。**

（2）白屋：茅屋，贫家的住所，房顶用白茅覆盖，或木材不加油漆。

**柴门闻犬吠[3]，风雪夜归人。**

（3）犬吠：狗叫。

《中国历代诗歌选》

【翻译】



傍晚路经远方青山下，天寒茅草房更清贫。敲响柴门听见狗叫，（我）是风雪夜投宿的人。

【简析】

这首诗描绘了一幅描绘风雪夜归图。前两句写了诗人投宿山村时的所见所感，第一句点名时间和途中所见，也暗示跋涉艰辛，急于投宿的心情。第二句点明投宿地点，主人家简陋的茅舍在寒冬中更显贫穷，反映了诗人独特的感受。后两句写诗人投宿主人家后的情景。第三句写了诗人进入茅屋已安顿就寝，忽从卧榻上听到吠声不止。第四句进一步写了狗吠的原因，大概是芙蓉山主人披风戴雪归来，也有解释是说诗人在迷漫风雪中投宿，有感宾至如归。全诗用极其凝练的诗笔，描画出一幅以旅客暮夜投宿、山家风雪人归为素材的寒山夜宿图，表达了诗人对劳动人民清贫生活的同情。

# 望岳[1]

（1）岳：指东岳泰山。

杜　甫

**岱宗夫如何[(2)]？齐鲁青未了[(3)]。**

（2）岱宗：对泰山的尊称，泰山居五岳之首，为诸山之宗，故称。夫如何：怎么样？（3）“齐鲁”句：意谓在齐鲁境内都能望见泰山的青色。齐鲁：齐国和鲁国，周朝所封的两个诸侯国，齐在泰山东北，鲁在泰山西南。

**造化钟神秀[(4)]，阴阳割昏晓[(5)]。**

（4）“造化”句：意谓天下美丽的景色皆汇聚于泰山。造化：大自然。钟：汇聚。神秀：神奇秀丽的景色。（5）“阴阳”句：意谓泰山高耸，分其南北为一明一暗两个世界。阴阳：山北为阴，山南为阳。割：划分。昏晓：昏暗和白昼。

**荡胸生层云[(6)]，决眦入归鸟[(7)]。**

（6）“荡胸”句：意谓山中云气层生，如从激荡不平的胸中生出。荡胸：心胸震荡。层云：重叠的云层。（7）“决眦”句：意谓目送归鸟入没，眼眶似乎都要睁裂。决眦：张目极视。眦（zì）：眼角。

**会当凌绝顶[(8)]，一览众山小[(9)]。**

（8）会当：定要。凌：登。（9）“一览”句：此句用《孟子·尽心上》“登泰山而小天下”之意。

《中国历代诗歌选》



## 【翻译】

泰山究竟怎么样？齐鲁境内都能见泰山青色。天下秀丽景色皆汇聚泰山，泰山划分南北为一明一暗。山中云气层生如激荡从胸中生出，归鸟归山使人眼眶欲碎。（我）定要登上泰山绝顶，把周围群山一览无遗！

## 【简析】

本诗是杜甫第一次游齐鲁时所作，表达了诗人年轻的博大胸怀和强烈的自信心。全诗没有一个“望”字，但句句向岳而望。首句写出了乍一望泰山时，高兴、激动的心情。第二句写出了经过一番揣摩后得出的答案，乃惊人之句。接着两句写近望中所见泰山的神奇秀丽和巍峨高大的形象。接着两句是写细望，山中云气层出不穷，心胸为之荡漾，放眼眺望，直送飞鸟归宿山中。最后两句写出望岳而产生的登岳的意愿，抒发了诗人激发出对人生、社会的积极进取的豪情壮志。浦起龙在《读杜心解》中说：“杜子心胸气魄，于斯可观。取为压卷，屹然作镇。”

# 兵车行



杜甫

**车辚辚[1]，马萧萧[2]，行人弓箭各在腰[3]。**

（1）辚（lín）辚：车轮声。在《诗经·秦风·车辚》中云："有车辚辚。"（2）萧萧：马嘶叫声。《诗经·小雅·车攻》："萧萧马鸣。"（3）行人：指被征出发的士兵。

**耶娘妻子走相送，尘埃不见咸阳桥[4]。**

（4）"耶娘"二句：意谓父母妻子跑来相送，行人和车马扬起的尘埃遮蔽了咸阳桥。耶：通假字，同"爷"，父亲。 走：奔跑。咸阳桥：指便桥，汉武帝所建，唐代称咸阳桥，故址在今陕西咸阳市西南。

**牵衣顿足拦道哭[5]，哭声直上干云霄[6]。**

（5）牵衣：拉着衣服不愿放手。拦道：阻拦道路不愿放行。（6）干云霄：冲犯云霄。



**道旁过者问行人[7]，行人但云点行频[8]。**

（7）过者：过路的人，这里是杜甫自称。 （8）点行频：频繁地点名征调壮丁。

**或从十五北防河[9]，便至四十西营田[10]。**

（9）或：不定指代词，有的、有的人。十五：指年龄。北防河：当时常与吐蕃发生战争，曾征召陇右、关中、朔方诸军集结河西一带防御。因其地在长安以北，所以说"北防河"。（10）西营田：古时实行屯田制，军队无战事即种田，有战事即作战。

**去时里正与裹头[11]，归来头白还戍边[12]。**

（11）里正：唐制，每百户设一里正，负责管理户口、检查民事、催促赋役等事。裹头：男子成丁，就裹头巾，犹古之加冠。古时以皂罗（黑绸）三尺裹头，曰头巾。新兵因为年纪小，所以需要里正给他们裹头。（12）"归来"句：意谓差役频繁，回来时虽已白发，还要去驻守边防。

**边庭流血成海水[13]，武皇开边意未已[14]。**

（13）边庭：边疆。（14）武皇：汉武帝刘彻。唐诗中常有以汉指唐的委婉避讳方式。这里借武皇代指唐玄宗。开边：用武力开拓边疆。意未已：意图未止。

**君不闻汉家山东二百州[15]，千村万落生荆杞[16]。**

（15）山东：华山以东。二百州：唐代在关东共有二百多个州。（16）荆杞(qǐ)：荆棘与杞柳，都是野生灌木。

**纵有健妇把锄犁，禾生陇亩无东西[17]。**

（17）陇亩：耕地。 陇：通"垄"，在耕地上培成一行的土埂，中间种植农作物。 无东西：不分东西，意思是行列不整齐。

**况复秦兵耐苦战，被驱不异犬与鸡[18]。**

（18）“况复”二句：意谓更何况关中的兵能经苦战，所以更被当作像狗和鸡一样随便频繁地征调差遣。秦兵：指关中兵。耐苦战：能顽强苦战。

**长者虽有问[19]，役夫敢伸恨[20]？**

（19）长者：即上文的“道旁过者”，即杜甫。征人敬称他为“长者”。（20）“役夫”句：征人自言不敢诉说心中的冤屈愤恨。这是反诘语气，表现士卒敢怒而不敢言的情态。

**且如今年冬[21]，未休关西卒[22]。**

（21）今年冬：指天宝九载（公元 750 年）十二月。（22）“未休”句：因为对吐蕃的战争还未结束，所以关西的士兵都未能罢遣还家。关西：当时指函谷关以西的地方。

**县官急索租[23]，租税从何出？**

（23）县官：官府。

**信知生男恶，反是生女好[24]。**

（24）“信知”二句：意谓现在才真正知道生男是坏事，反而不如生女的好。这是封建社会的反常现象。信：真正。



**生女犹得嫁比邻[25]，生男埋没随百草[26]。**

（25）比邻：近邻。（26）埋没随百草：指尸体无人收葬，埋没在野草中。

**君不见青海头[27]，古来白骨无人收。**

（27）青海头：即青海边。这里是自汉代以来，汉族经常与西北少数民族发生战争的地方。唐初也曾在这一带与突厥、吐蕃发生大规模的战争。

**新鬼烦冤[28]旧鬼哭，天阴雨湿声啾啾[29]。**

（28）烦冤：愁烦冤屈。（29）啾啾：象声词，表示一种呜咽的声音。

《杜少陵集详注》

**【翻译】**

战车叮铃响，战马嘶啸，远征战士把弓箭背腰上。爹娘妻儿跑来相送，（车马扬起）尘埃遮蔽了咸阳桥。拉扯衣襟拦路顿脚放声哭，哭声阵阵冲上九重霄。

路旁走过行人问战士，战士只说频繁点名征兵。有人十五岁就被征去驻守黄河，到了四十岁还编入屯田军营。当年出发村长替扎头巾，归来头白还去卫戍边境。边境战士鲜血流成海水，皇上拓边的雄心仍没休止。你没听说汉朝华山以东有二百余州，千村万落长满野草和荆棘。纵有健壮妇女把锄种地，（但）庄稼杂芜阡陌难辨东西。况且关东士兵耐以苦战，（如今）被人驱赶与狗鸡无异。要不是老者来问究竟，我怎敢提起心中怨恨？且说今年已是冬天，关西守卒没回家休息。县官急于追逼租税，（无人种地）租税从哪筹集？早知生男孩招来麻烦，倒不如生女孩适宜。生女孩尚可嫁给隔壁邻居，生男孩埋没战场草地。你没看见青海那边，自古来白骨没人料理。新鬼含冤旧鬼哭泣，阴雨天更是啾啾呜咽。



【简析】

天宝以后，唐王朝对西北、西南少数民族的战争越来越频繁，连年征战不仅给边疆少数民族带来了深重的灾难，也给广大中原人民带来了同样的不幸。本诗正是运用乐府民歌的形式，来揭露穷兵黩武的战争给人民和社会带来的巨大灾难。诗歌开篇就从客观描述写起，以浓墨重彩的笔法展现了一幅兵车隆隆、战马嘶鸣、灰尘弥漫、哭声直插云霄的妻离子散的悲凉图景。接着从“问行人”开始，通过设问方式，让当事者直接倾诉：由于频繁征兵，弄得家破人亡、田园荒芜、荆棘丛生、满目凋残。随着“长者”之问，透露出了统治阶级加给老百姓的精神桎梏，揭露了统治阶级的穷兵黩武加给人民的双重灾难。“生男不如生女”的感叹，反映了人们心灵上受到的严重摧残。最后通过青海古战场上平沙茫茫、白骨露野、阴风阵阵、鬼哭凄凄，刻画出了寂冷阴森、令人不寒而栗的情景。全诗寓情于叙事之中，叙述次序上参差错落、前后呼应、井然有序；句型、音韵变换紧密结合；语言明白如话，清新自然。



# 饮中八仙歌

杜 甫

**知章骑马似乘船，眼花落井水底眠[1]。汝阳三斗始朝天，道逢**

（1）知章：贺知章，越州永兴（今浙江萧山）人，唐代大诗人。

**曲车口流涎，恨不移封向酒泉[2]。左相日兴费万钱，饮如长鲸吸百**

（2）汝阳：汝阳王李琎，唐玄宗的侄子。朝天：朝见天子。曲车：酒车。移封：改换封地。酒泉：郡名，在今甘肃酒泉县，传说郡城下有泉，味如酒，故名酒泉。

**川，衔杯乐圣称避贤[3]。宗之潇洒美少年，举觞白眼望青天，皎如**

（3）左相：指左丞相李适之，天宝元年（公元742年）八月为左丞相，五载（公元746年）四月，被李林甫排挤罢相。长鲸：鲸鱼。衔杯：贪酒。圣：酒的代称。

**玉树临风前[4]。苏晋长斋绣佛前，醉中往往爱逃禅[5]。李白一斗诗**

（4）宗之：崔宗之，吏部尚书崔日用之子，袭父封为齐国公，官至侍御史，也是李白的朋友。觞：大酒杯。白眼：晋阮籍能作青白眼，青眼看朋友，白眼视俗人。玉树临风：崔宗之风姿秀美，故以玉树为喻。（5）苏晋：开元间进士，曾为户部和吏部侍郎。长斋：长期斋戒。绣佛：画的佛像。逃禅：这里指不守佛门戒律。

**百篇，长安市上酒家眠，天子呼来不上船，自称臣是酒中仙[6]。张**

（6）李白：字太白，唐代大诗人，有“诗仙”之称，李白以豪饮闻名，而且文思敏捷，常以酒助诗兴。

**旭三杯草圣传，脱帽露顶王公前，挥毫落纸如云烟[7]。焦遂五斗方**

（7）张旭：唐代著名书法家，善草书，时人称为“草圣”。脱帽露顶：写张旭狂放不羁的醉态。

**卓然，高谈雄辩惊四筵[8]。**

（8）焦遂：布衣之士，事迹不详。卓然：神采焕发的样子。

《唐诗三百首》

## 【翻译】

贺知章（酒后）骑马如在乘船，眼睛昏花坠入井底睡着了。汝阳王李琎饮酒三斗才去觐见天子，路上遇装酒车引得口水直流，遗憾没能分封在酒泉。左相李适为每日之兴不惜花费万钱，饮酒如长鲸吞吸百川之水，（自称）举杯豪饮是为了摆脱政事以便让贤。崔宗之是一个潇洒美少年，举杯饮酒常傲视青天，俊美之姿如玉树临风。苏晋虽在佛前斋戒吃素，饮酒常把佛门戒律忘得干净。李白饮酒一斗赋诗百篇，在长安街酒肆饮酒醉眠酒家，天子湖池游宴召他上船，他不肯，自称是酒中之仙。张旭饮酒三杯挥毫作书，时称草圣，（他）在王公前脱帽露顶，挥笔疾书如云烟之泻于纸张。焦遂五杯酒下肚精神振奋，（在酒席上）高谈阔论语惊四座。

## 【简析】

这是一组人物速写，诗人用凝练笔墨，描绘了一幅栩栩如生的饮酒群像图，在描写八个人的醉态时，都抓住了不同人物的特征来写。写贺知章，侧重写他酒后骑马落井的醉态，表现出他的旷达放逸；写汝阳王，则突出他的皇族身份，通过他醉后想分封到酒泉来表现他嗜酒如命的特点；写李适之，突出了他牢骚满腹，将饮酒与权势地位的得失联系起来；写崔宗之，侧重写他睥睨一切的性格和骏美风姿，突出他风流倜傥的形象；写苏晋，则抓住斋戒与饮酒的矛盾，表现出他放纵无忌的特点；李白是重点刻画人物，诗人抓住他嗜酒与能诗两个特点，并重点刻画出他不畏权贵、浩气纵横、桀骜不驯的形象；写张旭，抓住了其书法家的特点，又突出其豪情奔放、不拘礼节；最后写焦遂，突出他神态卓异和雄才善辩的特点。全诗八个人物，每人自成一章，主次分明，相互映衬，形成一个整体，可谓“前无所因，后人不能学”（《杜臆》）。



# 丽人行

杜　甫

**三月三日天气新[1]，长安水边多丽人。态浓意远淑且真[2]，肌**

（1）三月三日：古代三月三日是上巳日，官民皆洁于东流水上，以拔除不详。唐代开元年间，士女多于此日至城南曲江游赏。（2）态浓：妆扮浓艳。意远：神气高远不凡。淑且真：淑美而不做作。



**理细腻骨肉匀[3]。绣罗衣裳照暮春，蹙金孔雀银麒麟[4]。头上何**

（3）肌理细腻：皮肤细嫩光滑。骨肉匀：身材匀称适中。（4）“绣罗”二句：意谓用金银线嵌绣着孔雀和麒麟的华丽衣裳与暮春的美丽景色相映生辉。蹙（cù）：嵌绣。

**所有？翠微盍叶垂鬓唇[5]。背后何所见？珠压腰衱稳称身[6]。就**

（5）翠：一种翡翠鸟的羽毛。盍叶：一种首饰。鬓唇：鬓角。（6）腰衱（jié）：裙带。稳称身：十分贴切合身。

**中云幕椒房亲[7]，赐名大国虢与秦[8]。紫驼之峰出翠釜[9]，水**

（7）就中：其中。云幕：如云的帐幕。椒房：汉代未央宫，乃皇后居室，以椒（香料）和泥涂壁，后世称皇后为椒房，皇后家属为椒房亲。（8）虢与秦：指天宝七载（公元748年）唐玄宗赐封杨贵妃的大姐为韩国夫人，三姐为虢国夫人，八姐为秦国夫人。（9）紫驼之峰：即驼峰，是一种珍贵的食品。唐贵族食品中有“驼峰炙”。釜：古代的一种锅。翠釜：形容锅的色泽华美。

**精之盘行素鳞[10]。犀箸厌饫久未下[11]，鸾刀缕切空纷纶[12]。黄**

（10）水精：即水晶。行：传送。素鳞：指白鳞鱼。（11）犀箸：犀牛角做的筷子。厌饫：吃得腻了。（12）鸾刀：带鸾铃的刀。缕切：细切。空纷纶：厨师们白白忙乱一番。

**门飞鞚不动尘，御厨络绎送八珍[13]。箫鼓哀吟感鬼神，宾从杂遝**

（13）“黄门”二句：意谓皇帝派宦官不断送来御厨中的珍贵食物。黄门：宦官。飞鞚：飞马。八珍：形容珍美食品之多。

**实要津[14]。后来鞍马何逡巡？当轩下马入锦茵[15]。杨花雪落覆白**

（14）宾从：宾客随从。杂遝：众多杂乱。要津：本指重要渡口，这里喻指杨国忠兄妹的家门，所谓“虢国门前闹如市”。（15）“后来”二句：意谓杨国忠大模大样地最后骑马来到。逡巡：缓慢徐行，旁若无人之态。锦茵：锦织的地毯。

**苹，青鸟飞去衔红巾[16]。炙手可热势绝伦，慎莫近前丞相瞋[17]。**

（16）杨花雪落：意谓暮春的景色优美，以此暗指杨国忠与虢国夫人的暧昧私通关系。杨花：故人有杨花入水化为浮萍之说，萍之大者为苹。杨花、萍和苹虽为三物，实出一体。此暗指杨国忠和虢国夫人原来是兄妹。青鸟：古代神话传说中能为西王母传递信息的使者，后世即以青鸟代指情人的信使。红巾：妇人所用的手帕，此指为杨氏兄妹传递消息。（17）"炙手可热"二句：写杨国忠的权倾朝野和气焰灼人。丞相：指杨国忠。瞋（chēn）：发怒。

《中国历代诗歌选》

## 【翻译】

三月三日阳春天气清新，长安江河畔好多美人。姿态凝重神情高远文静自然，肌肤丰润胖瘦适中身材匀称。绫花绫罗衣裳映衬暮春，金丝绣孔雀银丝刺麒麟。

头上戴的是什么（首饰）？翡翠做的花饰垂挂在两鬓。背后能看见什么？珠宝镶嵌的裙腰稳当合身。其中几位都是后妃亲戚，赐名为虢国和秦国二位夫人。翡翠蒸锅端出紫驼峰，水晶圆盘送来白鱼鲜。（她们）犀角筷子久久不动，（厨师）快刀细切空忙一场。宦官骑马不敢扬起灰尘，御厨络绎送来海味山珍。笙箫鼓乐婉转感动鬼神，宾客随从都是达官贵人。一个骑马官人是何等骄横，车前下马从绣毯上进帐门。白雪杨花飘落盖浮萍，青鸟飞去衔起红丝帕。（杨家）气焰权势无与伦比，切勿近前以免丞相发怒斥人！



## 【简析】

这是一首讽刺杨氏兄妹骄横和荒淫的乐府民歌。诗歌首先写水边踏青丽人人数众多，仪态娴雅，姿态优美，衣着华丽，从而点名丽人中具有显赫声势的虢国夫人和秦国夫人，并以此影射整个上层阶级骄奢淫逸的风气。接着具体写了美食和美器与久久不下筷子形成对比，说明贵妇人早已厌倦山珍海味。后面又直接写出了杨国忠的飞扬跋扈和荒淫无耻的行径，他大模大样骑马穿行，旁若无人，气焰嚣张。全诗选取了简短的场面和情节，运用了精工细腻的笔触，揭露了杨氏兄妹的骄纵荒淫，语言清丽，寓庄于谐，具有民歌特色。



# 月　夜

**杜　甫**

**今夜鄜州月[1]，闺中只独看[2]。遥怜小儿女，未解忆长安[3]。**

（1）鄜（fū）州：地名，在今陕西富县境内。（2）闺中：指妻子。（3）“遥怜”二句：意谓遥想儿女年龄小，还不懂得母亲思念长安的感情。未解：不懂。

**香雾云鬟湿，清辉玉臂寒[4]。何时倚虚幌，双照泪痕干[5]？**

（4）“香雾”二句：意谓妻子看了很久的月亮，思念之深，以致云鬟被夜雾沾湿，玉臂被月光照冷而不觉。清辉：清冷的月光。（5）“何时”二句：意谓何时才能两人团聚，并倚在透明的窗帘边共同赏月，月光照到我俩脸庞，使得泪痕也消失了。虚幌：薄而透的窗纱。

《中国历代名诗赏读》



【翻译】

今晚鄜州月亮（皎洁美好），（妻子）在闺中只能一人独看。（我）遥想可爱的小儿幼女，（儿女）不理解望月怀人思念长安。夜深露重（妻子）乌云似的头发湿了，月光如水（妻子）如玉臂膀受寒？何时能依偎共赏轻纱般的月华？让月华照干我俩满是泪痕的脸。

【简析】



至德二年（公元 757 年），杜甫被困长安，看到山河破碎，在月夜思念妻子，写成此篇。如果从自己方面落墨，一入手应该写“今夜长安月，客中只独看”。但他更焦心的不是自己生死未卜的处境，而是妻子对自己的处境如何焦心。所以悄然动容，神驰千里，直写“今夜鄜州月，闺中只独看”。自己只身在外，当然是独自看月。妻子尚有儿女在旁，为什么也“独看”呢？“遥怜小儿女，未解忆长安”一联作了回答。妻子看月，并不是欣赏自然风光，而是“忆长安”，而小儿女未谙世事，还不懂得“忆长安”啊！用小儿女的“不解忆”反衬妻子的“忆”，突出了那个“独”字，又进一层。 第三联通过妻子独自看月的形象描写，进一步表现“忆长安”，雾湿云鬟，月寒玉臂，望月愈久而忆念愈深，甚至会担心她的丈夫是否还活着，怎能不热泪盈眶？而这，又完全是作者想象中的情景。当想到妻子忧心忡忡、夜深不寐的时候，自己也不免伤心落泪。两地看月而各有泪痕，这就不能不激起结束这种痛苦生活的希望；于是以表现希望的诗句作结：“何时倚虚幌，双照泪痕干？”“双照”而泪痕始干，则“独看”而泪痕不干，也就意在言外了。黄生评说：“五律至此，无忝诗圣矣！”

# 春 望

杜 甫

**国破山河在，城春草木深**[1]**。感时花溅泪，恨别鸟惊心**[2]**。**

（1）“国破”二句：意谓虽然山河依旧，春意仍浓，但却国家残破，人物散亡，草木遍地。国：国都长安。
（2）“感时”二句：意谓自己感慨时局，见花流泪，觉得花也因此落泪；痛惜与亲人别离，觉得鸟也因此而惊心。

**烽火连三月**[3]**，家书抵万金**[4]**。白头搔更短，浑欲不胜簪**[5]**。**

（3）“烽火”句：意谓整个春季的三个月中，战火不息。（4）抵：相当、价值。（5）“白头”二句：意谓忧时乱伤使自己的白发愈来愈少，竟然连簪子也插不稳了。浑：简直。不胜：不堪。簪（zān）：用来插发髻的簪子。

《中国历代诗歌选》



## 【翻译】

国家破碎，山河依旧，春天的城池草木茂密。感伤国事花也涕泪四溅，亲人离别仇恨增加连鸟也惊心。战火频连蔓延三月，家书一信抵值万两黄金。愁绪缠绕白发越搔越短，头发脱落简直不能插簪。

## 【简析】

这是一首表达诗人深沉忧国忧民的爱国恋家诗，诗歌作于至德二年（公元757年）三月，杜甫此时仍陷于安史叛军占据的长安。诗人眼见山河依旧而国破家亡，春回大地却满城荒凉，不禁触景生情，发出深重的感慨与忧伤。首两句从大处着眼，是悲壮之笔；次两句从小处落笔，言见花开而落泪，闻鸟鸣而惊心。沈德潜注意到这两句诗是“乐处皆可悲”（《唐诗别裁》），对比式写法。五、六句写忧国忧家之愁，七、八句写愁之深切。全诗情景交融，忧国念家之情深切感人，尤其五、六两句，因道出人类生活中的一种普遍的精神现象，遂成广为传诵之名句。司马光曾提倡写诗“意在言外，使人思而得之”。他说：“近世诗人唯子美最得诗人之体”，并举此诗为例（见《温公续诗话》）。《唐诗分类绳尺》云：“子美此诗，幽情邃思，感时伤事，意在言外。”

# 石壕吏

杜　甫

**暮投石壕村(1)，有吏夜捉人(2)。老翁逾墙走(3)，老妇出看门(4)。**

（1）暮：时间名词作状语，在傍晚。投：投宿。石壕村：地名，在今河南省陕县东。（2）吏：小官，这里指差役。夜：时间名词作状语，在夜里。（3）逾：越过，翻过。走：跑，这里指逃跑。（4）出看门：意谓出来应付来吏，又作“出门看”。

**吏呼一何怒(5)！妇啼一何苦！听妇前致词(6)：三男邺城戍(7)。**

（5）一何：副词，何其、多么。怒：恼怒，这里指凶狠。（6）前：上前，向前。（7）三男：三个儿子，唐初实行府兵制，“家有三丁，选材力一人”。三男俱服兵役，可见安史之乱时府兵制已遭到破坏。邺（yè）城：即相州，在今河南安阳。戍：防守，这里指服役。

**一男附书至(8)，二男新战死(9)。存者且偷生(10)，死者长已矣(11)！**

（8）附书至：捎信回来。（9）新：最近。（10）且偷生：姑且活一天算一天。且：姑且。且偷生：姑且偷生。（11）长已矣：永远地完了。

**室中更无人(12)，惟有乳下孙(13)。有孙母未去，出入无完裙(14)。**

（12）更无人：再没有别的（男）人了。更：再。（13）乳下孙：还在吃奶的孩子。（14）“有孙”二句：意谓家里还有个媳妇，但不能出来接待吏人。出入：偏义复词，偏用出意。裙：古代妇女的正式服装，不着裙，不便见客。

**老妪力虽衰(15)，请从吏夜归(16)，急应河阳役(17)，犹得备晨炊(18)。**

（15）老妪（yù）：老妇人自称。（16）请从吏夜归：请让我和你一起回去。请：请让我。从：跟从，跟随。（17）“急应”句：当时唐军败于邺城，郭子仪退守河阳，捉去的兵役都集中到那里。河阳：今河南省洛阳市吉利区（原河南省孟县）。（18）犹得：还能够。得：能够。备：准备。晨炊：早饭。

**夜久语声绝(19)，如闻泣幽咽(20)。天明登前途(21)，独与老翁别(22)。**

（19）夜久：夜深了。绝：断绝；停止。(20）泣幽咽：低微断续的哭声。(21）登前途：踏上前行的路。(22）“独与”句：暗示老妇人已被捉去。

《中国历代诗歌选》

【翻译】

傍晚投宿石壕村，有差役夜里强征兵。老翁越墙逃走，老妇走出门应付。差役怒吼多么凶！老妇人啼哭多可怜！听到老妇上前说：“（我的）三个儿子去邺城服兵役。一个儿子捎信回来，（说）两个儿子刚战死。活着的人苟且偷生，死去的人永不会复生！家里再也没有其他人，只有个正在吃奶的孙子。有孙子在，其母亲还没改嫁，（他母亲）进出没有一件完整的衣服。老妇虽然年老力衰，请让我跟从你连夜回营。赶快到河阳去应征，还能够为部队准备早餐。”夜深说话声音消失了，隐约听到断续的哭声。天亮踏上前行道路，只同那个老翁告别。

【简析】

《石壕吏》是一首杰出的现实主义叙事诗，全诗120字，叙述了一个完整的故事，句句叙事，无抒情语，也无议论的话，但却通过叙事表达了作者心中的义愤。前四句可看作第一部分，首句“暮投石壕村”，单刀直入，直叙其事，和盘托出了兵荒马乱、鸡犬不宁的战乱景象，为悲剧的演出提供了典型环境。从“吏呼一何怒”至“犹得备晨炊”这十六句，可看作第二部分。“吏呼一何怒！妇啼一何苦”，这两句极其概括、极其形象地写出了“吏”与“妇”的尖锐矛盾。下面，诗人不再写“吏呼”，全力写“妇啼”，而“吏呼”自见。接着便是老妇人的一段感人的致词，诗人直接叙述，毫无隐讳。最后一段虽然只有四句，却照应开头，涉及所有人物，写出了事件的结局和作者的感受。“夜久语声绝，如闻泣幽咽”，这表明老妇已被抓走，儿媳妇低声哭泣。全诗语言浅切、感情细腻，深得乐府民歌的韵致。



## 新婚别

杜甫

**兔丝附蓬麻[1]，引蔓故不长。嫁女与征夫，不如弃路旁。**

（1）菟丝：即菟丝子，一种蔓生的草，依附在其他植物枝干上生长，此句用以比喻女子嫁给征夫，相处难久。

**结发为妻子[2]，席不暖君床。暮婚晨告别，无乃太匆忙[3]。**

（2）结发：结婚。妻子：又作“君妻”。（3）无乃：岂不是。

**君行虽不远，守边赴河阳[4]。妾身未分明，何以拜姑嫜[5]。**

（4）河阳：今河南孟县，当时唐军与叛军在此对峙。（5）身：身份，指在新家中的名份地位。唐代习俗，嫁后三日，始上坟告庙，才算成婚。仅宿一夜，婚礼尚未完成，故身份不明。姑嫜：婆婆、公公。

**父母养我时，日夜令我藏(6)。生女有所归(7)，鸡狗亦得将(8)。**

(6)藏：躲藏，不随便见外人。(7)归：古代女子出嫁称“归”。(8)将：带领，相随。俗语有云“嫁鸡随鸡，嫁狗随狗”。

**君今往死地(9)，沉痛迫中肠(10)。誓欲随君去，形势反苍黄(11)。**

(9)死地：冒死之地。(10)迫：煎熬、压抑。中肠：内心。(11)苍黄：同“仓皇”，匆促、慌张。

**勿为新婚念，努力事戎行(12)。妇人在军中，兵气恐不扬(13)。**

(12)事戎行：从军打仗。(13)“妇人”两句：意谓妇女随军，会影响士气。扬：高昂。

**自嗟贫家女，久致罗襦裳(14)。罗襦不复施(15)，对君洗红妆(16)。**

(14)久致：许久才制成。襦：短衣。裳：下衣。(15)不复施：不再穿。(16)洗红妆：洗去脂粉，不再打扮。

**仰视百鸟飞，大小必双翔(17)。人事多错迕(18)，与君永相望(19)。**

(17)双翔：成双成对地一起飞翔，此句写出了女子的寂寞和对那些能够成双成对的鸟儿的羡慕。(18)错迕：错杂交迕，就是不如意的意思。(19)永相望：永远盼望重聚，以此表示对丈夫的爱情始终不渝。

《杜诗详注》





【翻译】

菟丝依附缠绕蓬草和大麻，（它的）蔓儿怎么能爬得远。把女儿嫁给从军的人，倒不如早先就丢在大路旁。我和你做了结发夫妻，连床席也没能睡暖。晚上成亲早晨告别，（婚期）岂不是太过匆忙！你离家虽然不远，守卫边防到河阳作战。我的身份未有明白，怎么好去把公婆拜见？父母养育我时，早晚都不让我见人。女儿平安嫁到你家，有道是“嫁鸡随鸡，嫁狗随狗”。你今天就要上战场，我只得把痛苦埋藏在心间。多想跟你一块儿去，只怕形势紧急军情多变。不用为新婚离别难过，努力从军打仗；妇女跟在军队中，恐怕会影响士气高扬。我本是穷人家女儿，许久才制办了丝绸嫁衣。丝绸衣服不再穿，再当你面洗掉脂粉。抬头看百鸟飞翔，不论大小都成对成双。人世间不如意的事太多，你和我同心永不相忘！

【简析】

这首诗用独白的方式，塑造了一位深明大义的少妇形象。全诗分为三部分，第一部分从开篇到“何以拜姑嫜”，主要是写新娘子诉说自己的不幸命运，诗歌开篇用比喻说明妻子和丈夫的关系，然而刚结婚就面临生死离别，究其原因是因为战争，使得女子无法拜见公婆；第二部分从“父母养我时”到“形势反苍黄”，这部分新娘子把话题由自身落到丈夫身上，她关心丈夫的死活，并且表示了对丈夫的忠贞，要和他一同去作战；第三部分从“勿为新婚念”到结尾，写了女主人公经过一番痛苦的倾诉和内心剧烈的斗争以后，站在更高的角度，为了使丈夫一心一意英勇杀敌，她表示了自己生死不渝的坚守爱情，也用生死不渝的爱情来坚定丈夫斗志。全诗运用了浪漫主义手法，结合现实主义手法，塑造了有血有肉的女主人公形象。《唐诗品汇》引刘云评语：“曲折详至，缕缕凡七转，微显条达。”

# 蜀　相[1]

（1）蜀相：三国时期蜀国丞相诸葛亮。

杜　甫

**丞相祠堂何处寻，锦官城外柏森森[2]。**

（2）锦官城：成都别称。森森：茂盛繁密。

**映阶碧草自春色[3]，隔叶黄鹂空好音[4]。**

（3）映：掩映。（4）黄鹂：黄莺鸟。空：枉自。

**三顾频烦天下计[5]，两朝开济老臣心[6]。**

（5）三顾：诸葛亮隐居在隆中（今湖北襄阳）时，刘备曾三次拜访他，问以天下大计，最后请得诸葛亮出山。（6）两朝：指诸葛亮辅佐了刘备和刘禅两朝皇帝。开济：指诸葛亮帮助刘备开国和辅助刘禅继位。

**出师未捷身先死[7]，长使英雄泪满襟。**

（7）“出师”句：指公元234年，诸葛亮带兵伐魏未获得成功，最终病死在武功五丈原（今陕西郿县）军中。

《中国历代诗歌选》

## 【翻译】

武侯诸葛亮的祠堂到哪里寻找？（在）成都城外那柏树茂密地方。碧草照映台阶呈现春色，黄鹂隔枝空对婉转鸣唱。先主三顾茅庐问天下大计，辅佐两朝开国与继业忠诚满腔。出师伐魏未胜而病亡军中，长使英雄们对此涕泪满裳！

## 【简析】

这是杜甫凭吊武侯祠时做的咏史诗，表达了诗人对诸葛亮的敬仰和惋惜之情。首联以问而起，表达了诗人对诸葛亮的仰慕，并以茂密的柏树映衬诸葛亮人格高尚；颔联写了武侯祠的寂寥空旷，寄寓作者感物思人的情绪；颈联抒发诗人对诸葛亮生平业绩与际遇的羡慕，写了诸葛亮的雄才大略，又能遇到明主；尾联写了对诸葛亮壮志未酬的深切惋惜之情，引得千载英雄，事业未竟者的共鸣。诗歌囊括历史，融汇古今，语言凝练而内涵丰富，唐代诗人刘禹锡说："片言可以明百意，坐驰可以役万里，工于诗者能之。"



# 春夜喜雨

杜 甫

**好雨知时节[1]，当春乃发生。**



（1）好雨：指春雨、及时雨。

**随风潜入夜[2]，润物细无声。**

（2）潜：悄悄。

**野径云俱黑[3]，江船火独明。**

（3）野径：田野间的小路。

**晓看红湿处[4]，花重锦官城[5]。**

（4）红湿处：花因带雨而湿的地方。（5）重：花因沾雨水而沉重的样子。锦官城：成都别称。

《中国历代诗歌选》

## 【翻译】

及时雨好似知道时节，正当春天之时就随即降临。（细雨）随着春风在夜里悄悄来到，默默滋润万物没一点儿声音。田野间小路都黑茫茫，江中渔船灯火独自明亮着。早晨起来看雨打红花地方，成都城中红花因雨而沉重。

## 【简析】

这是一首表达作者对春日之雨欣喜之情的诗歌。首句直接用"好"字对春雨加以赞美，并用拟人的手法点明春雨也通人性，在最需要的时候而降落；颔联仍然使用拟人手法，进一步赞扬春雨的美好，春雨仿佛怕影响人们一样选择夜间降落滋润万物，且一点儿都不显露自己的沽名钓誉之心，表明了春雨无私哺育大地的情怀；颈联写景，通过野径黑、江火明，来说明春雨范围之广，并暗示春雨持续时间长久；尾联是诗人的想象，春雨滋润万物、哺育百花，通过花美露重对春雨进行赞美。诗歌采用了拟人和想象的手法，不着一个“喜”字，而作者的喜悦之情却随处可见。

## 茅屋为秋风所破歌

杜　甫

**八月秋高风怒号(1)，卷我屋上三重茅(2)。**

（1）秋高：秋季天高气爽。怒号：怒吼，形容秋风强盛。（2）三重茅：几层茅草。

**茅飞渡江洒江郊(3)，高者挂罥长林梢(4)，**

（3）茅飞渡江：指茅草被风卷到浣花溪对岸。洒：飘落。（4）挂罥（juàn）：挂着，缠绕。林梢：树的末端。

**下者飘转沉塘坳(5)，南村群童欺我老无力。**

（5）沉塘坳(ào)：沉到池塘水中。塘坳：低洼积水的地方。

**忍能对面为盗贼(6)，公然抱茅入竹去(7)。**

（6）“忍能”句：意谓竟忍心这样当面做“贼”。忍能：怎么忍心。（7）公然：明目张胆。入竹去：走进竹林。

**唇焦舌燥呼不得(8)，归来倚杖自叹息(9)。**

（8）呼不得：喝止不住。（9）倚杖：拄着拐杖。

**俄顷风定云墨色(10)，秋天漠漠向昏黑(11)。**

（10）俄顷：不久，一会儿，顷刻之间。风定：风停。云墨色：黑云如墨。（11）“秋天”句：意谓秋季的天空浓云密布，一下子就昏暗下来了。漠漠：阴沉迷蒙的样子。向昏：渐近黄昏。

**布衾多年冷似铁(12)，娇儿恶卧踏里裂(13)。**

（12）布衾（qīn）：棉被。（13）“娇儿”句：意谓儿子睡觉时双脚乱蹬，把被里都蹬坏了。恶卧：睡相不好。

**床头屋漏无干处[14]，雨脚如麻未断绝[15]。**

（14）“床头”句：意谓整个房子都没有干的地方了。（15）雨脚如麻：形容雨点不间断，像下垂的麻线一样密集。雨脚：雨点。

**自经丧乱少睡眠[16]，长夜沾湿何由彻[17]！**

（16）丧乱：战乱，指安史之乱。（17）何由彻：如何才能熬到天亮呢？彻：达旦、彻晓。

**安得广厦千万间[18]，大庇天下寒士俱欢颜[19]！**

（18）安得：如何能得到。 广厦 ：宽敞的大屋。（19）大庇：全部遮盖、掩护起来。寒士：贫穷的读书人。

**风雨不动安如山。呜呼！何时眼前突兀见此屋[20]，**

（20）突兀：高耸的样子，这里用来形容广厦。 见：同“现”，出现。

**吾庐独破受冻死亦足[21]！**

（21）庐：简陋的小屋。死亦足：死也值得。

《杜诗详注》



【翻译】

八月秋深狂风怒号，卷走了我屋顶上几层茅草。茅乱飞渡过浣花溪散落江边。高的（茅草）缠绕在树梢上，飞得低的飘洒沉落到池塘和洼地。南村一群儿童欺负我年老没力气，忍心当面做“贼”抢东西，明目张胆抱着茅草跑进竹林去。（我）嘴唇干燥喝止不住，回来拄着拐杖独自叹息。一会儿风停乌云像墨一样黑，深秋天空阴沉渐渐黑下来。布被（盖了）多年又冷又硬像铁板。孩子睡觉姿势不好把被子蹬破了。屋顶漏水屋内没有一点儿干燥地方，雨水像麻线一样不停往下漏。自从安史之乱睡眠的时间很少，长夜漫漫屋漏床湿怎能挨到天亮。如何能得到千万间宽敞高大的房子，庇覆天下贫寒的读书人使其开颜欢笑，在风雨中也不为所动安稳得像是山！哎呀！什么时候眼前出现这样高耸的房屋，即使我的茅屋被吹破（我）受冻而死也心甘情愿！

【简析】

唐肃宗上元二年（公元761年）秋，杜甫居成都西郊浣花溪草堂，不料八月大风破屋，大雨又接踵而来，诗人彻夜难眠、感慨万千，写下了此篇。诗歌前五句为第一部分，写出了秋风卷茅草，层层茅草飘落得到处都是。第二部分五句是对前一节的补充，“南村群童”抱走了落在平地上所剩不多的茅草，诗人无可奈何，只能拄杖叹息。第三部分八句写屋破又遭连夜雨的苦况，茅屋刚破，风云变色，大雨倾盆，一家人狼狈不堪。但诗人由个人的艰苦处境联想到其他人的类似处境，水到渠成，自然而然过渡到全诗结尾：诗人用洪浪的声音、铿锵有力的节奏和奔腾前进的气势为“天下寒士”呼吁。这种炙热的忧国忧民的情感和迫切要求变革黑暗现实的崇高理想，千百年来一直激励后来者的心灵。

# 闻官军收河南河北

杜 甫

**剑外忽传收蓟北(1)，初闻涕泪满衣裳。**

（1）剑外：指剑门以南，即蜀地。蓟北：泛指蓟州、幽州一带，即今河北省北部，安史之乱叛军的根据地。

**却看妻子愁何在(2)，漫卷诗书喜欲狂(3)。**

（2）却看：回看。（3）漫卷：胡乱卷起，因古代诗文皆写在卷子上。

**白日放歌须纵酒，青春作伴好还乡(4)。**

（4）“青春”句：意谓明媚春光作伴启程还乡。

**即从巴峡穿巫峡，便下襄阳向洛阳(5)。**

（5）“即从”二句：是作者想象中的怀乡路线，即出峡东下，由水路抵襄阳，然后由陆路向洛阳。巴峡：四川东北部巴江中之峡。巫峡：在今重庆巫山县东，长江三峡之一。襄阳：今属湖北。

《中国历代诗歌选》

## 【翻译】

在剑南忽然传收复蓟北的消息，初听（消息）悲喜交集涕泪沾满了衣裳。回头看妻子儿女忧愁不知去向，胡乱收卷诗书高兴得快要发狂。白天开怀痛饮放声歌唱，明媚春光作伴启程还乡。（仿佛觉得）我从巴峡穿过了巫峡，很快便到襄阳旋即又奔向洛阳。

## 【简析】

公元672年（宝应元年），唐军自陕州发起反攻，收复了洛阳等州郡，叛军纷纷投降，第二年史朝义兵败自缢，安史之乱宣告平息，流寓梓州（今四川三台）的杜甫初闻捷报，欣喜若狂，写下这首脍炙人口的诗歌。诗歌首联写了狂喜原因和狂喜情态；颔联落脚在“喜欲狂”，回头看妻子愁云不在，诗人已无心读书；颈联就“喜欲狂”做了进一步抒写，“纵酒”“放歌”是“喜欲狂”的具体体现；尾联用四个地名生动表现了诗人想象的飞越。诗人身在梓州，而弹指之间，心已回到故乡，诗人的惊喜达到高潮。全诗感情奔放，痛快淋漓地抒发了作者无比喜悦的心情，浦起龙赞其为杜甫“生平第一首快诗也”（《读杜心解》）。

# 登 楼

杜 甫

**花近高楼伤客心(1)，万方多难此登临。**



（1）客：作者自指。

**锦江春色来天地(2)，玉垒浮云变古今(3)。**

（2）锦江：即濯锦江，流经成都的岷江支流。成都出锦，锦在江中漂洗，色泽更加鲜明，因此命名濯锦江。来天地：与天地俱来。（3）“玉垒浮云”句：意谓多变的政局和多难的人生，捉摸不定，有如山上浮云，古往今来一向如此。玉垒：山名，在四川都江堰西。变古今：与古今俱变。

**北极朝廷终不改，西山寇盗莫相侵(4)。**

（4）“北极朝廷”二句：意谓唐代政权是稳固的，不容篡改，吐蕃还是不要枉费心机，前来侵略。唐代宗广德年间九月，吐蕃军队东侵，泾州刺史高晖投降吐蕃，引导吐蕃人攻占唐都长安，唐代宗东逃陕州。十月下旬，郭子仪收复长安。十二月，唐代宗返回京城。同年十二月，吐蕃人又向四川进攻，占领了松州、维州等地。北极：北极星，古人常用以指代朝廷，此指代唐王朝。终不改：终究不能改。西山：指今四川省西部当时和吐蕃交界地区的雪山。寇盗：指入侵的吐蕃集团。

**可怜后主还祠庙(5)，日暮聊为《梁甫吟》(6)。**

（5）后主：刘备的儿子刘禅，三国时蜀国之后主。曹魏灭蜀，他辞庙北上，成亡国之君。还祠庙：诗人感叹连刘禅这样的人竟然还有祠庙。这事借眼前古迹慨叹刘禅荣幸佞臣而亡国，暗讽唐代宗信用宦官招致祸患。（6）聊为：姑且这样做。《梁甫吟》：古乐府中一首葬歌，据《三国志》载：诸葛亮躬耕陇亩，好为梁甫吟，借以抒发空怀济世之心，聊以吟诗以自遣。

《中国历代名诗赏读》

【翻译】

繁花靠近高楼客居在外的我触目伤心，在全国各地多难时刻（我）登楼观览。

锦江蓬勃的春色铺天盖地涌来，玉垒山上浮云变化古往今来一致。朝廷如同北极星一样最终都不会改换，西山的寇盗吐蕃不要来侵扰。可叹蜀后主刘禅仍然在祠庙中享受祭祀，黄昏的时候姑且吟诵那《梁甫吟》。

【简析】

这是作者抚时感事之诗，乃是杜甫从阆州重返成都时登楼所作。诗歌首联点名自己登楼时万方多难的背景和自己忧愁痛苦的心情。颔联乃作者远望之景，锦江两岸一片春色，玉垒山上云起云落，吞吐变化，正如古今世事变幻一般，寄寓了诗人对世事变幻无常的感慨；颈联是作者由所见引发的议论，表明坚信大唐帝国不会倾覆，警告吐蕃不要骚扰；尾联借咏怀古迹，抒发志向，感叹空怀报国安民之心，只能姑且歌咏《梁甫吟》罢了。全诗格律严谨，借景抒情，沈德潜极为推崇，在《唐诗别裁》中评“气象雄伟，笼盖宇宙，此杜诗之最上者”。

## 咏怀古迹五首（其三）

杜 甫

**群山万壑赴荆门[1]，生长明妃尚有村[2]。**

（1）赴：形容山脉相连，势若奔赴。荆门：在今湖北宜都县。（2）明妃：王昭君，汉元帝宫人，晋时因避司马昭讳改称明君，后人又称明妃。昭君村在归州（今湖北秭归县）东北四十里，与夔州相近。村：昭君村，在荆门山附近。

**一去紫台连朔漠[3]，独留青冢向黄昏[4]。**

（3）紫台：紫宫，此指汉宫。朔漠：北方沙漠。（4）青冢：昭君墓，在今内蒙古呼和浩特市，传说塞外草白，独昭君墓上青草常生，故名。

**画图省识春风面[5]，环佩空归月夜魂[6]。**

（5）画图：汉元帝命画工画出宫女容貌，按图召幸。宫女贿赂画工，独昭君不贿，故画工点破昭君画像，使得昭君不被召见。省识：查看。（6）“环佩”句：意谓昭君出塞和番，只有魂魄在月夜归来。环佩：佩玉，此指昭君。

**千载琵琶作胡语，分明怨恨曲中论[7]。**

（7）“千载”二句：意谓千载之下独传昭君之恨在曲中诉说。胡语：胡音，琵琶原为西域音乐。相传汉武帝以公主（实为江都王女）嫁西域乌孙，公主悲伤，胡人乃于马上弹琵琶以娱之。因昭君事与乌孙公主远嫁有类似处，故推想如此。曲中论：曲中的怨诉。

《中国历代诗歌选》

【翻译】

千山万壑连绵不断奔赴荆门，此地遗留生长明妃的山村。（她）一别汉宫嫁到北方的荒漠，只留下青冢一座面向着黄昏。凭看图（汉元帝）岂识月貌花容，（昭君）佩戴玉饰徒然月夜归魂。千载流传她作的胡音琵琶曲，曲中倾诉的分明是满腔悲愤。

【简析】

这是一首借咏王昭君来抒发自己怀抱的律诗。诗歌首联交代昭君村的环境，点明昭君虽去，但故居仍在；颔联叙写昭君的不幸遭遇，用简明语句概括昭君生离汉朝、死葬异地的一生；颈联是对汉元帝昏庸无能的控诉和对昭君的惋惜，也寄寓了作者空怀雄才大略，却不得重用，难以施展的沉痛感慨；尾联写昭君用琵琶曲来诉说哀怨，也抒发了对古今人才受迫害、被埋没的无限愤慨。



## 登　高

杜　甫

**风急天高猿啸哀(1)，渚清沙白鸟飞回(2)。**

（1）猿啸哀：巫峡多猿，鸣声甚哀。（2）渚：水中的小洲。回：回旋。

**无边落木萧萧下(3)，不尽长江滚滚来(4)。**

（3）落木：落叶。萧萧：象声词，风吹落叶的声音。（4）“不尽”句：意谓江水滚滚，长流不尽。

**万里悲秋常作客(5)，百年多病独登台(6)。**

（5）万里：离家万里。当时诗人客居夔州。悲秋：秋气萧瑟，令人生悲。（6）百年：一生、终生。

**艰难苦恨繁霜鬓(7)，潦倒新停浊酒杯(8)。**

（7）繁霜鬓：形容双鬓花白。（8）潦倒：失意颓废的样子。新停：诗人因病而停杯戒酒。

《杜诗详注》

【翻译】

风急秋气猿啼十分悲凉，清河洲白沙岸鸥鹭低飞回。落叶飘然层层纷纷撒下，无尽长江澎湃滚滚奔腾来。万里悲秋（我）常做客漂泊，一生疾病缠身独登高台。时世艰难，生活困苦，常恨鬓如霜白，困顿潦倒且戒酒停杯。

【简析】

这首诗是大历二年（公元767年）杜甫在夔州时所作。全诗通过对凄清的秋景的描写，抒发了诗人年迈多病、感时伤世和寄寓异乡的悲苦。诗歌首联借风、天、猿、渚、沙、鸟六种景物，并以急、高、哀、清、白、飞等词修饰，指明了节序和环境，渲染了浓郁的秋意，颔联前句写山，上承首句；后句写水，上承次句，写山为远望，写水为俯瞰。从萧瑟的景物和深远的意境中，可以体察出诗人壮志难酬的感慨之情和悲凉心境。颈联上句写羁旅之愁，下句写孤病之态，这两句词意精练，含意极为丰富，叙述自己远离故乡，长期漂泊，而暮年多病，举目无亲，秋季独自登高，不禁满怀愁绪。尾联进一步写国势艰危，仕途坎坷，年迈和忧愁引得须发皆白，因疾病缠身，新来戒酒，所以虽有万般愁绪，也无以排遣。明人胡应麟更说此诗：“当为古今七言律第一，不必为唐人七言律第一。”（《诗薮》）



# 江南逢李龟年(1)

(1) 李龟年：唐代著名的音乐家，受唐玄宗赏识，后流落江南，杜甫少年时候曾听过他的歌。

杜 甫

**岐王宅里寻常见(2)，崔九堂前几度闻(3)。**

(2) 岐王：唐玄宗李隆基的弟弟，名叫李隆范，以好学爱才著称，雅善音律。寻常：经常。(3) 崔九：崔涤，在兄弟中排行第九，中书令崔湜的弟弟。玄宗时，曾任殿中监，出入禁中，得玄宗宠幸。

**正是江南好风景(4)，落花时节又逢君(5)。**

(4) 江南：即潭州，即今长沙市。(4) 落花时节：暮春，通常指阴历三月，同时也暗指两人已经进入垂暮之年。君：指李龟年。

《中国历代诗歌选》



【翻译】

在岐王宅里常见到（你的）演出，在崔九堂前也曾多次听到（你的）演唱，正是江南最美丽风景时刻，在这落花暮春时节巧遇你。

【简析】

这首诗歌是杜甫在漂泊时期遇见老相识李龟年时所写的绝句。前两句追忆了诗人与李龟年相处的欢乐场景，点明了当年的歌舞升平与繁华鼎盛的局势，也暗示了两个老朋友几十年未见；后两句则表现了诗人感叹时事的心情，风景秀丽的江南使人爽心悦目，可偏偏在落花时节相逢，预示了时运的衰颓和社会的动乱。诗歌朴实含蓄，回环曲折，感情真挚深沉，用最平凡的语句表现出动荡的时代。

## 白雪歌送武判官归京(1)

(1)武判官：名不详。判官：官职名，唐代节度使等朝廷派出的持节大使，可委任幕僚协助判处公事，称判官，是节度使、观察使一类的僚属。

岑　参

**北风卷地白草折(2)，胡天八月即飞雪(3)。**

(2)白草：西北的一种牧草，晒干后变白，性坚韧，牛马喜食。(3)胡天：指塞北的天空。

**忽如一夜春风来，千树万树梨花开(4)。**

(4)梨花：春天开放，花作白色，这里比喻雪花积在树枝上，像梨花开了一样。

**散入珠帘湿罗幕(5)，狐裘不暖锦衾薄(6)。**

(5)“散入”句：意谓雪花飞进珠帘，沾湿罗幕。珠帘：以珠子穿缀成的挂帘。罗幕：用丝织品做的幕帐。(6)狐裘：狐皮袍子。锦衾：锦缎做的被子。

**将军角弓不得控(7)，都护铁衣冷难着(8)。**

(7)角弓：用兽角装饰的硬弓。不得控：天太冷而冻得拉不开弓。(8)都护：镇守边镇的长官，此为泛指，与上文的“将军”是互文。铁衣：铠甲。着：穿着。

**瀚海阑干百丈冰(9)，愁云惨淡万里凝(10)。**

(9)“瀚海”句：意谓大沙漠里到处都结着很厚的冰。瀚海：沙漠。阑干：纵横交错的样子。(10)惨淡：昏暗无光。

**中军置酒饮归客(11)，胡琴琵琶与羌笛(12)。**

（11）中军：古时分兵为中、左、右三军，中军为主帅的营帐。饮归客：宴饮回去的人，指武判官。（12）“胡琴”句：意谓在饮酒时奏起了乐曲。胡琴：是当时西域地区兄弟民族的乐器。

**纷纷暮雪下辕门（13），风掣红旗冻不翻（14）。**

（13）辕门：军营的大门，古时行军扎营，以车环卫，在出入处用两车的车辕相向竖立，作为营门，故称辕门。（14）风掣（chè）：红旗因雪而冻结，风都吹不动了。冻不翻：旗被风往一个方向吹，给人以冻住之感。

**轮台东门送君去，去时雪满天山路（15）。**

（15）满：铺满。天山：祁连山，在新疆维吾尔自治区中部，连绵六千余里。

**山回路转不见君，雪上空留马行处。**

《岑参集校注》

## 【翻译】

北风席卷大地把百草吹折，胡地天气八月纷飘雪。忽然宛如一夜春风吹来，（好像）千树万树梨花都盛开。（雪花）散入珠帘打湿罗幕，狐裘穿不暖锦被也太薄。将军冻得拉不开角弓，都护铁甲冰冷仍穿着。沙漠结冰百丈纵横有裂纹，万里长空凝聚惨淡愁云。主帅帐中摆酒为客饯行，胡琴琵琶羌笛（合奏）。傍晚大雪纷纷落辕门，军旗凝雪冻冰不能翻动。轮台东门送你回京去，（你）去时大雪盖满天山路。山路迂回曲折看不见你，雪上只留下马蹄印迹。

## 【简析】

这是一首咏雪送人之诗作。天宝十三载（公元 754 年），岑参再度出塞，充任安西北庭节度使封常清的判官。全诗以白雪为主线，把咏雪与送别巧妙结合起来，先写了西北早雪来势迅猛；次写塞外冰天雪地之奇寒；再写奇寒的雪中送别；结尾写惜别之情，余味悠长。诗人用自己敏锐的观察力和感觉，捕捉了边疆的奇特景观，时而大笔挥洒，时而工笔细腻，时而真实生动，时而驰骋浪漫，充满了浓郁奇异的生活气息。其中“忽如一夜春风来，千树万树梨花开”，比喻奇绝，乃千古名句。全诗节奏跌宕多姿，语言明朗优美，韵转景变，给人以新奇的艺术感受。

# 走马川行奉送封大夫出师西征(1)

（1）走马川：当在唐轮台（今新疆米泉）附近，推断为天山以北的河川，因行军走马所经，故称走马川。行：通往。西征：发生在轮台以西的北庭节度使辖区，此次战争史籍失载。

岑　参

**君不见走马川行雪海边(2)，平沙莽莽黄入天(3)。**

（2）雪海：故址在今新疆别迭里山西北，俄罗斯塞克湖以东一带，因经年雨雪苦寒故称。（3）莽莽：无边无际的样子。

**轮台九月风夜吼，一川碎石大如斗，随风满地石乱走。**

**匈奴草黄马正肥(4)，金山西见烟尘飞(5)，汉家大将西出师(6)。**

（4）“匈奴”句：西北游牧民族常于秋高马壮时骚扰内地。（5）金山：即金岭，今新疆北部博格达山，在轮台以南，为天山山脉之一峰，此泛指塞外山脉。（6）汉家大将：指唐代将领封常清，汉家指唐朝。

**将军金甲夜不脱，半夜军行戈相拨(7)，风头如刀面如割。**

（7）拨：碰撞。

**马毛带雪汗气蒸，五花连钱旋作冰(8)，幕中草檄砚水凝(9)。**

（8）“五花”句：意谓马毛上的汗和雪在严寒中很快凝结成冰。五花、连钱：均指名贵的宝马。旋作冰：转瞬间结成了冰。（9）草檄：草拟讨伐敌人时发布的文书。

**虏骑闻之应胆慑(10)，料知短兵不敢接(11)，车师西门伫献捷(12)。**

（10）虏骑：敌军。慑：恐惧。（11）短兵：兵器。不敢接：不敢交锋。（12）“车师”句：意谓唐军主帅等候捷报，表达了诗人对唐军必胜的祝愿和信心。车师：汉时西域国名，原名始师，在今新疆吐鲁番附近。此指安西都护府所在地。伫：久立、等候。

《岑参集校注》

## 【翻译】

你看那荒凉无边的走马川，一片黄沙茫茫直贯云天。九月的轮台狂风日夜怒吼，一川大如斗的碎石，被暴风吹得满地乱滚。匈奴牧场草黄马肥，金山西面烟腾尘飞。朝廷大将挥师西下，征战中将军铠甲日夜不脱，半夜行军戈矛相碰，凛冽寒风吹到脸上如刀割，雪花落在马身被汗气蒸化，转瞬间马毛上又凝结成冰，军帐中起草檄文的砚墨已冻凝，敌人骑兵听到（大军出征的消息）心惊胆战，预料短兵不敢相接，在军师城西门等待报捷的消息。

【简析】

此诗作于岑参任安西北庭节度判官时期。诗歌通过恶劣环境和行军过程的描写，热情歌颂了出征将士不畏艰苦的顽强精神和爱国思想。前五句描写了出征自然环境十分险恶。接着九句写匈奴利用草黄马肥的时机发动进攻，也写了唐军将士勇武无敌的飒爽英姿，渲染了天气严寒、环境艰苦和临战的紧张气氛。最后写出了将士们斗风傲雪的战斗豪情，料想敌军闻风丧胆，满怀信心预祝凯旋。全诗句句用韵，三句一转，节奏紧促有力，情韵灵活流宕，声调激越豪壮，有如音乐中的进行曲。

# 逢入京使

岑　参



**故园东望路漫漫(1)，双袖龙钟泪不干(2)。**

（1）故园：指长安。（2）龙钟：沾湿的样子。

**马上相逢无纸笔，凭君传语报平安(3)。**

（3）凭：托。

《岑参集校注》

【翻译】

东望故园路途遥远迷漫，两袖淋漓涕泪依然不干。（与你）马上相逢修书却无纸笔，唯有托你捎口信回家报平安。

【简析】

这是一首描述戍边将士请求入京使者传信的诗歌。诗歌开门见山直接道出了思乡愁绪，东望故园自由相思之情，但归途漫漫，乡愁难解，泪水涟涟，双袖也被打湿。接下来转而写托京使传言之嘱，马上行走一路匆匆，由于时间紧，找不到纸笔，只能嘱托传语报平安。全诗感情真挚，充分展现出戍边将士凄苦生活状况和深婉思乡情绪以及对戍边将士以国为重，安心戍边的敬业精神。

# 枫桥夜泊[1]



（1）枫桥：在苏州城西。夜泊：夜晚将船停靠岸边。

**张　继**

**月落乌啼霜满天，江枫渔火对愁眠[2]。**

（2）江枫：水边的枫树。渔火：船上的灯火。

**姑苏城外寒山寺[3]，夜半钟声到客船[4]。**

（3）姑苏：江苏苏州。寒山寺：枫桥附近的一个有名寺院。（4）夜半钟声：寒山寺有半夜敲钟习惯。

《中国历代诗歌选》

**【翻译】**



明月西落，秋霜满天，几声乌啼山前，江上渔火映红枫树愁绪难眠。苏州城外那闻名的寒山寺，夜半钟声悠悠地飘到我的船边。

**【简析】**

这是一首表达诗人旅途孤寂愁思的诗作。诗歌开篇就描写了“月落”“乌啼”“霜满天”三种景象，月亮高升，乌鸟栖息，诗人感到秋夜寒气逼人。接着又写了诗人孤独一人，伴随“江枫”和“渔火”，彻夜难眠的情景。后两句写了孤独的游子，在静夜中忽然听到寒山寺传来的悠远钟声，感受不言而喻。诗歌采用了倒叙手法，先写拂晓景物，然后追忆昨夜的景色及夜半钟声，有声有色，情景交融。

# 寄全椒山中道士[1]

（1）全椒：今安徽省全椒县，唐属滁州。

**韦应物**

**今朝郡斋冷(2)，忽念山中客(3)。**

(2) 郡斋：滁州刺史衙署的斋舍。(3) 山中客：指全椒县的道士。

**涧底束荆薪(4)，归来煮白石(5)。**

(4) 涧：山间流水的沟。束：捆。荆薪：杂柴。(5) 白石：《神仙传》云："白石先生者，中黄丈人弟子也，常煮白石为粮，因就白石山居，时人故号曰白石先生。"此指山中道士艰苦的修炼生活。

**欲恃一瓢酒(6)，远慰风雨夕。**

(6) 瓢：将干的葫芦挖空，分成两瓣，叫做瓢，用来作盛酒浆的器具。

**落叶满空山，何处寻行迹。**

《中国历代名诗赏析》

【翻译】

今天郡斋里很冷，忽然想起山中隐居道人。(道士) 在涧底打柴，归来煮些清苦的饭菜。想带着一瓢酒去看你，在风雨夜里得到些安慰。秋天落叶飘满空山，什么地方能找到你的行迹？



【简析】

这是一首对山中道士怀念的诗歌。首句既写出郡斋气候的冷，更写出诗人心头的冷。然后，诗人由于这两种冷而忽然想起山中的道士。而山中道士在这寒冷气候中到涧底去打柴，打柴回来却是"煮白石"。

道士在山中艰苦修炼，诗人怀念老友，想送一瓢酒去，好让他在这秋风冷雨之夜，得到一点友情的安慰。然而诗人进一层想，道士神龙见首不见尾，何况秋天来了，满山落叶，连路也不容易找，因而也不知去何处找对方。诗歌用平淡的词语描绘了一幅萧疏淡远的景致，意蕴深挚。



## 长安遇冯著

韦应物

**客从东方来，衣上灞陵雨**[1]**。**

（1）灞陵：即霸陵，在长安市东，汉文帝陵墓所在。

**问客何为来，采山因买斧**[2]**。**

（2）采山：意指隐居。

**冥冥花正开**[3]**，飏飏燕新乳**[4]**。**

（3）冥冥：形容雨貌。（4）飏飏：形容燕子飞。燕新乳：意谓燕初生。

**昨别今已春，鬓丝生几缕。**

《中国历代诗歌选》

【翻译】

你从东方回到（长安），衣裳沾满霸陵春雨。请问你来此为何故？（你说）为开山辟地买斧。冥冥春雨百花开，习习和风燕子新初生。去年一别又逢春天，双鬓银丝添生了几缕？



【简析】

这是一首劝慰鼓励友人的诗歌。开头两句以霸陵这个隐士居所来暗比朋友冯著从长安东来，犹有隐士风度。接着诗人以俏皮话暗用“采山”典故，说冯著此来长安谋职无果。接着两句，诗人用春景来劝志朋友不要因暂时的失意而不快，要相信自己，向往开来。末两句反问勉励友人，盛年未逾，大有可为。诗人以坦荡的胸怀对待不期而遇的失意朋友，对朋友进行了体贴入微的积极劝勉，语句诙谐，情意深长。

## 滁州西涧[1]

（1）滁州：在今安徽滁县。西涧：在滁县城西，俗名称上马河。

韦应物

**独怜幽草涧边生**[2]**，上有黄鹂深树鸣。**

（2）怜：爱。幽草：幽谷里的小草。

**春潮带雨晚来急，野渡无人舟自横。**

《中国历代诗歌选》

【翻译】

特别怜爱生长在涧边的幽草，涧上有黄鹂在深林中啼叫。春潮伴着夜雨急涌来，渡口无人船只随波横漂。

【简析】

这是一首描绘美好山水景物的诗篇：小草幽深浓密，长满小溪岸边，欢快的黄鹂在高树上啼鸣不止，寂静的渡口，傍晚因涨潮水更高，小舟横卧，一切都是如此自然，毫无人工雕绘，只有“独怜”二字便使写景与托物言情相得益彰。全诗写景不俗，托意更妙，以情写景，以景托意，用意境优美的山水画说出了自己恬淡的胸襟和忧伤的情怀。



# 和张仆射塞下曲（其三）

卢 纶

**月黑雁飞高，单于夜遁逃[1]。**

（1）单于：匈奴的首领。遁：逃走。

**欲将轻骑逐[2]，大雪满弓刀。**

（2）将：率领。轻骑：轻装快速的骑兵。

《中国历代诗歌选》

【翻译】

夜静月黑雁群飞高，单于趁黑夜悄悄逃窜。正要带领轻骑兵去追赶，大雪纷飞落满了弓刀。

【简析】

这是一首赞扬军勇武气势的诗歌。诗歌开篇铺设和渲染了环境，统罩全篇，夜色之浓，雁飞之高，而单于乘此连夜逃巡，使唐军追剿困难重重，但最后依然被唐军发现，于是带领轻骑追赶。最后用雪景收束全篇，补写了唐军出征的环境，也衬托了唐军英勇无畏的精神。诗歌善于抓住典型形象，善于把握激战前一个关键场面，留无限意义在诗外，言尽意无穷。

## 喜外弟又言别(1)

(1) 外弟：表弟。

李　益

**十年离乱后，长大一相逢，**

**问姓惊初见，称名忆旧容。**

**别来沧海事(2)，语罢暮天钟。**

(2) 沧海事：用麻姑见沧海变桑田的典故，比喻世事的巨大变化。

**明日巴陵道(3)，秋山又几重。**

(3) 巴陵：现湖南省岳阳市，即外弟将去的地方。

《唐诗三百首》

【翻译】

经过了十年乱离之后，长大后（在异地）忽然相逢。初见问姓使我惊讶，说名字才忆起旧时面容。别后经历沧海桑田事，长谈直到山寺敲响暮钟。明日你要登上巴陵古道，秋山添愁不知又隔几重？

【简析】

这是一首写诗人与表弟重逢话别，从而表现动乱痛苦的诗歌。诗歌首联交代背景，述说了诗人与表弟离别于动乱年代；颔联写了两人的相逢情景，“惊”与“忆”对诗人与表弟见面时感情变化过程做了准确描绘，真切感人；颈联化用沧海桑田的典故，突出离别后世事变化，流露出对社会动乱的感慨；尾联想象表弟明日临别登程的情景，暗寓不忍离别。诗歌选取典型细节，语言质朴，层次分明。

## 夜上受降城闻笛[1]

（1）受降城：唐代有东、中、西三座受降城，都在内蒙古自治区境内。此受降城据说在今宁夏灵武，唐太宗在此接受突厥一部的投降。

李　益

**回乐峰前沙似雪[2]，受降城外月如霜。**

（2）回乐峰：在宁夏回族自治区灵武的山峰。

**不知何处吹芦管[3]，一夜征人尽望乡。**

（3）芦管：笛子。

《唐诗三百首》

### 【翻译】

回乐峰前的沙地白如雪，受降城外的月色犹如秋霜。不知何处吹起（凄凉的）芦管，一夜间征人个个眺望故乡。

### 【简析】

这是一首抒写戍边将士思念故乡的诗歌。诗歌前两句写边塞景色，无论是似雪的沙地，还是似霜的秋月，都是作者眼中所见，也由此可以感受到边塞的荒凉和凄冷。后两句抒情，在边塞风光的氛围中，哀怨的笛声响起，从而激发了远方征战的战士深夜难眠，思念故乡，表现了征人欲归难归的愁苦。诗歌写声写色，借声色衬托感情，声情并茂，意境浑成，韵味无穷。

# 江南曲

李 益

**嫁得瞿塘贾[1]，朝朝误妾期。**

（1）瞿塘：指长江瞿塘峡。贾：商人。

**早知潮有信[2]，嫁与弄潮儿。**

（2）潮有信：潮水涨落有一定的时间。

《唐诗三百首》

【翻译】

（我）嫁给了一个瞿塘商人，（他）天天把相会佳期耽误。早知潮水的涨落这么守信，还不如嫁一个弄潮的丈夫。

【简析】

这是一首闺怨诗。前两句不做任何渲染烘托，只用平淡朴实的语言叙述：女子所嫁非人，嫁给商人做妻，只得独守空房。后两句写了女子由怨恨而萌发的向往，以此来表达对失信丈夫的怨恨。诗歌展示了女子由盼生怨、由怨生悔的完整心理过程，感情真挚，脉络清晰，具有民歌气息。

# 游子吟

孟 郊

**慈母手中线，游子身上衣。**

**临行密密缝，意恐迟迟归。**

**谁言寸草心(1)，报得三春晖(2)。**

（1）寸草：小草，此比喻游子。（2）三春晖：孟春、仲春、季春的阳光，此形容母爱如春天和煦的阳光。

《中国历代诗歌选》

【翻译】

慈祥的母亲手里拿着针线，为远游的孩子赶制新衣。临行缝得严严实实，担心孩子难得回归。谁能说小草的那点儿孝心，可报答春晖般的慈母恩惠？

【简析】

这是一首母爱的颂歌，亲切、真淳地吟颂了伟大的人性美——母爱。诗的开头两句，所写的人是母与子，所写的物是线与衣，然而却点出了母子相依为命的骨肉之情。中间两句集中写慈母的动作和意态，表现了母亲对儿子的深笃之情，虽无言语，也无泪水，却充溢着爱的纯情，扣人心弦，催人泪下。最后两句是前四句的升华，以通俗形象的比喻，寄托赤子炽烈的情怀，对于春日般的母爱，小草似的儿女，怎能报答于万一呢？全诗无华丽的辞藻，亦无巧琢雕饰，于清新流畅、淳朴素淡的语言中，饱含着浓郁、醇美的诗味，情真意切，千百年来拨动无数读者的心弦，引起万千游子的共鸣。

# 题破山寺后禅院

常　建

**清晨入古寺(1)，初日照高林(2)。**

（1）古寺：破山寺，在今江苏省常熟市虞山北岭下。（2）初日：早上的太阳。

**曲径通幽处(3)，禅房花木深。**

（3）曲：弯折、曲折。

**山光悦鸟性[4]，潭影空人心[5]。**

（4）悦：使动用法，使……高兴。（5）潭影：清澈潭水中的倒影。空：使动用法，使……空。

**万籁此俱寂[6]，唯闻钟磬音[7]。**

（6）万籁：各种声音。（7）唯闻：又作“但余”。钟磬：佛寺中召集众僧的打击乐器。

《唐诗三百首》



**【翻译】**

早晨漫步到古老寺院，初升的太阳照耀着丛林。曲折的小路通向幽静地方，禅房掩映在花草树林中。山光的明净使鸟儿欢悦，深潭的倒影使人心中空净。各种声音在此都寂静，只有钟磬的声音在回荡。

**【简析】**

这是一首题壁诗。首联勾勒出清晨时分后房禅院的环境，初升红日将阳光洒向寺院，洒向树林，令人心旷神怡，透露出诗人欣喜情绪；颔联描写通向后禅院弯曲幽深的小路和景色幽静迷人，僧房深藏花木，香气四溢；颈联承接上两联，进一步渲染佛门禅理，但见活泼鸟儿在茂林修竹里自由飞翔，一池清澈水潭水给人以洁净空明之感，点明如此空灵的世界可以涤除尘念、净化心灵；尾联以声衬静，营造出一个万籁俱寂的境界，钟磬之音被赋予了寓意深微的象征意义，回荡在人们心灵深处。



## 新嫁娘词三首（其一）

王　建

**三日入厨下，洗手作羹汤[1]。**

（1）羹汤：各类菜、汤。

**未谙姑食性[2]，先遣小姑尝。**

（2）谙：熟悉。

《唐诗三百首》

【翻译】

（新嫁）三朝下厨房，洗手亲自作菜汤。不熟悉婆婆口味，先叫小姑尝一尝。

【简析】

这是一首描写才智丰富、富有奇妙思想的新嫁娘的诗歌。诗歌用直白的语言叙写了一位“新妇”初次到婆家劳动，因不知道公婆口味，于是找到了小姑帮忙，聪明、细心的媳妇找到了解决问题的方法，由此也阐述了一个道理：有些事情行不通，换一种办法试试会相当容易。诗歌字词浅显，叙事连贯，创设已经明快轻松，塑造人物生动活泼。

## 十五夜望月寄杜郎中[1]

（1）十五夜望月寄杜郎中：有些版本题作《十五夜望月》。杜郎中：名不详，事迹不详。

王　建

**中庭地白树栖鸦[2]，冷露无声湿桂花。**

（2）地白：指月光照在庭院地上，像铺了一层霜。

**今夜月明人尽望，不知秋思落谁家。**

《全唐诗》

【翻译】

庭院地上铺层霜树荫鸦雀入梦乡，夜深秋露打湿了桂花。今天晚上人们都在仰望皎洁明月，却不知秋思之情落在了谁家？

【简析】

这是一首咏中秋的诗歌。开篇就直接描写中秋景色：月光照射在庭院中，地上好像铺了一层霜雪。萧森的树荫里，鸦鹊的聒噪声逐渐消停下来，“树栖鸦”这三个字，朴实、简洁、凝练，既写了鸦鹊栖树的情状，又烘托了月夜的寂静。接着一句让人联想到冷气袭人，桂花怡人的情景，也让人联想到月中桂树。诗歌后两句不正面写自己的思乡之愁，而是用疑问句委婉道出绵绵的愁念会落在谁家，一个“落”字新颖妥帖、不同凡响。诗歌意境优美，语言形象，想象丰富，渲染了中秋望月的优美环境，非常动人。



# 山 石

韩 愈

**山石荦确行径微[1]，黄昏到寺[2]蝙蝠飞。**

（1）荦确（luò què）：指山石险峻不平的样子。行径微：山路狭窄。（2）寺：指洛阳北的惠林寺。

**升堂坐阶新雨足，芭蕉叶大栀子肥[3]。**

（3）“升堂”二句：意谓进入厅堂后坐在台阶上，这刚下过的一场雨水该有多么充足；那吸饱了雨水的芭蕉叶子更加硕大，而挺立枝头的栀子花苞也显得特别肥壮。升堂：进入寺中厅堂。阶：厅堂前的台阶。新雨：刚下过的雨。栀子：常绿灌木，夏季开白花，香气浓郁。



**僧言古壁佛画好[4]，以火来照所见稀[5]。**

（4）佛画：画的佛画像。（5）所见稀：即少见的好画。

**铺床拂席置羹饭，疏粝亦足饱我饥[6]。**

（6）疏粝（lì）：糙米饭，这里是指简单的饭食。

**夜深静卧百虫绝[7]，清月出岭光入扉[8]。**

（7）百虫绝：一切虫鸣声都没有了。（8）出岭：指清月从山岭那边升上来。光入扉：指月光穿过门户，照亮室内。

**天明独去无道路[9]，出入高下穷烟霏[10]。**

（9）无道路：指因晨雾迷茫，不辨道路。（10）出入高下：指进进出出于高高低低的山谷径路意思。穷烟霏：空尽云雾，即走遍了云遮雾绕的山径。

**山红涧碧纷烂漫[11]，时见松枥皆十围[12]。**

（11）山红涧碧：即山花红艳、涧水清碧。烂漫：光彩四射的样子。（12）枥（lì）：同“栎”，落叶乔木。十围：形容树干粗大。两手合抱一周称一围。

**当流赤足踏涧石[13]，水声激激风生衣。**

（13）“当流”句：意谓对着流水就打起赤脚，踏着涧中石头淌水而过。当流：对着流水。

**人生如此自可乐，岂必局束为人鞿[14]。**

（14）局束：拘束，不自由的意思。鞿（jī）：马的缰绳，这里作动词用，即牢笼、控制的意思。

**嗟哉吾党二三子**(15)**，安得至老不更归**(16)**。**

（15）吾党二三子：指和自己志趣相合的几个朋友。《论语·公冶长》“吾党之小子狂简”；《论语·述而》：“二三子以我为隐乎。”（16）不更归：不再回去了，表示对官场的厌弃。

《唐诗三百首》

## 【翻译】

山石险峭山路狭窄，黄昏时分的蝙蝠飞到庙堂。登庙堂坐台阶，刚下一场雨，芭蕉枝粗叶大山栀更肥壮。僧人说古壁佛画真堂皇，用火把照看迷糊看不清。铺好床席准备米饭菜汤，饭菜虽粗却填我饥肠。夜深清静百虫停止吵嚷，明月上山头清辉泻门窗。天明独自离去辨不清道路，出入上下于雾霭之中。山花鲜红涧水碧绿艳繁，时见松栎粗大已经十围。遇到涧流光脚板踏石淌，水声激激风掀衣裳。

人生在世应自得其乐，何必受约束如被套上马缰？哎呀，我们几个情投意合的伙伴，怎么能到年老还不返乡？



## 【简析】

此诗作于唐德宗贞元十七年（公元801年），写诗人与友人宿洛阳惠林寺及次日游览山水的经过。诗以开头“山石”二字为题，却并不是歌咏山石，而是一篇叙写游踪的诗。诗人按时间顺序，记叙了游山寺之所遇、所见、所闻、所思，记叙时由黄昏而深夜至天明，层次分明，摹写逼真，情景如见，环环相扣，前后照应，耐人寻味，堪称大家手笔。最后“人生如此自可乐，岂必局束为人鞿”以议论抒怀作结，是全文的主旨。全诗气势遒劲，清峻浑雄，风格壮美，屡为后人称道。

# 八月十五夜赠张功曹(1)



（1）张功曹：即张署，韩愈朋友。两人都因劝谏德宗减免赋税徭役而触怒权贵被贬，后顺宗即位，两人又同时被任命新的官职。

**韩　愈**

**纤云四卷天无河[2]，清风吹空月舒波[3]。沙平水息声影绝，一杯**

（2）纤云四卷：天空四周的薄云都已卷走。天无河：天上不见银河。（3）月舒波：月光四射，舒展光波。

**相属君当歌[4]。君歌声酸辞且苦，不能听终泪如雨[5]。洞庭连天**

（4）属（zhǔ）：劝酒。（5）“君歌”二句：朋友的歌声很酸而且歌辞内容很苦，诗人还没有听完就泪如雨下。

**九疑高，蛟龙出没猩鼯号[6]。十生九死到官所[7]，幽居默默如藏逃[8]。下**

（6）洞庭：洞庭湖，在湖南北部。九疑：又名苍梧山，在今湖南宁远县境。猩：猩猩。鼯（wú）：鼠类的一种。号：通“嚎”，大叫。（7）十生九死：犹九死一生。官所：被贬的地方。（8）如藏逃：犹如躲藏的逃犯。

**床畏蛇食畏药[9]，海气湿蛰熏腥臊[10]。昨者州前捶大鼓[11]，嗣皇**

（9）食畏药：吃东西时害怕里边有毒药。药：指蛊毒。南方人喜将多种毒虫放在一起饲养，使之互相吞噬，最后剩下的毒虫叫做蛊，制成药后可杀人。（10）海气：卑湿的空气。湿蛰：潜伏在潮湿土里的虫蛇。熏：蒸发、散发。腥臊：秽浊的臭气。（11）州前：此指郴州，当时韩愈与友人在郴州待命。捶大鼓：指擂鼓聚集官民宣布朝廷的大赦令。

**继圣登夔皋[12]。赦书一日行万里[13]，罪从大辟皆除死[14]。迁者追**

（12）嗣皇：接着做皇帝的人，此指宪宗。登：进用。夔、皋：舜时的两位贤臣。（13）赦书：皇帝发布的大赦令。（14）大辟：死刑。除死：免去死刑。

**回流者还[15]，涤瑕荡垢清朝班[16]。州家申名使家抑，坎轲只得移荆**

（15）迁者：贬谪的官吏。流者：被判流放的人。（16）涤瑕荡垢：清除污垢。瑕：玉石的杂质。清朝班：清理朝廷中的官僚队伍。此指宪宗即位后，重新任命官。

**蛮[17]。判司卑官不堪说，未免捶楚尘埃间[18]。同时辈流多上道，**

（17）“州家”二句：意谓郴州刺史将韩愈与友人张署的姓名申报给湖南观察使，却被观察使压住，以致不能调回朝廷，只得移官江陵。州家：刺史。申名：上报名字。使家：观察使。抑：压制。荆蛮：今湖北江陵。（18）“判司”二句：意谓参军官职卑微不能说，难免失误就要伏地挨鞭打。判司：唐时对州郡诸曹参军的总称。捶楚：即受鞭打。尘埃间：伏地受刑。

**天路幽险难追攀[19]。君歌且休听我歌，我歌今与君殊科[20]。一年**

（19）“同时”二句：意谓同时被贬职的人遇赦后多已上路回长安去了，对于我们却像上天之路极为高险而难以追随攀登。上道：上路。天路：喻回朝廷任职之路。（20）殊科：不同类，不同调。

**明月今宵多，人生由命非由他[21]，有酒不饮奈明何[22]？**

（21）人生由命：人生在世，一切由命运决定。他（tuō）：其他，别的。（22）奈明何：怎么对得起这皎洁的明月。

《唐诗三百首》

【翻译】

薄薄云丝四散不见银河，空中清风吹月光如水波。沙岸平展湖水宁静声影消歇，一杯美酒劝你应对月高歌。你歌声辛酸歌辞悲苦，不能听下去早已泪落如雨。洞庭波涛连天九疑山高峻，蛟龙出没猩鼯在山间啼号。九死一生才到达被贬谪处，幽居默默受苦如罪犯藏逃。下床常怕蛇咬，吃饭时怕中毒，海地湿蛰伏蛇虫熏散腥臊。昨日捶打州府前大门，新皇继位定要举用贤能。大赦文书一日万里传四方，罪犯递减死罪免死改为流放。贬谪的追回流放也被召还，涤荡污秽瑕垢清理朝班。刺史申报却被观察使扣压，命运坎坷只得移向偏僻荆蛮。（做个）判司卑职的小官不堪说，未免要挨打而跪伏在地。同时被贬的人都已启程，进身朝廷之路实在难以攀登。请你暂且修停听我唱，我的歌比起你情调不一样。一年中的月色只今夜最多，人生由天命注定不在其他原因，有酒不饮如何对得起明月。

【简析】

唐贞元十九年（公元 803 年），韩愈与张署皆任监察御史，曾因天旱向德宗进言，极论官市之弊，韩被贬为阳山（广东阳山）县令，张被贬为临武（湖南临武）县令。贞元廿一年（公元 805 年）正月，顺宗即位，二月甲子大赦；八月宪宗即位，又大赦天下。两次大赦，由于湖南观察使杨凭的从中作梗，他们均未能调回京都，只改官江陵。适逢中秋良夜，身处羁旅客馆，举头望月之际，心中感触万分，不能不遣怀笔端了。诗歌主体部分采用了对歌的形式，把很长的贬谪过程、复杂的思想感情，都浓缩在张署的歌中，避免了平铺直叙的冗繁和枯燥。开首四句，恰似序文，铺叙环境：清风明月，万籁俱寂。接着写张署所歌内容：叙述谪迁之苦，宦途险恶，令人落泪。最后写“我歌”，却只写月色，人生有命，应借月色开怀痛饮等，故作旷达。明写张功曹谪迁赦回经历艰难，实则自述同病相怜之困苦。此诗笔调近似散文，语言古朴，直陈其事。全诗抑扬开阖，波澜曲折，音节多变，韵脚灵活。既雄浑恣肆，又婉转流畅，极好地表达了诗人感情的变化。





## 左迁至蓝关示侄孙湘(1)

韩　愈

(1) 左迁：贬官。湘：韩愈的侄孙韩湘。

**一封朝奏九重天[2]，夕贬潮州路八千[3]。**

（2）一封：指元和十四年（公元819年），唐宪宗遣使者迎佛骨入禁中，三日后乃送佛寺。朝臣无谏阻者，时任刑部侍郎的韩愈一生致力于兴儒辟佛，独上《论佛骨表》谏阻，言辞激切。宪宗大怒，欲置韩愈死地，幸得宰相裴度等力保，方得免死，贬为潮州刺史。九重天：皇帝的宫阙，这里代指皇帝。（3）潮州：一作潮阳，旧说潮州距长安八千里。八千：泛指路程远。

**欲为圣明除弊事[4]，肯将衰朽惜残年！**

（4）弊事：政治上的弊端，指迎佛骨事。

**云横秦岭家何在[5]？雪拥蓝关马不前[6]。**

（5）秦岭：即终南山，又名南山，太乙山，在蓝田县内东南。（6）蓝关：蓝田关，今在陕西省蓝田县东南。

**知汝远来应有意[7]，好收吾骨瘴江边[8]。**

（7）汝：你，指韩湘。（8）瘴江：此泛指南方多瘴气之水。

《唐诗三百首》

【翻译】

一篇谏书早晨上奏给皇帝，晚上就被贬官到遥远的潮阳。想替皇上除去政治弊端，肯将衰老就吝惜残余生命。云彩横出于南山家在哪里?白雪厚积的蓝田关马也停脚。知道你远道来定有所打算，正好在瘴江边收殓我尸骨。

【简析】

韩愈终身以辟佛为己任，晚年上《论佛骨表》，力谏宪宗差点被定为死罪，经裴度等人说情，才贬为潮州刺史，诗歌写在韩愈到潮州上任的半路。首联直抒自己获罪被贬的原因，三、四两句直书“除弊事”，坚持自己的决定是正确的，申述了自己虽遭祸亦无悔。五、六句就景抒情，情悲且壮，在大雪纷飞的蓝关，前路艰险，连马也不肯前行，“家何在”三字包含了他的血泪和愤怒。结句沉痛而稳重，向侄孙交代后事，吐露出凄楚难言的激奋之情。全诗大气磅礴，风格近似杜甫，感情深厚沉雄，叙事、写景、抒情融为一炉，产生撼动人心的力量。

# 早春呈水部张十八员外二首（其一）[1]

（1）呈：恭敬地送给。水部张十八员外：张籍，唐代诗人，在同族兄弟中排行第十八，曾任水部员外郎。水部此处代指工部。

韩　愈

**天街小雨润如酥[2]，草色遥看近却无。**

（2）天街：京城街道。润如酥（sū）：滋润如酥。

**最是一年春好处[3]，绝胜烟柳满皇都[4]。**

（3）最是：正是。处：时。（4）绝胜：远远胜过。皇都：帝都，这里指长安。



《唐诗三百首》

【翻译】

京城大道上雨滋润如酥，远望草色连一片近看却稀疏。正是一年中最美季节，远胜过绿柳满京城的春末。

【简析】

这是一首写春天的诗歌，首句点出初春的小雨细滑滋润，清新优美。第二句写草沾雨后的景色：以远看似有、近看却无，描画出了初春小草沾雨后的朦胧景象。第三、四句对初春景色大加赞美：早春的小雨和草色是一年春光中最美的东西，远远超过了烟柳满城的衰落的晚春景色。诗歌文字简朴，刻画细腻，造句优美，构思新颖，给人无穷的美感。



# 西塞山怀古[1]

（1）西塞山：山名，一名道士洑矶，在今湖北省大冶县东面的长江边，形势险要，是六朝著名军事要塞。

刘禹锡



**王浚楼船下益州(2)，金陵王气黯然收(3)。**

（2）王浚（jùn）：字士治，西晋益州刺史。楼船：高大的战船。益州：晋时郡治在今成都。晋武帝谋伐吴，派王濬造大船，出巴蜀，船上以木为城，起楼，每船可容二千余人。（3）金陵：今南京，当时是吴国的都城。王气：帝王之气（古人迷信望气之术，认为帝王所在之地有王气）。黯然：一作“漠然”，丧失貌。

**千寻铁锁沉江底(4)，一片降幡出石头(5)。**

（4）“千寻”句：意谓吴国用千丈铁椎横锁于江面企图阻拦晋国船只，结果被晋人用大火炬烧熔沉于江底。千寻：古时八尺为寻。（5）降幡：投降的旗帜。石头：石头城，故址在今南京市的清凉山。王濬率船队从武昌顺流而下，直到金陵，攻破石头城，吴主孙皓到营门投降。

**人世几回伤往事，山形依旧枕寒流(6)。**

（6）“人世”二句：意谓人世间多少回兴亡之事而感伤，而这座西塞山依旧安静地靠在江边。枕：靠、依。寒流：形容秋天的江水。

**今适四海为家日(7)，故垒萧萧芦荻秋(8)。**



（7）四海为家：四海归于一家，指天下统一。（8）“故垒”句：意谓故垒已荒废无用，如今只有芦荻摇曳发出萧萧秋声。

《刘梦得文集》

## 【翻译】

王浚乘楼船自成都东下，金陵帝王气全都黯然收煞。（吴国）千寻铁链也被烧沉江底，一片投降白旗金陵城头挂。人间有几回兴亡的伤心往事，高山依旧枕着寒流没变化。从此四海一家过太平日子，故垒萧条芦荻秋风飒飒。

## 【简析】

长庆四年（公元 824 年），诗人从夔州刺史调任和州刺史，沿江东下，途经西塞山，写了此诗。诗人托古讽今，既警戒拥兵自重的藩镇，又讽喻不知居安思危的朝廷，表现了诗人反对分裂、维护国家统一的思想。前四句以精练、紧凑的诗句叙写当年两灭晋吴的历史，东吴想借长江天堑及铁锁江底来阻挡敌军，可惜最后还是举起了“降幡”。通过这段历史，一方面揭示了东吴王朝的昏聩；一方面进一步说明，单凭虚妄的“王气”、险要的地势，最后还是不堪一击。五、六句感慨自然永恒与人事变迁，“依旧”显示出自然永恒变化、人世短暂。最后两句宕笔而直写今事，展现了作者冷静的历史观和作者的感慨之情。诗歌说古论今，将叙事、议论、抒情融为一体，叙事虚实结合，详略得当，议论精辟，感慨良深，不愧为七律的代表作。

## 竹枝词[1]（其一）

(1) 竹枝词：蜀地一带的民歌，歌词多为咏颂当地风物与男女爱情。

刘禹锡

**杨柳青青江水平，闻郎江上唱歌声[2]。**

(2) 唱歌声：西南巴蜀地区，男女之间往往通过对歌相互表达情意。“唱歌声”又作“踏歌声”。

**东边日出西边雨，道是无晴却有晴[3]。**

(3) 晴：语义双关，谐“情”。

《刘梦得文集》



### 【翻译】

杨柳青翠江面水位平静，（少女）听闻情郎的歌声从江上飘来。东边阳光灿烂西边雨绵绵，原以为是无情实则还有情。

### 【简析】

《竹枝词》本为蜀中民歌，唱时以笛、鼓伴奏，以舞相随。刘禹锡任夔州刺史时依调填写了十来篇。本诗中展示了一位热恋中的少女虽有希望而又心存疑虑，既喜又忧的复杂内心世界。诗歌开篇写景：江边杨柳垂丝，江面水平如镜。接着写少女心中的情郎在江上唱歌，歌声悠悠，使少女心中波澜起伏。后两句景中含情，运用了谐音双关的手法，以天气的“有晴”“无晴”的变幻不定，表示对情人“有情”“无情”的猜测。少女迷惘的心态，眷恋之情，忐忑之状，满含欣喜的希望，喜忧参半的等待都淋漓尽致地描画出来了。全诗既有民歌的清新、活泼，又有文人诗的精美、细腻。明代的谢榛《四溟诗话》评后两句为“措词流丽，酷似六朝”。

# 秋词二首（其一）

刘禹锡

**自古逢秋悲寂寥[1]，我言秋日胜春朝[2]。**

(1) 悲寂寥：悲叹萧条。(2) 春朝：春天。

**晴空一鹤排云上[3]，便引诗情到碧霄[4]。**

(3) 排：推开。(4) 碧霄：青天。

《刘梦得文集》

【翻译】



自古每逢秋天都感到悲凉寂寥，我却认为秋天要胜过春天。

晴空万里仙鹤凌云而上，引发诗兴到了青天上。

【简析】

这是一首讴歌秋天的诗歌。开篇以议论之笔否定了前人悲秋的观念，表现出积极向上的感情和对秋天更高层次的理性思考。后两句抓住了秋天“仙鹤凌云”的别致景观，展现秋高气爽、万里晴空、仙鹤遨游的诗情，随着这种诗情，借助想象翅膀，天马行空般驰骋碧空，给人一种独特美感。全诗气势雄浑，意境壮丽，融情、景、理于一炉，表现出高扬精神和开阔胸襟，唱出那曲非同凡响的秋歌。

# 乌衣巷[1]

(1) 乌衣巷：在今南京市东南，在东晋时，这里曾是高门氏族的聚居地。

刘禹锡

**朱雀桥边野草花[2]，乌衣巷口夕阳斜。**

（2）朱雀桥：又名朱雀航，古浮桥名，在乌衣巷附近，是六朝都城正南即朱雀门外的一座大桥，是当时的交通要道。花：开花。

**旧时王谢堂前燕，飞入寻常百姓家[3]。**

（3）“旧时”二句：意谓旧时氏族所居之地，如今已成为平民居住之所，燕子依然来做巢，只是人世已发生了重大变化。王谢：指东晋时王导家族和谢安家族。寻常：平常。

《刘梦得文集》

【翻译】

朱雀桥边长满野草野花，乌衣巷口正是夕阳西斜。晋代时王导谢安两家的堂前紫燕，（而今）却飞入寻常老百姓之家。

【简析】

这是一首感古怀今，感叹人世沧桑、变幻无穷的诗作。前两句写了乌衣巷的景色。诗人用朱雀桥点乌衣巷，虽不尽符合地理上的真实，但能唤起读者对历史的联想。首句的“野草花”写出了荒凉和冷落。第二句“夕阳斜”进一步写了往昔人来人往的乌衣巷如今的寂寥惨淡。三、四句则由燕子筑巢之室早已易主来反映今夕之沧桑变化。诗歌语意浅显、含蓄蕴藉，读之者回味无穷。清沈德潜在《唐诗别裁集》中评曰“用笔巧妙”。

# 卖炭翁

白居易

**卖炭翁，伐薪烧炭南山中[1]。满面尘灰烟火色[2]，两鬓苍苍十**

（1）伐：砍伐。薪：柴。南山：城南之山。（2）烟火色：被烟熏的脸色。

**指黑[3]。卖炭得钱何所营[4]？身上衣裳口中食。可怜身上衣正单，**

（3）苍苍：苍白。（4）何所营：做什么用。

**心忧炭贱愿天寒。夜来城外一尺雪，晓驾炭车辗冰辙[5]。牛困人饥**

（5）辗（niǎn）：同“碾”，碾压。

**日已高，市南门外泥中歇(6)。翩翩两骑来是谁(7)？黄衣使者白衫儿(8)。**

（6）市：集市。（7）翩翩：轻快洒脱的情状。（8）黄衣使：黄衣使者，指皇宫内的太监。白衫儿：指太监手下的爪牙。

**手把文书口称敕(9)，回车叱牛牵向北(10)。一车炭，千余斤(11)，宫使驱将惜不得(12)。半匹红绡一丈绫(13)，系向牛头充炭直(14)。**

（9）敕(chì)：皇帝的命令或诏书。（10）回：调转。叱：吆喝。（11）千余斤：不是实指，形容很多。

（12）驱将：赶着走。惜不得：舍不得。（13）半匹红绡一丈绫：唐代商务交易，绢帛等丝织品可以代货币使用。当时钱贵绢贱，半匹纱和一丈绫，比一车炭的价值相差很远，这是官方用贱价强夺民财。（14）系：挂。直：通“值”，价格。

《中国历代诗歌选》

【翻译】

（有位）卖炭的老翁，在南山里砍柴烧炭。（他）满脸灰尘被烟熏火烤颜色，两鬓头发灰白，十个手指很黑。卖炭所得钱用来干什么？（买）身上穿的衣裳和嘴里吃的食物。可怜（他）身上只穿单薄衣服，担心炭卖不出，希望天气更寒冷。夜里城外下了一尺大雪，清晨驾炭车辗轧冰冻车轮印，牛疲人饿太阳已经升得高，就在集市南门外泥泞中休息。两位轻快洒脱的骑马人是谁？（是）皇宫内的太监和爪牙。（他们）手里拿文书说是皇帝命令，拉转车头呵斥牛往北面拉去。一车炭非常重，宫里使者要赶着走（老翁）舍不得。（使者）将半匹纱和一丈绫，朝牛头上一挂当作炭的价格。

【简析】

这是一首讽喻诗，属于白居易《新乐府》组诗中第三十二首。开篇六句交代了卖炭翁的生活状况，写出了卖炭翁形象和艰辛；七、八句承上启下，道出了卖炭翁心愿，总结上文，铺叙下文；九至十二句写了卖炭路上，不但天寒，还有雪，正是天遂人愿，但是回想自己身上衣单，加之“牛困人饥”真是可怜；以下部分转写宫市卖炭，经过漫长劳作，换来了“半匹红绡一丈绫”。诗人紧紧抓住卖炭翁的希望主线来写，运用反衬手法，突出了卖炭翁可怜可悲的境遇。

# 长恨歌

白居易

**汉皇重色思倾国[(1)]，御宇多年求不得[(2)]。杨家有女[(3)]初长成，**

（1）汉皇：汉武帝刘彻，此指唐玄宗李隆基。唐人文学创作常以汉称唐。倾国：美女。（2）御宇：驾驭天下。（3）杨家有女：蜀州司户杨玄琰，有女杨玉环，自幼由叔父杨玄珪抚养，17岁被册封为玄宗之子寿王李瑁之妃，22岁时，玄宗命其出宫为道士，道号太真，27岁被玄宗册封为贵妃。

**养在深闺人未识。天生丽质难自弃，一朝选在君王侧。回眸一笑百媚生，六宫粉黛无颜色[(4)]。春寒赐浴华清池[(5)]，温泉水滑洗凝脂[(6)]。**

（4）六宫：古代皇帝设六宫，正寝（日常处理政务之地）一，燕寝（休息之地）五，合称六宫。粉黛：粉黛本为女性化妆用品，此代指六宫中的女性。（5）华清池：即华清池温泉，在今陕西省临潼县南的骊山下。唐贞观十八年（公元644年）建汤泉宫，咸亨二年（公元671年）改名温泉宫，天宝六年（公元747年）扩建后改名华清宫。唐玄宗每年冬、春季都到此居住。（6）凝脂：形容皮肤白嫩细腻，光洁润滑。

**侍儿扶起娇无力，始是新承恩泽时[(7)]。云鬓[(8)]花颜金步摇[(9)]，芙蓉**

（7）承恩泽：得到皇帝的宠幸。（8）云鬓：形容美发如云。（9）金步摇：一种金首饰，上面缀着垂珠之类，走路时摇曳生姿。

**帐暖度春宵[(10)]。春宵苦短日高起[(11)]，从此君王不早朝。承欢侍宴无**

（10）芙蓉帐：绣着莲花的帷帐。（11）春宵苦短：嫌春宵太短。

**闲暇，春从春游夜专夜[(12)]。后宫佳丽三千人，三千宠爱在一身。金**

（12）专夜：每夜都专门由杨贵妃一人相陪。

**屋妆成娇侍夜[(13)]，玉楼宴罢醉和春[(14)]。姊妹弟兄皆列土[(15)]，可怜**

（13）金屋：指被宠爱的女子所住屋子。据《汉武故事》载：汉武帝年幼时曾说，如果能娶表妹阿娇作妻子，就给她造一座金房子住。妆成：打扮好。（14）醉和春：醉态中含着温情。（15）“姊妹”句：意谓杨氏一门蒙恩。列土：分封土地。此指杨家人都受了特殊的封赏。杨玉环受封贵妃后，其父追封太尉、齐国公，叔擢升光禄卿，母封凉国夫人，大姐、三姐、八姐分封为韩国夫人、虢国夫人、秦国夫人，宗兄铦、锜、钊（国忠）分封鸿胪犹卿、御史、右丞相。

**光彩生门户[(16)]。遂令天下父母心，不重生男重生女[(17)]。骊宫高处入**

（16）可怜：可爱，值得羡慕。（17）“不重”句：意谓人们重男轻女的观念改变。陈鸿《长恨歌传》云，当时民谣有“生女勿悲酸，生男勿喜欢”，“男不封侯女作妃，看女却为门上楣”等。

**青云[(18)]，仙乐风飘处处闻。缓歌慢舞凝丝竹[(19)]，尽日君王看不足。**

（18）骊宫：即华清宫，因在骊山下，故称。（19）缓歌慢舞：形容杨贵妃表演的姿态。丝竹：弦乐器和管乐器。

**渔阳鞞鼓动地来[20]，惊破《霓裳羽衣曲》[21]。九重城阙烟尘生[22]，**

（20）渔阳：郡名，辖今北京市平谷县和河北省蓟县等地，当时属于平卢、范阳、河东三镇节度史安禄山的辖区。天宝十四载（公元755年）冬，安禄山在范阳起兵叛乱。鞞鼓：古代骑兵用的小鼓，此借指战争。（21）《霓裳羽衣曲》：舞曲名，据说为唐开元年间西凉节度使杨敬述所献，经唐玄宗润色并制作歌辞，改用此名。乐曲着意表现虚无缥缈的仙境和仙女形象，天宝后曲调失传。（22）九重城阙：九重门的京城，此指长安。烟尘生：指发生战事。天宝十五年（公元756年）六月，安禄山破潼关，逼近长安。

**千乘万骑西南行[23]。翠华摇摇行复止[24]，西出都门百余里[25]。六**

（23）西南行：玄宗带领杨贵妃等出延秋门向西南方向的蜀地逃走。（24）翠华：指皇帝仪仗中用翠鸟羽毛装饰的旗帜。（25）百余里：指到了距长安一百多里的马嵬坡。

**军不发无奈何[26]，宛转蛾眉马前死[27]。花钿委地无人收[28]，翠翘**

（26）六军：泛指禁卫军。当护送唐玄宗的禁卫军行至马嵬坡时，不肯再走，先以谋反为由杀杨国忠，继而请求处死杨贵妃。（27）宛转：形容美人临死前哀怨缠绵的样子。蛾眉：古代美女的代称，此指杨贵妃。（28）花钿：用金翠珠宝等制成的花朵形首饰。委地：丢弃在地上。

**金雀玉搔头[29]。君王掩面救不得，回看血泪相和流。黄埃散漫风萧**

（29）翠翘：像翠鸟长尾一样的头饰。金雀：雀形金钗。玉搔头：玉簪。

**索，云栈萦纡登剑阁[30]。峨眉山下少人行[31]，旌旗无光日色薄。蜀**

（30）云栈：高入云霄的栈道。萦纡：萦回盘绕。剑阁：又称剑门关，在今四川剑阁县北，是由秦入蜀的要道。（31）峨眉山：在今四川峨眉山市，唐玄宗至蜀，并未到峨眉山，此泛指四川高山。

**江水碧蜀山青，圣主朝朝暮暮情。行宫见月伤心色[32]，夜雨闻铃肠**

（32）行宫：皇帝外出时的临时住所。

**断声[33]。天旋地转回龙驭[34]，到此踌躇不能去。马嵬坡下泥土中，**

（33）夜雨闻铃：指唐玄宗因思念杨贵妃而制《雨霖铃》曲事。（34）天旋地转：指政局发生了重大转变。唐肃宗至德二载（公元757年）十月，郭子仪率军收复长安。同年，玄宗回京。龙驭：皇帝的车架。

**不见玉颜空死处[35]。君臣相顾尽沾衣，东望都门信马归[36]。归来池**

（35）空死处：即空见死处。（36）信马归：指无心策马，只是任马而行。

**苑皆依旧，太液芙蓉未央柳[37]。芙蓉如面柳如眉，对此如何不泪垂？**

（37）太液：汉宫中有太液池。未央：汉有未央宫，此皆借指唐长安皇宫。

**春风桃李花开夜，秋雨梧桐叶落时。西宫南苑多秋草[38]，落叶满阶**

（38）西宫南苑：皇宫之内称为大内，西宫即西内太极宫，南内为兴庆宫。玄宗返京后，初居南内。上元元年（公元760年），权宦李辅国假借肃宗名义，胁迫玄宗迁往西内，并流贬玄宗亲信高力士、陈玄礼等人。

**红不扫。梨园弟子白发新[39]，椒房阿监青娥老[40]。夕殿萤飞思悄然，**

（39）梨园弟子：指玄宗当年训练的乐工舞女。梨园：唐玄宗时宫中教习音乐的机构，曾选“坐部伎”三百人教练歌舞，随时应诏表演，号称“皇帝梨园弟子”。（40）椒房：皇后所居的住处，因以花椒和泥抹墙故称。阿监：宫中的侍从女官。青娥：年轻美貌的宫女。

**孤灯挑尽未成眠（41）。迟迟钟鼓初长夜（42），耿耿星河欲曙天（43）。鸳**

（41）孤灯挑尽：形容深夜，此处写凄凉之景，非实写。（42）钟鼓：古时夜间报时的工具。（43）耿耿：明亮。星河：银河。

**鸯瓦冷霜华重（44），翡翠衾寒谁与共（45）？悠悠生死别经年，魂魄不曾**

（44）鸳鸯瓦：屋顶上俯仰相对合在一起的瓦。霜华：霜花。（45）翡翠衾：布面绣有翡翠鸟的被子。

**来入梦（46）。临邛道士鸿都客（47），能以精诚致魂魄。为感君王辗转思，**

（46）魂魄：指杨贵妃的亡魂。（47）临邛：今四川邛崃。鸿都：东汉洛阳宫门名，此处指长安。

**遂教方士殷勤觅（48）。排空驭气奔如电（49），升天入地求之遍。上穷碧**

（48）“为感”二句：意谓群臣被唐玄宗反复思念所感动，就命道士急切去寻觅杨贵妃的魂魄。方士：道士。（49）排空驭气：即腾云驾雾。

**落下黄泉（50），两处茫茫皆不见。忽闻海上有仙山，山在虚无缥缈间。**

（50）穷：穷尽。碧落：即天空。黄泉：指地下。

**楼阁玲珑五云起（51），其中绰约多仙子（52）。中有一人字太真（53），雪**

（51）五云：五色云。（52）绰约：体态轻盈柔美。（53）太真：杨贵妃为女道士的时候，住在太真宫，号太真。

**肤花貌参差是（54）。金阙西厢叩玉扃（55），转教小玉报双成（56）。闻道**

（54）参差：仿佛。（55）金阙：黄金装饰的宫殿门楼。玉扃（jiōng）：玉石做的门环。（56）小玉：吴王夫差女。双成：传说中西王母的侍女。这里皆借指杨贵妃在仙山的侍女。

**汉家天子使，九华帐里梦魂惊（57）。揽衣推枕起徘徊，珠箔银屏迤逦**

（57）九华帐：绣饰华美的帐子。

**开（58）。云鬓半偏新睡觉（59），花冠不整下堂来。风吹仙袂飘飖举，犹**

（58）珠箔：珠帘。银屏：饰银的屏风。迤逦：接连不断地。（59）新睡觉：刚醒来。

**似霓裳羽衣舞。玉容寂寞泪阑干（60），梨花一枝春带雨。含情凝睇谢**

（60）寂寞：此指神色黯淡凄楚。阑干：纵横。

**君王（61），一别音容两渺茫。昭阳殿（62）里恩爱绝，蓬莱宫中日月长（63）。**

（61）凝睇：凝视。（62）昭阳殿：汉成帝宠妃赵飞燕的寝宫，此借指杨贵妃住过的宫殿。（63）蓬莱：传说中的海上仙山，这里指贵妃在仙山的居所。

**回头下望人寰处（64），不见长安见尘雾。惟将旧物表深情，钿合金钗**

(64) 人寰：人间。

**寄将去(65)。钗留一股合一扇，钗擘黄金合分钿(66)。但教心似金钿**

(65) 钿合：即钿盒，一种镶嵌金花的盒子。寄将去：托人带回。(66)“钗留”二句：意谓将黄金钗两股分开，将金花盒分成两半，留一股钗和一半盒。



**坚，天上人间会相见。临别殷勤重寄词，词中有誓两心知。七月七日**

**长生殿(67)，夜半无人私语时。在天愿作比翼鸟，在地愿为连理枝(68)。**

(67) 长生殿：在骊山华清宫内，天宝元年造。此为李、杨在华清宫内的寝殿。(68)“在天”二句：为唐玄宗和杨贵妃当年在长生殿的誓词。比翼鸟：传说中的鸟名，据说只有一目一翼，雌雄并在一起才能飞。连理枝：两棵树的枝干连在一起，叫连理。古人常用此二物比喻情侣相爱、永不分离。

**天长地久有时尽，此恨绵绵无绝期(69)。**

(69) 绵绵：不断的样子。

《白居易集笺校》

【翻译】



唐明皇好色日夜想找倾国佳人，统治多年找不到一个称心的。杨家有女儿才长成，养在深闺不知她美丽绝伦。天生丽质很难长久弃置，有朝一日选在皇帝身边。

（她）回眸一笑百态娇媚横生，六宫妃嫔都黯然失色。春寒时（皇上）赐她华清池沐浴，温泉水润洗涤着凝脂般身体。侍女扶（她）软弱无力，初蒙皇恩润泽时。鬓发如云颜似花头戴金步摇，芙蓉帐里（与皇帝）度过温暖春宵。春宵太短一觉睡到日高起，君王从此再也不早朝。承受君欢侍君饮无闲时，春从春游夜专守。

后宫妃嫔有三千，三千美色不动心只宠她一人。金屋中阿娇妆成侍不离，玉楼上酒酣宴罢醉伴春心。姊妹封夫人兄弟封公卿，杨门生光彩令人羡慕。于是天下父母改变心愿，都看轻生男孩看重生女孩。骊山宫殿琼楼耸入云，仙乐随风飘四处可闻。轻歌曼舞管弦旋律尽传神，君王终日难以满足。（忽然）渔阳战鼓响惊天动地，惊破停奏《霓裳羽衣曲》。九重城楼宫阙烽火连天，千军万马直向西南逃。

翠华龙旗一路摇，队伍走走又停停，西出都城百来里。六军不走（皇帝）无可奈何，缠绵委屈的美人马前丧生。装饰品抛撒满地无人问，翠翘金雀头饰插满头。君王掩面哭救不得（美人），回头再看血泪交和涕淋淋。黄土尘埃散漫秋风萧索，回环曲折穿栈道登上剑门。峨眉山下少有人行，旌旗黯淡日色近黄昏。蜀江水碧绿，蜀山青青，皇上伤朝朝暮暮恋旧情。行宫见月色伤心怀悲恨，夜雨闻铃声谱下悲曲雨霖铃。天旋地转君王起驾回京城，到了马嵬踌躇不忍离去。马嵬山坡黄土坟冢中，美人颜容再不见只有坟。君臣相看个个泪沾衣，东望京都任凭马驰归。回来荷池花苑都依旧，太液池上芙蓉花、未央宫中垂杨柳。芙蓉似（她的）面柳叶好比（她的）眉，由此触景不免双泪垂。春风连夜吹开桃李花，秋雨滴落梧桐叶。

兴庆宫和甘露殿处处萧条长秋草，宫内落红叶不见人扫。梨园的弟子个个新添白发，宫女红颜退尽人衰老。夜间殿堂流萤飞思想沉心茫然，挑尽了孤灯心草夜难眠。迟迟钟鼓声愈觉夜漫长，耿耿星河直到曙光现。冷冰鸳鸯瓦霜花覆盖几重，翡翠被寒冷谁与共用？生离死别悠悠已经一年，（美人）魂魄为何不曾来入梦？

四川道士长安来做客，能用道术招引（贵妃的）魂魄。为了同情君王辗转相思，就叫方士殷勤去找寻。驾驭云气入空中横来直去如闪电，升天入地寻求找个遍。

找遍了整个碧空和黄泉，两处找遍没看见。忽听海上有座仙山，仙山耸立在缥缈间。玲珑剔透楼台阁五彩祥云托起，其中有绰约又多姿仙女。其中有个芳名叫太真，肌肤如雪貌似花仿佛是要找的人。（方士）在金阙西厢叩开白玉大门，（方式）托付侍女小玉叫双成通报。听到唐朝天子使者来，九华帐里（太真）酣梦震惊。推开睡枕揽外衣起床徘徊，珍珠帘子金银屏一路都敞开。发髻半偏刚才睡醒，花冠不整匆匆到堂下来。轻风扬衣袖步履轻飘举，好像（当年）跳起霓裳羽衣舞。

颜面寂寞泪水纵横，像春天新雨中的一枝梨花。含情凝视深谢君王，（马嵬）一别后音讯颜容两渺茫。昭阳殿里恩爱已断绝，蓬莱宫中年月漫漫。回头下看人世间，只见尘雾层层看不见长安。只有寄去定情物表深情一往，钿盒金钗寄你去。

金钗儿留一半钿盒儿留一扇，擘金钗来分钿盒一人一半。但愿两颗心如钗钿一样坚，不管天上或人间终会见。临别殷勤重视寄语（君王），寄语中有誓词俩心知。（当年）七月七日相会长生殿，夜半无人两私语。在天愿作比翼齐飞鸟，在地甘为永不分离连理枝。天长地久总会有终了时，生死遗恨却永远没有尽期。

## 【简析】

元和十年（公元 806 年），诗人与朋友陈鸿、王质夫游仙游寺，有感于唐玄宗和杨贵妃的故事而创作此诗。诗歌从开头至“尽日君王看不足”，写杨贵妃专宠和唐玄宗荒淫误国。诗人以省俭的语言描述了唐玄宗如何重色、求色、得色、宠色的过程，这是长恨的原因。接下来写“安史之乱”杨贵妃被缢死与唐玄宗的凄楚心情。“六军不发”是愤于唐玄宗迷恋女色而导致祸国殃民的结果。“天旋日转”至“魂魄不曾入梦来”，写唐玄宗回宫后对杨贵妃的深深思念。余下部分写了方士招魂，最后点出了“长恨”的题旨，回应开头，给人联想和回味。诗歌故事性与抒情性高度融合，浪漫主义手法与现实主义手法完美结合，人物形象鲜明，诗歌语言精美，比喻精妙，用韵灵活，字字珠玑。



# 琵琶行并序

白居易

元和十年[1]，予左迁九江郡司马[2]。明年秋，送客湓浦口[3]，

(1) 元和十年：唐宪宗十年，公元815年。(2) 左迁：即降职。古代以右为尊，以左为卑。白居易任谏官时，因为屡次上书批评朝政，触怒了皇帝，被贬为江州司马。九江郡：即江州，在今江西九江市。司马：官名，州刺史之副职，唐时为闲职。(3) 湓（pén）浦口：为西湓水入江处。



闻舟中夜弹琵琶者，听其音，铮铮然有京都声[4]。问其人，本长安

(4) 铮铮：金属相击声，此处形容琵琶声铿锵有力。京都声：有长安的声调。

倡女[5]。尝学琵琶于穆、曹二善才[6]，年长色衰，委身为贾人妇[7]。

(5) 倡女：歌女。(6) 善才：对琵琶师傅的尊称。(7) 委身：下嫁。贾（gǔ）人：商人。

遂命酒，使快弹数曲。曲罢悯然[8]，自叙少小时欢乐事，今漂沦憔

(8) 悯然：含愁不语。

悴[9]，转徙于江湖间。予出官二年，恬然自安[10]，感斯人言[11]，

(9) 漂沦：漂泊沉沦。(10) 恬然：心情平静貌。(11) 斯人：此人，指琵琶女。

是夕始觉有迁谪意。因为长句，歌以赠之，凡六百一十六言，命曰《琵琶行》。

**浔阳江头夜送客[12]，枫叶荻花秋瑟瑟[13]。主人下马客在船，举**

(12) 浔阳江：即流经浔阳（九江）境内的长江。(13) 瑟瑟：形容枫树、芦荻被秋风吹动的声音。

**酒欲饮无管弦[14]。醉不成欢惨将别，别时茫茫江浸月[15]。忽闻水上**

(14) 管弦：此指音乐。(15) 江浸月：月亮倒影江中，如江水浸月。

**琵琶声，主人忘归客不发。寻声暗问弹者谁？琵琶声停欲语迟。移船**

**相近邀相见，添酒回灯[16]重开宴。千呼万唤始出来，犹抱琵琶半遮**

（16）回灯：重新张灯。

**面。转轴拨弦三两声[17]，未成曲调先有情。弦弦掩抑声声思[18]，似**

（17）转轴拨弦：将琵琶上缠绕丝弦的轴拧动，以调音定调 。（18）掩抑：掩蔽，遏抑。思：悲，伤。

**诉平生不得志。低眉信手续续弹[19]，说尽心中无限事。轻拢慢捻抹**

（19）信手：随手，表示熟练程度。续续：连续不断。

**复挑[20]，初为《霓裳》后《六幺》[21]。大弦嘈嘈如急雨[22]，小弦**

（20）拢：左手手指按弦向里（琵琶的中部）推。捻：揉弦的动作。抹：向左拨弦，也称为“弹”。挑：反手回拨的动作。（21）《霓裳》：即《霓裳羽衣曲》，本为西域乐舞，唐开元年间西凉节度使杨敬述依曲创声后流入中原。《六幺》：大曲名，又叫《乐世》《绿腰》《录要》，为歌舞曲。（22）大弦：指最粗的弦。嘈嘈：声音沉重抑扬。

**切切如私语[23]。嘈嘈切切错杂弹，大珠小珠落玉盘[24]。间关莺语花**

（23）小弦：指最细的弦。切切：细促轻幽，急切细碎。（24）“大珠”句：意谓声音圆润清脆，像大大小小的珠子落在玉盘中转动。

**低滑[25]，幽咽流泉冰下难[26]。冰泉冷涩弦凝绝，凝绝不通声暂歇[27]。**

（25）“间关”句：意谓声音似黄莺在花下鸣叫，婉转流利。间关：鸟鸣声。滑：流利。（26）“幽咽”句：意谓声音很低，如水在冰下阻塞不畅。冰下难：一作“水下难”。（27）“冰泉”二句：意谓演奏像泉水结冰而滞涩，后来像弦断绝而声音停止。凝：凝结滞涩。

**别有幽愁暗恨生，此时无声胜有声。银瓶乍破水浆迸，铁骑突出刀枪鸣[28]。曲终收拨当心画[29]，四弦一声如裂帛[30]。东船西舫悄无言[31]，**

（28）“银瓶”二句：意谓琵琶声在暂歇后又突然迸发出高亢激越的声音。乍：骤然。迸：溅射。铁骑：穿铁甲的骑兵。（29）曲终：乐曲结束。拨：指套在指尖拨弦的指套。画：同“划”。（30）裂帛：撕裂丝帛一样，形容结束时声音铿锵尖利。（31）“东船”句：形容周围船上的人都被高超的演技所吸引，一声不发。舫：船。

**唯见江心秋月白。沉吟[32]放拨插弦中，整顿衣裳起敛容[33]。自言本**

（32）沉吟：心情沉重而深思貌。（33）敛容：收敛面部表情，显出严肃矜持而有礼貌的态度。

**是京城女，家在虾蟆陵下住[34]。十三学得琵琶成，名属教坊第一部[35]。**

（34）虾蟆陵：在长安城东南，曲江附近，是当时有名的游乐地区。（35）教坊：唐代官办管领音乐杂技、教练歌舞的机关。

**曲罢常教善才服，妆成每被秋娘妒[36]。五陵年少争缠头[37]，一曲红**

（36）秋娘：唐时歌舞妓常用的名字。妒：妒忌。（37）五陵年少：贵族子弟。五陵在长安城外，汉代五个皇帝的陵墓。缠头：用锦帛之类的财物送给歌舞妓女。

**绡不知数[38]。钿头银篦击节碎，血色罗裙翻酒污[39]。今年欢笑复明**

（38）绡：精细轻美的丝织品。（39）“钿头”二句：意谓将贵重的首饰当作拍板而被击碎，嬉笑时打翻的酒污染了红色的罗裙。钿头银篦（bì）：镶嵌着花钿的发篦。击节：打拍子。

**年，秋月春风等闲度。弟走从军阿姨死，暮去朝来颜色故[40]。门前**

（40）颜色故：容貌衰老。

**冷落车马稀，老大嫁作商人妇。商人重利轻别离，前月浮梁买茶去[41]。**

（41）浮梁：古县名，唐属饶州，在今江西省景德镇市，为当时重要的茶叶集散地。

**去来江口守空船，绕船月明江水寒。夜深忽梦少年事，梦啼妆泪红阑干[42]。我闻琵琶已叹息，又闻此语重唧唧[43]。同是天涯沦落人，相**

（42）梦啼妆泪：梦中啼哭，涂过脂粉的脸上带着泪痕。阑干：纵横散乱的样子。（43）重：重新，重又之意。唧唧：叹息声。

**逢何必曾相识！我从去年辞帝京，谪居卧病浔阳城。浔阳地僻无音乐，**



**终岁不闻丝竹声。住近湓江地低湿[44]，黄芦苦竹绕宅生[45]。其间旦**

（44）湓江：今名开龙河。（45）黄芦：芦苇。

**暮闻何物？杜鹃啼血猿哀鸣。春江花朝秋月夜，往往取酒还独倾[46]。**

（46）独倾：独饮。

**岂无山歌与村笛，呕哑嘲哳难为听[47]。今夜闻君琵琶语，如听仙乐**

（47）呕（ōu）哑（yā）嘲（zhāo）哳（zhā）：形容声音噪杂。

**耳暂明。莫辞更坐弹一曲[48]，为君翻作《琵琶行》。感我此言良久**

（48）莫辞更坐：不要推辞请再坐下。

**立，却坐促弦弦转急[49]。凄凄不似向前声[50]，满座重闻皆掩泣。座**

（49）却坐：回到原来坐处。 促弦：把弦拧紧。（50）前声：刚才弹奏的声调。

**中泣下谁最多？江州司马青衫湿[51]。**

（51）青衫：唐朝八品、九品文官的服色。 白居易所任的江州司马，属于职位较低的文官。

《白居易集笺校》

【翻译】

唐宪宗元和十年，我被贬为九江郡司马。第二年秋天，送客人到湓浦口，听闻夜里船上有人弹琵琶。听那声音，铮铮铿铿有京都声韵。问这个人，原来是长安的歌女，曾经向穆、曹两位琵琶大师学艺。年纪大了，红颜褪尽，嫁给商人为妻。于是命人摆酒，叫她畅快地弹几曲。弹完后，含愁不语。自己说起少年时欢乐之事，而今漂泊沉沦容颜憔悴，在江湖之间辗转。我离京调外任职两年来，随遇而安，感触这个人的话，这天夜里才有被降职的感觉。于是一首长诗赠送给她，共六百一十六字，题为《琵琶行》。

秋夜到浔阳江头送归客，枫叶和芦花秋声瑟瑟。我与客人一起下马一起上船，举杯要饮却无管弦（助兴）。喝得不快更伤心将分别，临别时夜茫茫江水倒映着明月。忽听江上琵琶声，我忘了回归客人不想动身。寻声音探问弹琵琶是何人？琵琶停许久迟迟没有动静。（我们）移船靠近邀请她出来相见，添酒回灯重新摆起酒宴。千呼万唤她才含羞走出来，还怀抱琵琶半遮着脸面。转紧琴轴拨动琴弦试弹几声，尚示成调那就非常有情。弦弦悲切声音隐含沉思，似乎在诉说着平生不得志。（她）低着头随手连续弹，把心中无限的往事说尽。轻抚拢慢捻滑抹了又加挑，初弹霓裳羽衣曲接着再弹六幺曲。大弦恢宏嘈嘈如暴风骤雨，小弦幽细切切如有人私语。嘈嘈声切切声互为交错杂弹，（如）大珠小珠一串串掉落玉盘。

清脆如黄莺在花丛下婉转鸣唱，幽咽就如清泉在沙滩底流淌。（如）水泉冷涩琵琶声开始凝结，凝结不通畅声音渐渐中断。像一种愁思幽恨暗暗滋生，此时闷闷无声却比有声更动人。（突然）像银瓶撞破水浆四溅，像铁甲骑兵厮杀刀枪齐鸣。

一曲终了对准琴弦中心划拨，四弦一声好像撕裂了布帛。东船西舫都静悄悄无言，只见江心中映着白色秋月。（她）沉吟着收拨片插在琴弦中，整顿衣裳显出庄重的颜容。（她）自说原是京城歌女，家住在长安城东南虾蟆陵。十三岁学得弹奏琵琶，教坊乐团第一队中有我名。曲弹罢令艺术大师们叹服，化妆成被同行歌妓们嫉妒。京都豪富子弟争先恐后献彩，弹完一曲收到红绡不知其数。钿头银篦打节拍常断裂粉碎，红色罗裙被酒渍染污。年复一年欢笑打闹，秋去春来时光消磨。

兄弟从军姊妹死，天天早晚年老色衰。门前车马落落稀稀，年岁已大嫁给商人为妻。商人重利不重情常轻易别离，上个月他去浮梁做茶叶生意。去了留下我孤守空船，秋月伴绕秋水凄寒。深夜常梦少年欢乐事，哭醒啼泪污损了粉颜。我听琵琶早已摇头叹息，又听（她）这诉说更悲凄。（我们）同是天涯沦落可悲人，相逢何必是否曾经相识。去年我离开长安京城，被贬居住在浔阳常卧病。浔阳偏僻没有音乐，一年到头听不到管弦声。住在湓江低洼潮湿地，黄芦和苦竹缭绕住宅丛生。这里早晚能听到什么呢？杜鹃猿猴那些悲凄哀鸣声。春江花朝秋江月夜，常常取酒独酌独饮。这里没有山歌和村笛，音调嘶哑粗涩实在难听。今晚听你弹奏琵琶和诉说，就像听到仙乐眼也亮了。不要推辞坐下来再弹一曲，为你创作一首新诗琵琶行。（她）被我（的话）感动站立好久，回身坐下再转紧琴弦拨出急声。凄切不像刚才那种声音，在座的人重听都掩面哭泣。在座之中谁流的眼泪最多？（我）江州司马泪水湿透青衫衣。



【简析】

本诗歌作于元和十一年，当时白居易任江州司马。诗歌通过对琵琶女命运的叙述，反映了封建社会中被侮辱、被损害人们的不幸并寄予了深切的同情，在跌宕起伏的感情波涛中袒露了诗人的内心世界。全诗分为四部分，从开篇至“犹抱琵琶”句为第一部分，写了琵琶女出场，交代了人物、地点、事件、时间，还为琵琶女出场做出了铺垫。第二部分从“转轴”至“唯见”，通过描写琵琶女弹奏的乐曲来揭示其内心世界。诗人借助了各种生动的比喻，赋予了抽象音乐以鲜明的形象性，乐曲令人拍案叫绝。从“曲终”句至“梦啼”为第三部分，叙写了琵琶女的身世，塑造了一个被侮辱、被损害的乐妓形象。从“我闻”到结尾为第四部分，写作者在被琵琶女的命运激起的情感波涛中袒露的自我形象，通过“同是天涯沦落人”这条纽带找到同感，抒发诗人遭贬的忧愤心情。全诗把琵琶女被抛弃的不幸与诗人被排斥的悲剧相提并论，结构紧密、详略得当、形象逼真、比喻生动，使诗歌成为广为传诵的千古名篇。



## 赋得古原草送别[1]

（1）赋得：指定、限定的诗题例在题目上加“赋得”一词。

白居易

**离离原上草[2]，一岁一枯荣[3]。野火烧不尽，春风吹又生。**

（2）离离：青草茂盛的样子。原：原野。（3）枯：枯萎。荣：繁盛。

**远芳侵古道[4]，晴翠接荒城[5]。又送王孙去，萋萋满别情[6]。**

（4）芳：指野草那浓郁的香气。侵：侵占，长满。（5）晴翠：晴空下翠绿的野草。荒城：荒凉、破损的城镇。（6）“又送”二句：借用《楚辞》里：“王孙游兮不归，春草生兮萋萋”的典故。王孙：贵族。萋萋：草盛的样子。

《中国历代诗歌选》

【翻译】

古原上的野草繁密茂盛，每年一度枯萎一度繁荣。野火焚烧也不尽，春风吹来又蓬勃滋生。远处芳草侵占古道，晴空翠绿的草色连接着荒城。（在此）又送贵族公子远去，繁盛的芳草充满别情。

【简析】

这首诗歌是白居易在十六岁时应考的诗作。诗歌首句抓住了春草生命力旺盛的特征，枯荣往复；接着两句由抽象到具体，大火焚烧也烧不尽，可见生命力顽强，春风一吹又再次生长；五、六句一转而至古原，古道与荒城更显青草的生意盎然；最后两句转写送别，诗人从楚辞中演化出诗句表达送别愁情，意味深长。全诗造句朴实自然，清新流畅，用字工整，令人回味。

## 问刘十九[1]



（1）刘十九：生平不详，是白居易在江州结识的新朋友。

白居易

**绿蚁新醅酒[2]，红泥小火炉。**

（2）绿蚁：指浮在新酿的没有过滤的米酒上的绿色泡沫。醅：没有过滤的酒。

**晚来天欲雪，能饮一杯无[3]。**

（3）无：通“否”，相当于“吗”。

《中国历代诗歌选》



【翻译】

绿色泡沫新酿的米酒，小小红泥炉烧得殷红。天晚了大雪要来，能共饮一杯否？

【简析】

这是一首邀请朋友饮酒的诗歌。诗歌以酒开篇，新酿的酒十分诱人，用其招待好友足显真；泥炉简陋，但炉火很旺，烧得通红，多么温馨；接着又写天色将晚，将要下雪，饮酒气氛更加蕴足，接下来语句一翻，似问而实答，情意真诚，韵味无穷。诗歌充满情意，文字简练而含蓄深刻，颇有意味。



# 暮江吟

白居易

**一道残阳铺水中，半江瑟瑟半江红[1]。**

（1）瑟瑟：原为宝石名，其色碧，用指江水碧绿。

**可怜九月初三夜[2]，露似真珠月似弓[3]。**



（2）可怜：可爱。（3）月似弓：上弦月，其弯如弓。

《中国历代诗歌选》

【翻译】

一道余晖铺江上，江水一半碧绿一半殷红。怜爱的是九月的初月夜，清露像珍珠，新月弯曲如弓。

【简析】

这是一首描绘秋江美图的诗歌。前两句写江景，夕阳铺水面，显示夕阳之低，几乎与江水平照；秋高气爽，江面红绿对比，红的更红，绿的更绿，景色鲜艳夺目，令人心醉。后两句写夜景，“可怜”突出自己喜悦心情，“九月初三”点名季节，露如珍珠，月如弯弓，比喻新颖巧妙，作者喜悦欢快之情透出字外。诗歌巧用比喻，用词贴切，语调婉转，亲切感人。

# 悯农二首（其二）[1]

（1）悯：怜悯。

李　绅

**锄禾日当午[2]，汗滴禾下土。**

（2）锄禾：为庄稼锄草松土。禾：禾苗。日当午：太阳当头直晒的时候，此指中午。

**谁知盘中餐[3]，粒粒皆辛苦。**

（3）餐：一作“飧”（sūn），饭食。

《中国历代诗歌选》

## 【翻译】

（农民）在正午烈日的暴晒下锄禾，汗水从身上滴落在禾苗生长的土地上。

谁又知道盘中的饭食，每粒都是辛勤的劳动（换来的）呢？

## 【简析】

这是一首抒发感恩农民辛苦劳作的诗歌。首两句选取农夫在烈日当空的正午，挥汗锄禾，汗水滴落到禾苗生长的土地上，具体生动地表现了农夫劳作的艰辛；后两句是作者发出的感慨，既有对农夫艰辛的同情，又有对奢华浪费者的告诫，表现出作者对现实社会的愤懑。诗歌通俗易懂，概括有力，意蕴深远。



# 登柳州城楼寄漳汀封连四州刺史[1]

（1）柳州：在今广西壮族自治区柳州市。元和十年（公元815年），柳宗元与同属永贞革新集团而被贬的刘禹锡、韩晔、韩泰、陈谏等奉诏入京，但不久朝廷又将他们外放，柳宗元出任柳州刺史。漳：漳州，在今福建省龙溪县，时韩泰为漳州刺史。汀：汀州，在今福建省长汀县，时韩晔为汀州刺史。封：封州，在今广东省封开县，时陈谏为封州刺史。连：连州，在今广东省连县，时刘禹锡为连州刺史。



柳宗元

**城上高楼接大荒[2]，海天愁思正茫茫[3]。**

（2）接：目光接触到。大荒：旷远的荒野。（3）海天愁思：如海如天的愁苦思绪，极言愁思之多。

**惊风乱飐芙蓉水[4]，密雨斜侵薜荔墙[5]。**

（4）惊风：突然刮起的狂风。乱飐（zhǎn）：吹乱。芙蓉：荷花。（5）薜荔（bìlì）：攀附在墙或树上的常绿藤本蔓生植物。

**岭树重遮千里目[6]，江流曲似九回肠[7]。**

（6）重遮：层层遮掩。千里目：远望的视线。（7）江：柳州的柳江。九回肠：九曲之愁肠，比喻愁思的郁结。

**共来百越文身地，犹自音书滞一乡[8]。**

（8）"共来"二句：意谓虽共同来到南方蛮荒之地，但仍然音讯阻隔一隅。百越：即百粤，泛称南方少数民族。文身：在身上刺花纹眉，是南方少数民族的一种习惯。犹自：却还。滞：阻塞。

《柳河东集》

【翻译】



（柳州）城上高楼接连着旷野荒原，愁绪如茫茫海天无限宽广。狂风吹乱了水上的芙蓉，暴雨斜打着爬满薜荔的土墙。岭上树木重重遮住远望视线，（柳江）弯曲如百结九转的愁肠。共同来到百越蛮荒之地，依然音书不通各自滞留一方。

【简析】

这是一首写景抒情诗，诗歌借登楼远望眼前的荒凉景象抒发了作者连遭打击的悲愤心情和对四位好友的怀念。诗由登楼写起，面对辽阔的百越之地愁思茫茫无际。接着是近景的描写，风飐芙蓉水，雨侵薜荔墙，这阴郁沉闷的景致写出了诗人纷乱的心情，表现了诗人极大的痛苦。接下来写远景，"岭树"遮住了诗人遥望朋友的"千里目"，"江流"迂曲婉转，如同诗人的百折愁肠，外界之景与内心之情水乳交融。末联承转上联，感叹共同居处蛮荒之地，音信阻隔，不能相互问候，其情哀怨，催人泪下。全诗以景抒情，含情写景，语言精美明快，对仗精工，加上比喻、想象、象征等手法的运用，营造了一个情景交融的深邃意境，是柳诗中七律的佳作。沈德潜评曰"柳州诗长于哀怨，得《骚》之余意"（《唐诗别裁集》）。

# 江　雪

**柳宗元**

**千山鸟飞绝，万径人踪灭[1]。**

（1）人踪：人的踪迹。

**孤舟蓑笠翁[2]，独钓寒江雪。**

（2）蓑笠(suō lì)：蓑衣和斗笠。

《柳河东集》

【翻译】

所有的山飞鸟全都断绝，所有的路不见人影踪迹。江上孤舟渔翁披蓑戴笠，独自垂钓在江雪寒冷之中。



【简析】

这是诗人被贬柳州抒发失意的诗作。诗歌开篇勾画了一幅绝妙图景：白雪茫茫，千山万岭不见飞鸟，不见人迹，一片寂静，在这种大背景下，只见江中孤舟之上，一个老翁顶笠披蓑独自垂钓。这白雪皑皑，一片纯净，正是诗人皎洁品行，孤舟独钓，不愿同流合污的独特个性。全诗描写精雕细琢和夸张手法并用，突出主要形象，寄寓深刻。

# 离思五首（其四）



**元　稹**

**曾经沧海难为水，除却巫山不是云[1]。**

（1）除却：除了，离开。

**取次花丛懒回顾[2]，半缘修道半缘君[3]。**

（2）取次：草草，仓促，随意。花丛：比喻美人堆。（3）半缘：一半是因为。君：指妻子。

《中国历代名诗赏读》

【翻译】

曾经登临过沧海别的水就不足为顾，除了巫山别处的云便不称为云。仓促由花丛走过懒得回头顾盼，一半是因为修道人的清心寡欲一半是因为你。

【简析】

这是一首悼念妻子韦丛的诗歌。诗歌开篇写见到沧海之后就不能看上别处的水，见过巫山的云就不能看上别处的云了，两句实说夫妻二人爱如沧海水，巫山云；接着诗人写了因为有过“难为水”和“不是云”的爱情，使诗人身处花丛中，却懒得顾盼，最后一句写了“懒回顾”的原因，是因为修道和妻子。诗歌比喻高明，感情真挚，淋漓尽致地表达了主人公对已经失去的心上人的深深恋情。





## 寻隐者不遇[1]

（1）寻：寻访。隐者：隐居在山林中的人。

**贾　岛**

**松下问童子，言师采药去[2]。**

（2）言：回答、说。

**只在此山中，云深不知处[3]。**

（3）处：行踪、所在。

《中国历代诗歌选》

【翻译】

苍松下询问隐者的童子，（他）说师傅采药去了。就在这座山中，可是林深云密不知道行踪。

【简析】

这是一首表现诗人对隐者高山仰止之情的诗歌。诗歌寓问于答，诗人寻友不见，继之以一问三答：说师傅采药去了，就在这山中，只是云深缭绕不知行踪。回答其言甚繁，其笔则简，可见其情深意切。诗歌中白云显其高洁，苍松赞其风骨，钦慕而不遇，突出了诗人的怅惘之情。

# 李凭箜篌引(1)

(1) 李凭：供奉宫廷的梨园艺人，善弹奏箜篌。箜篌引：乐府旧题，属《相和歌·瑟调曲》。箜篌：古代弦乐器，又名空侯、坎侯，形状有多种。据诗中“二十三丝”，可知李凭弹的是竖箜篌。

**李 贺**

**吴丝蜀桐张高秋(2)，空山凝云颓不流(3)。江娥啼竹素女愁(4)，**

(2) 吴丝蜀桐：吴地产制乐器的丝，蜀地产美材桐木做乐器的躯干。此指制作箜篌的材料。张：调好弦，准备调奏。(3)“空山”句：意谓箜篌声响彻天空，空山的云仿佛被凝住而颓然不能流动。颓：衰败。《列子·汤问》：“秦青抚节悲歌，响遏行云。”此句用其意。(4) 江娥：一作“湘娥”，李衎《竹谱详录》卷六：“泪竹生全湘九疑山中……《述异记》云：‘舜南巡，葬于苍梧，尧二女娥皇、女英泪下沾竹，文悉为之斑。’一名湘妃竹。” 素女：也是传说中的神女，据《汉书·郊祀志上》：“秦帝使素女鼓五十弦瑟，悲，帝禁不止，故破其瑟为二十五弦。”这句说乐声使江娥、素女都感动了。

**李凭中国弹箜篌(5)。昆山玉碎凤凰叫(6)，芙蓉泣露香兰笑(7)。十二**

(5) 中国：即国之中央，意谓在京城。(6) 昆山：即昆仑山，相传为著名产玉之地。玉碎、凤凰叫：形容乐声激越清亮。(7) 芙蓉泣露：形容乐声的幽咽悲凉。香兰笑：芳香的兰花开放，形容乐声的欢快、明丽。

**门前融冷光(8)，二十三丝动紫皇(9)。女娲炼石补天处，石破天惊逗**

(8)“十二门”句：意谓乐声使全城的气氛变得温馨。十二门：长安城东西南北每一面各三门，共十二门。融冷光：消融了冷气寒光。(9) 二十三丝：《通典》卷一百四十四：“竖箜篌，胡乐也，汉灵帝好之，体曲而长，二十二弦。竖抱于怀中，用两手齐奏，俗谓之擘箜篌。”紫皇：道教称天上最尊的神为“紫皇”，这里用来指皇帝。

**秋雨(10)。梦入神山教神妪(11)，老鱼跳波瘦蛟舞(12)。吴质不眠倚**

(10)“女娲”二句：意谓曲终时一声惊天，使女娲炼石所补的天又破裂了，秋雨从石头裂缝处泄了下来。女娲：中华上古之神，人首蛇身，为伏羲之妹，风姓。《淮南子·览冥训》和《列子·天问》载有女娲炼五色石补天的故事。(11)“梦入”句：意谓李凭的箜篌演奏，把听者引入了幻境，仿佛李凭是在神山之上教授神妪演奏绝艺。神妪：《搜神记》卷四：“永嘉中，有神现兖州，自称樊道基。有妪号成夫人。夫人好音乐，能弹箜篌，闻人弦歌，辄便起舞。”(12)“老鱼”句：意谓演奏的乐声使老鱼听了也从波涛中跳出来欣赏，瘦蛟听了也舞起来。源自《列子·汤问》：“瓠巴鼓琴而鸟舞鱼跃。”

**桂树[13]，露脚斜飞湿寒兔[14]。**

（13）吴质：即吴刚。据《酉阳杂俎》卷一："旧言月中有桂，有蟾蜍。故异书言月桂高五百丈，下有一人常斫之，树创随合。人姓吴名刚，西河人，学仙有过，谪令伐树。"（14）露脚斜飞：古人误以为露也像雨一样降临大地，故有此说。寒兔：指月亮中的玉兔。

《李贺诗歌集注》

【翻译】

吴丝蜀桐制作的精美箜篌在深秋里弹奏，（箜篌声）使空山浮云被凝住而颓然不动。湘娥泪洒斑竹素女满怀哀愁，李凭在京城演奏箜篌。（乐声像）昆山玉碎像凤凰悠鸣，（时而使）荷花而泣（时而使）香兰含笑。（乐声使）十二门前消融了寒秋的冷光，二十三弦清响惊动紫皇。（乐声）冲上女娲炼石补天的地方，五色石破引来秋雨啾啾。梦幻中入神山教神妪弹奏，（乐声使）老鱼跃波倾听瘦蛟翻江跳舞。吴刚彻夜不眠倚着桂树，寒露斜飞打湿凝神静听的玉兔。

【简析】

这是一首描写音乐欣赏感受的诗。诗的起句开门见山，用箜篌构造精良，借以衬托演奏者技艺的高超。二、三两句写乐声，诗人故意避开无形无色、难以捉摸的箜篌声，从空山凝云处落笔，以实写虚，亦真亦幻，极富表现力。接着两句正面写乐声，或以声写声，着重表现乐声的起伏多变；或以形写声，刻意渲染乐声的优美动听；或以表情喻声情，各具特色。从第七句起到篇终，都是写音响效果。诗人驰骋想象，由人寰写到仙府，意象联翩而至，新奇瑰丽，令人目不暇接，而音像效果被渲染得淋漓尽致。全诗最大的特点是想象奇特，形象鲜明，充满浪漫主义色彩。诗人致力于把自己对于箜篌声的抽象感觉、感情与思想借助联想转化成具体的物象，使之可见、可感。清方扶南将该诗与白居易的《琵琶行》、韩愈的《听颖师弹琴》相提并论，推许为"摹写声音至文"，以为"韩足以惊天，李足以泣鬼，白足以移人"（《李长吉诗集批注》）。

## 雁门太守行[1]

（1）雁门太守行：乐府《相和歌·瑟调曲》旧题。雁门：秦汉时郡名，在今山西省西北部。

李　贺

**黑云压城城欲摧，甲光向日金鳞开[(2)]。角声满天秋色里[(3)]，塞**

（2）“黑云”二句：意谓形势紧急，黑云压城，好像要将城摧毁一般。太阳照射在将士鱼鳞般的铠甲上，光芒耀眼。黑云：出兵时尘土大起如黑云。金鳞：铁甲在月光下闪耀之状。（3）角声：古代军中号角发出的声音。

**土燕脂凝夜紫[(4)]。半卷红旗临易水[(5)]，霜重鼓寒声不起。报君黄**

（4）“塞土”句：意谓塞上战士们的鲜血在夜里和土壤里凝结成紫色。燕脂：胭脂。（5）易水：在今河北省易县。

**金台上意[(6)]，提携玉龙为君死[(7)]。**

（6）黄金台：在今河北省易县东南。战国时，燕昭王筑台，置千金于台上，以招揽天下“贤能”。（7）玉龙：宝剑的代称。

《李贺诗歌集注》

【翻译】

（敌军）似乌云压进危城要被摧垮，阳光照射在鱼鳞的铠甲上金光闪闪。号角的声音在这秋天响彻天空，塞上战士鲜血在夜里和土壤里凝成紫色。寒风卷动着红旗部队临近易水，凝重霜露湿透鼓皮鼓声低沉扬不起。为了报答国君的赏赐和厚爱，手操宝剑甘愿为国血战到死！

【简析】

此诗歌颂了唐军将士浴血奋战的英雄气概和报效国家的豪情壮志。首句兼写景与叙事，渲染了敌军兵临城下的危险形势。二句借甲光闪耀写城内守军严阵以待的紧张气氛。三、四两句分别从听觉、视觉两方面铺写阴寒惨彻的战地气氛。五、六句写出击部队的行动，也是从视觉和听觉两方面来写，极富感染力。末两句借燕昭王求士的故事，抒发将士们报效朝廷的心声。诗歌句句色彩鲜明浓艳，构成了一个斑斓的世界，很好地渲染、烘托了战斗气氛。

## 老夫采玉歌[(1)]

（1）老夫：采玉的老人。

李　贺



**采玉采玉须水碧[2]，琢作步摇徒好色[3]。老夫饥寒龙为愁，蓝**

（2）“采玉”句：意谓因官家要的是深溪里的水碧，所以叠用“采玉”表示玉十分难采。水碧：水晶一类的矿物，玉的一种，又名碧玉，产于深水中。（3）步摇：妇女发髻后的饰物，插在头上，行走时花枝随着行步而颤动，故曰“步摇”。徒好色：只是为了使妇人妆饰上好看。

**溪水气无清白[4]。夜雨冈头食蓁子[5]，杜鹃口血老夫泪[6]。蓝溪之**

（4）“老夫”二句：意谓由于官府不断在蓝溪采玉，繁重的劳役使采玉老人饥寒，连深潭里的龙也因为不能安身而发愁，蓝溪的水也搅成一团混浊。蓝溪：在陕西蓝田县西蓝田山下，这是著名的产玉之地。（5）蓁（zhēn）子：榛树的果实，形似栗而小，可直接食用或榨油。（6）“杜鹃”句：意谓采玉老人凄苦的眼泪像杜鹃口中吐出的血。

**水厌生人，身死千年恨溪水[7]。斜山柏风雨如啸，泉脚挂绳青袅袅[8]。**

（7）“蓝溪”二句：蓝溪水厌恨生人，因为生人将溪水搅得混浊；生人也厌恨溪水，因为往往在水中采玉而死。（8）泉脚：山上直流下来的泉水。挂绳：将绳子的上端挂在山上，下端系在老人身上一直下垂到溪水中。袅袅：绳子和下流的泉水都在晃动。



**村寒白屋念娇婴，古台石磴悬肠草[9]。**

（9）“村寒”二句：老人看到了在古台石磴边的悬肠草，因该草又名思子蔓，由此想到了村里茅屋中较弱的婴儿。白屋：穷人住的简陋的茅屋。石磴：山路的石级。悬肠草：蔓生植物，又名思子蔓。

《李贺诗歌集注》

【翻译】

（采玉人）不断地采玉须在深溪水碧，不过是雕琢成贵妇首饰增添美色。采玉老汉忍受饥寒采玉连龙也发愁，蓝溪的水汽也浑浊不清。夜雨中留宿山头以榛子充饥，老夫流泪就像杜鹃啼血。（好像）蓝溪水厌恶生人（必定要致之死地）。老夫惨死千年后消不掉对溪水的怨恨。山崖间柏林里风雨如咆哮，泉水从山崖流下（采玉人）身系晃动长绳从绝壁上垂入泉水。（采玉人）想起寒村茅屋中娇弱的女儿，看到古台石级上的思子蔓草。

【简析】

本诗写了一位老人在深溪之中替官家采玉的痛苦。开头两句写采玉老人不断采玉，这些玉不过是雕饰成贵人的首饰，徒然为他们增添一点儿美色而已。第三句描写采玉老人开采玉石的情景，他忍受着饥寒下溪水采玉，对官府之怨溢于言表。最后写采玉老人在暴风雨中生命危殆之际心念儿女之情，把诗推向了高潮，震撼人心，给读者留下了深刻印象。全诗语言精练，意蕴丰富，体现了贺诗瑰丽的艺术风格。

## 过华清宫绝句三首（其一）[1]

（1）华清宫：唐行宫，建于温泉华清池上，故址在今陕西临潼县骊山顶。

杜　牧

**长安回望绣成堆[2]，山顶千门次第开[3]。**

（2）绣成堆：骊山右侧有东绣岭，左侧有西绣岭，唐玄宗在岭上广种林木花卉，郁郁葱葱。（3）千门：形容山顶宫殿壮丽，门户众多。次第：依次。

**一骑红尘妃子笑[4]，无人知是荔枝来。**

（4）红尘：指策马疾驰时飞扬起来的尘土。妃子：指贵妃杨玉环。

《樊川诗集》



**【翻译】**

从长安回望（骊山）花木如一堆锦绣，山顶上道道宫门逐层打开。驿马奔驰扬起尘土杨贵妃笑，没有人知道是送荔枝的来了。

**【简析】**

这是一首咏史诗，讽刺了杨贵妃的奢侈生活。首句写从长安回望骊山，林木繁茂，花草丰茂，宫殿林立，宛如锦绣；接着写骊山上紧闭的千重宫门突然依次打开，这是什么原因呢？诗人没有说，而是写了第三句，满脸倦容的驿使飞驰而来，扬起尘土，为何而来？不知道。妃子嫣然而笑，为何而笑，也不知道。这些描述的答案在最后一句解开，原来是为了送荔枝。诗歌置身历史角度，选取荔枝事件，写得含蓄、精深，讽刺意味很浓。

# 江南春

杜　牧

**千里莺啼绿映红[1]，水村山郭酒旗风[2]。**

（1）千里：指范围广，并非实数。（2）郭：古代城外修筑的外墙。

**南朝四百八十寺[3]，多少楼台烟雨中[4]。**

（3）南朝：东晋灭亡后，先后在南方地区建立的宋、齐、梁、陈四个朝代的合称。四百八十寺：南朝皇帝和大官僚好佛，在京城（今南京市）大建佛寺，据《南史·循吏·郭祖深传》说："都下佛寺五百余所。"（4）楼台：指寺庙。

《樊川诗集》

【翻译】



辽阔的江南到处莺歌燕舞、绿树红花，临水的村庄依山的城郭酒旗招展。南朝修建的四百八十座寺庙，有多少楼阁都在朦胧烟雨之中？

【简析】

这是一首描绘江南春色并讥讽统治阶级信佛的诗歌。诗歌开篇在广阔的空间上把握江南，接着以听觉写黄莺鸣叫，再以视觉花红柳绿暗示暮春时令。接着诗人把水、村、山、郭点缀在背景上，酒旗招展加入浪漫色彩。后两句抓住特写景色，金碧辉煌的重重佛寺出没掩映于迷离烟雨中，一种朦胧意境油然而生。全诗短短二十八字，从空间、时间、视觉、感觉立体描绘了无限江南春色，具有浪漫情调和朦胧美，是整体与局部巧妙结合的好诗。

# 赤　壁[1]

（1）赤壁：黄州赤鼻矶，此赤壁并非三国周瑜破曹处，诗人将错就错，是为了借题发挥。

杜　牧

**折戟沉沙铁未销[2]，自将磨洗认前朝[3]。**

（2）折戟：折断的戟。戟：古代的一种兵器。铁未销：铁戟尚未完全锈蚀掉。（3）将：拿起。认前朝：认出是前朝的旧物。

**东风不与周郎便，铜雀春深锁二乔[4]。**

（4）“东风”二句：意谓假如不是东风给了周瑜的方便，战争不一定能取得胜利，说不定连二乔都要成为铜雀台中俘虏。不与：如果不给。周郎：指周瑜。史载当年周瑜用黄盖的火攻之计，适值东南风急，火乘风益烈，尽烧地处江北的曹军船只，曹军大败。铜雀：台名，在今河北省临漳县，曹操所建，楼顶立有一丈五尺高的大铜雀，故名。二乔：江东乔公二女，东吴著名美女，大乔嫁孙策，小乔嫁周瑜。

《樊川诗集》

## 【翻译】

断戟沉没泥沙中竟未锈蚀，自己拿来磨洗认出是前朝旧物。（假使）东风不给周瑜的火攻计方便，大乔小乔就要被锁闭铜雀台中。

## 【简析】

这是一首咏史诗。诗人途经赤壁，有感于三国英雄成败而作。前两句叙事，从一件不起眼的折戟写起，这一只与古代战争有联系的折戟，三国赤壁之战时的遗物。“赤壁之战”是决定三国鼎立局面的重大战斗，英雄云集，何等壮伟。“认前朝”又进一步激发了作者浮想联翩的思绪，为后两句论史抒怀作了铺垫。后两句议论：周瑜能取得战斗胜利的关键是东风。诗人抓住这一最关键的客观因素，以假设为基点反面设论：假如没有东风，赤壁之战的结果必然是孙刘联军大败，娇妻难保。诗人慨叹历史上英雄成名的机遇，是因为他自己生不逢时，有政治、军事才能而不得一展。诗人似乎还有一层意思：只要有机遇，相信自己总会有所作为，显示出一种逼人的英气。全诗化实为虚、化历史为传奇的艺术想象，充分体现了诗人善于用形象思维、别出心裁来抒发情怀的艺术独创性。



# 泊秦淮[1]



（1）秦淮：河名，源出江苏省溧水县，贯穿南京市。

杜　牧

**烟笼寒水月笼沙，夜泊秦淮近酒家。**

**商女不知亡国恨[2]，隔江犹唱后庭花[3]。**

（2）商女：卖唱的歌女。（3）后庭花：歌曲名，南朝陈后主所作《玉树后庭花》，后人称亡国之音。

《樊川诗集》



【翻译】

烟雾弥漫秋水月光笼罩白沙，（船）夜泊秦淮靠近岸边酒家。歌女不知道亡国之恨，（她们）在岸边还唱着《后庭花》曲。

【简析】

这是一首描写诗人夜泊秦淮所见所想的诗歌。诗歌开篇就构筑了一幅精美的图画：烟幕弥漫，月照流沙，意境朦胧。接着作者点名时间、地点、动作，在夜色晚上，将船靠近岸边酒家，从而引出下面两句：因为在岸边停靠听到了商女在唱亡国之音《后庭花》，生活在温柔乡里的商女当然不知《后庭花》曲代表什么，但是点歌的达官贵人难道不知道吗？这实际是作者对纸醉金迷的统治者进行了讽刺，隐含了诗人对统治阶级只顾享乐不顾国家安危的愤慨。沈德潜在《唐诗别裁》中称此诗为“绝唱”，管世铭《读雪山房唐诗钞凡例》中称此为“唐人七绝压卷之作”。



## 寄扬州韩绰判官[1]

（1）韩绰：生平事迹不详。判官：观察使、节度使的属官。当时韩绰似任淮南节度使判官。文宗大和七至九年（公元833—835年），杜牧曾任淮南节度使掌书记，与韩绰是同僚。

杜 牧

**青山隐隐水迢迢[2]，秋尽江南草未凋。**

（2）迢迢：江水悠远的样子。

**二十四桥明月夜[3]，玉人何处教吹箫[4]？**

（3）二十四桥：一说为二十四座桥，北宋沈括《梦溪笔谈·补笔谈》卷三中对每座桥的方位和名称一一做了记载；另一说有一座桥名叫二十四桥，在扬州城西门外。清李斗《扬州画舫录》卷十五："廿四桥即吴家砖桥，一名红药桥，在熙春台后，……扬州鼓吹词序云，是桥因古二十四美人吹箫于此，故名。"（4）玉人：美人，此指韩绰，也有人说指歌妓。

《樊川诗集》

【翻译】

青山隐隐起伏江流千里迢迢，已过深秋江南草尚未凋谢。（扬州）二十四桥在明月笼罩的夜晚，老朋友你在何处教别人吹箫？

【简析】

这是一首送别友人的诗歌。诗歌开篇描写了扬州风貌，山清水秀，卓越多姿，景色朦胧；第二句写秋尽的江南"草未凋"，勾勒出一幅朦胧景色；第三句是诗人回忆在扬州的景象，皓月当空，古桥林立，风景飘渺，景色迷人；尾句是诗人对风流才子行为的感叹，也是对江南美景的向往。诗歌山朦胧、水朦胧、桥朦胧、月朦胧、人朦胧，情深调远。



# 赠别二首（其一）

杜　牧

**娉娉袅袅十三余（1），豆蔻梢头二月初（2）。**

（1）娉娉袅袅：形容女子姿态之美。（2）豆蔻：本指草木植物，形似芭蕉，夏日开花，后比喻十三四岁的女子。

**春风十里扬州路，卷上珠帘总不如。**

《樊川诗集》



【翻译】

姿态美好举止轻盈十三年华，（如）二月初含苞待放豆蔻花。扬州城十里长街的青春佳丽，卷起珠帘的没有比得上她。

【简析】

这是诗人离开扬州赴京上任赠留给歌妓的诗作。前两句以花喻人，一个形态优美的十三岁少女好比刚刚开放的豆蔻花一般美丽动人。接着进一步写起美丽，在经济发达、富丽繁华、美女如云的扬州城没有一个比得上她，可见少女之美。



## 遣怀

杜牧

**落魄江湖载酒行[1]，楚腰纤细掌中轻[2]。**

（1）落魄：漂泊。（2）楚腰：楚灵王好细腰的典故，此指扬州妓女。掌中轻：据传汉成帝皇后赵飞燕体态轻盈，能在掌上跳舞，此形容扬州妓女舞姿。



**十年一觉扬州梦，赢得青楼薄幸名[3]。**

（3）青楼：妓院。薄幸：薄情、负心。

《樊川诗集》

【翻译】

漂泊江湖载酒而行，沉溺细腰美色欣赏舞姿轻盈。十年扬州竟是一场春梦，流连青楼落得薄情声名。

【简析】

这是杜牧追忆扬州生活、抒发人生如梦感慨的诗。诗歌前两句是对扬州生活的的回忆，潦倒江湖，以酒为伴，前途渺茫，出入青楼，美女相伴，生活放浪……这一切生活不堪回首，一事无成的诗人突然“一觉”而醒悟，恍如梦境已逝，想起自己纵情声色，落得个薄幸之名，其中多少辛酸不平。全诗写得轻松，骨子里却透露出辛酸，更表现出诗人有才无处施展的愤恨。

# 清 明

杜 牧

**清明时节雨纷纷，路上行人欲断魂[(1)]。**

（1）欲断魂：形容感伤、迷惘、纷乱的状态。

**借问酒家何处有[(2)]？牧童遥指杏花村[(3)]。**

（2）借问：请问。（3）杏花村：杏花深处的村庄，在今安徽贵池，向以产美酒著名。

《樊川诗集》

【翻译】

清明节这天细雨纷纷，路上行人好像断魂一样。请问一声哪里才有酒家，牧童指了指远处的杏花村。

【简析】

这是一首描写清明节时所见的诗歌。开篇直接点出了清明节，并且配以细雨纷纷的情景，使人有凄清之感，于是第二句奔涌而至。诗歌第三句忽然一转，诗人想寻找酒家歇脚避雨，借酒消愁，第四句接着而来，“牧童”即是上句之宾，又是本句之主，他用手指杏花掩映的小山村，杏花村也蒙上了淡淡的伤感。

# 锦 瑟[(1)]

（1）锦瑟：绘有锦纹的瑟。《周礼·乐器图》：“绘文如锦者曰锦瑟。”瑟：拨弦乐器，古代有五十根弦，后来一般只有二十五根弦。

李商隐

**锦瑟无端五十弦，一弦一柱思华年[(2)]。庄生晓梦迷蝴蝶[(3)]，望**

（2）“锦瑟”二句：意谓因瑟有五十弦，联想到自己年将半百，因而追溯生平，华年往事，一一忆起。无端：无缘无故。华年：风华正茂的年月，指人生中最美好、最宝贵的时间。（3）“庄生”句：意谓自己的迷惘就像当年庄周梦蝶一样。《庄子·齐物论》：“庄周梦为蝴蝶，栩栩然蝴蝶也；自喻适志与！不知周也。俄然觉，则蘧蘧然周也。不知周之梦为蝴蝶与？蝴蝶之梦为周与。”



**帝春心托杜鹃[4]。沧海月明珠有泪[5]，蓝田日暖玉生烟[6]。此情可**

（4）“望帝”句：意谓自己后悔的心事犹如望帝化魂，将春心托付杜鹃。《华阳国志·蜀志》：“杜宇称帝，号曰望帝。……其相开明，决玉垒山以除水害，帝遂委以政事，法尧舜禅授之义，遂禅位于开明。帝升西山隐焉。时适二月，子鹃鸟鸣，故蜀人悲子鹃鸟鸣也。”（5）“沧海”句：意谓沧海遗珠，野有遗贤，喻自己怀才不遇。明月珠沉于海底，令人痛心落泪。《博物志》：“南海外有鲛人，水居如鱼，不废绩织，其眼泣则能出珠。”《新唐书·狄仁杰传》：“仁杰举明经，调汴州参军，为吏诬诉黜陟，使阎立本如讯，异其才，谢曰：‘仲尼称观过知仁，君可谓沧海遗珠矣。’”（6）“蓝田”句：比喻自己虽才不为世所用，但文华词章却能显于当世。玉埋在地下，但在日光映照下依然云烟升腾。蓝田山，一名玉山，在县东二十八里。《困学纪闻》卷十八：司空表圣云：“戴容州谓诗家之景，如蓝田日暖，良玉生烟，可望而不可置于眉睫之前也。李义山玉生烟之句盖本于此。”

**待成追忆，只是当时已惘然[7]。**

（7）“此情”二句：意谓上述心情岂待今日追忆时如此，就在当时已感到惘然。可待：何必等。可：何也。成追忆：等到今天才来追忆。惘然：迷惘的样子。

《玉谿生诗集笺注》



【翻译】

锦瑟为何竟有五十条弦？每弦每节都令人怀思华年。（我心）像庄子为蝴蝶晓梦而迷惘，（又像）望帝化杜鹃寄托春心。沧海明月高照鲛人泣泪成珠，蓝田红日和暖看到良玉生烟。这种感情岂待今日来追忆，只是当年漫不经心早已惘然。

【简析】

此诗的内容，历来众说纷纭，有人认为这是爱情诗；有人认为是追忆去世的妻子；有人认为这是描绘音乐的咏物诗；还有人认为这是表明不得志的政治诗。此诗貌似咏物，实则咏怀，诗歌以锦瑟起兴，充分运用了比兴、象征、用典等多种手法，将自己满腔的忧伤、郁愤之情，形象而又婉曲地表达出来。全诗结构严谨，首尾呼应，意象丰富，意蕴深幽，语言精美，属对工整，情味隽永，启人联想，不愧为七律佳作。

## 登乐游原[1]

（1）乐游原：在长安（今西安）城南，是唐代长安城内地势最高地。

**李商隐**

**向晚意不适[2]，驱车登古原。**

（2）不适：不悦、不快。

**夕阳无限好，只是近黄昏。**

《玉豀生诗集笺注》

**【翻译】**

临近傍晚心情不太舒畅，驾车登上乐游原。（看见）夕阳无限美好，只是将近黄昏。

**【简析】**

这是一首赞美黄昏前的原野风光和表现自己感受的诗歌。诗人透过当时唐帝国的繁荣，预见到社会的严重危机。“夕阳无限好，只是近黄昏”两句诗也表示：人到晚年，过往的良辰美景早已远去，不禁叹息光阴易逝，青春不再。这是迟暮者对美好人生的眷念，也是作者有感于生命的伟大与不可超越，而借此抒发一下内心的无奈感受。



## 夜雨寄北

**李商隐**

**君问归期未有期，巴山夜雨涨秋池[1]。**

（1）巴山：四川省南江县。

**何当共剪西窗烛[2]，却话巴山夜雨时。**

（2）何当：什么时候。

《玉豀生诗集笺注》



**【翻译】**

你问我回家日子（我）尚未定归期，巴山下着大雨涨满秋池。何时（你我）重聚共剪西窗烛花，再告诉你今夜秋雨时（的思念）。

【简析】

这是一首写给妻子的抒情诗。诗歌开篇一问一答，先停顿，后转折，其羁旅之愁与不归之苦跃然纸上。接着写了眼前景，夜雨交织，绵绵密密，弥漫于巴山夜空，作者并从眼前景展开了驰骋景象，盼望在将来重聚的欢乐中追话今夜的一切，反衬出今夜的孤独苦闷，而今夜的孤独苦闷又成了未来剪烛夜话的材料。诗歌明白如话，但余味无穷。



# 无题二首（其一）

李商隐



**昨夜星辰昨夜风，画楼西畔桂堂东**(1)。

（1）画楼：一作“画堂”，指彩绘华丽的高楼。桂堂：形容厅堂的华美。

**身无彩凤双飞翼，心有灵犀一点通**(2)。

（2）灵犀：犀角中心的髓质像一条白线贯通上下，借喻相爱双方心灵的感应和暗通。

**隔座送钩春酒暖**(3)**，分曹射覆蜡灯红**(4)。

（3）送钩：古代一种游戏，游戏时分为二队，一队藏钩于手，另一队猜钩在谁手中，猜不中罚酒。分曹：分队。射覆：古代一种游戏，将东西覆盖住，让人猜，猜不中罚酒。

**嗟余听鼓应官去**(5)**，走马兰台类转蓬**(6)。

（5）应官：应官差。（6）兰台：汉代藏图书秘籍的宫观，这里借指诗人供职的秘书省。类：类似。转蓬：像蓬草一样随风飘转，身不由己。

《玉谿生诗集笺注》

【翻译】

昨夜的星空与昨夜的春风，在华丽高楼西侧华美厅堂之东。身虽无彩凤双翅飞到一处，心却有灵犀一点息息相通。隔着座位游戏春酒温暖，分开小组游戏蜡灯分外红。叹我听更鼓要去应官差，骑马去秘书省类似蓬草飘转。

【简析】

诗人用“无题”作题，可能是怀念一位女子，用心良苦。诗歌第一联交代了昨夜与女子相会的情况。在华丽高楼、华美厅堂，有星辰为证，有春风相伴，一个美好而温馨的环境；第二联意象新奇，“身无彩凤”是一种爱情阻隔之恨，“心有灵犀”是一种由恨而生的安慰，虽不能相接，但心灵相通，也是莫大的安慰；第三联回忆了曾经在一起游戏的快乐；第四联写出诗人此时的境况，诗人要上任，身世如蓬草，飘忽不定。诗歌着重刻画了主人公心理活动，描写事件打破了时空顺序，随心理活动交错展开，构成了凄美的爱情故事。

## 无题四首（其二）

李商隐



**飒飒东风细雨来，芙蓉塘外有轻雷**(1)**。**

（1）“芙蓉塘”句：化用司马相如《长门赋》：“雷殷殷而响起兮，声像君之车音”句。芙蓉塘：荷塘。

**金蟾啮锁烧香入**(2)**，玉虎牵丝汲井回**(3)**。**

（2）金蟾：金蛤蟆，古时在锁头上的装饰。啮：咬。（3）玉虎：用玉石作装饰的井上辘轳，形如虎状。丝：指井索。

**贾氏窥帘韩掾少**(4)**，宓妃留枕魏王才**(5)**。**

（4）贾氏：西晋贾充的次女，她在门帘后窥见韩寿，爱悦他年少俊美，两人私通。贾氏以皇帝赐贾充的异香赠寿，被贾充发觉，遂以女嫁给韩寿。韩掾：指韩寿，贾充的掾属。（5）宓妃：古代传说伏羲氏之女名宓妃，溺死于洛水上，成为洛神。这里借指三国时曹丕的皇后甄氏，相传甄氏曾为曹丕之弟曹植所爱，后来曹操把她嫁给曹丕。甄后被谗死后，曹丕把她的遗物玉带金缕枕送给曹植。曹植离京途径洛水，梦见甄后来相会，表示把玉枕留给他作纪念，醒后遂作《感甄赋》，后明帝改为《洛神赋》。魏王：指魏东阿王曹植。

**春心莫共花争发**(6)**，一寸相思一寸灰。**

（6）春心：指相思之情。

《玉谿生诗集笺注》



【翻译】

飒飒东风细雨蒙蒙，荷塘外响起隐隐的轻雷。金蟾门饰紧锁重门烧香的烟仍能透入，玉虎辘轳牵引吊索井水也可汲回。贾氏帘后偷窥看上韩寿的少俊，甄妃把玉枕留赠爱慕曹植文才。相思春心切莫跟春花争荣，每一寸的相思会化成寸寸残灰。



【简析】

这是一首通过描写主人公不可抑制的相思而寄寓政治追求的诗歌。首联描写了春之将至的情况，春风飒飒，细雨蒙蒙，荷塘隐隐春雷，暗示主人公春心萌动；颔联写女子幽居之境，诗人用了金蟾、玉虎等男欢女爱的代名词暗示了相思和对爱情的向往；颈联写了古代女子追求爱情的两个典故，写出了主人公追求爱情的愿望是无法抑制的；尾联把香灰暗比相思，化抽象为具体，写出了主人公内心的悲愤与痛苦，显示了美好事物被毁灭的深深遗憾。诗歌意境凄婉迷离，可能是诗人政治失意的真实感受。

## 无　题



李商隐

**相见时难别亦难，东风无力百花残[1]。**

（1）“相见”二句：意谓在暮春东风乏力而百花凋谢的季节又遭逢离别，使人难受。东风无力：东风无力回春，点明为暮春时节。

**春蚕到死丝方尽，蜡炬成灰泪始干[2]。**

（2）“春蚕”二句：意谓自己只要一息尚存，就思念不已，直到生命的终结。丝：与“思”谐音，此为双关。蜡炬：蜡烛。成灰：燃尽，此指心死。

**晓镜但愁云鬓改[3]，夜吟应觉月光寒[4]。**

（3）晓镜：早晨起来对镜子梳妆。云鬓改：指浓密如云的黑发变白，指年华流逝。（4）夜吟：月夜吟诗。

**蓬山此去无多路，青鸟殷勤为探看[5]。**

（5）“蓬山”二句：意谓希望有人传递消息。蓬山：蓬莱山，神话中海外三座仙山之一，此喻女子居处。青鸟：相传神话中为西王母传递信息的神鸟，此指信使。探看：探听消息。

《玉谿生诗集笺注》

【翻译】

见面的机会难得分别时也难舍，（况且）又是东风将无力百花残谢的时节。春蚕结茧到死时丝才吐完，蜡烛燃完成灰时油才能滴干。早晨妆扮照镜担忧鬓发改变。晚上吟诗不寐感到冷月袭人。（对方的住处）在蓬莱山却无路可通，（希望有）青鸟一样的使者殷勤探望情人。

【简析】

李商隐的“无题”诗最多，此诗抒写别后的相思，表明至死不渝的忠贞爱情，多有人认为诗人寄托了对政治理想的追求。开篇写出了相见不易，离别更难，更何况这是在“东风无力”的时节分别，就更难。颔联写了爱之深，情之切，乃是千古传唱的名句，春蚕作茧吐丝不止，丝尽命亦亡，缠绵之情悠悠不断；蜡烛燃烧，一腔热泪，泪干而身亦成灰，语意凄美，感情真挚。颈联写了晨起梳妆，对镜发愁，深夜对月独自苦吟，感觉到月光凄清。尾联以传说中的神话故事作结，写出无论多远，还是要遣青鸟探看，更能显出真情的炽烈。全诗构思缜密，想象丰富，比喻精妙，形象生动，属对工整，充分显示了李商隐诗深情绵邈、典丽精工的风格特色。



## 贾　生[(1)]

(1) 贾生：贾谊，西汉著名的政论家，力主改革弊政，提出许多重要的政治主张，但却遭谗被贬，一生抑郁不得志。

李商隐

**宣室求贤访逐臣[(2)]，贾生才调更无伦[(3)]。**

(2) 宣室：汉未央宫前殿的正室。逐臣：被贬之臣。贾谊被贬后，汉文帝曾将他召还，问事于宣室。(3) 才调：才气、才能。无伦：无与伦比。

**可怜夜半虚前席[(4)]，不问苍生问鬼神[(5)]。**

(4) 可怜：可惜。虚：徒然，白白的。前席：古人席地而坐，当谈话投机时，会情不自禁地向前移动，以示敬贤。(5) 不问苍生：不询问有关国计民生之事。苍生：百姓。问鬼神：事见《史记·屈原贾生列传》。文帝接见贾谊，“问鬼神之本。贾生因具道所以然之状。至夜半，文帝前席”。

《玉谿生诗集笺注》

【翻译】

（汉文帝）在宣室求问被贬谪的贤臣，贾谊的才气更是无可比伦。谈至深夜（汉文帝）挪动双膝靠近，不垂询民生却是谈问鬼神。

【简析】

这首诗歌借古讽今，赞扬了贾生的才干，讽刺了汉文帝徒有求贤之名，而无用贤之实，深寓了诗人对晚唐统治者的讽刺和自身的怀才不遇的忧愤之情。前两句正面写汉文帝求贤若渴，虚怀若谷。接着写了贾生的才华，为文帝召见作铺垫。第三句承接第二句，把文帝虚心垂询、凝神倾听之态刻画到了极点。最后一句笔锋一转，把文帝“求贤”之心的实质揭穿，“问鬼神”寓意深刻，矛头直指晚唐统治者崇佛媚道、不顾民生、不任贤能的事实，同时也暗寓了诗人怀才不遇的深沉感慨。诗歌巧妙运用了欲抑先扬的手法，用语轻松，笔锋犀利，寓议论于叙事，寓宏论于短幅，手法极为高妙。



# 伤田家

聂夷中

**二月卖新丝，五月粜新谷。**

**医得眼前疮，剜却心头肉。**

**我愿君王心，化作光明烛。**

**不照绮罗筵，只照逃亡屋。**

《中国历代诗歌选》

【翻译】

二月里卖掉了一年的新丝，五月里卖去了一年的新谷。只顾医治眼下的毒疮，也只有剜去自己心上的肉。我愿君王的心啊，能变成一支光明的蜡烛。不再去照亮绫罗绸缎富贵人家的筵席，而只照看逃亡庄户的茅屋。

【简析】

这是一首描写农民被剥削惨重、颠沛流离、无以为家的诗歌。诗歌开篇就揭露了一个怪现象：将尚没产出的蚕丝和谷粜被迫卖出，只为生计和赋敛，令人心酸；接着两句用了一个形象比喻，“眼前疮”比喻眼前急难，“心头肉”比喻丝谷等农家命根，但这比喻所取得的惊人效果绝非“顾得眼前顾不了将来”的概念化表述能及万一，何等形象；接下来是作者的陈情，表达改变现实的愿望，作者寄希望于君王，并充满了讽刺和批判。诗歌语言朴素凝练，胡震亨认为“洗剥到极净极省，不觉自成一体”，而“夷中诗尤关教化”（《唐音癸签》）。

# 山中寡妇

杜荀鹤

**夫因兵死守蓬茅(1)，麻苎衣衫鬓发焦(2)。**

（1）蓬茅：茅草盖的房子。（2）麻苎：即苎麻。鬓发焦：因吃不饱，身体缺乏营养而头发变成枯黄色。

**桑柘废来犹纳税(3)，田园荒后尚征苗。**

（3）柘（zhè）：树木名，叶子可以喂蚕。

**时挑野菜和根煮(4)，旋斫生柴带叶烧(5)。**

（4）和：带着、连。（5）旋斫：现砍。生柴：刚从树上砍下来的湿柴。

**任是深山更深处，也应无计避征徭(6)。**

（6）征徭：赋税、徭役。

《中国历代诗歌选》

【翻译】

丈夫因战乱死去（妻子）困守在茅草屋，穿着粗糙苎麻衣鬓发枯黄面憔悴。桑树柘树都荒废（不能养蚕）却要交纳丝税，田园荒芜却还要征收青苗捐。经常挑野菜连根一起煮吃，刚砍下湿柴带着叶子一起烧。任凭（跑到）深山更深的地方，也没办法躲避赋税和徭役。

【简析】



这是一首通过描写山中寡妇悲惨命运，从而批判当时社会现实的诗作。诗歌开篇就直接写了一位农村妇女的不幸：战乱夺走了丈夫，她孤苦无依，逃入深山，在茅草房居住，她穿着粗糙的衣服，鬓发枯黄，面容憔悴，简洁的肖像描写，衬托出其内心的痛苦。接着两句写了统治阶级通过纳税、征苗等手段对她进行残酷的剥削和压榨，面对此，这个妇女只得挖野菜来吃，用生柴烧火，由此渲染了山中寡妇的困苦状况。面对民不聊生的社会现实，诗人在最后发出了深沉的感慨：即使在深山深处也难逃赋税和徭役，这就无情揭露了封建统治阶级罪恶的本质。诗歌缘情而发，以情动人，笔锋犀利，诗意深厚。

# 贫　女



秦韬玉

**蓬门未识绮罗香(1)，拟托良媒益自伤。**

（1）蓬门：茅屋的门，指贫女之家。绮罗香：指富贵人家妇女的服饰。

**谁爱风流高格调(2)，共怜时世俭梳妆(3)。**

（2）风流高格调：指不同流俗的高雅情操。（3）“共怜句”：意谓共惜时世艰难而妆饰从俭。

**敢将十指夸针巧，不把双眉斗画长(4)。**

（4）“不把”句：意谓自己不在画眉等装饰上与人争斗。

**苦恨年年压金线(5)，为他人作嫁衣裳。**

（5）压金线：按捺针线，指刺绣。

《中国历代诗歌选》

【翻译】

贫苦出身从未见识绫罗软香，也想托媒说亲但为贫穷暗自悲伤。谁能欣赏不同流俗的高雅情操。世人都爱追求时髦盛行异服奇装。敢夸口（自己）有善绣巧手，不涂脂画眉与人争艳斗强。最恨年复一年辛勤刺绣，竟为了他人赶制陪嫁衣裳。

**【简析】**

这是一首借未嫁贫女的自白，倾诉自己怀才不遇感伤的诗歌。首联写贫女的感伤：她不知穿华贵服侍，也想托人说媒；颔联转写社会大环境，时人追求时髦，谁也不会欣赏贫女的“高格调”；颈联是女子自我夸耀，自己有双巧手，针线出众，敢在人前夸口，绝不会迎合潮流与人争斗；尾联是贫女心中的呐喊，贫女自己亲事无望，却要为他人做嫁衣，伤心、悲哀、愤恨之情表露无遗。诗歌不加雕饰，不用典故，语言朴实通顺，寓意深刻。

# 宋朝篇

# 村 行

王禹偁

**马穿山径菊初黄，信马悠悠(1)野兴长。**

（1）信马：放任马随意行走。悠悠：安闲的样子。

**万壑有声含晚籁，数峰无语立斜阳(2)。**

（2）“万壑”二句：意谓傍晚时分，无数山谷发出秋声，山峰默默耸立在夕阳里。

**棠梨叶落胭脂色(3)，荞麦花开白雪(4)香。**

（3）棠梨：树名，又叫杜梨，一种落叶乔木，初春时开小白花，其实可食。胭脂色：形容落叶的颜色。（4）白雪：荞麦花是白色的，故云。

**何事吟余忽惆怅？村桥原树(5)似吾乡。**

（5）原树：原野上的树木。

《小畜集》

## 【翻译】

马儿穿行在山路上菊花刚变黄，任由马匹自由行兴致悠长。千万山谷回荡着声响静静聆听夜晚，看默默无语伫立在夕阳下的数座山峰。棠梨落叶红似胭脂的颜色，香气扑鼻的荞麦花洁白如雪。什么事让我吟诗时突然很惆怅，（这里）乡村的小桥和原野上的树木原来像极我的家乡！

## 【简析】

本诗是诗人获罪朝廷，被贬商州（今陕西商县）时所作。诗歌开篇紧扣诗题，描写秋日郊游的悠然兴致。颔联从大处着眼，从声音角度写远景，运用了拟人手法，闹静结合，相互映衬，表现了山野的静谧。此二句境界壮阔，乃千古名句。颈联则从小处入手，从色彩角度写近景，画面色彩绚丽，对比鲜明。尾联笔意陡转，由山野秋景的描绘转而表达秋景触发的故乡之思，一问一答，自然工巧。全诗语言跌宕生姿，意思又极其含蓄。

# 山园小梅二首（其一）

林　逋

**众芳摇落独暄妍[1]，占尽风情[2]向小园。**

（1）众芳摇落：百花凋谢。暄妍：鲜明而美丽。（2）占尽风情：犹言独占春光。

**疏影横斜水清浅，暗香浮动月黄昏[3]。**

（3）“疏影”二句：意谓梅花疏朗淡雅、错落有致的身影倒映在清浅的水中；梅花的清香则在朦胧的月色中，缓缓向四处飘散。暗香：幽香。

**霜禽欲下先偷眼[4]，粉蝶如知合断魂[5]。**

（4）霜禽：羽毛洁白的鸟。偷眼：偷看，不敢正视。（5）合：应该。断魂：神魂颠倒。

**幸有微吟可相狎，不须檀板共金樽[6]。**

（6）“幸有”二句：意谓梅花幽逸高洁，只有诗人的幽吟低咏可以与其相配，用不着世俗的歌舞与宴饮来作伴。微吟：犹言低声吟咏。狎：亲近。檀板：檀木制成的歌板，唱歌时用以击节伴奏。金樽：酒杯的美称。

《全宋诗》

## 【翻译】

百花凋零独有梅花鲜明美丽，（明丽的）景色把小园的风光占尽。稀疏梅影错落倒映在清浅的水中，（梅花的）清香浮动在朦胧的月色中。白雀想飞落下先偷看（梅花）一眼，蝴蝶如知（梅花的）妍美定会神魂颠倒。幸亏能低声吟诵与（梅花）相配，不用敲着檀板执着金杯。

## 【简析】

林逋现存咏梅诗共8首，都是七律，世称“孤山八咏”，以这首最为著名，诗歌借吟咏梅花之幽独超逸，寄寓隐逸之幽趣。首联用众花凋谢衬出梅花的情操，进而强调其“占尽风情”，更体现出梅品之拔俗。颔联借梅的形神之描绘，表现梅之神清骨透。“疏影”句由视觉写梅之色，着力表现清水映衬下，梅疏淡横斜之幽姿。“暗香”句则又由嗅觉写月色照映下梅细腻入缕之幽香。颈联用拟人手法，进一步烘托诗人对梅花的喜爱之情和幽居之乐。尾联通过一层层对比进一步烘托梅花的清绝，又寄托了借梅花独妍表现自己幽逸独居之雅趣和远离城市的高洁情志。诗歌虚实相间，正面描写与侧面描写相结合，形神兼备，生动传神。苏轼在《书林逋诗后》中称赞说“先生可是绝伦人，神清骨冷无尘俗”。

# 江上渔者[1]

(1) 渔者：捕鱼的人。

范仲淹

**江上往来人，但爱鲈鱼美[2]。**

(2) 但：只。鲈鱼：一种头大口大、体扁鳞细、背青腹白、味道鲜美的鱼。

**君看一叶舟，出没[3]风波里。**

(3) 出没：若隐若现，指一会儿看得见，一会儿看不见。

《全宋诗》

## 【翻译】

江上来来往往的人，只喜爱鲈鱼鲜美。您看那一叶小渔船，时隐时现在滔滔风浪里。

## 【简析】

这是一首通过描写江南人爱吃鲈鱼从而表达对普通百姓同情的诗。首句写江岸上人来人往，十分热闹，次句写岸上人的心态，揭示“往来’的原因。后二句通过作者的视线，让读者看到风浪中忽隐忽现的捕鱼小船，是渔民在冒险捕鱼的情景。表达出诗人对渔民的同情，暗含对“但爱鲈鱼美”的岸上人的规劝。“江上”和“风波”两种环境，“往来人”和“一叶舟”两种情态、“往来”和“出没”两种动态强烈对比，凸显了全诗主旨。

# 陶　者[1]

（1）陶者：烧制砖瓦的工匠。

梅尧臣

**陶尽门前土，屋上无片瓦。**

**十指不沾泥，鳞鳞[2]居大厦。**

（2）鳞鳞：密集排列如鱼鳞的样子。

《全宋诗》

【翻译】

挖尽了门前泥土，（自己）屋顶上却没有一片瓦，寸指不沾泥土（的人），却居住着瓦片如鱼鳞的高楼大厦。

【简析】

这首五言绝句，通过对比手法揭示了封建社会的矛盾，表达了诗人对劳动人民的同情。诗歌前两句描写了劳动人民的艰辛与生活的困境，陶者烧尽了门前泥土，自己房屋却没有片瓦。后两句运用对比手法，那些富人不劳动，但衣着光鲜，声色犬马，而陶者却饱尝艰辛，生活艰苦。诗歌言简意赅，不发表任何评论，只用了现实的对照来说明一切，把剥削阶级与被剥削阶级的差别表现出来。

# 鲁山山行[1]

（1）鲁山：在今河南鲁山县。

梅尧臣

**适与野情惬[2]，千山高复低。**

（2）适：恰好。野情：山野之情。惬(qiè)：心满意足。

**好峰随处改，幽径[3]独行迷。**

（3）幽径：幽深的小路。

**霜落熊升树，林空鹿饮溪[4]。**

（4）熊升树：熊爬上树，也有解释说为一个地名，鹿饮溪同理。

**人家在何许？云外一声鸡。**

《全宋诗》

**【翻译】**

恰与我爱好山野之情相合，千万条山路崎岖时高时低。（山峰）随着观看角度的变化而变化，幽深的小路令人孤独迷路。霜叶落下熊爬上树，树林清静鹿悠闲地在溪边饮水。人家都在哪里？云外传来一声鸡叫。



**【简析】**

这是诗人在公务之余游鲁山时所写。诗歌首联紧扣“山行”，山中所见千山万峰高低错落，参差不齐，这与诗人情趣相合，突出了诗人爱好山水。颔联和颈联继续描写山行时的景色，诗人独行幽径，好峰处处，一幅恬静和谐的大自然画卷，野趣横生。尾联极具韵味，诗人陶醉在山水间，正当诗人有所劳累，不知人家在哪里时，只听见在白云深处的地方，一声雄鸡高叫，使人顿时打起精神，继续前行。查慎行在《瀛奎律髓汇评》中评之“句句如画，引人入胜，尾句尤有远致”。

## 戏答元珍[1]



（1）元珍：丁宝臣，字元珍，欧阳修的好友，时任峡州军事判官。

**欧阳修**

**春风疑不到天涯[2]， 二月山城[3]未见花。**

（2）“春风”句：意谓春风吹不到离京城遥远的夷陵，暗指自己贬斥在外，受不到皇帝的恩惠。（3）山城：指峡州夷陵（今湖北宜昌市），当时作者贬任夷陵令。

**残雪压枝犹有橘，冻雷惊笋[4]欲抽芽。**

（4）冻雷惊笋：初春的雷声惊醒了沉睡一冬的竹笋。

**夜闻归雁[5]生乡思，病入新年感物华[6]。**

（5）归雁：候鸟，春天北往，秋天南归。（6）物华：美好的景物。

**曾是洛阳花[7]下客， 野芳虽晚不须嗟[8]。**

（7）洛阳花：指洛阳的牡丹花。洛阳以花闻名，尤以牡丹为盛。欧阳修曾在洛阳任西京推官。（8）嗟：感叹。

《欧阳文忠公文集》

**【翻译】**

怀疑春风吹不到边远山城，已经二月山城花儿还未开。残雪压着的枝条上有橘子，冷雷惊起竹笋抽出嫩芽来。晚上听到雁叫勾起了乡思。病中度过新年感叹景物变迁。（我）曾在洛阳名花丛中饱享过，野花虽开得晚也不必叹息了。

**【简析】**

宋仁宗景祐三年（1036 年），欧阳修因支持范仲淹革新而被贬峡州夷陵；次年春，友人丁宝臣作《花时久雨》以赠，作者以此诗作答。诗人到达夷陵第二年的春天，春寒久雨，山花迟开，但枝头傲霜的红橘，裂土而出的竹笋，无不显示出大自然蓬勃不可压抑的生机。作者虽地处偏远，不得回到故乡和京城，但作为曾经赏过洛阳花的人，能看到夷陵冲破严寒而盛开的野花，也是很幸运的事情。全诗清新自然，平易流畅，景中含情，情景交融，笔法细腻，表现了作者虽落寞失意却并不消沉的心态，体现了一个政治家旷达乐观的襟怀。

## 画眉鸟[1]

（1）画眉鸟：又题作《郡斋闻百舌》。

**欧阳修**

**百啭千声随[2]意移，山花红紫树高低。**

(2) 随：又作“任”。

**始知锁向金笼听，不及林间自在啼。**

《欧阳文忠公文集》

【翻译】

千百声鸟啭随着心意任意回荡， 山花万紫千红树木有高有低。以前听到锁在金笼内的画眉叫，比不上悠游林中自在的啼唱。

【简析】

宋仁宗庆历五年（1045 年），欧阳修因上书支持范仲淹新政，被贬滁州（今安徽滁州市）。此诗即作于这个时期。诗歌以画眉鸟为歌颂对象，赞美它啼声婉转随意，自由自在地飞翔于山花树丛之间的情态。前两句着意于展现画眉自由飞翔的广阔空间，后二句转为议论，盛赞自由生活的可贵，哪怕是黄金笼中的鸟儿，也比不上在林间飞翔啼叫的鸟儿自在如意。诗歌寄托了作者在摆脱朝廷党争旋涡之后，置身于山水之间的欢愉心情，也表现了诗人对自由的向往。全诗含而不露，意味隽永。



# 泊船瓜洲[1]

(1) 泊船：停船。瓜洲：在今天江苏省扬州市与京口相对。

王安石

**京口瓜洲[2]一水间，钟山只隔数重山[3]。**

(2) 京口：在今江苏省镇江市，长江的南岸，和瓜洲相对。(3) 钟山：今南京市的紫金山。隔：间隔。

**春风又绿[4]江南岸，明月何时照我还？**

(4) 绿：吹绿了。

《全宋诗》

【翻译】

（行船）停泊在瓜洲岸边隔江遥望京口，（这里）与钟山只隔着几座大山，春风吹绿了长江南岸，我何时才能在月光照耀下返回家乡？

【简析】

本诗是作者从江宁奉诏入京路过瓜洲时所作。第一句写了作者从京口过江到了瓜洲的距离很近，包含对江南的恋情，第二句承接前句，写诗人视线由京口移到钟山，具体交代了诗人留恋所在。诗歌后两句写了作者思乡的情形，作者仰望明月，勾起了思乡之情。其中一个“绿”字形象描写出春天的特点，生动写出了春风的功力。据说这是改了十几次，才最后定为“绿”的，由此可见作者炼字方面颇具匠心的能力。

# 明妃曲[(1)]二首（其一）



（1）明妃：王昭君，汉元帝时其入选掖庭，因和亲而北嫁匈奴。

王安石

**明妃初出汉宫时，泪湿春风鬓脚垂[(2)]。低徊顾影无颜色，尚得**

（2）“泪湿”句：意谓泪流满面，鬓发低垂，形容容颜惨淡。春风：形容昭君容貌娇美如春风。据杜甫《咏怀古迹》（其三）：“画图省识春风面”。

**君王不自持[(3)]。归来却怪丹青手[(4)]，入眼平生未曾有。意态由来**

（3）“低徊顾影”二句：意谓昭君临行时，虽因极度忧伤，面色惨淡，但其美丽的容貌仍令汉元帝为之惊讶，为之动情。无颜色：因忧伤而失去姿色。尚：还。不自持：不能自我控制。（4）丹青手：画师。

**画不成，当时枉杀毛延寿[(5)]。一去心知更不归，可怜着尽汉宫衣[(6)]。**

（5）意态：风度神采。由来：本来。毛延寿：当时汉宫中的画师。据载，汉元帝召幸宫妃，先要看她们的画像。王昭君虽美丽但品行正直，不肯贿赂画师毛延寿，被其画得很丑，因而始终未见到汉元帝。和亲之时，汉元帝才看见美丽的昭君，回宫后大为恼怒，为此杀死画师毛延寿。（6）着尽汉宫衣：指王昭君始终情系汉宫，眷恋故土。

**寄声欲问塞南[(7)]事，只有年年鸿雁[(8)]飞。家人万里传消息，好在毡**

（7）塞南：指汉王朝，因在边塞以南，故称。（8）鸿雁：旧传鸿雁能传书信，此言年年只见鸿雁南飞，却没有书信。

**城[9]莫相忆。君不见咫尺长门闭阿娇[10]，人生失意无南北[11]。**

（9）毡城：古时匈奴人在毡帐里，故云。（10）咫尺：距离很近。长门：长门宫。阿娇：汉武帝陈皇后的小名，原先十分受宠，失宠后贬居于长门宫。（11）无南北：不分南北。

《全宋诗》

## 【翻译】

明妃当初起程离别汉宫时，泪湿春风面鬓脚微微低垂。低头回看身影周围无有此颜色，让君王的感情都难以控制。归来却怪罪丹青画图手，美貌在眼中平生实未曾见有。意态由自生，画笔难以描摹，当时冤枉杀死画工毛延寿。一离去心知不能回归，可怜不能穿尽汉朝宫衣。寄语想问塞南家乡事，只有年年眼望鸿雁往南飞。家人在万里外传来消息，（说）安心在毡城不要常惦念家里。您不曾见近在咫尺长门里幽幽阿娇被锁闭，人生要失意无分天南和地北。

## 【简析】



此诗是宋仁宗嘉祐四年（1059 年），王安石任提点江东刑狱时所作。全诗可以分为四层，第一层是起四句，描写明妃离宫时的景象，诗歌用反衬方法写出明妃的美丽。五至八句为第二层，写汉元帝问罪画师和作者对此的评论。诗人直接发表议论，将历史的旧案轻轻推翻，说明人物的精神风度是从来画不成的，从而讥讽了汉元帝的好色。第三层是九至十二四句，写了王昭君思念故国的情绪，特别点出了着衣、寄雁两件事，写出了明妃的一往情深，也反映了她的寂寞和幽怨。第四层为最后四句，描写对昭君的慰藉：失意是没有南北远近之分的，近在咫尺的长门宫不也幽居着失意的陈阿娇吗？诗歌不落前人巢臼，别是一种立意，借王昭君故事，抒发了自己怀才不遇的愤懑。

# 书湖阴先生壁[1]



（1）书：题写。湖阴先生：本名杨德逢，隐居之士，是王安石晚年居住金陵时的邻居。

**王安石**

**茅檐长扫静无苔[2]，花木成畦[3]手自栽。**

（2）茅檐：茅屋檐下，这里指庭院。无苔：没有青苔。（3）成畦（qí）：成垄成行。

**一水护田[4]将绿绕，两山排闼[5]送青来。**

（4）护田：指护卫、环绕着园田。据《汉书·西域传序》载，汉代西域置屯田，派使者校尉加以领护。（5）排闼(tà)：开门。

《全宋诗》

【翻译】

茅草庭院经常打扫洁净得没有青苔。花草树木成行都是亲手栽种。一条小河环绕着绿色的农田。两青山像推开的两扇门送来翠绿。

【简析】

这是王安石在朋友屋壁上题写的一首诗。开篇一、二句赞美了朋友庭院的清幽，因“长扫”，所以没有青苔，“成畦”二字暗示花木丰实和主人的朴实勤劳。三、四两句诗人目光由院内转为院外，“一水”“两山”被转化为富有生命感情的亲切形象，传为千古佳句。诗歌由近及远，由静到动的景象描写，将湖阴先生的高雅人品，富有生活情趣的形象烘托出来。



## 和子由渑池怀旧[1]

（1）渑（miǎn）池：今河南渑池县。此诗作于苏轼经渑池（今属河南），忆及苏辙曾有《怀渑池寄子瞻兄》一诗，从而和之。子由：苏轼弟苏辙字子由。

苏　轼

**人生到处知何似？恰似飞鸿踏雪泥[2]。**

（2）“人生”二句：用飞鸿脚踏雪泥来比喻人生无常。“雪泥鸿爪”后来变为成语。

**泥上偶然留指爪，鸿飞那复计东西？**

**老僧已死成新塔[3]，坏壁无由见旧题。**

（3）老僧：指奉闲和尚。新塔：佛塔。

**往日崎岖还记否，路长人困蹇驴嘶[4]。**

（4）蹇（jiǎn）驴：腿脚不灵便的驴子。蹇：跛脚。苏轼自注："往岁，马死于二陵（按即崤山，在渑池西），骑驴至渑池。"

《苏轼诗集》

【翻译】

人生所到之处像是什么？好像乱飞的鸿鹄脚踏在雪地上。（鸿鹄）在雪地上偶然留下爪痕，鸿鹄飞东飞西根本就没有定数。老和尚奉闲已去世留下新佛塔。墙壁已坏不见以前的题诗。往日往渑池的崎岖道路还记得吗？路远人疲跛驴累得叫。

【简析】

这是一首描写人生惆怅和眷恋往事的诗歌。诗歌前四句以议论入诗，直接抒发了人生感叹，其创作的"雪泥鸿爪"表现了诗人仕途的迷惘和对人生的偶然和无常的感叹，显示出诗人独特的人生思考。后四句由感叹人生过渡到怀旧，诗人追忆了当年经行渑池的旧事，反映了人过境迁的事实。诗歌由虚入实，把日常生活经历升华到人生哲理的境界，真所谓超拔高妙，才情过人。



# 六月二十七日望湖楼[1]醉书五绝（其一）

（1）望湖楼：五代时吴越王所建，在杭州西湖边。

苏　轼



**黑云翻墨未遮山，白雨跳珠乱入船。**

**卷地风来忽吹散，望湖楼下水如天。**

《苏轼诗集》

【翻译】

乌云翻滚像泼洒墨汁尚未遮住山，白雨点像跳动的珍珠杂乱落入船中。地面一阵大风把乌云吹散。望湖楼下水面平静得像青天。

【简析】

这是一首描写西湖秀丽景色的诗歌。诗歌开篇写西湖一阵骤风暴雨袭来，景色突变，先是黑云翻滚，来不及把山遮住，风云变幻，雨点如珠，乱跳入船。忽然风过雨停，楼下湖水又依旧是一片平静，恢复了原来面貌。诗人用妙笔把稍纵即逝的湖上景色变化快速记录下来，如此鲜明，富有情趣。

## 饮湖上初晴后雨二首（其二）



苏　轼

**水光潋滟晴方好(1)，山色空蒙(2)雨亦奇。**

（1）潋滟（liàn yàn）：波光闪动的样子。方好：正好。（2）空蒙：形容朦胧迷茫，若隐若现的样子。

**欲把西湖比西子(3)，淡妆浓抹(4)总相宜。**

（3）西子：即西施，春秋时期越国美女。（4）淡妆浓抹：或淡雅地妆束，或浓艳地打扮。

《苏轼诗集》

【翻译】

西湖水在阳光的照耀下波光粼粼，山色朦胧若隐若现雨中的西湖也非常奇妙。想把西湖比作古代美女西施，无论是淡雅妆饰还是浓艳粉脂都那么美丽。

【简析】

此诗是宋神宗熙宁六年（1073 年），苏轼在杭州通判任上游西湖时所作。诗歌的前两句写西湖水光山色，晴姿雨态，初是山清水秀，波光粼粼，极为明丽；忽而细雨霏霏，云绕雾罩，一片朦胧。后两句运用比喻，把本无联系的喻体和本体联系起来，景物拟人化，因西湖和西子其美在神，所以对西湖来说，晴也好，雨也好；对西子来说，浓妆也好，淡抹也好，都不改其美。这一比喻形象而又贴切，且把西湖不假雕饰的自然风光突显出来，给人以美的享受。西湖从此又有一个“西子湖”的别称。清人王文浩评此诗：“可谓前无古人，后无来者”（《苏文忠公诗编注集成》卷九）。

## 题西林壁[(1)]

（1）西林：庐山寺名，又名乾明寺。

苏　轼

**横看成岭侧成峰，远近高低各不同[(2)]。**

（2）各不同：原作“无一同”。此句又作“远近看山总不同”。

**不识庐山真面目，只缘身在此山中[(3)]。**

（3）缘：因为、由于。此山：庐山。

《苏轼诗集》



**【翻译】**

从正面、侧面看庐山连绵起伏、山峰耸立，从远处、近处、高处、低处看庐山呈现各种不同样子。之所以认不清庐山真正面目，是因为身处在庐山之中。

**【简析】**

这首诗是作者在1084年游览庐山时，题写在西林寺的墙壁上的。诗歌前两句定位看山，从不同角度，观察到的结果是不同的。后两句写了观看庐山的感受。作者提出了移位问题：为什么不知庐山真面目呢？那是因为自己置身山中，只能看其一部分。这是诗人观看庐山所悟出的道理：“当局者迷，旁观者清”。对待任何事物都必须作全面的、透彻的分析，而不要被局部现象所迷惑。全诗把形象与哲理高度融合，将认识和景物融为一体，用通俗的语言，即景生情，以景明理，言在此而意在彼，形成了活泼洒脱的风格。

## 惠崇春江晚景二首（其一）[1]

（1）惠崇：福建僧人，宋初“九僧”之一，“唤唐体”诗歌代表诗人，能诗能画。春江晚景：指惠崇所作名画，共两幅，一幅是《鸭戏图》，一幅是《飞雁图》。

苏　轼

**竹外桃花三两枝，春江水暖鸭先知。**

**蒌蒿满地芦芽短[2]，正是河豚欲上时[3]。**

（2）蒌蒿：一种水草，即是河豚的食物，又是鱼羹的佐料。芦芽：芦苇的幼芽，可食用。（3）河豚：鱼的一种，肉味鲜美，但是卵巢和肝脏有剧毒。每年春天逆江而上，在淡水中产卵。上：指逆江而上。

《苏轼诗集》



### 【翻译】

竹林外两三枝桃花初放，鸭子最先察觉初春江水的回暖。河滩上满是蒌蒿芦苇开始抽芽，河豚此时正要逆流而上。

### 【简析】

这是一首题画诗。第一句是对地面景色的描写，竹子和桃花说明春意盎然；第二句是对江上景物的描写，鸭子最先感觉到春天，是因为鸭子最早下水；第三句写岸边景物，这里有满地的蒌蒿和新冒出嫩芽的芦苇；诗歌第四句是诗人由画面作出的判断，并不是画面所见。诗歌与画两相映衬，创造了一个比画面更圆满，更丰富的艺术世界。

## 六月二十日夜渡海

苏　轼

**参横斗转欲三更[1]，苦雨终风也解晴[2]。**

（1）参（shēn）横斗转：参星横斜，北斗星转向，说明此时已经是夜深。参、斗：两颗星宿名，皆属二十八星宿。横、转：指星座位置的移动。（2）苦雨：久落不停的雨。终风：从早刮到晚的风。

**云散月明谁点缀？天容海色本澄清[3]。**

（3）“天容”句：意谓青天碧海本来就是澄清明净的，此比喻自己本来清白，政敌的诬陷如蔽月的浮云，终会消散。

**空余鲁叟乘桴意[4]，粗识轩辕奏乐声[5]。**

（4）鲁叟：指孔子。乘桴（fú）：乘小竹筏。据《论语·公冶长》载，孔子曾说：“道不行，乘桴浮于海。”（5）轩辕：黄帝，古代帝王。奏乐声：这里形容涛声，也隐指老庄玄理。据《庄子·天运》载，黄帝在洞庭湖边演奏《咸池》乐曲，并借音乐说了一番玄理。

**九死南荒[6]吾不恨，兹游奇绝冠平生[7]。**

（6）南荒：僻远荒凉的南方。（7）兹游：这次海南游历，实指贬谪海南。冠平生：生平第一。

《苏轼诗集》

【翻译】

参星横斜北斗星转向的三更时分，经久不停的雨成天不停的风也有晴时。乌云吹散明月挂空的景致是什么人点缀的？青天碧海本来就是澄清明净的。我本想学“乘桴”退出官场现在用不着了。（如今）大略领会到黄帝乐曲温润。被贬南方边远荒岛虽九死一生但并不悔恨。这次南游见闻奇绝是平生第一。

【简析】

这首诗是苏轼被贬海南七年后遇赦北还时所写。诗歌前两句写景，诗人夜晚渡海，在苦雨终风的黑夜终于见到了“参横斗转”了；三、四句写景、抒情含议论，在云散月明，天容澄清的景色中，诗人终于可以平冤昭雪，澄清本来面目了；五、六句分别用了孔子和黄帝的典故，表明了自己本想逍遥海外，但终于能听见黄帝奏乐声；收尾照应诗题，写了诗人将这次被贬看成了人生一次旅游，其中包含了诗人对政敌含蓄、幽默的调侃，表达出诗人“宠辱不惊”的至高境界。

# 寄黄几复[1]

（1）黄几复：名介，南昌人，是黄庭坚少年时的好友，时为广州四会（今广东四会县）县令。

黄庭坚

**我居北海君南海[2]，寄雁传书谢不能[3]。**

(2)“我居”句：借用《左传·僖公四年》中“君处北海，寡人处南海，惟是风马牛不相及也”的句子来说明两人相距之遥远。北海：渤海，当时黄庭坚在渤海附近。南海：今南海，当时黄几复在南海附近。(3)“寄雁”句：化用杜甫《天末怀李白》中“鸿雁几时到？江湖秋水多”诗句，鸿雁南飞不过衡阳回雁峰，更不用说岭南了，以此说明相隔遥远。

**桃李春风[4]一杯酒，江湖夜雨[5]十年灯。**

(4)桃李春风：指欢聚时的美好，相聚的欢乐。(5)江湖夜雨：指离别后的漂泊生活。

**持家但有四立壁[6]，治病不蕲三折肱[7]。**

(6)四立壁：化用《史记·司马相如传》中“文君夜奔相如，相如驰归成都，家徒四壁立”的典故，说明诗人主持地方，别无他财，为官清廉。(7)三折肱：反用《左传·定公十三年》中的“三折肱知为良医”，意谓多次折臂，就能懂得医治之法，说明诗人具有政治才能，不需困难，便有政绩。蕲：祈求。肱：上臂，手臂由肘到肩的部分。

**想见读书头已白，隔溪猿哭瘴溪藤[9]。**





(9)瘴溪：旧传岭南边远之地多瘴气。此想象中黄几复的读书环境。

《中国历代诗歌选》

【翻译】

我住北方海滨你在南方海滨，欲托鸿雁传书大雁也谢绝。（当年）春风中赏桃李饮美酒，江湖落魄一别十年孤灯秋雨思念你。支撑生计也只有四堵空墙，不需三折肱便成良医。想你清贫发奋读书头发已白，隔着充满瘴气的山溪猿猴哀鸣。

【简析】

这是一首表现对朋友的思念，也包含不平之鸣的诗歌。开篇语言自然，指明与朋友相距遥远，想要通过鸿雁传书，但连大雁都因路途遥远而谢绝了。接着转为回忆与现实的对比，描述昔日相距如此欢乐，今日却江湖漂泊，离别多年，乐与哀的对比，令人回味无穷。接着两句化用典故，赞美了朋友的为人与才学，更加表现两人的深情厚谊。最后两句写了在恶劣环境中，仍然俯首攻读，勤奋如昔，不知老之将至。其手法体现了黄庭坚“点铁成金、夺胎换骨”的诗歌主张。

# 雨中登岳阳楼望君山二首（其一）[1]

（1）岳阳楼：在湖南岳阳城西门，面临洞庭湖。

黄庭坚

**投荒[2]万死鬓毛斑，生出瞿塘滟滪关[3]。**

（2）投荒：被流放到荒远边地。（3）瞿（qú）塘：瞿塘峡，在今重庆市奉节县东，长江三峡之首。滟（yàn）滪（yù）关：滟滪堆是矗立在瞿塘峡口江中的一块大石头，突兀江心，形势险峻，附近的水流得非常急，是航行很危险的地带。

**未到江南先一笑，岳阳楼上对君山。**



《中国历代名诗》

【翻译】

投送边荒经历万死两鬓斑斑，（如今）活着走出瞿塘峡滟滪关。还未到江南先自一笑，站在岳阳楼上对着君山。

【简析】

这是诗人被贬赦还时所写的诗歌。开篇从遭贬写起，用“投荒”点明贬谪荒远，“万死”写处境艰难，“鬓毛斑”点出贬谪时间长和生活艰苦；第二句写赦还，既有对远贬生涯的回忆，也有死里逃生的庆幸；三四句写了赦免归还的欢心，如释重负，心中充满喜悦之情。



# 登快阁[1]

（1）快阁：在吉州太和县(今属江西)东澄江（赣江）之上，以江山广远、景物清华著称。

黄庭坚

**痴儿了却公家事[2]，快阁东西倚晚晴。**

（2）痴儿：诗人自指。据《晋书·傅咸传》载杨济与傅咸书云："天下大器，非可稍了，而相观每事欲了。生子痴，了官事，官事未易了也，了事正作痴，复为快耳。"这是当时的清谈家崇尚清谈，反对务实的观点，认为一心想把官事办好的人是"痴"，黄庭坚这里反用其意，以"痴儿"自许。

**落木千山天远大，澄江一道月分明。**

**朱弦已为佳人绝[3]，青眼聊因美酒横[4]。**

（3）"朱弦"句：据《吕氏春秋·本味》载："钟子期死，伯牙破琴绝弦，终身不复鼓琴，以为世无足复为鼓琴者。"朱弦：琴。佳人：美人，引申为知己、知音。（4）"青眼"句：据《晋书·阮籍传》载："（阮）籍又能为青白眼，见礼俗之士，以白眼对之。及嵇喜来吊，籍作白眼，喜不怿而退。喜弟康闻之，乃赍酒挟琴造焉，籍大悦，乃见青眼。"青眼：即黑眼珠，指正眼看人。 聊：姑且。

**万里归船弄长笛，此心吾与白鸥盟[5]。**

（5）与白鸥盟：据《列子·黄帝》载："海上之人有好沤（鸥）鸟者，每旦之海上从沤鸟游，沤鸟之至者，百住而不止。其父曰：'吾闻沤鸟皆从汝游，汝取来吾玩之。'明日之海上，沤鸟舞而不下也。"后人以与鸥鸟盟誓表示毫无机心，这里是指无利禄之心，借指归隐。

《中国历代名诗》





【翻译】

我敷衍了公家官事，快阁傍晚雨后初晴。万木萧条天地更显阔大。一道明月下澄江如练分明流去。鼓琴已经没有知己欣赏，正眼喜色姑且因为美酒在前。在回归万里家乡的船上吹笛子，这心与白鸥作伴逍遥自在。

【简析】

这首诗描写了诗人登上快阁所见景色和自身的感受。首联写自己了却了公事，空闲登快阁玩赏，表现诗人的洒脱；颈联写景，在快阁上远望无数秋山，天空辽阔，澄清的江水流过，境界开阔，展示诗人宽广胸怀；颔联诗人巧用典故，写出了知己不在，不再弹琴，只能借酒浇愁，以此写出诗人的孤独；尾联与开头呼应，写了自己希望坐上归船，吹弄长笛，回到故乡，与白鸥相盟。诗歌语言自然，文笔流畅，前呼后应，用字恰当。

# 示三子

陈师道

**去远[1]即相忘，归近不可忍[2]。儿女已在眼，眉目略不省[3]。**

（1）去远：离去很远。神宗元丰七年（1084 年），陈师道因家贫而将妻子儿女送往在四川做官的岳丈处寄养。（2）归近：归期临近。不可忍：难以忍耐，形容与子女见面的急切心情。（3）略：全，都。省（xǐng）：识，记得。

**喜极不得语，泪尽方一哂[4]。了知[5]不是梦，忽忽心未稳[6]。**

（4）哂（shěn）：微笑。（5）了知：确实知道。（6）忽忽：恍惚不定貌。心未稳：心里不踏实。

《中国历代名诗》

## 【翻译】

离去很远倒也不怎么惦念，归期接近反而难以忍耐。儿女们已站在眼前，容貌全已认不出来。欢喜到了极点不知说什么好，泪流尽了才微笑。明知这不是在梦中，恍惚不定心中仍不踏实。

## 【简析】

陈师道因贫无力养家，妻儿只得随岳父在成都生活，此诗作于妻儿们刚回来之时。首二句直接说妻儿们去远了，相见无期，也就不那么惦记了，而归期将近，会面有望，则反而控制不住自己情绪。颈联二句写了初见面的情形，因别离四年，儿女面目已不可辨认；颔联写了见面之后的复杂心情表现，久别重逢，惊喜之余，千言万语不知从何说起，泪洒千行，然后破涕为笑，心情复杂。尾联说虽然明知不是在梦中相见，但又恐眼前是梦境，心中仍然恍恍惚惚，心里描绘，入木三分。诗歌语言质朴淳厚，毫无矫揉造作之气，真挚感人。

# 夏日绝句

李清照

**生当作人杰[1]，死亦为鬼雄[2]。**

（1）人杰：人中的豪杰。（2）鬼雄：鬼中的英雄，据屈原《国殇》载：“身既死兮神以灵，子魂魄兮为鬼雄。”

**至今思项羽[3]，不肯过江东[4]。**

（3）项羽：秦末下相（今江苏宿迁）人，曾领导起义军消灭秦军主力，自立为西楚霸王。后被刘邦打得大败，突围至乌江（在今安徽和县），因无颜见江东父老，自刎而死。（4）江东：项羽当初随叔父项梁起兵的地方，即会稽郡“吴中起义”，秦会稽郡治所在吴县（今苏州）。

《中国历代名诗》



【翻译】

活着就应该作人中豪杰，死了也应作鬼中的英雄。到现在还思念项羽，（只因）他不肯偷生回江东。

【简析】

这是李清照为数不多的慷慨悲壮的咏史诗。诗歌开篇语出惊人，发人深省，歌颂了人杰、鬼雄的英雄气节，借此讽刺当时自私的宋高宗，笔力千钧；后两句引出了历史人物——项羽，论说项羽就是人杰，就是鬼雄，由此来表达当时渴望恢复中原、收复失地的心情。诗歌一气呵成，雄浑沉痛，短短二十字，意蕴丰厚。

# 三衢道中[1]

（1）三衢：衢州，今浙江省常山县，因境内有三衢山而得名。

曾　几

**梅子黄时[2]日日晴，小溪泛尽却山行。**

（2）梅子黄时：梅子成熟的季节。

**绿阴不减[3]来时路，添得黄鹂四五声。**

（3）不减：并没有少多少，差不多。

《全宋诗》

## 【翻译】

梅子黄透时候天天都是晴好天气，泛舟小溪到了尽头改走山路前行。（山路）苍翠的树阴与来时一样浓密，增添了几声黄鹂的欢鸣兴。

## 【简析】

这是一首描写初夏宁静的景色和诗人山行愉快心情的诗歌。首句点明此行的时间，江南梅雨时节难得有这样好天气，诗人游兴正浓，乘舟而行，溪尽后还登岸而山行。三、四句紧承山行，写绿树荫浓，爽静怡人，更有黄鹂啼叫，幽韵悦耳，渲染出诗人的愉快心情。诗歌明快自然，极富生活韵味。



# 登岳阳楼二首（其一）

陈与义

**洞庭之东江水西，帘旌不动夕阳迟[1]。**

（1）帘旌（jīng）：酒店或茶馆的旗帜。迟：缓慢。

**登临吴蜀横分地[2]，徙倚湖山欲暮时[3]。**

（2）吴蜀横分地：三国时吴国和蜀国争夺荆州，吴将鲁肃曾率兵万人驻扎在岳阳。横分：这里指瓜分。（3）徙（xǐ）倚（yǐ）：徘徊。

**万里来游还望远，三年多难更凭危[4]。**

（4）凭危：指登楼。

**白头吊古[5]风霜里，老木沧波无限悲。**

（5）吊古：哀吊，凭吊。

《全宋诗》



【翻译】

（岳阳楼在）洞庭湖之东长江之西，夕阳黄昏楼阁上的旗帜静止不动。（我）登临当年吴国和蜀国的分界之处，在湖山黄昏下徘徊。行程万里登高远望，为避战乱奔波多年更登楼凭吊。凭吊古人自己两鬓如霜，古树青苍中隐含无限的伤悲。

【简析】

这是一首描写岳阳楼的七言律诗。首联写岳阳楼的地理位置，先从大处着墨，在一个宏观视野中隆重推出岳阳楼，而后再写举目所见，不动的帘旌，平静的湖，迟落的夕阳，富有诗情画意。颔联转而为强烈的抒情，在荆州这个历史悠久之地，诗人登楼观望，无限惆怅，颈联是诗人高亢的呐喊，道出了一个亡国者心中的愤懑，把感情推向极致；尾联顾影自怜，以无限悲凉的身世收束全篇。诗歌吊古伤今，感怀伤时，国破家亡的悲痛溢于言表。



## 游山西村[1]

（1）山西村：山阴乡间的村庄。

陆　游

**莫笑农家腊酒[2]浑，丰年留客足鸡豚[3]。**

（2）腊酒：头一年腊月酿制的酒。（3）足鸡豚：鸡豚丰足。豚：小猪。

**山重水复疑无路，柳暗花明[4]又一村。**

（4）柳暗花明：绿柳成荫，繁花耀眼。

**箫鼓追随春社近[5]，衣冠简朴古风存。**

（5）“箫鼓”句：意谓春社日将近，人们在箫鼓声中来来往往，忙于祭祀活动。追随：人来人往。春社：古以立春后第五个戊日为春社日，人们于此日祭祀土地山神以祈丰年。

**从今若许闲乘月[6]，拄杖无时夜叩门[7]。**

（6）“从今”句：意谓今后如果允许不当官，可以有闲暇趁明月之夜而游。乘：趁。（7）无时：随时。叩门：到农家拜访。

《剑南诗稿校注》

## 【翻译】

别笑农家腊月酒浑浊，丰年年岁杀鸡宰猪殷勤待客。山峦重叠溪流迂折似已无路可走，（继续前行）柳树茂密山花鲜艳又一村出现。箫鼓热闹春社祭祀的日子近，（农家人）布衣毡帽淳厚的古风犹存。从今若同意我闲时乘月拜访，（我）拄着拐杖随时夜晚前来叩门。

## 【简析】

宋孝宗乾道二年（1166 年），陆游因曾经支持抗金名将张浚北伐而被贬居山阴镜湖之三山，本诗作于罢官后的第二年。首联写了农村丰收年的欢悦景象，表达了农家人的热情好客。颔联写出了山村水畔幽静的景色，景中含理，乃千古名句，其中亦包含了陆游在逆境中对国家、民族和个人命运必有转机的坚定信念。颈联写出了淳朴的民俗，由此表达了对农民生活的热爱。最后两句表现了诗人对家乡农村和村民的真挚的感情，从而也暗示了厌弃官场的心情。全诗结构严谨，层次分明，主线突出，语言清新自然，富有表现力。清人刘熙载在《艺概》卷二中曰：“放翁诗明白如话，浅中有深，平中有奇，故足令人咀味。”

# 金错刀行

陆　游

**黄金错刀白玉装[1]，夜穿窗扉出光芒。**

（1）黄金错刀：用黄金镶纹路的宝刀。装：装饰。

**丈夫五十功未立，提刀独立顾八荒[2]。**

（2）八荒：四面八方。

**京华结交尽奇士[3]，意气相期共生死[4]。**

（3）京华：京城之美称，此指南宋京城临安（今杭州市）。奇士：才能出众的人。（4）相期共生死：以同生共死相期望。

**千年史册耻无名，一片丹心[5]报天子。**

（5）丹心：赤诚的心。

**尔来从军天汉滨[6]，南山晓雪玉嶙峋[7]。**

（6）尔来：近来。天汉滨：汉水边，在四川境内。（7）南山：终南山，一名秦岭，在陕西省南部。嶙峋：山石参差重叠的样子。

**呜呼！楚虽三户能亡秦[8]，岂有堂堂中国空无人。**

（8）“楚虽三户”句：据载战国时，秦攻楚，占领了楚国不少地方。楚人激愤，有楚南公云：“楚虽三户，亡秦必楚。”意思说，楚国即使只剩下三户人家，最后也一定能报仇灭秦。三户：指屈、景、昭三家。

《剑南诗稿校注》

【翻译】

黄金镀饰白玉镶嵌的宝刀，夜间耀眼的光芒穿透窗户。大丈夫已五十岁建立功业渺茫，只能提刀徘徊环顾八方。在京城结交豪杰义士同生共死。耻于不能在流传千年的史册中留名，但有一颗赤子心报效天子。近来（我）到汉水边从军，早晨对着参差终南山遥望积雪的峰峦。啊，楚国即使剩下三户也能消灭秦国，难道堂堂中华大国竟空无一人。

【简析】

这是一首借歌咏金刀言志的诗歌。诗歌开篇第一句先写了刀的外观，黄金涂面，白玉饰柄，接着又写刀的内在美，宝刀也发光芒，可以为国杀敌。接着两句写自己年近半百，但功业未立，感慨万千，意境苍凉，能够感到慰藉的是诗人并不孤独，他还有京华的生死之交与他一起战斗，使得诗人充满了胜利希望。七、八句进一步抒写诗人与奇人的内心世界，希望能杀敌报国，名垂青史。最后，诗人借用战国民谣，情不自禁，发出了最强音，比喻宋人的国仇必报，具有巨大的鼓舞力量。诗歌语气自然，境界宽阔，声势恢弘，沈德潜在《说诗碎语》中评“带情韵以行”。

## 关山月[1]

（1）关山月：古乐府旧题，属于“横吹曲”，主题多属征人“伤离别”。

陆　游

**和戎诏下十五年(2)，将军不战空临边(3)。**

(2)“和戎”句：意谓朝廷下诏与金人议和已经十五年。宋孝宗隆兴元年（1163 年），张浚主持北伐，不久失利；次年，南宋王朝正式与金人“议和”，并签定了丧权辱国的和约，史称“隆兴议和”。戎：古代对西北少数民族的通称，此指金人。(3)空：徒然，白白地。边：边境，边塞。

**朱门沉沉按歌舞(4)，厩马肥死弓断弦(5)。**

(4)朱门：指富豪之家。杜甫《自京赴奉先咏怀》：“朱门酒肉臭”。沉沉：深沉。按歌舞：依照乐曲的节奏歌舞。(5)厩：马棚。肥死：指战马久不效力疆场，越长越肥。

**戍楼刁斗催落月(6)，三十从军今白发。**

(6)“戍楼”句：意谓守望岗楼中的将士，夜夜在凄凉的刁斗声中，望着月出月落，任凭岁月流逝。戍楼：边境上的岗楼。刁斗：军中打更用的铜器。

**笛里谁知壮士心(7)，沙头空照征人骨(8)。**

(7)“笛里”句：意谓将士们以月下的笛声，抒发报国之志难酬，空老军中的悲愤心情，但有谁能理解呢？
(8)“沙头”句：意谓月光照着沙场上白白死去的征人尸骨。沙头：指战场。

**中原干戈古亦闻，岂有逆胡传子孙(9)！**

(9)“中原”二句：意谓北方侵略者进入中原地区发动战争的事自古以来就有，但从来没有听说过侵略者能够世世代代居住在中原地区繁衍子孙。干戈：古代常用的两种兵器，此指战争。逆胡：指北方少数民族。

**遗民忍死望恢复(10)，几处今宵垂泪痕！**

(10)遗民：指金占领区的原宋朝百姓。望恢复：盼望宋朝军队收复故土。

《剑南诗稿校注》

## 【翻译】

议和的诏书已下十五年，将军不作战白白来到边疆。贵族府里按着节拍演歌舞，马棚的马肥死弓弦朽断。岗楼上报更的刁斗催月落，三十岁参军如今已白发丛生。笛声里谁人知道壮士的心思，月亮白白地照射出征将士的骨头。中原一带的战争自古也听说有，但哪有异族统治者能在中原传子传孙？沦陷区人民忍痛生存盼复国，今天晚上有多少民众在流泪！

## 【简析】

本诗痛切揭露了南宋朝廷苟安求和，表现了爱国将士无路请缨，壮志难酬，希望统一祖国的心情。诗歌前几句主要描写了对金议和所带来的恶果。由于这次议和，将军不战，军备松弛，战马空肥老死，弓弦陈旧折断，连刁斗声也只是在月起月落中消逝，别无他用。更有甚者，那些朝廷大员不顾国家安危，只知道歌舞升平。诗歌后半部分发表议论，中原战事古已有之，但像如今让外族安然盘踞，听凭其子孙繁衍，真是千古罕见。但将士们有心杀敌，却无路请缨，纵把横笛吹破，有谁能知？而中原遗民南望王师，但朝廷根本没有收复失地的打算，遗民的期望岂有实现之日。今宵该有多少遗民在伤心落泪啊！全诗以抒情为主线，叙事以感叹出之，融抒情叙事为一体，诗中强有力的反问，更强化了抒情的震撼力。



# 书愤

陆游



**早岁那知世事艰[1]，中原北望气如山[2]。**

（1）早岁：指年轻时候。世事艰：指恢复中原之事艰难无比。（2）气如山：指收复失地的壮志豪情雄壮如山。

**楼船夜雪瓜洲渡，铁马秋风大散关[3]。**

（3）“楼船”二句：追忆早年积极参加准备抗金北伐的活动和亲赴前线的战斗生活。前句写高宗绍兴三十一年（1161 年）金主完颜亮南侵，宋将刘锜、虞允文等在瓜州、采石一带与之大战，结果完颜亮为部下所杀，金兵溃败。第二句写了绍兴三十一年（1161 年），金将率五千骑兵进军大散关，宋将吴璘、李彦坚与之大战，次年收复大散关。陆游在王炎军幕中，曾到大散关前线。楼船：古代战舰。瓜州渡：在今江苏镇江对岸的长江边上。大散关：在今陕西宝鸡西南大散岭上，是当时南宋抗金的军事重镇。

**塞上长城[4]空自许，镜中衰鬓已先斑。**

（4）塞上长城：据《南史· 檀道济传》载，南朝刘宋时，名将檀道济被杀前，愤怒地对宋文帝说：这是自毁长城。陆游此处借以自喻。

**出师一表[5]真名世，千载谁堪伯仲间[6]。**

（5）出师一表：诸葛亮于建兴五年（227 年）率大军自汉中北伐曹魏前向后主刘禅上《出师表》，申明伐魏之决心。（6）谁堪：谁能。伯仲间：喻不相上下，等于说相提并论。

《剑南诗稿校注》

【翻译】

年轻时哪知北伐中原如此艰难，北望那中原浩气如山。（记得）在瓜洲雪夜里飞驶着的楼船，秋风中跨战马纵横收复大散关。自比万里长城立志除边患，如今镜中自己老鬓发如霜。出师表真可谓名不虚传，千年中谁能与之相提并论。

【简析】

本诗忆昔书怀，抒发了作者爱国壮志难酬、空老户牖的悲愤。全诗紧扣一个“愤”字下笔，含而不露。首联以感愤开头，从早年抗金爱国的壮志写起。颔联追想了当年抗金爱国的活动，分叙了两次终身难忘的经历，境界阔大，感情悲壮。颈联写了自己豪情壮志化为泡影的现实，笔调由高昂转为深沉。尾联，诗人把心思转向了久逝的历史，用诸葛亮的壮志凌云与如今当权者作对比，借古讽今，意味深长。全诗沉雄悲壮，声情激越，境界阔大，感人肺腑，备受后人赞赏。

## 十一月四日风雨大作二首（其二）

陆　游

**僵卧孤村不自哀[1]，尚思为国戍轮台[2]。**

（1）僵卧：直挺挺地躺着。不自哀：不为自己哀伤。（2）戍（shù）轮台：此指戍守边疆。戍：守卫。轮台：在今新疆境内，是古代边防重地，此代指边关。

**夜阑卧听风吹雨，铁马冰河[3]入梦来。**

（3）冰河：冰封的河流，指北方地区的河流。

《剑南诗稿校注》

【翻译】

（我）直挺挺地躺在孤寂的乡村不为自己悲哀，心中还想着替国家防卫边疆。夜尽躺在床上听到风雨的声音，梦想骑着铁甲战马跨过冰封河流。

【简析】

这是陆游归隐山阴后，在1192年10月4日深夜所写的诗歌。诗歌开篇说自己抱病而卧，处境艰难，但诗人不为自己的不幸而悲伤，因为诗人心中始终想到的是国家北疆战事，由此可见诗人的忧国忧民之心。诗歌后两句紧承前两句，诗人的思想也走向了高潮，夜深人静，风吹雨打，诗人心潮澎湃，想起了驰骋沙场，奋勇杀敌，想起了金戈铁马，收复失地。诗歌感情强烈，意境宏大，诗风豪迈，体现了陆游诗慷慨激昂的特点。



## 沈园二首（其一）[1]

（1）沈园：在浙江省绍兴市禹迹寺南。南宋时一位沈姓富商的私家花园。

**陆游**

**城上斜阳画角[2]哀，沈园非复[3]旧池台，**

（2）画角：绘有花纹的号角，用来报时。（3）非复：不再是。

**伤心桥下春波绿，曾是惊鸿[4]照影来。**



（4）惊鸿：比喻女子体态轻盈。据曹植《洛神赋》：“翩若惊鸿”。

《剑南诗稿校注》

### 【翻译】

城墙上斜阳夕照画角声哀痛，沈园已不是原来的亭台池阁。令人伤心的桥下春水碧绿，（当年）曾经见到佳人（唐婉）轻盈体态一现。

### 【简析】

这是陆游悼念去世表妹的诗歌。诗歌首句渲染了悲哀色彩，夕阳西下，号角凄厉，垫定了悲伤基调。次句点出沈园，这是让陆游魂牵梦绕的地方，但这个地方已是面目全非。接着三、四句写到沈园桥下，依然是春来绿波，四十多年前唐婉如美丽仙子飘然而来，留给诗人虚幻飘渺的影子。诗歌深沉哀婉，含蓄蕴藉，把他撕心裂肺的感情展现出来。

# 示 儿

陆 游

**死去元知万事空，但悲不见九州同(1)。**

(1) 九州同：祖国统一。

**王师北定中原(2)日，家祭无忘告乃翁(3)。**

(2) 中原：指淮河以北沦陷在金人手里的地区。(3) 乃翁：你的父亲。

《剑南诗稿校注》

【翻译】

本来知道人死后一切都成空，但唯一悲痛的是没能看到祖国统一。当大宋军队收复中原失地那一天，家祭时别忘（把这好消息）告诉你的父亲！

【简析】

这是一首爱国诗歌。首句表明诗人即将离开人世，万事皆空，用不着牵挂了，次句体现诗人的悲凄心情，唯一让诗人放心不下的是国家一统，表明诗人极其高尚的爱国情怀。第三句诗人以热切期望的语气表达了渴望收复失地的信念，也表明诗人虽然沉痛，但并未绝望。最后情绪一转，深情嘱咐儿子，在家祭时千万别忘记把“北定中原”的喜讯告诉你的父亲，表达的诗人坚定的信念和悲壮的心愿。诗歌篇幅短小，风格悲壮，感情真挚，诗人的爱国精神千秋不朽。

# 后催租行(1)

(1) 后催租行：范成大有《催租行》一诗，此诗为其姐妹篇，故称。

范成大

**老父田荒秋雨里，旧时高岸今江水。佣耕[2]犹自抱长饥，的**

（2）佣耕：为人耕种，做雇农。

**知[3]无力输租米。自从乡官新上来，黄纸放尽白纸催[4]。卖衣得钱**

（3）的知：确知。（4）黄纸：指皇帝免除灾区租税的诏书，因古时诏书用黄纸写成，故云。白纸：指地方官用以催租的文告，用白纸写成。

**都纳却[5]，病骨虽寒聊免缚。去年衣尽到家口[6]，大女临岐[7]两分首。**

（5）都：全。纳却：缴完了。（6）“去年”句：意谓去年就已经卖光衣服，没有什么东西可卖，只好卖家中人口了。（7）临歧：到了岔路口。

**今年次女已行媒[8]，亦复驱将换升斗。室中更有第三女，明年不怕**

（8）行媒：已经有媒人提了亲事了。

**催租苦。**

《石湖居士诗集》





【翻译】

老农眼看田园荒芜秋雨连绵，原是岸边今为江水。作雇农干活常受冻挨饥，确知是没钱交纳租米。自从乡官新上任，免税诏书放完贴出催租文书。（前年）把卖衣服的钱全都缴完，多病身子虽寒冷可免去被绑缚。去年衣服卖完了，含泪把大女儿嫁出各分东西。今年二女已作媒，也将送出换上微薄钱米。家中还有第三个女儿，明年不怕催租的上门，

【简析】

本诗通过叙述一个老农民由于缴租被逼得典衣卖女的悲惨状况，强烈谴责了地方官吏的残酷贪婪，表现了诗人对民生疾苦的关注与同情。前四句交代了老农当时的处境，秋霖成涝，田园被废，生计所迫，只好去做佣农，哪里还有能力缴租？接着几句写了催租与纳租。新官上任，急于催租，老农只得卖衣，卖衣之后只得挨冻，层层叙述，老农只得绝望挣扎。下面转入写卖女还租，也是全诗的高潮。物已卖完，只得卖家口，去年大女儿被卖，今年轮到二女儿，而明年催租再厉害也不用怕了，因为把小女儿卖掉就行了。全诗叙事，冷眼反语，情感真切，语言通俗，韵随意转，看似平淡的语言，流露出农夫挖心割肉的痛，具有强烈的感染力。

# 州　桥[(1)]

（1）州桥：正名为天汉桥，在汴京（今河南开封）宫城南，横跨汴河。

范成大

**州桥南北是天街[(2)]，父老年年等驾回[(3)]。**

（2）天街 ：京城的街道。（3）父老：指沦陷区的京城老百姓。等驾回：盼望宋朝皇帝回来。

**忍泪失声询使者[(4)]，几时真有六军来[(5)]？**

（4）使者：出使金朝的使者，此为诗人自指。（6）六军：古时天子有六军，此指宋王朝军队。

《石湖居士诗集》

【翻译】

州桥南北的天街之上，中原父老年年盼望王师返回。（父老）强忍泪水询问使者，什么时候真有朝廷军队过来？

【简析】

宋孝宗乾道六年（1170），范成大出使金国，途经中原地区，写诗72首，皆七言绝句，此诗为其中之一。诗歌首句以白描手法指点出望中所见的桥南桥北的街道，着墨朴实，份量极重。再看桥边所站的百姓，都是急切盼望王师北回的遗民。三、四两句显示出一幕汴京父老遇到南宋使节的动人场景，父老面对故国使臣，强忍泪水，千言万语，汇成一句话："究竟几时才真有王师到来？""真有"二字乃传神之笔，语言平常，意蕴深刻，既表现出沦陷区人们盼望恢复的心情之急切，又含有对南宋王朝偏安一隅，一味求和的怨愤和质问。

# 四时田园杂兴（十五）

范成大

**胡蝶双双入菜花，日长无客到田家。鸡飞过篱犬吠窦[1]，知有行商来买茶。**

（1）犬吠窦：狗在洞边叫。

《石湖居士诗集》

【翻译】

蝴蝶成双成对飞入菜花中，白昼很长田户人家没有客人。鸡飞过篱笆狗在墙洞吠叫，想必是收购茶叶的商人来了。

【简析】

这是范成大晚年归隐田园时所作的一首小诗。前两句写了日常农村静景，蝴蝶双双在菜花田里飞来飞去，非常具有农村风味。而白昼慢慢显得长了，田户人家没有客人来临，村子里十分恬静，这是从正面描写日常农村景物，后两句写茶商来到时的动景，茶商来是为了采购茶叶，但却连鸡犬都为之震动，这反衬出平时极少有外人到来，来了陌生人，大家都十分注意，这里的动，却是进一步说明农村的恬静。 诗歌清新、自然、朴实，具有浓浓的生活气息。

## 小 池

杨万里

**泉眼无声惜[1]细流，树阴照水爱晴柔[2]。小荷才露尖尖角，早有蜻蜓立上头。**

（1）惜：爱惜。（2）晴柔：晴天里柔和的风光。

《杨万里诗选》

【翻译】

泉眼悄无声是珍惜细细的水流，树阴映水面是它喜欢晴日的温柔。小小的嫩荷刚露出紧裹的叶尖，早飞来可爱的蜻蜓站立在上头。

【简析】

这是一首清新的小诗，句句是诗，句句如画，展现了明媚的初夏风光。诗歌开篇两句就把读者带入了一个小巧精致、柔和宜人的境界之中，一道细流缓缓从泉眼中流出，没有一点声音；池畔的绿树在斜阳的照射下，将树阴投入水中，明暗斑驳，清晰可见。三、四两句，诗人抓住了一个妙趣横生的镜头：荷叶刚刚从水面露出一个尖尖角，一只小小的蜻蜓立在它的上头。逼真地描绘出蜻蜓与荷叶相依相偎的情景。诗歌语言平易自然，捕捉到了景物的特征及稍纵即逝的变化，形成情趣盎然的画面，因而诗中充满浓郁的生活气息。

## 闲居初夏午睡起二绝句（其一）

杨万里

**梅子留酸软齿牙[(1)]，芭蕉分绿与[(2)]窗纱。日长睡起无情思[(3)]，**

（1）软齿牙：一作“溅齿牙”，指梅子的酸味使牙软。（2）与：给予。（3）思：心绪。

**闲看儿童捉柳花[(4)]。**

（4）捉柳花：戏捉空中飞舞的柳絮。柳花：柳絮。

《中国历代名诗》

【翻译】

梅子很酸使牙齿酸软，芭蕉的绿阴映衬到纱窗上。白日午睡起来情绪无聊，闲着观看儿童戏捉空中飘飞的柳絮。

【简析】

本诗描写了诗人午睡初醒的情形。诗歌首二句点明了初夏季节，梅子酸牙齿，芭蕉分绿，

"分"字把芭蕉写得极为传神。后二句表明夏日昼长，百无聊赖之意，悠闲地看着儿童扑捉戏玩空中飘飞的柳絮，心情舒畅，一个"软"字，表现出诗人的闲散意态，一个"闲"字不仅淋漓尽致地把诗人心中那份恬静闲适和对乡村生活的喜爱之情表现出来，而且非常巧妙地呼应了诗题。



# 晓出净慈寺送林子方[1]

（1）净慈寺：杭州西湖畔著名佛寺。林子方：福建莆田人，作者的朋友，官居直阁秘书。

杨万里



**毕竟西湖六月中，风光不与四时[2]同。接天莲叶无穷碧，映日**

（2）四时：春、夏、秋、冬四个季节。

**荷花别样[3]红。**

（3）别样：格外、特别。

《中国历代名诗》

## 【翻译】

到底是西湖的六月中旬，此时的风光与四季不同。碧绿的莲叶好像与天相接，在太阳映照下的荷花格外鲜红。

## 【简析】

这是诗人在杭州早晨送友人而写下的七绝。诗歌前两句交代了送别朋友的地点和时间，开门见山说明此时、此地的风光别具特色，特色在哪里呢？接下来两句回答了这个问题，满湖的荷叶青翠碧绿，满湖的荷花艳红似火，一直铺到水天相接的地方，在朝阳的辉映下，一派美丽的奇异风光。全诗结构简单，语言流畅，意境壮观而优美。

## 观书有感二首（其一）

朱　熹

**半亩方塘一鉴开[1]，天光云影共徘徊。问渠那得清如许[2]？为有源头活水来[3]。**

（1）方塘：又称半亩塘，在福建尤溪城南郑义斋馆舍（后为南溪书院）内。鉴：镜。（2）渠：他，指方塘。那（nǎ）得：怎么会。

（3）为：因为。活水：经常流动的、源头不断的清新水流。此处比喻知识不断更新和发展。

《中国历代名诗》

**【翻译】**

半亩大的方形池塘像镜子一样展现眼前，天空的光彩和浮云的影子都在镜中一起移动。要问为何那方塘的水会这样清澈呢？是因为有那源头为它源源不断地输送活水。

**【简析】**

这是一首描写诗人观书后得到体会的诗歌。开篇两句展现了一幅美景，而诗人本意并不在明媚澄澈的湖光山色，是借此抒发自己的读书感受。后两句以发问转折，然后自问自答，诗人通过美景，发表议论，认为一切事物要保持其新鲜而旺盛的生命力，都要有“源头活水”的不断输入，才能永不枯竭。诗歌写景形象生动，议论深入浅出，把真切的体验转变为深刻的哲理，并用直白的语言表达出来。

## 除夜自石湖归苕溪[1]（其一）

（1）除夜：除夕。石湖：今江苏苏州西南。苕溪：在湖州附近。

姜　夔

细草穿沙雪半消，吴宫烟冷水迢迢[2]。梅花竹里无人见，一夜

（2）吴宫：春秋时吴国宫殿遗址，在苏州附近，太湖之滨。

吹香过石桥。

《中国历代名诗》

【翻译】

嫩细的草穿过融化一半的沙雪，船行水流吴国宫殿在寒烟笼罩中。竹林掩映中不见梅花，但梅花的幽香在夜中飘到了石桥。

【简析】

诗人在范成大家做客后乘船回家，正值除夕晚上，见沿途景色奇妙，写下这首小诗。前两句写远景，细草穿沙，预报早春，诗人坐着船徐徐前行，水悠悠流去，眺望远处，吴宫已在寒烟笼罩中，暗寓王朝兴替。后两句写近景梅花，但不直接写梅花身影，而是通过香气来判别竹林里有梅花，境界清幽，具有缥缈的风韵。

# 新　凉

徐　玑

水满田畴[1]稻叶齐，日光穿树晓烟[2]低。黄莺也爱新凉好，飞

（1）田畴：田地，田野。（2）晓烟：指清晨雾气。

过青山影里啼。

《宋诗选》

【翻译】

田里水波微漾稻子如刀削般齐。阳光穿过树叶晨雾在树间缭绕。黄莺也喜欢早晨的清凉时光，在青山的影子里欢快地啼鸣。

【简析】

这是一首田园诗。诗人用白描的手法勾勒出三幅小画面，第一幅是稻田，从它灌满了水和长得绿油油、齐整整的稻叶中透出凉意；第二幅是树丛，“晓”字自含凉意，“日”本有热意，因其初升，故也“沧沧凉凉”，何况其穿树而来；第三幅是飞莺，黄莺越过田野，飞向晨雾迷蒙的山阴，纳凉去了，诗人的心中仿佛也顿生凉意。三幅小画面合起来，便构成了一幅清新、明快的田园山水大图画。

## 约　客

赵师秀

**黄梅时节家家雨[1]，青草池塘处处蛙。有约不来过夜半，闲敲**

（1）黄梅时节：初夏时节，农历的四、五月间，江南梅子黄熟了，这段时间大都阴雨连连，故称。

**棋子落灯花[2]。**

（2）落灯花：旧时以油灯照明，灯心烧残，落下来时好像一朵闪亮的小花。

《宋诗选》

【翻译】

黄梅绵雨时节家家户户都在下雨，（乡村的）青草池塘中到处都是青蛙鸣叫。已是半夜朋友却没有如约到来，（诗人）无聊地敲着棋子灯灰震落。

【简析】

此诗由宋末“四灵”诗人之一的赵师秀所作。开篇两句所描绘的是江南夏季的常见景象，雨多天闷，蛙声阵阵，诗人心绪纷乱，静候着友人的到来，但时已很晚，客人还未来，诗人独自一人，敲着棋盘上的棋子，可见诗人焦躁的心情，体现了诗人百无聊赖的孤闷。

# 江阴浮远堂[1]

（1）江阴：今属江苏。浮远堂：堂名，取苏轼《同王胜之游蒋山》诗中“江远欲浮天”意。堂北临大江，南望城市，为登临胜地。

戴复古

**横冈下瞰大江流[2]，浮远堂前万里愁。最苦无山遮望眼，淮南**

（2）横冈：指浮远堂所在的君山。瞰：俯视。

**极目尽神州[4]。**

（4）淮南：指今江苏、安徽省长江以北、淮河以南之地。南宋与金议和，划淮为界。极目：穷尽眼力。神州：指全国。

《宋诗选》



## 【翻译】

（诗人）登上横冈俯视大江东流，站在浮远堂前满怀无尽忧愁。最痛苦的是没有一座山遮断视线，淮南大地穷尽眼力都是神州大地。

## 【简析】

这是一首表现诗人因无法收复沦陷国土而深切感伤的诗歌。前两句写登上横冈，俯视大江，又在浮远堂上远望万里山河，只觉得忧愁郁结，无法排解。三、四句翻过一层，大凡登高，没有不希望看得远的，而诗人偏说希望有山遮住视线，免得见到中原，更加深了自己的沉痛，诗人通过不想看而更深沉地表达对中原的怀念，充分表达了国耻不雪，国土不归的极度悲愤之情。

# 游园不值[1]

（1）不值：不遇。

叶绍翁

**应怜屐齿印苍苔[(2)]，小扣柴扉久不开[(3)]。春色满园关不住，一**

(2) 怜：爱惜。屐齿：屐是木鞋，鞋底前后都有高跟儿，叫屐齿。(3) 小扣：轻轻敲。柴扉：柴门。

**枝红杏出墙来。**

《宋诗选》

【翻译】

也许是怜惜木屐踩坏青苔，轻敲柴门久久没有人来开。但这满园的春色是关不住的，一枝红色的杏花伸出墙头来。

【简析】

此诗描写访友不遇的感受。诗歌开篇就写了小园主人所居住的幽静环境，诗人不忍心踩踏小园青苔，可见此处远离尘世喧嚣。诗人轻敲柴门，许久都没有人来开，说明主人不在园中。后两句写景，整个园子春意盎然，何以见得呢？是因为“一枝红杏”伸展出墙来，这“一枝红杏”正是“春色满园”的集中体现，也是顽强生命力的表现也报告了春来不来▲。这种朦胧的意象美，令人回味无穷。



## 戊辰即事[(1)]

(1) 戊辰即事：南宋嘉定元年（1208 年），当时宰相韩侂胄为了“立盖世功名以自固”，让自己千古留名，草草出兵北伐，结果招致大败。战后媾和，代价是南宋每年向金人交纳大量钱财。

刘克庄



**诗人安得有青衫[(2)]，今岁和戎百万缣[(2)]。从此西湖休插柳，剩**

(2) 青衫：古代读书人穿的衣服。(2) 和戎：与金人议和。缣（jiān）：黄绢。

**栽桑树养吴蚕[(3)]。**

（3）吴蚕：吴地苏州是当时著名的丝绸出产地，故曰吴蚕。

《宋诗选》

【翻译】

诗人从哪里觅得绸缎做一领青衫？（因为）今年与金人签订和约要贡上百万匹绸绢。此后西湖边不要再种杨柳，全种上桑树用来饲养吴蚕。

【简析】

这是一首针对南宋朝廷与金兵屈辱媾和而写的讽刺诗歌。诗歌开篇设问，引起思考，直接揭露出南宋媾和的实质，点出媾和造成的民穷财尽的原因。诗歌后两句看似是为南宋王朝出谋划策，实际上包含着尖锐的嘲讽，“和戎”政策不改变，即使西湖种桑养蚕，也难以满足金人的欲壑。诗歌含蓄委婉，讽刺辛辣，很有味道。





## 题临安邸[1]

（1）临安：南宋的国都，即今浙江省杭州市。邸（dǐ）：府邸。

林　升

**山外青山楼外楼，西湖歌舞几时休？暖风熏得游人醉，直把杭州作汴州[2]。**

（2）汴（biàn）州：即汴梁（今河南省开封市），北宋的国都。

《宋诗选》

【翻译】

重重叠叠的青山一座座楼阁雕梁画栋，西湖游船上轻歌曼舞日夜不歇。和煦的春风吹得游人昏昏欲睡，（他们）简直把杭州当成了当年的汴州！

【简析】

这是作者题写在临安城一家旅店墙壁上的一首政治讽刺诗。前两句抓住了临安城的特征：重重叠叠的青山，鳞次栉比的楼台和无休止的轻歌曼舞，表达了当时诗人对统治者苟且偷生，整日陶醉于歌舞升平、醉生梦死生活的不满与谴责。后两句是诗人进一步抒发自己感慨，一股"暖风"把人们的头脑吹得如醉如迷，简直把临时苟安的杭州当作了故都汴州。辛辣的讽刺中蕴含着极大的愤怒和无穷的隐忧。

## 过零丁洋[1]

(1) 零丁洋：即伶仃洋，现在广东省中山南的珠江口。文天祥于祥兴元年（1278年）十二月被元军所俘，囚于伶仃洋的战船中。

文天祥

**辛苦遭逢起一经，干戈寥落四周星[2]。山河破碎风飘絮[3]，身**

(2) 寥落：荒凉冷落。周星：周星即岁星，岁星十二年在天空循环一周，故又以周星指十二年。四周星即四十八年，文天祥作此诗时四十四岁，这里四周星用整数。(3) 风飘絮：运用比喻的修辞手法，形容国势如柳絮飘散，无可挽回。

**世浮沉雨打萍[4]。惶恐滩头说惶恐[5]，零丁洋里叹零丁。人生自古**

(4) 雨打萍：比喻自己身世坎坷，如同雨中浮萍，漂泊无根，时起时沉。(5) 惶恐滩：在今江西万安赣江，水流湍急，极为险恶，为赣江十八滩之一。南宋瑞宗景炎二年（1277年），文天祥在江西空坑兵败，经惶恐滩退往福建。

**谁无死，留取丹心照汗青[6]。**

(6) 丹心：红心，比喻忠心。汗青：因竹片水蒸发如汗，故称书简为汗青，特指史册。

《宋诗选》

【翻译】

（我）一生的辛苦遭遇都开始于一部儒家经典，抗元以来经过了四年的荒凉岁月。大好河山支离破碎像狂风吹卷着柳絮零落飘散，自己的身世遭遇动荡像暴雨打击的浮萍颠簸浮沉。（我）从惶恐滩撤离时那险恶的激流让人惶恐，如今在浩瀚的零丁洋中悲叹自己孤苦伶仃。人生在世谁没有一死呢？留下这颗赤诚之心光照青史吧！

【简析】

这是 1278 年，文天祥兵败被俘后，经过广东省中山县南面的伶仃洋时，所写的言志抒怀的诗。诗歌开篇总叙了诗人的经历，写出了国家的境况和个人心境，把自己身世和国家的命运紧密连接在一起；颔联从国家和个人两方面抒写，连用两个比喻，用凄凉的自然景象比喻国事衰弱和自己的坎坷人生；颈联巧用地名作对，写出在惶恐滩撤退时的惶恐，又写出如今在伶仃洋里感到的孤苦；尾联是英雄的铿锵誓言，是人生哲理，是千古名言，是诗人忠心爱国、视死如归的凛然正气的外显。



## 醉歌十首（其五）



汪元量

**乱点连声杀六更[1]，荧荧庭燎待天明[2]。侍臣已写归降表，臣**

(1) 乱点连声：短促而细碎的梆子声和鼓声。杀：结束。(2) 荧荧：微光闪烁的样子。庭燎：庭中点的火把。

**妾佥名谢道清[3]。**

(3) 臣妾：古代妇女对君主的自称。谢道清：谢后，宋理宗的皇后，当时皇帝的祖母。

《宋诗选》

【翻译】

短促而细碎的鼓声收煞在六更，微光在大庭中闪烁等待天亮。侍臣写好了归降表呈上，太皇太后谢氏称臣签名。

【简析】

1276 年，元兵逼近临安，以太皇太后谢氏为首的宋朝君臣奉表请降，诗人见证了这历史的一幕。诗歌首句就写宋朝宫廷中气氛凄惨，报时的鼓声乱点，更是谢太后的心乱；第二句进一步写了太后领幼主登朝，殿堂早已燃起火把等待天明，气氛更加悲惨；三、四两句推进一层，写了谢太后诚惶诚恐的症结所在，侍臣已经将投降表呈上御案，谢太后以臣妾名义签名，真是奇耻大辱，其中包含了多少悲伤和痛苦。

# 过杭州故宫二首（其一）

**谢翱**

**禾黍何人为守阍[(1)]？落花台殿黯销魂。朝元阁[(2)]下归来燕，不见前头鹦鹉言！**

（1）禾黍：指国亡之悲，此处代南宋故宫。阍：多指宫门。（2）朝元阁：唐代长安骊山上的阁名，它与华清宫、长生殿都是天宝年间唐玄宗、杨贵妃经常游宴的处所，此处泛指杭州故宫的建筑。

《宋诗选》



## 【翻译】

（昔日）武士守卫的宫门如今不见人，亭台如今落花满地的荒冷令诗人销魂。宫殿建筑下燕子归来，但鹦鹉已无处寻觅。

## 【简析】

这是一首凭吊故国的诗歌。诗歌开篇两句托物起兴，写了南宋宫殿被毁坏后的荒凉景象：当日的武士持戟保卫宫阙，如今一片死寂；曾经的千官鹤立的地方，如荒台殿冷，落花满地，浓厚的悲伤情绪旋绕其中。接着两句写了杭州的故宫建筑下有燕子飞回来，但是当年频频学舌的鹦鹉找不着了，以此暗示了当年的欢声笑语，如今的寂静寥落。诗歌沉痛而含蓄，借唐比喻宋，是南宋遗民的重要诗篇。

# 明朝篇

# 感怀三十一首（其一）

刘　基

**驱车出门去，四顾不见人。回风卷落叶，飒飒带沙尘。平原旷千里，莽莽尽荆榛[(1)]。繁华能几何，憔悴及兹辰。所以芳桂枝，不争桃李春。云林耿幽独，霜雪空相亲。**

（1）荆榛 ：泛指丛生灌木，多用以形容荒芜情景。

《中国历代名诗赏读》

【翻译】

驾车出门，四顾都不见人烟。回旋的风卷着落叶，声音飒飒裹着尘沙。平原旷阔千里，覆盖苍茫的荆榛。繁华能有多少呢，憔悴来不及顾忌。桂树芬芳，不与桃李争春。在云林之间坚守，与霜雪相亲。

【简析】

本诗通过对城池内外的荒凉景象的描述，表达了诗人归隐青山的意愿和茫然迷惘的心情。诗歌开篇直接写了在兵戈战乱后，人烟稀少，风沙阵阵，田园无人耕种，覆盖着苍莽的荆榛，四处一片荒凉凄惨景象。面对这种景象，诗歌转入感慨，在兵荒马乱之间，繁华和名利还有什么可以估计呢？没有必要与桃李争春，还不如在“幽独”的山里了此一生，与霜雪相亲，字里行间流露了归隐之意。

# 白燕

袁凯

**故国飘零事已非，旧时王谢[1]见应稀。月明汉水[2]初无影，雪**

（1）王谢：王导和谢安，都是晋代住在乌衣巷中的大贵族。（2）汉水：长江的支流。

**满梁园[3]尚未归。柳絮池塘香入梦，梨花庭院冷侵衣。赵家姐妹[4]**

（3）梁园：即兔园，在今河南商丘县，汉朝梁孝王建造，曾在此于大雪日招诸文士饮酒赋诗。（4）赵家姐妹：汉成帝的两个妃子赵飞燕姐妹，两姐妹在昭阳殿住了多年。

**多相忌，莫向昭阳殿里飞。**

《中国历代名诗赏读》

【翻译】

江山如故人事已非，昔日王谢堂前的燕子稀少。月光照在汉水江面找不到影子，白雪洒落梁园不见燕子归来。春水池塘柳絮飘满像入仙境，梨花飘落庭院冷风吹衣。赵飞燕姐妹相互嫉妒，不要飞向昭阳殿中去。

【简析】

这是一首赞美燕子、感怀世道的诗歌。开头就说江山如故，物是人非，秋去春来的燕子已经不是昔日王谢堂前的乌燕，而是一只白燕。诗歌第二句展开丰富想象，月光洒满江面，万里雪白，白燕飞越汉水，融入银色世界，连影子都找不到。诗歌第三句讲白燕飞越春水池塘，柳絮飘落满地，梨花也纷纷飞落，白燕在花丛中飞来飞去，分不清花和燕子了。诗歌最后说了赵飞燕姐妹喜欢嫉妒，告诫燕子不要飞进帝王家，以防不测，由此可见对白燕的怜惜之情。诗歌在赞美燕子的同时，流露了怀古伤今的情绪。

# 登金陵雨花台望大江[1]

（1）金陵：今江苏南京。雨花台：在南京聚宝门外，据冈阜最高处，传说梁武帝时，云光法师讲经于此，天上落花如雨，故以名其台。

高 启

**大江来从万山中，山势尽与江流东。钟山[2]如龙独西上，欲破**

（2）钟山：即南京紫金山。

**巨浪乘长风[3]。江山相雄不相让，形胜争夸天下壮。秦皇空此瘗黄**

（3）“欲破”句：此句化用《南史·宗悫传》“愿乘长风破万里浪”的句子。

**金[4]，佳气葱葱至今王。我怀郁塞何由开，酒酣走上城南台[5]。坐**

（4）“秦皇”句：据《丹阳记》载：“秦始皇埋金玉杂宝以压天子气，故名金陵”。瘗（yì）：埋。《吕氏春秋》：“有年瘗土，无年瘗土。”（5）城南台：即雨花台。

**觉[6]苍茫万古意，远自荒烟落日之中来。石头城[7]下涛声怒，武骑**

（6）坐觉：自然而觉。(7)石头城：故址在今南京市清凉山，初为楚金陵邑，孙权重筑改名。六朝时负山面江，为攻守必争之地。

**千群谁敢渡[8]。黄旗入洛竟何祥[9]，铁锁横江[10]未为固。前三国，**

（8）“武骑”句：南朝陈末，贺若弼、韩擒虎率领数十万大军准备渡江，佞臣孔范却对陈后主说，长江天堑，古来限隔，虏军岂能飞渡？事见《南史·孔范传》。（9）“黄旗”句：三国时吴王孙皓听术士说自己有天子的气象，于是就率家人宫女西上入洛阳以顺天命。途中遇大雪，士兵怨怒，才不得不返回。此处说“黄旗入洛”其实是吴被晋灭的先兆，所以说“竟何祥”（见裴松之注引《江表传》）。（10）铁锁横江：三国时吴军为阻止晋兵进攻，曾在长江上设置铁锥铁锁，均被晋兵所破（见《晋书·王浚传》）。

**后六朝，草生宫阙何萧萧[11]！英雄乘时务割据，几度战血流寒潮。[12]**

（11）三国：本指魏、蜀、吴，诗中专指吴。六朝：通行有两种说法，一是东吴、东晋以及南朝的宋、齐、梁、陈，在建康（今南京）建都的六个朝代，因唐朝人许嵩在《建康实录》一书记载了这六个朝代而得名；二是曹魏、晋朝以及南朝的宋、齐、梁、陈六个朝代，因北宋的司马光撰《资治通鉴》以此六朝作为正统编年纪事而得名，此处指前者。萧萧：冷落，凄清。（12）“英雄乘时”二句：意谓三国、六朝的英雄们乘势进行割据，造成一次又一次的流血战争，令人胆战心寒。务：致力。割据：以武力占据部分地区，在一国内形成对抗局面。

**我生幸逢圣人[13]起南国，祸乱初平事休息[14]，从今四海永为家，不**

（13）圣人：指朱元璋。(14)休息：休养生息。

**用长江限南北。[15]**

（15）“从今”句：用刘禹锡《西塞山怀古》诗“从今四海为家日”的句意。

《高太史大全集》



【翻译】

滔滔长江从万山中奔腾而来，山的走势和江的流向都向东。钟山蜿蜒如龙独在西边，似乎要与江河相抗衡。长江与钟山相互争雄，两者之势堪称天下壮景。秦始皇曾在钟山埋下黄金，但山川灵秀之气象至今还旺盛。我心中的忧思怎样才能解开？醉着酒走上城南雨花台，自然而感觉苍茫的古意，面对荒烟落日油然而生。石头城下江水震怒汹涌，（北边）千万铁骑怎敢渡江？（孙皓）打着黄旗北去洛阳是凶兆，连铁索横江都不牢固！前代吴国，后代南朝，宫阙荒芜草木已繁茂！一方霸主忙于割据称雄，几度厮杀使血流入江河似寒潮一般。我一生遇到圣人起江南发兵很幸运，平定争霸之乱如今已休养生息。从此四海之内永远一家人，再也不用长江来南北对峙了。

【简析】



此诗作于明洪武二年（1369 年），当时作者应诏入京修《元史》。诗歌开篇五联通过作者登临金陵雨花台所见所思，抒发了诗人对祖国大好河山的的赞美，对祖国统一的歌颂。中间六联由景色描写转入怀古，心情郁塞，看着大江秀山，抒发对割据战乱的强烈厌恶和憎恨。后面是对当世的赞美，肯定了朱元璋统一祖国的丰功伟绩。诗歌四句一转韵，一转一层境界，以金陵的形势开篇，追溯它的历史，直到为国家的统一而欣喜，爱国主义激情浓烈；气势豪放，用典把握适度，音韵铿锵，舒卷自如。

# 石灰吟

于　谦

**千锤万凿(1)出深山，烈火焚烧若等闲(2)。粉身碎骨全不怕，要留清白在人间(3)。**

（1）千锤万凿：无数次的锤击开凿，形容开采石灰非常艰难。（2）若等闲：好像很平常的事情。

（4）清白：指石灰洁白的本色，又比喻高尚的节操。人间：人世间。

《中国历代名诗》

【翻译】

（石灰）经过多次撞击才从山上开采出来，（它）把烈火焚烧看成平常的事。（即使）粉身碎骨也毫不惧怕，甘愿把一身清白留在人世间。

【简析】

本诗借歌咏石灰来表达诗人崇高的志向。本诗前两句写如何开采和制作石灰，石灰原料来自深山，要经过千锤万击才能得到，要放在炉窑中经烈火焚烧而成。石灰虽然面临严酷考验，但它镇定自若，这是何等顽强。后两句写道，即使把石灰粉身碎骨化成石浆，也全然不怕，因为它要把清白本色留在人间。诗人借石灰之口表达了诗人不怕牺牲的精神。诗歌全篇运用借喻手法，借物喻人，咏物言志，表达了诗人要以石灰为榜样，清白正直做人。



# 栀子花诗

沈　周

**雪魄冰花凉气清，曲栏深处艳精神。一钩新月风牵影，暗送娇香入画庭。**

《元明清诗鉴赏辞典》

【翻译】

（栀子花）魂如白雪质如冰气清凉，（栀子花生长）在曲栏深处精神爽朗。一轮新月初上风牵住其影，把自己的香气传向如画的华庭。

【简析】

这是一首描写栀子花的七绝。诗歌开篇先说了生长在庭院曲栏深处的栀子花的形质，因夏季开花，花呈白色，诗人以雪喻之，并喻其花为冰质，其吐气为清凉之气。诗歌后二句尤为奇妙，当一轮新月初上之时，栀子花的的魂魄展开了轻盈的双翅，飞离了曲栏，把自己的娇香附在自己俏影上，传向诗人所坐的如画的华庭。诗歌意境幽美，措辞清新。



# 九日渡江

李东阳

**秋风江口听鸣榔**(1)**，远客归心正渺茫。万里乾坤此江水，百年风日几重阳。烟中树色浮瓜步**(2)**，城上山形绕建康**(3)**。直过真州**(4)**更东下，夜深灯影宿维扬**(5)**。**

（1）鸣榔：捕鱼时敲打船舷所发出的声响。

（2）瓜步：江苏六合县瓜步镇。（3）建康：南京城。（4）真州：仪征市真州镇。

（5）维扬：扬州市。

《元明清诗鉴赏辞典》

【翻译】

在秋风飒爽的渡口听见敲打船帮声，做客在外归途茫茫思绪翩翩。江水滔滔世界宽广，人生百年有几个重阳节。烟雾弥漫的瓜步县如漂浮水上，重叠山峦缭绕着南京城。（船）飞快东下直过真州，在深夜繁灯的辉映下达到扬州。

【简析】

这是一首诗人在重阳节渡江北上时作的思乡诗歌。诗歌依渡江顺序展开，开篇就写了诗人在天高气爽的秋风中来到渡口，船将开，听见了敲打船舷的声音，催动着行人归家，使人思绪翩翩。接着即景抒情，江水涛涛，使人感到世界宽广，人生百年，又有几个重阳节，自己漂泊是何等渺小，功名利禄，何必苦求。诗歌下半首直接写了诗人渡江情形，船在江中行，近处烟雾弥漫，瓜步镇如漂浮在水面；远处是重叠的山峰缭绕着雄伟的南京城，可谓气象开阔。而船就在这样的景象中，飞快航行，过了真州，在夜深繁灯中到达了扬州。

# 桃花庵歌

唐　寅

**桃花坞里桃花庵，桃花庵里桃花仙[1]。桃花仙人种桃树，又摘**

（1）桃花仙：此为唐寅自指。唐寅非常喜欢桃花，自称“桃花仙人”。

**桃花换酒钱[2]。酒醒只在花前坐，酒醉还来花下眠。半醒半醉日复**

（2）“又摘”句：指唐寅画桃花卖钱买酒喝。

**日，花落花开年复年。但愿老死花酒间，不愿鞠躬车马前[3]。车尘**

（3）车马：此代指权贵。此句借用陶渊明的“不为五斗米折腰”的典故。

**马足贵者趣，酒盏花枝贫者缘。若将富贵比贫贱，一在平地一在天；若将贫贱比车马，他得驱驰我得闲。别人笑我忒[4]风颠，我笑他人**

（4）忒（tē）：太。

**看不穿。不见五陵豪杰墓，无花无酒锄作田[5]。**

（5）“不见”二句：昔日叱咤风云富贵至极的君王将相，如今何在？连花和酒这些在他们生前不屑一顾的东西都无法奢望，甚至连坟茔都不保而变成了耕田。五陵：即五陵原，是西汉王朝在这里设立的五个陵邑。

《唐寅诗集》

【翻译】

桃花坞里有座桃花庵，桃花庵里有个桃花仙。桃花仙人种着很多桃树，（他）摘下桃花去换酒钱。酒醒的时候静坐在花间，酒醉的时候在花下睡觉。半醒半醉之间一天又一天，花开花落一年又一年。但愿老死在桃花和美酒之间，不愿意在（达官显贵们的）车马前鞠躬行礼。车水马龙是贵族们的志趣，酒杯花枝才是贫穷者的缘分和爱好。如果将富贵和贫穷来比较，一个在天一个在地。如果将（我的）贫贱和达官显贵的车马相比，他们纵意驰骋我得到了闲情乐趣。别人笑话我很疯癫，我却笑别人看不穿世事。不见那些豪杰之士墓冢不存，只能被当作耕种的田地。

【简析】

唐寅科举失意后，与家人失和，迁居在桃花坞，这首《桃花庵歌》正是此时生活的写照。诗歌开篇由远及近，重复六个“桃花”，浓墨重彩地描绘了一个桃花世界，接着作者展开了一幅“醉卧花间”的美图，可见桃花仙人何等逍遥，何等快活，花与酒已经成为诗人生命的一部分。诗歌后半部分道出了诗人志趣所在：与其为了荣华奔波忙碌，不如在花酒间快活自在。最后诗人总结，昔日叱咤风云的帝王将相，如今如何？不但身没势落，连花和酒这些在他们生前不屑一顾的东西都无法奢望了，甚至连坟茔都不保。如果他们在天有知，也只能无奈地看着农夫在自己葬身的土地上耕作了。诗歌语言浅显，音节流畅，感情坦诚，余味绵绵。



## 石湖[1]



（1）石湖：苏州的著名的风景区。

文徵明

**石湖烟水望中迷，湖上花深鸟乱啼。芳草自生茶磨岭[2]，画桥东注越来溪[3]。凉风袅袅青苹末，往事悠悠白日西。依旧江波秋月坠，伤心莫唱夜乌栖[4]。**

（2）茶磨岭：石湖旁的一座山峰。

（3）越来溪：流入石湖的河流。

（4）夜乌栖：即《乌夜栖》，一支古老的乐府歌曲。

《元明清诗鉴赏辞典》

【翻译】

远望湖水雾气迷茫，湖边花儿盛开群鸟啼叫。野草在茶磨岭欣然生长，画桥下越来溪的水自在活泼。晚风轻起带来凉意，白日西下令人产生许多感慨。（联想到）秋月坠落在江波中，如果伤心切莫再唱《乌夜栖》。

【简析】

这是一首描写苏州石湖的诗歌。诗歌开篇就写了石湖的风光，既丰富多彩，又和谐清雅，这里有朦胧的湖面，有盛开的鲜花，有啼鸣的群鸟，有自生的野草，有激流的溪水。接着诗人又写了，这个春天的世界，充满了生机，令人迷恋，直到晚风从湖面轻轻吹起，带来凉意，直到白日西下，明月在水面沉落，这月与秋天的月亮一样，令人产生了许多感慨。诗歌没有浓重的色彩，鲜明的线条，强烈的动势，而是笼罩着一片柔美气氛，显示出了石湖的清丽。

# 秋 望

李梦阳



**黄河水绕汉宫墙[(1)]，河上秋风雁几行。客子过壕追野马[(2)]，将**

（1）汉宫墙：指明朝当时在大同府西北所修的长城，它是明王朝与鞑靼部族的界限。（2）客子：指离家戍边的士兵。过壕：指越过护城河。野马：本意是游气或游尘，此处指人马荡起的烟尘。

**军弢箭射天狼[(3)]。黄尘古渡迷飞挽[(4)]，白月横空冷战场。闻道朔方**

（3）弢(tāo)：装箭的袋子。天狼：指天狼星，古人以为此星出现预示有外敌入侵。（4）飞挽：快速运送粮草的船只。

**多勇略[(5)]，只今谁是郭汾阳[(6)]。**

（5）朔方：唐代方镇名，在灵州(今宁夏灵武)，此处泛指西北一带。（6）郭汾阳：即郭子仪，唐代名将，曾任朔方节度使，以功封汾阳郡王。

《元明清诗鉴赏辞典》

【翻译】

滚滚黄河水包围着长安，河上秋风阵阵几行大雁飞过。游子跨过护城河时尘沙阵阵，将军从弓袋中拔箭射敌军。（船驶在）黄尘漫漫快速运粮船只迷在渡口，明月当空使战场悲凉起来。听说朔方有很多勇敢而有谋略的人，而今天谁会成为像郭子仪一样的人？



【简析】

这是一首描写秋日边塞风光，抒发诗人忧国之情的诗歌。诗歌首联点明了环境和时令，黄河之水，奔腾东去，秋风瑟瑟，大雁南飞，整个画面广漠雄浑，渗透着几分悲凉，几分惨淡。颔联写诗人来到郊外，野马飞尘，将军准备抵抗外来入侵之敌。颈联写战场的萧索景象，黄尘弥漫，天上挂着孤冷的白日。尾联以问句作结，意味绵长，寄托了诗人的无限感慨，表现了诗人对国事的深沉忧虑。



## 朱仙镇[1]

（1）朱仙镇：在河南开封西南。1140 年，岳飞打败金兵，进军在此，大宴三军。

李梦阳

**水庙[2]沙飞白日阴，古墩残树浊河深。金牌痛哭班师地，铁马驱驰报主心[3]。入夜松杉双鹭宿，有时风雨一龙吟。经行墨客[4]还词赋，南北凄凉自古今。**



（2）水庙：指岳飞庙，因庙旁有水，故称。

（3）“金牌”二句：据史书记载，主和派大臣秦桧为了强行召回节节胜利的岳飞，一日之内连下十二道金字牌，岳飞愤惋涕下，东向拜曰：“十年之力，废于一旦。”班师之日，当地父老出城相送，痛哭流涕。

（4）墨客：文人。

《明诗选》

【翻译】

白日的岳飞庙忽然阴云四合风沙飞扬，河水又浊且有旧土墩和残败树木。（这里是当年）岳飞被金牌召回痛哭之地，（岳飞）驰骋战马报答主上。（此地）夜间的松杉有双鹭住宿，有时风雨突起龙也哀吟。过往的文人还在写诗作文，南边坟北边庙被世人冷落。

【简析】

这是一首描绘朱仙镇岳王庙的诗歌。首联写眼前所见实景，岳庙忽然间阴云四合，风沙飞扬，再看墩古、树残、河水又浊又深；颔联是触景生情引出的对历史的追忆，即从正面表彰岳飞，也是从对面强化了悲剧。颈联把笔收回，写眼前的岳庙，时间转到了夜晚，双鹭来宿，香火冷落，古庙凄凉，风雨天里，岳飞冤魂发出龙吟之声。尾联说古道今，抒情写怀，尽管过往文人还在写事作文凭吊岳飞英灵，但不能改变南坟（岳飞坟在杭州）北庙被世人冷落的凄凉景象。明代文人杨升庵称此诗“空同七言律第一首”（《空同诗选》）。

## 在武昌作[1]

（1）武昌：在今武汉市。

徐祯卿

**洞庭[2]叶未下，潇湘[3]秋欲生。高斋今夜雨，独卧武昌城。重**

（2）洞庭：洞庭湖。（3）潇湘：湘江。

**以桑梓念[4]，凄其江汉情。不知天外雁，何事乐长征？**

（4）桑梓念：对家乡的怀念。

《明诗选》

### 【翻译】

洞庭湖边木叶尚未凋零，潇湘水边（感受到）秋意已生发。今晚的书斋在风雨催秋中，诗人独自躺卧在武昌城。又产生了对家乡的思念之情，感叹自己独在江汉地区。不知什么时候天外传来了雁声，大雁为什么事而高兴地飞翔。

### 【简析】

这是徐祯卿客居武昌时所做的诗歌。开篇化用《楚辞·湘夫人》句意，写了洞庭湖边木叶虽然尚未凋零，而秋意似乎已先来到了。颔联写了在风雨飘零的秋天中，诗人无奈，只好一人在武昌城书斋中闷头睡觉。颈联承接前句，高斋独卧，冷雨敲窗，诗人产生了思乡之情。尾联以景语作结，天外传来了阵阵雁声，诗人更加思家。诗歌一气呵成，混成自然，用语质朴。

# 雨 夜

何景明

**院静闻疏雨，林高纳远风。秋声连蟋蟀，寒色上梧桐。短榻孤灯里，清笳万井[1]中。天涯未归客，此夜忆江东。**

（1）万井：古制八家为井，后以井指乡里、家宅，此处指许多村庄。

《明诗选》

【翻译】

夜深院子安静听到疏落的雨声，树木很高远风振林声沙沙作响。秋天的声音与蟋蟀鸣叫相连，秋夜的霜露在梧桐上带着寒气。（诗人在）短卧塌和孤独的灯里，听到清胡笳的声音。天涯之外的未归家的诗人，在此夜里想念江东。

【简析】

这是一首写夜雨中心境和感受的诗歌。诗歌共八句，前六句都是写周遭的景物。写了院落寂静，声音不大的疏疏细雨也刺激耳鼓；高处的林木接纳远风，使雨夜声响成为复调；再加入蟋蟀的鸣叫，秋声更有了凄凉的内容。在这样一个山野静夜听雨听风听秋声的情景中，天涯羁旅，孤灯对影，秋气袭人，怎不引起家乡之思。

# 竹枝词

杨 慎

**神女峰[1]前江水深，襄王[2]此地几沉吟。晔花温玉朝朝态[3]，**

（1）神女峰：也叫望霞峰、美人峰，巫山十二峰之一，位于巫山县城东约 15 公里处的巫峡大江北岸。此峰如一根巨石突兀于青峰云霞之中，宛若一个亭亭玉立、美丽动人的少女，故名。（2）襄王：本名熊横，楚怀王之子，公元前298—前263在位。（3）晔花：形容神女明丽如花。温玉：形容神女温馨如玉。朝朝：每天。

**翠壁丹枫夜夜心**(4)。

（4）翠壁丹枫：描写巫峰的景象，引自杜甫诗“含风翠壁孤云细，背日丹枫万木稠”。夜夜心：引自李商隐诗“碧海青天夜夜心”。

《升庵先生文集》

【翻译】

神女峰前的江水深长，（当年）襄王在此地沉吟。（神女）每天明丽如花温馨如玉，（面对）含风的翠壁、背日的丹枫夜夜惆怅。

【简析】

这是一首歌咏巫山神女的诗。首句写了神女峰依山傍水，降水激荡，江流深长，两相映衬，江山灵秀俊美。接着作者回思往事，如此美丽的山峰，不愧为神女暮暮朝朝依恋之地，此峰也正是往昔楚襄王及宋玉游览之地，与神女梦中相遇之所。接着诗歌写了神女娇美无比，明丽如花，温馨如玉，朝朝如此，直到今天，还是那么秀美动人。最后，诗歌化用唐代李商隐描写嫦娥“碧海青天夜夜心”的寂寞之感，写出了神女长时间面对含风翠壁，背日丹枫，一种孤独寂寞的惆怅之感油然而生。



## 塞上曲

谢　榛

**旌旗荡野塞云开**(1)**，金鼓连天朔雁回**(2)**。落日半山追黠虏**(3)**，**

（1）旌旗：军旗。荡野：飘荡在平旷的原野上。塞云开：边塞上空的云层打开。（2）金鼓：军鼓。朔雁回：北雁飞回。（3）黠（xiá）虏：狡猾的敌人。

**弯弓直过李陵台**(4)。

（4）李陵台:李陵的墓。

《明诗选》

## 【翻译】

军旗飘荡杀声震天塞云打开，军鼓连天回响山野群雁惊回。日落燕然山腰时敌军慌忙逃窜，弯弓提刀的勇士一直追过李陵台。

## 【简析】

这是一首边塞诗。诗歌开篇二句烘托战场气氛，仿佛战阵拉开，杀声震天，使得塞云惊退；战鼓连天，响震山林，使得群雁惊回。诗歌后二句写战斗的结果，战斗进行了多久不知道，只见落日时分敌军败北，而大明官军乘胜追击，展现了将士的英勇善战和决不投降的决心。诗歌造境、炼字、炼句都有称道处。



# 于郡城送明卿之江西（其二）[1]



（1）明卿：吴国伦，是作者李攀龙志同道合的好友，为“后七子”之一。

李攀龙

**青枫飒飒雨凄凄，秋色遥看入楚[2]迷。谁向孤舟怜逐客[3]，白云相送大江西。**

（2）楚：古楚国所辖之地。此泛指吴明卿被贬的江西。（3）逐客：被贬逐的官员，这里指吴明卿。

《明诗选》

## 【翻译】

绵绵细雨中，青枫被吹打得飒飒作响，遥看楚地秋色一片朦胧。（如今）有谁同情孤独被贬，漂浮白云送（吴明卿）到大江西岸。

## 【简析】

这是诗人送朋友贬逐他乡的诗。诗歌开篇描写了送行是的景色：阵阵寒风，绵绵细雨，将江边的青枫吹打得飒飒作响。再遥看水天相接处的楚天，雨中秋色，一片朦胧，一个“迷”字写出了前途的渺茫。后两句写送行，面对送客，诗人感慨道：如今谁同情他，又有谁来送行呢？诗人望见“孤舟”远行，只有漂浮白云追随友人而去。诗歌情意深厚，神情韵味十足。

# 就义诗[1]

(1)就义诗:诗歌作於诗人杨继盛就义前,其曾上流弹劾严嵩“五奸十大罪”遭诬陷下狱，倍受拷打，1553年遇害，年40。

**杨继盛**

**浩气还太虚[2]，丹心[3]照千古。生平未报国，留作忠魂补。**

(2)浩气：正大刚直之气。还：回归。太虚：太空。（3）丹心：忠诚之心。

《明诗选》



**【翻译】**

浩然正气冲盈在天地之间，耿耿丹心照耀千古。（我）一生未曾为国效力，只愿化作一缕忠魂作为补偿。

**【简析】**

这是诗人就义时写下的诗歌。诗歌开篇就大义凛然说道：我本浩然正气而生，今为国而死，浩气还在太空，丹心永存，照耀千古。接着感慨生平有心报国，但志向难伸，奸臣仍在，外患未平，只愿死后留得忠魂来补报国家。一个人在生死关头，想到的不是自己的安危和家庭，而是国家命运、天下苍生，这是一种伟大的爱国主义精神，无私无畏、至大至刚的精神，感动千古，杨继盛用他的生命铸就了那柄斩杀奸邪的利剑。



# 题《墨葡萄图》[1]

（1）墨葡萄图：诗人徐渭画的一幅水墨图画，是其绘画的代表作之一。

**徐　渭**

**半生落魄已成翁，独立书斋啸晚风。笔底明珠[2]无处卖，闲抛闲掷野藤中。**

（2）明珠：此处指画中的葡萄。

《明诗选》

【翻译】

半生艰辛落魄已成老头，（我）坚守在书斋迎风咆哮。画中葡萄没有人买，随意抛掷在野草中。

【简析】

这是徐渭为自己的画作题写的诗。诗歌首句概括了是十年来灾难重重，九死一生的经历，同时还包括了自己的艰辛。面对此，诗人没有颓废，不肯向压迫低头，仍然保持着咆哮人生的狂傲气概。诗歌后两句回到现实，诗人想卖画糊口，但画中如明珠般的葡萄居然没人买，狂狷的诗人干脆将画随便抛弃，向这个社会发出反抗的声音。

# 戚将军赠宝剑歌（其二）

王世贞

**曾向沧流刳怒鲸[1]，酒阑分手赠书生[2]。芙蓉涩尽鱼鳞老[3]，总为人间事渐平[4]。**

（1）沧流：东南沿海海域。怒鲸：指海上入侵的倭寇。（2）书生：此指作者自己。诗人王世贞曾与戚继光为莫逆之交。（3）“芙蓉”句：意谓宝剑因长期没有使用，剑茎上的芙蓉光彩，剑匣上的鱼鳞状花纹，因生锈而掉色，以此喻戚继光将军长期受到冷遇。芙蓉：指剑身上的雕饰。涩：生锈。鱼鳞：剑匣上鱼鳞状密集的纹饰。

（4）“总为”句：意谓剑因长期生锈因人间有不平之事，如今渐归于平，所以闲却宝剑，任其剥蚀。

《元明清诗鉴赏辞典》

【翻译】

（戚将军）曾怒斩倭寇肃清沿海，喝酒分手之际（戚将军）将宝剑赠送给我。剑上的芙蓉光彩和鱼鳞状花纹生锈掉色，剑因人间不平之事渐归于平。

【简析】

戚继光担任总督时，与王世贞交情甚深，在一次酒宴上戚以宝剑相赠，王世贞以诗答谢，共十首，这是第二首。诗歌开篇就写宝剑，但也是写戚将军，戚将军挥动宝剑，转战东南，斩敌沧海，肃清倭寇，功勋卓著。接着写直接描写了在酒阑分手时，戚将军毅然赠剑激励诗人。诗歌后两句抒发了受剑后的感慨，剑因长期未使而生锈、掉色，同时也兼写人，戚将军虽然有功社稷，但并未受到朝廷重视，长期受到冷遇，悲愤之情荡涤诗间。

# 马上作

戚继光

**南北驱驰报主情[1]，江花边草笑平生。一年三百六十日，多是**

（1）南北驱驰：戚继光曾在东南沿海一带抗击倭寇的侵扰，又曾镇守北方边关。

**横戈马上行[2]。**

（2）横戈：手里握着兵器。

《元明清诗鉴赏辞典》

【翻译】

转战南北驰骋疆场为了报答皇上恩情，江畔和边关的花草都笑（我）一生忙碌。一年有三百六十日，大都带着兵器骑着战马在疆场度过。

【简析】

这是一首反映诗人转战南北，保卫国防的英姿雄风的诗。诗歌开篇直接抒发诗人心怀天下，为了国家安宁，不惜万里奔波的崇高胸怀。为了抗倭事业，诗人一生东奔西走，行色匆匆，无暇顾及周围美好的景色，连花草都笑“我”太忙碌。后两句是前两句的具体说明，诗人紧紧与战马与横戈联在一起，不能须臾分离的，一个保卫国家的英雄形象跃然纸上。全诗平易自然，朗朗上口，显示出诗人的英雄气概和崇高品质。



## 七夕醉答君东二首（其二）

汤显祖

**玉茗堂[1]开春翠屏，新词传唱《牡丹亭》[2]。伤心拍遍无人会[3]，**

（1）玉茗堂：作者汤显祖归隐后购置的新居名称。（2）牡丹亭：作者汤显祖创作的杂剧剧作《牡丹亭》。（3）“伤心”句：用手拍打栏杆，却没有人理解。此句是作者感叹知音难求。



**自掐檀痕教小伶[4]。**

（4）自掐檀痕：由于反复排练，檀板握得久了，手掌心上都掐出了深深痕迹。小伶：小演员。

《汤显祖诗文全集》

【翻译】

玉茗堂里的春翠屏风前，一遍遍地唱着新编的《牡丹亭》唱词。让人伤心的是节拍拍遍竟没人会唱，只得亲自击鼓打板教小演员唱。

【简析】

这首诗是汤显祖宦海沉浮多年后，不愿为五斗米折腰，挂冠而去，归隐家乡后，与好友对饮时所作。诗歌开篇写了归隐后的居所玉茗堂被绿树环绕，如道道翡翠的屏风，虽是秋天，但仍觉得春意融融。在这景色宜人的住所创作的《牡丹亭》轰动一时，演出盛世空前，作者陶醉在成功的喜悦之中。但后两句则写出了作者复杂心情，他心事浩茫，用手一遍又一遍拍打着栏杆，因与另一名戏曲家沈璟在戏曲创作中意见分歧很大，常删改汤显祖的《牡丹亭》，故他感叹知音难觅，只好亲自手执檀板，敲打着节拍，教小演员们唱戏。

# 显灵宫集诸公，以“城市山林”为韵（四首选一）[1]

（1）显灵宫：又名王灵官祠，在北京西郊，乃避暑好去处。诸公：诗人袁宏道大哥袁宗道、友人黄辉等。

袁宏道

**野花遮眼酒沾涕，塞耳愁听新朝事[2]。邸报[3]束作一筐灰，朝**

（2）新朝事：朝廷中新近的事。（3）邸报：此泛指内阁抄发的朝报。

**衣典与栽花市。新诗日日千余言，诗中无一忧民字。旁人道我真聩聩[4]，**

（4）聩聩（kuì）：昏聩。

**口不能答指山翠[5]。自从老杜得诗名，忧君爱国成儿戏。言既**

（5）指山翠：指退隐山中。

**无庸默不可，阮家[6]那得不沉醉。眼底浓浓一杯春[7]，恸于洛阳年**

（6）阮家：阮籍，他为逃避司马氏的政治迫害，时常大醉。（7）春：春酒。

**少[8]泪。**

（8）洛阳年少：指贾谊，他是洛阳人。

《中国历代诗歌选》

【翻译】

满目的野花喝酒涕泪，塞住耳朵不愿听朝中新事。朝报束起来堆在箩筐里已生灰尘，朝服典当换几束鲜花。每日都做千余言的新诗歌，诗中找不到一个忧国忧民的文字。旁人指责我昏聩糊涂，不能答对只能指点满山翠色。自从杜甫以诗博得清名，忠君爱国能当儿戏？既不想闭口不言又不想沉默，只有如阮籍那样日日沉醉。眼底有一杯浓浓春酒，这恸哭比洛阳贾谊还甚。

【简析】

这首诗歌是诗人应试落第后与朋友郊游时所作。诗歌开篇就直截了当抒发心中的愤恨，只能赏花饮酒来发泄。看着发来的朝报，随手扔进废纸筐，朝衣也卖掉。政坛令人绝望，诗人无所事事，大部分时间写诗，日有千言，没有一字忧民，以至于别人认为诗人昏聩。面对此，诗人无言以对，只能指青山作答。接着，诗人用了杜甫的典故，阮籍的典故，贾谊的典故，诉说内心的苦闷。诗歌由浅入深，层层剥笋，用字浅显，说理透彻。

# 夜　泉

袁中道



**山白鸟忽鸣，石冷霜欲结。流泉得月光，化为一溪雪。**

《中国历代诗歌选》

【翻译】

夜晚山中夜鸟突然叫了起来，石头冰凉凝成了霜。流泉在月光的照耀下，仿佛一溪流动的雪。

【简析】

这是一首描写月色山泉的小诗。开篇描写山在月光沐浴下成白色，一声鸟鸣划破了寂静。清幽的月色洒在石头上，凝成霜花。接着诗人从视觉来写夜泉，石下的泉水，被月华照映，银光闪烁，简直像是一片白雪，可见诗人的别出心裁。

# 秋日杂感十首（其二）

陈子龙

**行吟坐啸独悲秋，海雾江云引暮愁。不信有天常似醉[1]，最怜**

（1）“不信”句：据张衡《西京赋》载，春秋时代，秦穆公梦朝天帝，天帝醉了，遂以鹑首之地赐秦。此句说天难道昏聩如醉，让清人统治中国。

**无地可埋忧[2]。荒荒葵井[3]多新鬼，寂寂瓜田识故侯[4]。见说五**

（2）“最怜”句：反用仲长统《述志》诗 “寄愁天上，埋忧地下”的意思。（3）葵井：长满荒草的水井。（4）“寂寂”句：据《史记·萧相国世家》载，秦亡之后，东陵侯邵平在长安城外以种瓜为生。此哀叹明亡以后隐遁的贵族。

**湖供饮马[5]，沧浪[6]何处着渔舟。**

（5）五湖：太湖。供饮马：指被清兵占领。（6）沧浪：水清色，泛指江湖。

《中国历代诗歌选》

【翻译】

（诗人）独自行坐悲叹秋天，（南明武装）在沿海和内地江湖抗清引发日暮之愁。不相信苍天会长久昏聩（让清兵统治中国），最可怜没有一个地方埋葬忧愁。一片荒芜的水井旁多了许多刀下鬼，（明亡后）大批贵族沦为平民。江湖已经被清兵占领，想泛舟隐居江湖钓鱼也不可能。

【简析】

这是一首抒发诗人在清兵占领苏州后的亡国忧愤的诗歌。开篇就直写诗人触景悲秋，写了南明武装力量在沿海和内地坚持抗战，愁感与日俱增。三、四句写诗人不相信上天偏心，总会有公正的时候，诗人的愁怨、悲痛无处可埋。五、六句直接描写了战争带来的巨大灾难，多少平民做了刀下鬼，多少贵族沦为平民。最后两句说江山被清兵占领，自己想驾小船隐居也不可能了。诗歌首尾呼应，层次分明，结构严谨，擅用典故，恰到好处。

## 别云间[1]

（1）云间：今上海松江，也是作者的家乡，作者于 1647 年在此被清兵所捕。

夏完淳

**三年羁旅[2]客，今日又南冠[3]。无限河山泪，谁言天地宽！已**

（2）羁旅：寄居他乡，生活漂泊。（3）南冠：语出《左传》，楚人钟仪被俘，晋侯见他仍然戴着楚国的帽子，问左右的人：“南冠而絷者，谁也？”后世以“南冠”代被俘。

**知泉路[4]近，欲别故乡难。毅魄[5]归来日，灵旗[6]空际看。**

（4）泉路：黄泉路，此指死亡。（5）毅魄：英魂，语出屈原《九歌·国殇》：“身即死兮神以灵，魂魄毅兮为鬼雄。”（6）灵旗：又叫魂幡，古代招引亡魂的旗子，这里指抗清之旗，此表示死后仍要抗清。

《明代诗歌选》

【翻译】

多年以来漂泊为客，今天又成为了俘虏。为了河山流了无限泪水，谁又说天地宽广呢？（我）已经知道自己接近了黄泉之路，想要与故乡诀别却又难舍。（待到我）英魂归来的那一天，抗清的义旗在空中飘扬。

【简析】



这是诗人被入侵的清军抓捕后，临行前创作的诗歌。诗歌以抚今追昔的深沉概叹开篇，自己追随先贤抗清多年，如今被捕，使得诗人心血翻涌，激荡不堪，想起反清斗争的风起云涌，多少的抗清斗士淹没于血泊之中，放眼风光无限的山河，旦暮间竟然变得如此狭窄。此次被捕，诗人自知必死无疑，但故乡尚存的白发老母与妻儿，使人难以割舍，万般痛苦，难以言表。但在诗歌结尾之处，他又昂起了不屈的头颅：此去已抱必死之心，但反清复国之志的魂魄会游离于天地之间，就是到了九泉，也要高举征伐旗帜返回家园，这充满豪情的悲壮之思，如震开江雾的朝日，刹那间升腾直上，照耀古今。

# 清朝篇

# 后秋兴之十三（其一）

钱谦益

**海角崖山一线斜[1]，从今也不属中华。更无鱼腹捐躯地[2]，况**

（1）崖山：亦名崖门山，在广东新会县海中，此地为南宋末陆秀夫背着赵昺跳海处。一线斜：形容海角、崖山细长如线。（2）鱼腹捐躯地：据《楚辞·渔父》中载，屈原不愿以清白之身“蒙世俗之尘埃”，而“宁赴湘流，葬于江鱼腹中”，此处意思是全国已被清人统治，找不到一块干净的土地。

**有龙涎泛海槎[3]？望断关河非汉帜，吹残日月是胡笳[4]。嫦娥老大**

（3）龙涎：龙涎香，一种产于鲸鱼内的名贵香料。海槎：用来渡海的木筏。此比喻清军海船于南海中掠夺、游弋。（4）日月：二字合在一起即是“明”字。胡笳：一种少数民族乐器，因清是满族，故以代清。

**无归处，独倚银轮哭桂花[5]。**

（5）“嫦娥”二句：化用罗浮《咏月》中“嫦娥老大应惆怅，倚泣苍苍桂一轮”的诗句，此比喻自己年纪衰老，走投无路，独自伴着明月哭桂王被杀。嫦娥：这里作者自指。桂花：隐指桂王。

《元明清诗歌选》

【翻译】

海角崖门山细长如线，现在也不属中华之地了。（明朝将要灭亡）却没有投水自尽的机会，何况波浪之间还有船只来往。一眼望去城关山河已没有汉人的旗帜，凄厉的音乐响彻日月已是异族乐器。嫦娥年老想要回来也无处可回了，只能孤零零地在月轮上伴着桂花哭泣。

【简析】

这是一首思念故国，满含悲愤的诗歌。开篇用宋朝灭亡的典故，象征南明的最后覆灭，心情沉痛。颔联反用屈原典故，述说今日忠臣连效法屈原不可得，而清兵海船在南海掠夺。颈联直抒胸臆，望尽大江南北，到处都有清兵的旗帜，到处都是清军的声响。尾联再次借用前人诗句，写出自己年纪衰老，走投无路，只能独自一人哭泣桂王被杀了。诗歌情感真挚，悲愤激越，化用典故，沉郁悲凉，含蓄不尽。

# 圆圆曲[1]

（1）圆圆：原名陈沅，又字婉芬，是江南苏州的一个名歌妓，她先被外戚嘉定伯周奎携往北京，预备送入宫中供奉掖庭，但她没有得到皇帝的垂幸，仍被遣出宫。一说她再回周邸后，于宴席上为吴三桂所识，并订约聘娶。

吴伟业

**鼎湖当日弃人间[2]，破敌收京下玉关[3]。恸哭六军俱缟素[4]，**

（2）鼎湖：古代传说中黄帝乘龙升天之处。《史记·封禅书》："黄帝采首山铜，铸鼎于荆山下，鼎既成，有龙垂胡髯下迎黄帝，黄帝上骑……后世因名其处曰鼎湖。"后世以"鼎湖龙去"代称帝王之死，这句是指崇祯十七年(公元1644年)，李自成起义军攻克北京，崇祯皇帝自缢于煤山之事。（3）"破敌"句：指吴三桂降清，引清兵入关攻陷北京。敌：指李自成军队。京：北京。玉关：门闩的美称，借指宫门；一说玉门关，在今甘肃省敦煌县西北小方盘城，曾是汉代重要的军事关隘和丝路交通要道，西北边关要塞，此代指山海关。下玉关：指吴三桂攻入北京后、又继续追击义军于陕西。（4）恸（tòng）哭：放声痛哭。吴三桂全军上下都为崇祯皇帝封刀服丧致哀。六军：本指天子的军队，后指国家的军队。



**冲冠一怒为红颜[5]。红颜流落非吾恋[6]，逆贼天亡自荒宴[7]。电扫**

（5）冲冠：即"发上冲冠"，语出《史记·廉颇蔺相如列传》："王授璧，相如因持璧却立，倚柱，怒发上冲冠"。后作怒发冲冠，谓头发直竖，冲起帽子，形容极为愤怒。红颜：特指女子美丽的容颜，此指陈圆圆。（6）红颜流落：指陈圆圆被俘获。刘健《庭闻录》、娄东梅村野史《鹿樵纪闻》及《明史·流贼传》谓圆圆为李自成部将刘宗敏所得；陆次云《圆圆传》则谓为李自成所得。吾：是用吴三桂的口气。（7）逆贼：指李自成。荒宴：荒淫无度，沉缅酒色。

**黄巾定黑山[8]，哭罢君亲再相见[9]。相见初经田窦家[10]，侯门歌舞**

（8）电扫：比喻进攻神速。黄巾：东汉末年，张角领导的农民起义军头裹黄巾为标志。黑山：东汉末年，张燕领导的农民起义军活动于河南黑山一带。这里均代指李自成起义军。（9）君：指崇祯皇帝。亲：指吴三桂的父亲吴襄，是时吴襄降于李自成，李自成让他作书招降吴三桂。吴三桂引清兵入关，李自成杀吴襄，悬其首于杆，"襄家二十八口，俱遭惨屠"。（10）田窦家：西汉武安侯田蚡和魏其侯窦婴，二人均为外戚，诗中借指崇祯皇帝田妃的父亲田弘遇。

**出如花。[11]许将戚里箜篌伎[12]，等取将军油壁车[13]。家本姑苏浣**

(11)侯门：公侯贵族之家，这里指田弘遇家（一说是周奎家）。据《圆圆传》载，圆圆初为田家歌伎，时李自成义军进逼京师，弘遇欲求得三桂庇护，乃请其至家赴宴，并以圆圆歌舞佐觞。三桂神移心荡，乃曰："能以圆圆见赠，吾当保公家先于保国也。"弘遇许之，择细马驮之去。《觚剩》则云，吴三桂出镇山海关，周奎置宴饯之，圆圆佐觞，三桂属意，使人求聘，周奎许诺，以结其欢。（12）许将：田弘遇将圆圆赠给吴三桂。戚里：汉代长安城中帝王外戚居住之处。这里指田弘遇家。箜篌：古乐器名。伎：歌伎，此指圆圆。（13）将军：指吴三桂。油壁车：以油涂饰车壁的小车。古乐府《苏小小歌》："我乘油壁车，郎乘青骢马。"

**花里[14]，圆圆小字娇罗绮[15]。梦向夫差苑里游[16]，宫娥拥入君王**

（14）姑苏：今江苏省苏州别称。浣花里：今四川省成都市西南浣花溪公园，相传唐代蜀中名妓薛涛曾在此居住，这里是借用。（15）小字：小名。罗绮：罗和绮，美丽的丝织品，这里借用名字。（16）“梦向”句：圆圆以西施自比，向往宫中生活。夫差苑：即姑苏台，在姑苏山上。《史记·吴世家》载，吴王夫差破越，越王献西施请退军，吴王许之，既得西施，甚宠之，为筑姑苏台，高三百丈，游宴其上。

**起。前身合是采莲人[17]，门前一片横塘水[18]。横塘双桨去如飞，何**

（17）采莲人：指西施。（18）横塘：古堤名，在苏州市西南，古为狎客游冶之地。

**处豪家强载归[19]。此际岂知非薄命，此时唯有泪沾衣。熏天意气连**

（19）豪家强载：据《圆圆传》载：“崇祯癸未岁，总兵吴三桂慕其名，赍千金往聘之，已先为田畹（弘遇）所得，时圆圆以不得事吴、怏怏也。”

**宫掖[20]，明眸皓齿无人惜。夺归永巷闭良家[21]，教就新声倾坐客。**

（20）熏天：指豪家气焰嚣张。宫掖：宫中掖庭，宫中嫔妃所居之地。圆圆被豪强抢夺，献给崇祯皇帝，崇祯不纳。据《鹿樵纪闻》：“初，上宠田妃。妃殁，上念之不置。戚畹田弘遇欲娱上意，游吴门，出千金市歌姬陈沅、顾寿等，将以进御，上知为青楼妇、却之。”（21）“夺归”句：意谓崇祯皇帝把圆圆从宫里还给田府。永巷：汉朝宫中长巷，用以幽禁有罪的嫔妃宫女。

**坐客飞觞红日暮，一曲哀弦向谁诉？白皙通侯最少年[22]，拣取花枝**

(22)通侯：爵位名，这里指吴三桂。最少年：吴三桂遇圆圆是崇祯十六年（公元1643年），吴三桂年仅31，在高官中是很年轻的。



**屡回顾。早携娇鸟出樊笼，待得银河几时渡[23]？恨杀军书抵死催，**

（23）银河几时渡：牛郎织女每年只能七月七日渡银河相会，比喻吴三桂与圆圆相会时间很少。

**苦留后约将人误。相约恩深相见难，一朝蚁贼满长安[24]。可怜思妇**

（24）蚁贼：这里指李自成的起义军。长安：这里借指明朝都城北京。

**楼头柳[25]，认作天边粉絮看[26]。遍索绿珠围内第[27]，强呼绛树出**

（25）“可怜”句：圆圆被刘宗敏所掠，把她当作轻贱女子看待。思妇楼头柳：典用王昌龄《闺怨》诗：“闺中少妇不知愁，春日凝妆上翠楼。忽见陌头杨柳色，悔教夫婿觅封侯。”这里把圆圆作为吴三桂之妾来描写。（26）粉絮：杨花，这里指圆圆被当作轻贱妓女看待。（27）遍索：搜索遍。绿珠：西晋石崇爱妾。《晋书·石崇传》载，赵王伦专权，石崇失势，伦党孙秀，矫诏捕崇，欲夺绿珠。崇对珠曰：“我今为尔得罪。”绿珠跳楼自尽，以明心迹。内第：内宅。

**雕阑[28]。若非壮士全师胜[29]，争得蛾眉匹马还[30]？蛾眉马上传呼**

（28）绛树：汉末著名舞伎，或说是魏文帝曹丕宠姬。曹丕《与繁钦书》：“今之妙舞，莫巧于绛树。”绿珠、绛树：这里皆指圆圆。（29）壮士：指吴三桂。（30）蛾眉：女子的秀眉，此指圆圆。



**进，云鬟不整惊魂定。蜡炬迎来在战场[31]，啼妆满面残红印[32]。专**

（31）蜡炬迎来：指魏文帝曹丕迎美人薛灵芸事。据《拾遗记》卷七载，薛灵芸容貌绝世，谷习聘之，以献文帝。灵芸至京师，曹丕于城外数十里，高烧红烛，烛光相续不绝；又筑高台，列烛于下，远望如列星坠地。此处指吴三桂隆重迎陈圆圆回。（32）啼妆：东汉时，妇女以粉薄拭目下，有似啼痕，称为啼妆。《觚剩》：“闯弃京出走，十八营解散，各委其辎重妇女于途。延陵（吴三桂）退度故关至山西，昼夜不息、尚未知圆圆之存亡也。其部将已于都城搜访得之，飞骑传送。延陵方驻师绛州，将渡河，闻之大喜。遂于玉帐结五彩楼；备翟茀之服，从以香舆，列旌旗箫鼓三十里，亲往迎迓。虽雾鬓风鬟，不胜掩抑，而翠消红泫，娇态愈增。”

**征萧鼓向秦川**(33)**，金牛道上车千乘**(34)**。斜谷云深起画楼，散关月落**

（33）秦川：指陕西、甘肃秦岭以北关中平原地区。（34）金牛道：一名石牛道，旧称金牛峡，是由汉入川的古栈道。

**开妆镜。传来消息满江乡，乌桕红经十度霜**(35)**。教曲伎师怜尚在**(36)**，**

（35）乌桕：树名，生于江南，落叶乔木，秋天经霜后，叶红如火。十度霜：据《影梅庵忆语》《觚剩》等载，陈圆圆于崇祯十五年春被豪家掠去后，至顺治八年秋，吴三桂自汉中入觐，与吴伟业写作此诗，恰为10年。(36)教曲伎师：教唱曲的师傅。怜尚在：关心圆圆在乱离中依然活着。

**浣纱女伴忆同行**(37)**。旧巢共是衔泥燕，飞上枝头变凤凰。长向尊前**

（37）浣纱女伴：用西施入吴宫前在若耶溪浣纱的典故，此指乡里女友。同行：同伴。

**悲老大**(38)**，有人夫婿擅侯王**(39)**。当时只受声名累，贵戚名豪竞延致**(40)**。**

（38）尊前：即樽前，酒樽前。老大：年纪老。指圆圆旧时女伴自悲年华逝去。（39）夫婿：丈夫，此指吴三桂。擅侯王：身居尊贵爵位。擅：占有。（40）延致：延请招致，指圆圆作青楼女的情景。

**一斛明珠万斛愁**(41)**，关山漂泊腰肢细**(42)**。错怨狂风扬落花**(43)**，**



（41）一斛明珠：据佚名《梅妃传》载，唐玄宗思念梅妃，适外使进贡宝珠，遂命封一斛，密赐梅妃。妃作诗谢曰：“长门尽日无梳洗，何必珍珠慰寂寥。”这里借以形容圆圆身价之高。万斛愁：愁怨深长。（42）关山：现甘肃省天水市张家川回族自治县境内，是历史上有名的难越之山。（43）错怨狂风：圆圆经过波折，艰险。

**无边春色来天地**(44)**。尝闻倾国与倾城，翻使周郎受重名**(45)**。妻子岂**

（44）春色：春天的景色。此典化用杜甫《登楼》“锦江春色来天地，玉垒浮云变古今”的诗句。（45）周郎：三国时周瑜。

**应关大计，英雄无奈是多情**(46)**。全家白骨成灰土**(47)**，一代红妆照汗**

（46）英雄：指吴三桂。（47）全家白骨：指吴三桂一家被李自成杀死。据《圆圆传》载．李自成与吴三桂战于一片石，兵败，怒杀吴襄，并其家三十余口，仅圆圆得免。

**青**(48)**。君不见，馆娃初起鸳鸯宿**(49)**，越女如花看不足**(50)**。香径尘**

（48）照汗青：名垂青史。古时在竹简上记事，先以火炙青竹．使水分如汗渗出，以便书写，称为汗青。（49）馆娃：即馆娃宫，吴王夫差为西施所建。白居易《题灵岩寺》诗：“娃宫屧廊寻已倾，砚池香径又欲平。”（50）越女：越地女子，指西施。

**生鸟自啼**(51)**，屧廊人去苔空绿**(52)**。换羽移宫万里愁**(53)**，珠歌翠舞**

（51）香径：即采香径，在苏州西南香山上。相传吴王在此种花，常遣宫中美人来此采香，由此得名。（52）屧（xiè）：古代的一种木底鞋，底是空心。屧廊：又名响屧廊，吴宫廊名，在灵岩山。廊中地面用梓木板铺成，行走有声。《吴郡志》卷八：“响屧廊在灵岩山寺。相传吴王令西施辈步屧，廊虚而响，故名。”（53）换羽移宫：即变换乐调。羽、宫：古代五音中的两个音阶名，这里借音调的变化，比喻明末清初的人事变迁，朝代更换。

**古梁州[54]。为君别唱吴宫曲[55]，汉水东南日夜流！**

(54) 古梁州：《禹贡》九州岛之一。曹魏分益州置梁州，辖地除陕南外，并南伸到川、黔各一部。后世多指陕南。魏治沔阳(今陕西勉县东)，晋治南郑(今汉中)。唐后期升为兴元府，不置梁州。明洪武三年，改兴元路治汉中府，府治仍是南郑。明、清时的汉中府，即唐以前的梁州，此时吴三桂的治所。(55) 吴宫曲：吴王夫差时的宫曲。

《吴梅村全集》

**【翻译】**

君王当年离开了人间，（将军）破敌收京城引清兵入山海关。全军恸哭披上了缟素，（哪知）将军冲冠一怒是为了陈圆圆。（还说）圆圆被俘不是他所系恋，逆贼注定灭亡是因迷于饮宴。像闪电般扫荡敌寇平定黑山，哭毕君王和父亲再和圆圆相见。初次相见是在田弘遇之家，侯门的歌舞演起来如繁花一般。田弘遇把会箜篌的圆圆献给将军，只等将军来娶送上油壁香车。（圆圆）家本在姑苏浣花里，小名叫圆圆衬上罗绮更娇丽。（圆圆曾）在梦里到当年夫差的宫苑里游嬉，被宫娥拥簇君王正身起。（圆圆）前身应是西施采莲女，门前也正临横塘水清碧。横塘里双桨摇动船去如飞，哪家豪门硬要把她强买回。这时谁知不是薄命人，这时只有泪水湿透衣装。（圆圆被）豪强抢夺送入宫廷，可明眸皓齿竟未获得（君王）怜惜。皇帝把圆圆从宫里还给田府，让她练好新歌曲来倾倒贵客。客人们传杯宴饮直到日暮，（圆圆弹）一曲哀弦向谁倾诉。平西伯白净英俊的少年，拣中了花枝对圆圆频频回顾。点把她这娇鸟带出牢笼，要等什么时候才能把银河飞渡。只恨军书拚死地催促，只好留下信约把（圆圆）耽误。相约深重恩情但相见难，一朝起义军拥满了长安。可怜圆圆楼头的杨柳，却被人当作天边的杨花相看。像索取绿珠那样围住了内宅，硬是将圆圆叫出了雕栏。如果不是将军大获全胜，哪能用匹马载她归还。圆圆在马上一路传呼前进，云鬟还来不及梳整惊魂已定。战场上点起蜡炬把圆圆迎，满面啼痕还残留红印。奏起箫鼓将军征兵进秦川，金牛道上有车马千乘。斜谷里云深处是圆圆的画楼，散关前明月西落打开了妆镜。消息传遍了江南水乡．乌桕泛红已经历十度秋霜。可怜歌曲的妓师还操旧业，一同演奏的女伴记起这位同行。旧巢里本都是衔泥的燕子，飞上了枝头变成凤凰。经常在宴会上悲叹年龄大，圆圆找了个好夫婿贵为侯王。当时只为声名反受累，贵戚豪门都抢着要延致。一斛明珠的身价带来万斛的愁思，关山漂泊瘦损了腰肢。错误怨恨飘扬落花的狂风，无边春色到来使天地芳姿。曾听说有了倾国倾城的美人，反而使周郎损伤了声名。妻子怎应影响大局，英雄无可奈何过于多情。全家白骨早已化为灰土，一代红妆已照耀史册。您不见，（当年）馆娃宫盖起鸳鸯双飞双宿，西施君王怎么看也不会满足。（如今）香径尽是尘土鸟自啼，响屧廊不见人迹空让苔长青绿。换羽移宫使万里外也生愁，珠歌翠舞还热闹在古梁州。给您另唱一首《吴宫曲》，汉水向东南日夜不停地奔流。



【简析】

这是一首描写陈圆圆事迹的长篇叙事诗。诗歌以形象而生动的语言，通过陈圆圆一生传奇的遭遇，含蓄抨击了吴三桂不顾大义，叛明降清的历史罪恶，辛辣讽刺了吴三桂骄奢淫逸的无耻生涯。诗歌具有完整的故事情节和鲜明的人物形象，在叙事中抒情，在抒情中叙事，构思奇特，皮里阳秋，时而明写，时而暗写，时而旁敲侧击，迂曲回环，荡人心肺。且大量用典而又不露痕迹，实属用典中高手。胡薇元《梦痕馆诗话》卷四云："此诗用春秋笔法，作金石刻画，千古妙文。长庆诸老，无此深微高妙。一字千金，情韵俱胜。"



# 过淮阴有感[1]

（1）淮阴：今江苏淮阴。

吴伟业

**登高怅望八公山[2]，琪树丹崖未可攀[3]。莫想阴符遇黄石[4]，**

（2）八公山：在安徽省寿县北，凤台县东南。山上有淮南王刘安庙。相传刘安信道术，有门客八公能炼丹化金，后随刘安登山，埋金于地，白日升天，山因而得名 （见《水经注·淝水》）。（3）琪树：玉树，指八公山上的树。丹崖：朱红色的石崖，亦指八公山的石崖。（4）阴符：即《阴符经》，我国古代论兵法的书，此阴符即指《太公兵法》。遇黄石：汉代张良在下邳（今属江苏省）圯桥上遇见黄石公，传授《太公兵法》（见《史记·留侯世家》）。

**好将鸿宝驻朱颜[5]。浮生所欠只一死，尘世无由拾九还[6]。我本淮**

（5）鸿宝：汉代淮南王刘安请宾客作的讲道术的书（见《汉书·刘向传》）。驻朱颜：指长生不老。（6）"浮生"二句：意味理应死而不能死，求长生也是妄想。九还：道家炼丹，循环九次而成。

**王旧鸡犬，不随仙去落人间[7]。**

（7）"我本"二句：自叹贪生怕死，不能殉国。淮王旧鸡犬：传说刘安升天时，留下药在院子里，鸡犬舔食了也升天了（见葛洪《神仙传》）。

《中国历代诗歌选》

【翻译】

（诗人）登高惆怅愿望八公山，（山上的）玉树和红石崖都不可攀缘。不要想得到阴符兵书和遇到黄石公，还是得到鸿宝书求长生不老。一生应死而未死，在尘世间哪能寻觅九还丹。我本为淮王旧臣，没有追随淮王而去落在人世间。

【简析】

这是一首诗人晚年侍奉新朝、自责忏悔的诗歌。前两句交代了地点和事件，化用了淮南王刘安升仙的典故，也表达了自身的惆怅。三、四两句借用黄石公在圯上赠送张良兵书的和淮南王珍藏神仙方术的典故，表示自己既不能像张良那样建立功业，也不能像刘安那样飞仙不老。五、六句说明自己在明朝亡后苟且偷生，侍奉新朝，痛不欲生。结尾诗人在悲痛、哭骂之中，夹杂着深沉忏悔诉说自己贪生怕死而不能殉国。全诗感情真挚、沉重，把诗人自己内心的哀怨，无可奈何的心情表现得淋漓尽致。



# 精卫[1]

（1）精卫：炎帝女儿所变神鸟，传说女娃游东海，溺死，后化为精卫，衔卫西山的木、石，往填东海。

顾炎武

**万事有不平，尔何空自苦。长将一寸身，衔木到终古？我愿平东海，身沉心不改。大海无平期，我心无绝时。呜呼！君不见，西山衔木众鸟多，鹊来燕去自成窠。**

《元明清诗选》



【翻译】

万事万物原本就不平，你没有必要自寻烦恼。凭你这径寸之身，口衔枯木填海至长生不老。我也决意要填平洋大海，（即使）身沉大海而死填海之心也不悔改。如果大海填不平，我填海的决心就不会终止。哎呀啊！你没看见吗？那西山上的鸟雀们众多，燕鹊都为自己筑造安乐的巢穴呢。

【简析】

这是一首借咏精卫抒发诗人坚定抗清之志的诗歌。诗歌前四句为第一小节，是问精卫，天下不平事多了，为什么要以小小身躯不停叼石填海呢？接着四句为第二小节，是精卫的回答，我志愿就是填平东海，纵然身沉大海，也决心不变。末三句为第三节，诗歌荡开一笔，用其他鸟来做对比，感叹西山衔木之鸟虽多，可那些燕鹊飞来飞去，只是为了自己做窝。诗歌善于用典，寓意深刻，热烈讴歌了爱国志士的崇高精神，无情鞭挞了民族败类只顾自己的无耻行径。

# 江上阻风

宋琬

**睡起无聊倚舵楼，瞿塘西望路悠悠。长江巨浪征人泪，一夜西风共白头。**

《元明清诗选》

【翻译】

睡醒后无聊依靠在舵楼上（眺望），西望瞿塘峡山路漫漫。长江波涛奔腾征人眼泪纵横，一夜间西风阻行愁白了头。

【简析】

这是诗人多次被贬，晚年被起用后在赴任途中所写的一首诗。开篇直抒胸臆，舟行瞿塘峡，风大浪猛，水流湍急，诗人被阻停留于此，睡醒之后的诗人倚靠在舵楼上眺望：瞿塘峡山势险要，壁立如削；波涛汹涌，奔腾呼啸，令人惊心动魄；遥遥西望，漫漫长路，不知何处是尽头！诗人一语双关表面写瞿塘峡的险要景观，实际是指自己的仕宦之路的险恶漫长。

诗歌第三句以巨浪比喻征人泪，同时妙用夸张，第四句以浪花比喻白发，把长江拟人化，手法新奇！诗人的愁苦融入了江中，朵朵浪花不正是满江的白发吗！全诗用语奇丽，比喻清新，委婉含蓄，寓情于景，抒发了诗人对家乡的思念和对官场生活的厌倦之情。

# 百嘉村见梅花（1）

（1）百嘉村：在江西万安县。

龚鼎孳

**天涯孤影伴黄昏，玉笛高楼自掩门。梦醒忽惊身是客，一船寒月到江村。**

《元明清诗选》



## 【翻译】

遥远的村庄孤独梅影伴（我悄度）黄昏，（家园）高楼寂寞门户自掩玉笛声起。梦中忽然惊醒方知身在异地，清寒月色载满小船到了江村。

## 【简析】

这是一首借歌咏梅花来抒发感情的诗。诗歌开篇借用宋代林逋“疏影横斜水清浅，暗香浮动月黄昏”的诗句，意境渺远凄清，远离故里的村庄中孤独的梅花影子伴我度过黄昏。次句乃梦境，梦中的诗人回想起故园高楼，笛声悠悠，门户自掩。三、四句写从梦中惊醒后的诗人才感受到做客他乡的现实，在黄昏之时，所乘的孤舟已到江村，唯有清寒的月色载满船中，感受凄清。

# 绝　句

吴嘉纪

**白头灶户[1]低草房，六月煎盐烈火旁。走出门前炎日里，偷闲一刻是乘凉。**

（1）灶户：以熬盐为业的人家。

《元明清诗选》

【翻译】

白发苍苍的熬盐人在低矮草房里，六月盛夏在熊熊烈火旁操作。（熬盐人）走出草房天空仍是骄阳，忙里偷闲一会儿算是乘凉了。

【简析】

这是一首描写盐民苦难生活的诗歌。诗歌开篇先交代环境，着意烘托艰苦劳作环境。在六月酷暑之际，熬盐人要在烈火旁不停操作，又要在低矮的草房里不断煎熬，早已白发苍苍。后二句进一步渲染炎热程度。熬盐人实在忍不住草屋里的火热，只得走到户外喘息，此时的天空仍然骄阳如火，但对于烈火草屋里煎熬的熬盐人来说，这已经算是乘凉了。诗歌运用白描手法，语言浅显，匠心独具地反映了底层人民的生活。

# 燕子矶[1]

（1）燕子矶：在南京市北郊观音门外观音山上，滨临长江，三面凌空，形似燕子展翅欲飞，故名。

施闰章

**绝壁寒云外，孤亭落照间。六朝流水急，终古白鸥闲。树暗江城**

**雨，天青吴楚山。矶头谁把钓？向夕未知还。**

《元明清诗选》

【翻译】

陡峭岩壁高耸寒云之外，危亭孤零零挺立在落日余晖中。六朝兴废随江水急流，几处白鸥鸟从古在此飞闲。秋雨后的江城树木幽暗，吴楚一带天空清澈。燕子矶头谁在垂钓，向着夕阳还未曾离去。

【简析】

这是一首描写南京燕子矶的诗歌。诗歌开篇直接描写燕子矶的景色，这里有陡峭的岩壁，宛如斧劈刀削，高耸寒云外，一座危亭孤零零挺立在落日的余晖之中。接着描述这里的历史，在这座古石头城，不知演绎了多少悲恨相续的故事，江水悠悠，好像没有多少改变，几只白鸥翩翩悠闲。接着进一步渲染背景画面，一场秋雨后，石头城的树木变得幽暗，而天空却更加蔚蓝和美丽。最后两句乃点睛之笔，一位垂钓者孤身独立于燕子矶头很久，夕阳西下还未曾离去。



## 补落花诗

王夫之

**记得开时事已非[(1)]，迷香逞艳炫春肥[(2)]。尽情扑翅欺蝴蝶[(3)]，**

（1）“记得”句：意指南明王朝立国时局势已非。（2）“迷香”句：意指南明福王贪图享乐，醉生梦死，炫耀歌舞升平。（3）“尽情”句：意指一群奸佞之臣围绕在福王身旁飞扬跋扈，不可一世，如春花招引蝴蝶一般。

**塞耳当头叫姊归[(4)]。桃李畦争分咫尺，松衫云冷避芳菲[(5)]。留春不**

（4）“塞耳”句：意指一群奸臣堵塞言路，充耳不闻忠告直言。姊归：杜鹃鸟，此喻忠臣。（5）“桃李”二句：比喻南明小朝廷宠臣争权夺利，正直之士只得洁身隐退。畦争：比喻争权夺利。松衫云冷：比喻正直之士的高洁，对奸佞的冷傲和对朝廷的心寒。

**稳销尘土，今日空沾客子衣[(6)]。**

（6）“留春”二句：以春光留不住，落花为尘土，客子流泪为比喻，指出南明王朝终归于灭亡，空使遗民悲痛。

《元明清诗选》



【翻译】

记得（梅花）开时国事已非，迷恋享乐盲目自旋。（春花）尽情招引拍打翅膀的蝴蝶，塞耳不闻杜鹃鸣叫。桃树李树争斗寸土不让，松杉冷傲逃避芳菲。留不住春光（落花）化为尘土，今天白白使客子泪下沾衣。

【简析】

这是一首借咏梅花而抒发亡国之痛的诗歌。开篇二句借梅花非常明确地点出南明王朝国事已非，而福王却沉醉声色，歌舞升平地盲目自旋。接着二句以春花招引蝴蝶，塞耳不闻杜鹃啼鸣两组意象，进一步比喻南明王朝里奸佞之臣的相互勾结，飞扬跋扈，闭塞言路。五、六句又以桃李争畦和松杉远避，比喻南明朝廷宠臣争权夺利，正直之士洁身隐退。最后二句以春光留不住，空使遗民悲痛感伤。诗歌以落花为象征，立意新颖，构思巧妙，表现了诗人寄寓的亡国情思。



# 度大庾岭[1]

（1）大庾岭：位于广东和江西交界处，岭上广植梅树，故又名梅岭。

朱彝尊

**雄关直上岭云孤，驿路梅花岁月徂[2]。丞相祠堂[3]虚寂寞，越**

（2）徂：消逝。（3）丞相祠堂：张九龄的祠堂。后人为了感念张九龄曾经在此开凿道路之功，故在大庾岭云峰寺前建立张文献祠。

**王[4]城阙总荒芜。自来北至无鸿雁[5]，从此南飞有鹧鸪[6]。乡国不**

（4）越王：南越王赵佗，其都城在广州府城南。（5）鸿雁：古时传说鸿雁飞到大庾岭就折回，不再南飞。（6）鹧鸪：据传鹧鸪不论从哪个方向飞，起飞时总是向南。

**堪重伫望，乱山落日满长途。**

《元明清诗选》

【翻译】

（大庾岭）上的关卡孤独地高耸入云，驿路两旁的梅花见证岁月流逝。张九龄的祠堂寂寞无人问，南越王赵佗的城池总是寥落荒败。自古以来这里就没有北来的鸿雁，从此地起就有鹧鸪南飞。不堪忍受再去伫立山头遥望，起伏的群山落日斜晖铺满了漫长征途。

【简析】

这是一首诗人在入粤途中经过大庾岭时所作的诗歌。开篇直接写了大庾岭上的关卡直上，高耸入云，驿路两旁的梅花依然，而岁月流逝，给人一种雄阔苍凉的基调。接着两句引出吊古伤今之思，缅怀前人，感叹时光流逝，遗迹荒败，无人问津。五、六句写自然物象，北来鸿雁到此不再飞，鹧鸪在此出没，字里行间中透露出思乡之情。最后两句直接抒发思乡之情，不忍再伫立山头，遥望家乡，只看那起伏的山峰、落日斜晖铺满了漫长征途。



## 鸳鸯湖棹歌一百首（其十）

（1）鸳鸯湖:一名南湖，在浙江嘉兴市。棹(zhào)歌:一边划船一边唱的歌。

朱彝尊

**穆湖[(2)]莲叶小于钱，卧柳[(3)]虽多不碍船。两岸新苗才过雨，夕阳沟水响溪田。**

（2）穆湖：也叫穆溪，在嘉兴东北。（3）卧柳：枝干斜卧于水上的柳树。

《元明清诗选》



【翻译】

穆湖上的碧绿莲叶如撒向湖面的小铜钱，斜卧水上的柳树不妨碍游船。两岸边的新苗刚经过一场雨的洗涤，昏黄时分一带清溪注入田野沟溪。

【简析】

这是一首采用民歌之调描写家乡的小诗。诗歌开篇直接描写南湖的美：湖面晃荡着一小片晶莹碧绿的莲叶，正如撒向湖面的小小青钱。船儿缓缓而行，岸边的柳树正情意绵绵，抚弄轻柔的湖水。接着又写田地，那里散发着芳馨，是新苗刚刚经过雨水的洗涤。最后一句写夕阳下山时分，落日霞彩辉映一片绚烂，岸田正有一带清溪，注入田野的沟溪之中。这是一首充满江南风情的船歌，娓娓动听的民歌。



## 云州秋望（1）

（1）云州：今山西大同。



屈大均

**白草黄羊外，空闻觱篥（2）哀。遥寻苏武（3）庙，不上李陵（4）台。**

（2）觱篥（bì lì）：古代一种乐器，类似胡笳，声音悲咽。（3）苏武：西汉人，曾出使西域，被囚于北海牧羊十九年方回。（4）李陵：与苏武同时代人，曾被迫投降匈奴。

**风助群鹰击，云随万马来。关（5）前无数柳，一夜落龙堆（6）。**

（5）关：长城关隘。（6）龙堆：泛指边塞以外的地方。

《元明清诗选》

【翻译】

白色的草与黄色的羊在边塞外，听见远处的觱篥声音哀鸣。要追寻找苏武的民族气节，不效仿李陵投降匈奴。群鹰借助秋风翱翔天空，万马在行云的伴随下奔腾向前。长城关隘前有许多杨柳，一夜之间飘落在边塞以外。

【简析】

这是诗人北出雁门，来到云州所作的诗歌。前两句描写了边塞风光，只见秋风中晃动的白草，原野上游动的黄羊，加之远处传来的凄切乐器声，使人产生了凄凉感受。接着两句借用苏武与李陵的典故，表明自己要向苏武一样坚持民族气节，不会效仿李陵变节投降。五、六两句表面意指群鹰借秋风翱翔，万马在行云伴随下奔腾，实际暗示一场反清复明的风暴马上就要来到了。最后两句通过对关隘前柳树和落叶的描写，反映出诗人对清政府终会灭亡的决心。诗歌语言通俗易懂，运用对比手法，把感情寄托于景物之中。

# 秦淮杂诗（其一）[1]

（1）秦淮：秦淮河，在南京城南。

王士禛

**年来肠断秣陵[2]舟，梦绕秦淮水上楼。十日雨丝风片里，浓春烟景似残秋。**

（2）秣陵：指南京。

《元明清诗选》

## 【翻译】

一年来一直在思念留恋南京，梦绕魂牵秦淮河上的高楼。十几天吹着微风下着细雨，一片朦胧的浓春如残秋般疏淡。

## 【简析】

这是一首伤时吊古的诗。诗歌前两句表面是写对南京的向往，实际上是借写秦淮河的兴衰来表达自己对盛衰的感叹。后两句把自己的感情融于细雨微风之中，这浓郁醉人的春色，使诗人抑制不住内心的忧伤，令人酸楚。诗歌具备了诗人“神韵”的特色，写景写情，若有若无，达到了很高的境界。

# 寄陈伯玑金陵[1]

（1）陈伯玑：名允衡，江西建昌人，是诗人的好朋友。

王士禛

**东风着意吹杨柳，绿到芜城[2]第几桥？欲折一枝寄相忆，隔江残笛雨潇潇。**

（2）芜城：在金陵附近，诗人当时在扬州为官。

《元明清诗选》

【翻译】



春风着意地吹拂着青青杨柳，不知吹绿了芜城上的第几座亭桥。想要折一枝春柳寄予友人表达思念，（恰在此时）潇潇春雨中隔着一江春水传来了隐隐约约的笛音。

【简析】

这是一首怀友诗。诗歌第一句点出了当年与友人分别的见证——杨柳，东风好似理解人意，着意催绿了杨柳。杨柳该是绿到当年话别的桥头了吧，想到此，诗人思友之情随之而生发，想要折一枝赠与友人，以寄相思之情。最后一句乃“神韵”之笔，耐人寻味，当诗人想念友人之时，从长江对岸传来了断断续续的笛声，好像是友人之间心有灵犀一点通吧，用笛声报答诗人的相思。诗歌意境高远，感情真挚动人。

# 初入小河[1]

（1）小河：汉水下游的一条支流，位于沔阳之西。

查慎行

**鱼米由来富楚乡[2]，入秋饱啖只寻常。如今米价偏腾贵，贱买**

（2）楚乡：湖北省。

**河鱼不忍尝。**

《元明清诗选》

【翻译】

楚国自古就是富饶的鱼米之乡，一到秋天饱食鱼米是平常事，现在米价特别昂贵，（即使）低价购买河鱼也不忍心尝一口。

【简析】

这是一首悯农诗。诗歌从赞扬楚地的富饶入手，楚地惯有鱼米之乡的美称，土地肥沃，到了秋天丰收之际，饱食鱼米是平常的事情，不存在饥荒的威胁。但诗歌后两句抓住当时米价暴涨和河鱼贱卖两种现象，突出灾情严重，与前两句形成了强烈的反差，写出了灾难给人民带来的痛苦，具有很强的震撼力量。



## 秋暮吟望

赵执信

**小阁高栖老一枝[1]，闲吟了不[2]为秋悲。寒山常带斜阳色，新**

（1）一枝：语出《庄子·逍遥游》“鸿鹄巢于深林，不过一枝”。此处“老一枝”意为终老山林。（2）了不：完全不。

**月偏明落叶时。烟水极天鸿有影，霜风卷地菊无姿。二更短烛三升酒，北斗低横[3]未拟窥。**

（3）北斗低横：指天快亮的时候。

《元明清诗选》

【翻译】

高阁居住自甘终老山林，闲吟诗句丝毫不为秋天而悲怆。寒山已被夕阳染上昏黄黯淡了颜色，新弦月偏偏照在萧萧落叶时。烟雾缭绕无边孤鸿掠空投影水中，菊花被卷地霜风凋残地全无姿态。深夜坐对短烛喝闷酒浇愁，已快天亮懒得看。

【简析】

这是一首写景抒情的诗。开篇就写诗人自甘终老山林，丝毫不为秋天的到来而感到悲怆。接着四句写了山间景物：寒山、斜阳、新月、落叶、烟水、鸿影、霜风、残菊，这些景物组织入诗，空间从远到近，从高到低，从水上到陆地，时间从黄昏到明月，形成了悲秋的意境。最后两句写现实，诗人深夜独坐，对着蜡烛，无法入眠，只能一个人借酒浇愁，直到天亮了，诗人连看都懒得看。诗歌意境高远，达到了欲言而不言，不言而无不言的艺术效果。





## 灵隐寺月夜[1]

（1）灵隐寺：在杭州灵隐山东南，寺前有飞来峰，寺中有冷泉亭等诸名胜，环境清幽。

厉鹗

**夜寒香界白[2]，涧曲寺门通。月在众峰[3]顶，泉流乱叶中。一**

（2）香界：指佛寺。据明代杨慎的《丹铅总录·琐语》：“佛寺曰香界。”白：谓如雪如霜，比喻清冷。
（3）众峰：灵隐寺周有北高峰、南高峰、飞来峰，故云。

**灯群动息[4]，孤磬四天[5]空。归路畏逢虎[6]，况闻岩下风。**

（4）一灯：指佛殿中长明灯。群动息：据陶渊明的《饮酒》诗：“日入群动息”，此谓万物俱息。（5）四天：四方天空。（6）畏逢虎：担心路中遇见老虎。据传灵隐寺一带有老虎出没，故又称虎林。

《元明清诗选》

【翻译】

夜晚寒气袭人佛寺如霜似雪，山泉如曲与寺门相连。月亮高悬在众多山峰顶，泉水冲刷着落叶响。一盏长明灯衬出万物俱息，孤独的击磬声弥漫四方天空更显得空寂。归途害怕遇到老虎，况且听到岩石的风声。

【简析】

这是一首描写杭州灵隐寺月夜景色的诗歌。首两句写了诗人初到灵隐寺的感受，秋叶入山，寒气袭人，山谷和佛寺都沐浴在白光中，冷泉叮咚，别有一番幽意。第二联写了山间的景色，月亮高悬，流水清晰，一片沉静。第三联写寺院，勾勒出灵隐寺一带的环境，一盏明灯散发微光，衬托四周的静，孤独的磬声弥漫天空。最后一联写归途，诗人畏惧老虎，在山路上闻风色变。全诗写灵隐寺的月夜景色，突出了山中佛寺的空幽冷寂，从而抒发了诗人孤独惆怅、处境难耐的心境。

## 竹　石[1]

(1) 竹石：扎根在石缝中的竹子。

郑燮

**咬定青山不放松，立根原在破岩中。千磨万击还坚劲[2]，任尔[3]东西南北风。**

(2) 坚劲：坚强有力。(3) 任：任凭，无论，不管。尔：你。

《元明清诗选》

【翻译】

（竹子）咬住青山一点也不放松，（它的）根牢牢地扎在岩石缝中。成千上万次的折磨和打击依然坚强，无论你是东南风还是西北风。

【简析】

这是一首咏物言志的诗歌。诗歌描写的是竹子，实则赞赏的是人，诗歌以屹立的青山、坚硬的岩石为背景，说竹子“咬定青山”，坚守在岩石之中，经得起“千磨万击”，受得住四面狂风，由此象征着一个人不怕社会上和生活中的种种艰难困苦和排挤打击，为后人塑造了一个百折不饶，顶天立地的精神强者形象，也包含了诗人倔强不屈的坚韧性格。

# 潍县署画竹呈年伯包大中丞括（1）

（1）潍县：山东潍县，当时诗人在此做知县。年伯：与父辈同年考取科举的叔父。中丞：巡抚。

郑燮

**衙斋卧听萧萧竹(1)，疑是民间疾苦声。些小吾曹州县吏(2)，一枝一叶总关情(3)。**

（1）衙斋：衙门里供职官燕居之处。（2）吾：我们。曹：辈。

（3）一枝一叶：此指一举一动。

《元明清诗选》

## 【翻译】



躺在书斋听见风吹竹叶发出萧萧之声，怀疑是百姓啼饥号寒的疾苦声。我们这些小小的州县官吏，一枝一叶牵动着感情。

## 【简析】

这是诗人任知县时题写在赠送年伯竹画上的诗歌。首句即点明自己的身份，“衙斋”即官邸，“萧萧”说明周遭环境优雅，同时也紧扣画竹的主题。次句由竹叶声响联想到民间疾苦，一个“疑”字道出了诗人的爱民之心与勤政之意。第三句是说自己官职卑微，只是一个小县吏，然而只要是有关民众的，事无巨细，都会放在心上。“一枝一叶”表面上看还是咏竹，实际比喻民间疾苦。诗歌语言质朴，比喻的手法穿插类同，使全诗具有一种虚实相间的效果，更见意味深长。

# 马嵬四首（其一）（1）

（1）马嵬：即马嵬坡，在陕西省兴平县西。安史之乱爆发，唐玄宗逃到这里，在随军将士的胁迫下，勒死杨贵妃，史称“马嵬事变”。

袁枚

**莫唱当年《长恨歌》[2]，人间亦自有银河[3]。石壕村[4]里夫妻**

（2）长恨歌：唐代大诗人白居易写的一首关于唐玄宗、杨贵妃爱情悲剧的叙事长诗。（3）银河：天河。神话传说中，牛郎织女被银河隔开，不得相聚。（4）石壕村：唐代大诗人杜甫的诗篇《石壕吏》中的村庄。

**别，泪比长生殿[5]上多！**

（5）长生殿：华清宫的一座殿，唐玄宗和杨贵妃有感于牛郎织女被银河分隔，七月七日在殿里海誓山盟。表示永世不分。

《元明清诗选》

【翻译】

不要歌唱《长恨歌》的悲欢离合，在平常百姓家也有如牛郎织女般的离散。像石壕村那样的夫妻决别数不清，泪水比长生殿上洒得更多。

【简析】

这是一首“借古人往事，抒自己之怀抱”（《随园诗话》）的诗歌。开篇就明确声称不要唱《长恨歌》里帝王的爱情，普通百姓也有像牛郎、织女被银河阻隔分离的悲剧。诗歌后两句，写了杜甫关心民生的名篇《石壕吏》中所描绘的夫妻分别的泪水，要比唐玄宗和杨贵妃在长生殿上海誓山盟的泪水多多了。诗歌以议论入手，借用名诗，并采用比喻手法，使抽象的感情具体化。



## 山行杂咏六首（其一）

袁枚



**十里崎岖半里平，一峰才送一峰迎。青山似茧将人裹，不信前头**

（1）茧：某些昆虫的幼虫在变成肾之前吐丝做成的壳，比哈青山。

**有路行。**

《元明清诗选》



【翻译】

山路多坎坷崎岖少平坦，山峰延绵不绝如迎朋友，周围的青山就像蚕茧一样把人包裹，难以置信前面还有路可行。

【简析】

这是一首描写诗人出游江南山区感受的诗歌。开篇两句写了在山路行进中的所见所感，山路崎岖坎坷，平坦之处较少，而眼前则峰峦重重，恰似热情的朋友迎接客人。后两句则表现山行整体地理环境体验，只见重重青山如同层层蚕茧，将人包裹，无法冲出，以致不相信还有出路。诗歌语言平易自然，不用典故，比喻精巧，是袁枚“性灵”之作的代表。



# 岁暮到家

蒋士铨

**爱子心无尽，归家喜及辰[(1)]。寒衣针线密，家信墨痕新。见面**

（1）及辰：及时。

**怜清瘦，呼儿问苦辛。低回[(2)]愧人子，不敢叹风尘。**

（2）低回：徘徊。《楚辞·九章》“低回夷犹，宿北姑兮”。

《元明清诗选》

【翻译】

疼爱子女的心是无穷无尽的，（我）回到家中（母亲）多高兴。（母亲）缝棉衣针针线线缝得密，（我）寄的家书信墨迹还新。一见面（母亲）便怜爱地说我瘦了，连声问儿在外辛苦不？（我）徘徊惭愧为人子，不敢感叹在外漂泊的境况。

【简析】

这是一首描述儿子回家与母亲团聚场景的诗歌。开篇从母亲的角度落笔，写其日夜思念自己的儿子，看到儿子在年底前回到家中，喜悦之情难以掩饰。三、四句以寒衣在身和家信墨新，分写母子深情。以下四句叙述到家时的情形，疼儿之语声声在耳，让人心碎，怎忍在母亲面前为旅途劳顿而发怨言。可谓情真意切，语浅情浓。诗歌语言朴素，细腻地刻画了久别回家后母子相见时真挚而复杂的感情，没有一点矫饰，却能引起读者的共鸣和回味。

# 论诗五首（其二）

赵翼

**李杜[(1)]诗篇万口传，至今已觉不新鲜。江山代有才人出，各领风骚[(2)]数百年。**

（1）李杜：指李白、杜甫。

（2）风骚：指《诗经》中的“国风”和屈原的离骚，后来把关于诗文写作的诗叫做“风骚”。

《元明清诗选》

【翻译】

李白和杜甫的诗篇被成千上万的人传颂，现在读起来已没有什么新意了。国家代代都有很多有才情的人，（他们的）诗文能与风骚媲美流传数百年。

【简析】

这是一首品文论理的绝句。诗歌开篇一句平淡无奇，李白、杜甫是古代杰出的大诗人，多年来一直盛传不衰。第二句是个转折，明白说李白、杜甫的诗篇已经没有新意了，此句堪称石破天惊之句，以此表达了诗歌应该随着时代的发展而发展。诗歌后两句直接肯定了各个时代都有自己的天才诗人，以富有创造性的诗篇，领导着当代诗坛，开一代新诗风。诗歌语言质朴易懂，不求含蓄，直抒胸臆。

# 杂感

黄景仁

**仙佛茫茫两未成，只知独夜不平鸣。风蓬[1]飘尽悲歌气，泥絮沾来薄幸名[2]。十有九人堪白眼，百无一用是书生。莫因诗卷愁成谶[3]，春鸟秋虫自作声。**

（1）风蓬：蓬草随风飘转，此比喻人被命运拨弄，踪迹不定。

（2）泥絮：被泥水沾湿的柳絮，此比喻不会再轻狂。

（3）谶（chèn）：本指预言吉凶的先兆，此指将来会应验的话。

《元明清诗选》



## 【翻译】

想要成仙成佛都无法成功，只能在深夜独自作抒发心中不平。蓬草随风如生活漂泊把（我）慷慨之气消磨殆尽，（诗名）如泥水沾湿柳絮得到负心汉之名。十个人中有九个人（都是阿谀奉承辈）是用白眼相向，而读书人（在他们眼里）只是百无一用之人。不要忧愁自己写的诗会成为吉凶的预言，春天的鸟儿和秋天的虫儿都会发出自己的声音。

## 【简析】

这是一首孤愤之诗。首联就说自己在这个苦难人世，想要成仙成佛，摆脱尘世烦恼，都没有成功，只好在漫漫长夜，独自发出愤愤不平的悲鸣。颔联高度概括了自己一生飘零，如风中蓬草，慷慨悲歌之气消磨殆尽，而自己的诗名只不过如同坠落在泥水中的柳絮，难以飞举，而自己桀骜不驯，被人骂之“薄幸”。颈联感叹在如今社会，十个人有九个都是攀龙附凤之辈，对于这些人，读书人当然会投之以白眼，但反过来，读书人在这些人眼里，不过只是一群大傻瓜而已。尾联公开宣称，许多人认为写诗不吉利，而诗人则表示不相信，他的诗歌要像春天的鸟鸣和秋天的虫吟那样，发出不平之音。

# 感旧四首（其一）

黄景仁

**大道青楼[1]望不遮，年时系马醉流霞[2]。风前带是同心结[3]，**

（1）大道青楼：化用曹子建《美女篇》“青楼临大路，高门结重关”之语，谓伊人深闭重楼上，难以相见，但两情相通，终得一晤。（2）年时：那时。流霞：美酒。语出《抱朴子·祛惑》“仙人但以流霞一杯，与我饮之，辄不饥渴”。（3）同心结：是一种用锦带打成的菱形连环回文样式的结子，象征男女相爱。

**杯底人如解语花[4]。下杜城[5]边南北路，上阑门[6]外去来车。匆匆**

（4）解语花：比喻伊人的美丽多情。（5）下杜城：地名，在长安的西郊。（6）上阑门：也在长安西郊。

**觉得扬州梦[7]，检点闲愁在鬓华。**

（7）“匆匆”句：化用杜牧《遣怀》的“十年一觉扬州梦，赢得青楼薄幸名”句。

《元明清诗选》



【翻译】

大路的青楼高望没有遮拦，那时骑马醉酒真欢愉。风吹起的丝带是同心结，酒杯影着的那个人像解语花。下杜城南北踪迹难寻，上阑门外来来去去的车。梦中得见匆匆便醒，回忆当年闲愁使得鬓发斑白。

【简析】

这是诗人对当年一段恋爱的回忆诗。首联写了诗人与那位女子初次会面在大路的高楼，骑马醉酒，狂欢欢愉的情景。颔联写了两个人的定情与相爱，两人以同心结定情，伊人是何等美丽多情。颈联写别后的怅惘，在长安的下杜城和上阑门踪迹难寻，期待殷勤。尾联紧承上两句，写别后的追忆，由于相见不能，只能寄之以梦的惆怅。